博雅语言学教材系列

语言学教程

（第五版中文本）

主　编　胡壮麟
副主编　姜望琪　钱　军

图书在版编目(CIP)数据

语言学教程 / 胡壮麟主编. —5版. —北京：北京大学出版社，2019.10
博雅语言学教材系列
ISBN 978-7-301-30254-5

Ⅰ.①语… Ⅱ.①胡… Ⅲ.①语言学—教材 Ⅳ.①H0

中国版本图书馆 CIP 数据核字(2019)第 028155 号

书　　名	语言学教程（第五版中文本）
	YUYANXUE JIAOCHENG (DI-WU BAN ZHONGWEN BEN)
著作责任者	胡壮麟　主编
责任编辑	崔　蕊
标准书号	ISBN 978-7-301-30254-5
出版发行	北京大学出版社
地　　址	北京市海淀区成府路 205 号　100871
网　　址	http://www.pup.cn　　新浪微博：@北京大学出版社
电子信箱	zpup@pup.cn
电　　话	邮购部 010-62752015　发行部 010-62750672　编辑部 010-62754144
印 刷 者	三河市北燕印装有限公司
经 销 者	新华书店
	720 毫米 ×1020 毫米　16 开本　21 印张　366 千字
	2002 年 8 月第 2 版　2007 年 4 月第 3 版　2013 年 4 月第 4 版
	2019 年 10 月第 5 版　2024 年 7 月第 8 次印刷
定　　价	48.00 元

未经许可，不得以任何方式复制或抄袭本书之部分或全部内容。
版权所有，侵权必究
举报电话：010-62752024　电子信箱：fd@pup.pku.edu.cn
图书如有印装质量问题，请与出版部联系，电话：010-62756370

第五版中文本出版说明

《语言学教程》（英文版）是一部经典的语言学教材，自1988年面世以来，被众多高校广泛采用，长销不衰。该教材自出版以来不断修订，至2017年已出到第五版。自2002年为修订版配套出版中文本以来，中文本的销量也达近30万册。应读者的要求，现推出第五版中文本。

关于本版中文本，有以下几个方面需要说明。

一、中文本并非对英文本逐字逐句的对译，为了使读者更易理解，作者在翻译时进行了一些再创作。

二、第四版英文本2011年出版，相应的中文本出版于2013年，后者增加了作者的一些新观点和新看法，比如第七章7.1.4小节中"词语的故事"、7.2.4小节"社会语言学的重要启示"等，这些内容后来在第五版英文本中也添加进来，现第五版中文本保留。

三、中文本个别章节增加了英文本没有的内容，如第七章7.4小节"文化与标识"部分；另外，调整了个别章节的小节划分，比如第六章、第十章。其他内容的修订可参看"第五版英文本前言"。

四、英文本有词语索引，考虑到有些英文术语翻译成中文后，精练性损失很大，索引意义不大，加之考虑到印刷成本、读者负担等因素，我们将重要术语在书中用黑体字突出表示，必要时加注英文原文，并将最后的索引删掉。

北京大学出版社
2019年9月

第五版英文本前言

自2011年3月北京大学出版社发行的《语言学教程》(第四版)问世后,转眼已是6年。如从1988年的第一版计算,则达29个年头,逼近而立之年。随着时光的流逝,世事变化,历历在目。即使从第四版后的五六年期间,我们目睹了各个领域的许多重要事件和颇具创新意义的变化。

习近平主席在2013年9月和10月分别访问哈萨克斯坦和印度尼西亚时提出共同建设"丝绸之路经济带"和"海上丝绸之路"的历史性倡议,从此吹响了"一带一路"的号角。为此,国家需要大批具有家国情怀、国际视野、全球意识和跨文化沟通能力的人才,这便包括各种语言人才,汉语的和外语的。从这个视角,《语言学教程》对培养高质量的语言人才应当起到它应有的作用。

在此期间,我们也可以看到科学技术的迅猛发展,特别是信息技术的发展。最近几年,随着互联网技术的进步,微信、脸书等多种电子通信手段为各种思想文化的传播,提供了更加便捷的渠道。这必然涉及语言学的各个分支,如词汇学、语音学、句法学、语义学,以及社会学、心理学、语境学等学科知识的掌握和运用。

机器翻译的正确率和普及率最近几年有很大提高,是目前人工智能中最活跃的一个研究领域。机器翻译是建立在语言学、数学和计算机科学这三门学科的基础之上的。语言学家的职责就是提供适合于计算机进行加工的词典和语法规则,数学家则把语言学家提供的材料形式化和代码化,计算机科学家给机器翻译提供软件手段和硬件设备,并进行程序设计。因此,我们的教材应当及时反映这方面的变化,语言学的和其他有关符号学的知识。

从教育系统来说,我国义务教育、高中教育、大学教育、职业教育、研究生教育都在深入进行各方面的改革。各种思想的构建、表达、沟通和传送,都离不开语言。在教学方法方式方面,我们会发现许多教师一方面采用各种先进技术进入课堂,另一方面通过网络直接进入社会,如网络课程和慕课。这是上世纪的教师和语言学家所未能想象和掌握的。

所有这些表明修订此教材的重要性和紧迫性。出版社、编者、教师、学生都有一个共同的心愿:让这本教材随着时代的变迁继续茁壮地成长,更好地为我国的教育事业服务,培养更多的受过高等教育的人才。

在上述思想认识的基础上，第五版主要做了如下的改动。

（1）改写。第 3 章的题目改为 Words and Morphology（词与形态学），并对主要内容进行了改写，使内容更切合本科生的水平和国内外同类教材的内容。第 11 章第 6 节有关语料库在语言教学中的应用在内容上也有更新。

（2）增添。这是本次修订的重点，使《教程》反映国内外语言学科的最新研究动向和成果。主要增添内容如下：

——Gesture（音姿），这是对语音生成中除音素和音位外，可以通过图谱描写的要素。这方面的研究在国内刚刚起步。（2.1.1）

——Text（语篇）和 Coherence（连贯）及其描写。这有助于帮助学生提高对语篇本质和生成的认识。（4.7）

——对 Metaphor（隐喻）提到了 Lakoff 等 2003 年在理论上的重大调整（6.11.3）；对 Blending Theory（整合理论）的论述更为详细。（6.13）

——对文化与语言研究的关系增加了词汇及其故事、语法及其变化和新称呼方式的内容。（7.1.4）

——在社会语言学的实用意义方面，增加了社会语言学与语言教学、法律、医生-病人对话等内容。（7.2.4）

——对跨文化交际的内容增加了图示和说明。（7.3.1）

——在语言的使用方面增加了 A Socio-Cognitive Approach（社会认知路径）的章节。（8.3.4）

——在计算机辅助教学方面，增加了最近几年国内正在推广的 MOOC（慕课）教学的章节。（10.2.3）

——在使用计算机进行交际方面，增加了 Facebook（脸书）和 WeChat（微信）的内容，特别是后者在国内不同阶层的人群中已广泛使用，世界瞩目。（10.5.4）

——在语言教学和外语教学的第 11 章增添了一节 Foreign Language Education Policy（外语教育政策）。国内政府部门、不同层次的学校、家长和学生对我国的外语教育政策都非常关注。（11.7）

——本世纪出现的 Appliable Linguistics（适用语言学）理论对如何构建、发展和评价各种语言学理论具有高度的指导意义。（12.3.4）

（3）简化和删除。为了给新增内容提供空间和适当控制本教材的篇幅，本次修改对某些章节略有简化和删除，这里不再赘述。

参与第五版修订的专家如下：

    第一章 李战子 南京国际关系学院教授
    第二章 史宝辉 北京林业大学外语学院教授
    第三章 彭宣维 广东外语外贸大学教授
          胡旭辉 北京大学外国语学院助理教授、研究员

第四章	叶起昌	北京交通大学英语语言文学系教授
第五章	姜望琪	北京大学外国语学院教授
第六章	齐振海	北京第二外国语学院教授
	卢　植	广东外语外贸大学教授
第七章	杨永林	清华大学外国语言文学系教授
第八章	姜望琪	北京大学外国语学院教授
第九章	刘世生	清华大学外国语言文学系教授
第十章	胡壮麟	北京大学外国语学院资深教授
第十一章	程晓堂	北京师范大学外国语言文学学院教授
第十二章	封宗信	清华大学外国语言文学系教授

最后，由于本人年老体衰，本次修订工作主要由姜望琪教授和钱军教授全程主持，谨在此表示衷心的感谢。本人也愿趁此机会感谢北京大学出版社外语编辑室领导张冰和责任编辑刘文静对修订工作的规划和督促，使修订工作及时完成。

胡壮麟
2017年4月

第四版英文本前言

自 1988 年出版的《语言学教程》已多次换装。

第四版的问世主要是配合北京大学出版社的总体安排，将本教程列入《21 世纪英语专业系列教材》，申报教育部第十二个五年计划的规划项目。此举对本教材提出新的要求，严格把关，精益求精。值得一提的是北大社外语编辑部通过网络调查等方式，搜集了十余页读者的意见，并把这些意见全部转给了相关章节的编写者，供他们在修改过程中参考，力求论述更严谨，讲解更清楚。

在具体操作过程中，第四版在修订时更充分地考虑本科生的实际状况，更多地体现读者友善性。比如，我们更加注意教材难度的控制，编写者删去了一些可有可无的内容，进行了大幅度瘦身。

鉴于第三版的篇幅已达四百余页，考虑到印刷成本、读者负担等因素，我们修订的原则之一是保持大框架不变，尽量不增加字数，要求某一章增加多少字数同时需要删除多少字数。再比如，我们决心将 Further Reading 和 Bibliography 做了调整，力图减少重复。同时，考虑到本书既然出版了练习册的单行本，横下决心将 Questions and Exercises 这一栏目在《练习册》的修订版中体现。所有这些，望使用本书的师生理解这些编写者的用心所在。

本人作为本教材主编之一年事已高，多病缠身，承蒙姜望琪教授和钱军教授承担主要的审定工作，保证了修订计划如期完成，谨表感谢之意。

胡壮麟
2010 年 8 月 8 日

第三版英文本前言

自《语言学教程》修订版于2001年出版后,一转眼又是五年。不论是参与本教程的编写者,还是使用本书的老师和同学,都对本教程寄予厚望,并提出善意的批评。这是促使我们不厌其烦动手编写第三版的动力。

有位老师在获悉我们改编工作已经启动后,曾好奇地问我们这第三版是一项大兴土木的工程,还是小打小闹做些局部修改?我一时语塞,觉得此举非三言两语能说得清楚。现在该是向学界同行和本书用户做些交代的时候了。

从1987年编写本书第一版时,我们就面临在本教程的学术性和通俗性之间进行抉择的矛盾。考虑到各高校开设语言学课程已有十余年的历史,我们在上世纪末认为该是实现已故许国璋先生和王宗炎先生在本教程序中所提出的严格要求的时候了,这是修订版的总体指导思想。修订版问世后,不少高校把本书作为报考语言学研究生的指定书目,这是对本教材的肯定和鼓励。但我们也听到较多反映,修订版难度增加了。因此,第三版改编的主要任务是在保持修订版的质量要求的同时,适当删除一些本科阶段可暂时不学的内容,行文力图改繁就简。我们另一个指导思想是本教程既要为中等偏上的高校使用,也要适应更多学校的需要,因此每章的内容可以略多,这样程度较好的同学有东西可学,又可让老师根据本校学生的水平选择部分主要内容进行教学,各得其所。在这个意义上,把本次改编看做局部修订也可。

但我们也有不少推倒重来之处,例如第四章句法部分的内容,我们听取广大师生的意见,按初版的内容改写,同时避免与最后一章有关语言学理论和流派重复。又如,有关语言与认知关系(第六章),语言理论的应用(第十一章)尽可能反映本学科近年来的发展,都做了彻底改写。在语言学与计算机关系的第十章中删去了信息提取的章节,补充了学生喜闻乐见的内容。其他各章也有一定程度的删减。

第三版有一个重大变化,那就是我们尽可能地充实了"问题与练习"的内容,前者旨在提高学生的思维判断和创新能力,后者有助于提高实际运用和巩固所学知识的能力。我们根据广大师生的要求,另行编写了练习册,老师和同学可以根据实际需要加以利用。

此外,学生较多地反映,学习语言学总觉得枯燥。我们在第三版中增添了一些插图。是否能达到预期目的，请使用者多提意见。我们谨向一些插图的原作者预致谢意。

除纸质版外，我们还陆续出版电子版和网络版，以满足不同读者的需要。这一工作由北京林业大学史宝辉教授负责总的策划。在深层次上，我们则希望在多模态化学习上做些尝试。

在编写《练习册》某些章节的思考题和练习答案时，我们曾获得北京交通大学叶起昌博士、解放军南京国际关系学院和北京师范大学的同学的帮助，在此一并表示感谢。在此意义上，本教材是集体智慧的结晶。

第一章	李战子	南京国际关系学院英语系主任、教授
第二章	史宝辉	北京林业大学外语学院院长、教授
第三章	彭宣维	北京师范大学外国语言文学学院教授
第四章	叶起昌	北京交通大学英语语言文学系副教授
	胡壮麟	北京大学外国语学院教授
第五章	姜望琪	北京大学外国语学院教授
第六章	齐振海	北京第二外国语学院教授
	卢 植	暨南大学外国语学院教授
第七章	杨永林	清华大学外国语言文学系教授
第八章	姜望琪	北京大学外国语学院教授
第九章	刘世生	清华大学外国语言文学系副系主任、教授
第十章	胡壮麟	北京大学外国语学院教授
第十一章	程晓堂	北京师范大学外国语言文学学院教授
第十二章	封宗信	清华大学外国语言文学系教授

热忱欢迎各校教师和学生一如既往对本教材不吝赐教。

胡壮麟
2006 年 5 月

修订版英文本前言

《语言学教程》于1988年出版，1992年获得教育部优秀教材一等奖。

在一片赞美声中，我们的头脑是清醒的。《教程》有许多不足之处，除校勘不力和理解有误外，缺乏批判性和原创性。按理说应及时修订，我们却几乎没有考虑。一方面，国内同类型的新教材陆续问世，不少方面比《教程》做得更好。另一方面，原编写者有的移居海外，有的忙于这样那样的事务，有的已经退休，难再集中。于是我们对《教程》曾持消极的态度，任它自生自灭。但在出版社、同行和读者们的鼓励下，我们还是克服了种种困难，编写了这一修订版。

修订版删除了一些章节，合并了一些章节，增加了一些章节。这方面，我们听取了在第一线使用本书的教师的意见，有些意义不大的内容可以不学或少学，而十余年来在语言学领域中新的进展应尽量反映。原先作为附录的两章继续保留，因为一些曾经考过研究生的年轻学者反映，这些内容对他/她们当时复习考研极有帮助。读者也会发现，虽然没能提出新的理论体系，我们已尽可能地对一些问题亮出观点，即使是不完全成熟的。此举也算不辜负为本书作序的王宗炎先生和许国璋先生的殷切期望吧！修订版还有一个变化，体现在编写者队伍发生了很大变动——作者年轻化。新人新气象，这保证了修订版的不落俗套，初版的原作者会为这一新人辈出的新现象感到高兴。参加修订本书各章的人员为：

  第一章 李战子 南京国际关系学院
  第二章 史宝辉 北京林业大学外语系
  第三章 彭宣维 北京师范大学外语系
       胡壮麟 北京大学英语系
  第四章 何 卫 北京大学英语系
       钱 军 北京大学英语系
       姜望琪 北京大学英语系
  第五章 姜望琪 北京大学英语系
  第六章 索玉柱 北京大学英语系
  第七章 杨永林 清华大学外语系

第八章	姜望琪	北京大学英语系
第九章	刘世生	清华大学外语系
第十章	胡壮麟	北京大学英语系
	彭宣维	北京师范大学外语系
第十一章	高一虹	北京大学英语系
	罗力胜	清华大学外语系
	程晓堂	北京师范大学外语系
第十二章	封宗信	清华大学外语系

在编写修订版时，我们碰到了十余年前同样的问题，是追求浅近、通俗、趣味，还是深透、理论、学术？本书的编写者有不同的看法，不同的读者也有不同的反响，这是自然的。为解决这一矛盾，经出版社同意，我们决定将难度较大、理论性较强的内容另出一书，供研究生用。即使如此，这种格调不一的缺点仍是本书的最大遗憾。我们谨在此向读者预致歉意。

在《教程》中曾编了一些练习，但未提供答案。知内情者，曾向主编索取未公开出版的答案。后来，据说南方有位老师好心地收入他的考题大全了。经参编者讨论后，修订版除对问题和练习作了一些调整和补充外，附上了答案。此举是利是弊，我们拭目以待。

还听说，有家出版社曾出版过《教程》的英汉对照本，如对修订版也感兴趣，望与北京大学出版社早日联系。

编 者
2001 年 3 月

第一版英文本前言

自 50 年代末，西方国家在语言学领域新说纷出，建树颇多，其影响遍及心理学、社会学、教育学、人类学、通信技术等学科，各大学也相继设立语言学系，培养专业人才。由于种种原因，这门学科的意义似乎还没有引起我国语言学界的足够重视。尽管如此，自 1980 年以来，国内已有较多院校的英语专业陆续开出以英语讲授的各种语言学课程，最普遍的首推"普通语言学"和"语言学导论"。为此，1984 年高等院校英语专业高年级教学讨论会提出的教学试行方案，建议把英语语言学作为英语本科的必修课程。考虑到国外教材无法大批量引进，且内容并不完全适用，有的过于深奥，有的举例较偏，有的缺少练习，根据国外现有材料，整理编写一部适用于我国英语专业学生需要的教材势在必行。正是在此形势下，我们联合起来，共同编写了此《语言学教程》。在编写过程中参考引用较多的语言学教材有：M. Alyeshmerni and P. Taubr（1975），D. Bolinger（1968），D. Crystal（1980），F. P. Dinneen（1967），V. Fromkin and R. Rodman（1983），H. A. Gleason（1961），C. W. Hayes, et al.（1977），A. A. Hill（1969），C. F. Hockett（1958），J. Lyons（1981），Lim Kiat Boey（1975），N. Minnis（1973），J. Richards et al.（1985），R. H. Robins（1971），J. M. Y. Simpson（1972），R. Wardhaugh（1972）。

编写本书的指导原则是：(1)以英语专业高年级学生为主要对象，也可供英语专业的研究生使用。(2)用英语编写，尽可能选用英语例句。(3)内容上，既要传授基本知识，也要反映语言学中的最新发展。(4)观点上，不拘泥于一派之说。(5)讲授本书内容时可详可简，授课教师可根据自己学校的教学方案和学生程度进行调整。

根据上述思想，全书正篇十六章，可分成两大部分。一至九章为第一部分，介绍语言起源及内部各层次；十至十六章为第二部分，讲授语言在时空中的变异及其与思维、文化、社会、语境、文学等外部因素的关系。此外，尚有两个附录，分别讨论语言学与教学的关系和当代语言学中的重要流派，希望对那些毕业后直接从事英语教学工作或拟进一步攻读硕士学位的英语专业学生有所帮助。

本书每章包括课文、练习和参考文献。书目左上端有星号者也为推荐阅读书目。全书末尾附有词条译名和索引，便于读者查阅。

先后参加本书编写工作的有北京大学胡壮麟（第五、六、七、九、十和十四章）、姜望琪（第三、四章）和高一虹（附录 I），北京外语学院刘润清（第十五章和附录 II）和郭健生（第十三章 13.1—13.2.1 和第十五章），对外经济贸易大学黄震华（第八和十六章）、杨潮光（第十一章）和慈继伟（第十三章 13.2.2 – 13.3.3），山东大学李延福（第一和二章），聊城师范学院张德禄（第十二章）。

本书曾受到国内专家和同行的指导和帮助。在初稿写成后，承蒙中山大学王宗炎教授、北京师范大学伍铁平教授、中国社会科学院语言研究所赵世开研究员、对外经济贸易大学廖雅章教授给以热情鼓励并提出宝贵意见。

经国家教委外语教材编审委员会英语组安排，担任本书主审工作的为北京外语学院许国璋教授和广州外语学院桂诗春教授，审稿会召集人为山东大学吴富恒教授。参加审稿会的还有山东大学张健教授，厦门大学黄希哲副教授，西安外语学院黄浩枢副教授，上海外语学院何兆熊副教授，山东师范大学马传喜副教授和曲阜师范学院王守元副教授。1986 年 10 月，在山东大学召开了审稿会，会后由主编统纂定稿。本书在内容和编写上未必能尽如人意，不当之处，恳切期望国内专家同行和读者惠予批评指正。

编　者

1987 年 2 月，于北京

第一版英文本序

　　胡壮麟、刘润清、李延福等同志编的《语言学教程》（英文）的出版，标志着中国外语教育界对语言学这一学科的重视。几位编者广泛取材，多方征求意见，反复修改，工作可谓扎扎实实。近年来，国内外语同行已出过结合不同语种的语言学入门教程五六种。本书出版不算早，但范围扩大了，信息增加了；再过两三年，还会有针对师范专业和科技专业的同类教材编印出来；与此同时，我国外语院系所开语言学课程除普通语言学之外，还有社会语言学、心理语言学、应用语言学、音系学、句法学、语用学、文体学等课程。这一切又标志着语言诸学科在中国外语界的兴起。50年代，我国曾引进语言史、词汇学、理论语法、风格论等课程，但比起现在所开设的语言学课程，前者多半是表层语言现象的概括，属于语文学的范围，后者更着重语言理论的阐发，属于现代语言学的范围。看到这一改革，我们不妨说语言学课程的开设，又标志着中国外语教育的一个方面在现代化的道路上又迈出了一步。

　　但是，现代化的目标不能停止在引进上。这一点，国内外语教材的改革颇有点像国内工业生产的改革：都忙于引进，说不上自创。不过外语界引进的是理论，而工业界引进的是成套设备，是硬件。况且，外语界具有读懂外国理论的外语条件和验证理论的教学环境，因此应该是有利的。

　　但是，我们觉得有必要从"引进"走到"自创"，其条件是：

　　1. 引进的理论，能用汉语说得清、讲得懂；能用汉语的例证加以测验。

　　2. 凡有可能，不妨采用现场工作法。我国社会语言学、心理语言学和测试学研究者已做出榜样，值得学习。

　　3. 凡在汉语诸范畴中验证外国某一理论，其有解释力者肯定之，其解释力太强或不具解释力者指出之，其主观臆测者直言之，不以权威而护短，不以宗师而慑服。

　　4. 尊重我所不懂或不明白价值所在的理论，不以有用无用、正统邪说为取与舍的标准。对理论有矢志不渝的精神，理解深，教得熟，力求贯通，比较，自创。

　　5. 汉语研究者中的前辈已经做出的自创，外语系出身的研究者应该认真读，读懂，直至应用到自己的研究工作。

　　写以上，为了自勉，也与国内同行共勉。

王宗炎　许国璋
1987年10月

目 录

第一章　语言学导论 ……………………………………（1）
　1.1　为什么研究语言？ ………………………………（1）
　1.2　语言是什么？ ……………………………………（2）
　1.3　语言的定义特征 …………………………………（3）
　1.4　语言的起源 ………………………………………（7）
　1.5　语言的功能 ………………………………………（7）
　1.6　什么是语言学？ …………………………………（11）
　1.7　语言学的主要分支 ………………………………（12）
　1.8　宏观语言学 ………………………………………（14）
　1.9　语言学中的一些重要区别 ………………………（16）

第二章　语　音 …………………………………………（19）
　2.1　发音和语音转写 …………………………………（20）
　2.2　辅音和元音 ………………………………………（23）
　2.3　音系学分析 ………………………………………（28）
　2.4　超音段特征 ………………………………………（35）

第三章　词与形态学 ……………………………………（41）
　3.1　词的性质 …………………………………………（41）
　3.2　语素的种类 ………………………………………（48）
　3.3　形态变化 …………………………………………（52）

第四章　从语词到篇章 …………………………………（60）
　4.1　句法关系 …………………………………………（60）
　4.2　语法结构和成分 …………………………………（62）
　4.3　句法功能 …………………………………………（68）
　4.4　范畴 ………………………………………………（72）
　4.5　短语、小句和句子 ………………………………（75）

4.6 递归性 ··· (77)
4.7 句子之外 ··· (79)

第五章 意　义 ··· (82)
5.1 "意义"的意义 ··· (82)
5.2 指称论 ··· (83)
5.3 涵义关系 ·· (85)
5.4 成分分析法 ·· (90)
5.5 句子意义 ·· (93)

第六章 语言与认知 ·· (102)
6.1 认知的定义 ·· (102)
6.2 研究语言与认知的三种方法 ···································· (102)
6.3 什么是心理语言学？ ·· (103)
6.4 什么是认知语言学？ ·· (113)

第七章 语言　文化　社会 ·· (129)
7.1 语言与文化 ·· (129)
7.2 语言与社会 ·· (140)
7.3 跨文化交际 ·· (145)
7.4 文化与标识 ·· (150)
7.5 总结展望 ·· (151)

第八章 语言的使用 ·· (153)
8.1 言语行为理论 ··· (153)
8.2 会话隐含理论 ··· (157)
8.3 后格赖斯时期的发展 ·· (164)

第九章 语言与文学 ·· (178)
9.1 概述 ·· (178)
9.2 文学语言的一些普遍特征 ······································· (178)
9.3 诗歌语言 ·· (183)
9.4 小说中的语言 ··· (190)
9.5 戏剧语言 ·· (197)
9.6 从认知角度分析文学 ·· (203)

第十章　语言和计算机 ……………………………（207）
　10.1　计算机辅助语言学习（CALL）…………（207）
　10.2　机器翻译 ………………………………（211）
　10.3　语料库语言学 …………………………（217）
　10.4　计算机介入的信息交流 ………………（221）

第十一章　第二语言教学与外语教学 …………（227）
　11.1　引言 ……………………………………（227）
　11.2　语言学习 ………………………………（228）
　11.3　语言教学 ………………………………（232）
　11.4　教学大纲的设计 ………………………（235）
　11.5　对比分析和错误分析 …………………（243）
　11.6　语料库在语言教学中的应用 …………（246）
　11.7　外语教育政策 …………………………（247）
　11.8　结论 ……………………………………（248）

第十二章　现代语言学理论与流派 ……………（250）
　12.1　引言 ……………………………………（250）
　12.2　布拉格学派 ……………………………（251）
　12.3　伦敦学派 ………………………………（255）
　12.4　美国结构主义 …………………………（268）
　12.5　转换生成语法 …………………………（275）
　12.6　修正还是反叛？ ………………………（286）

参考文献 …………………………………………（290）

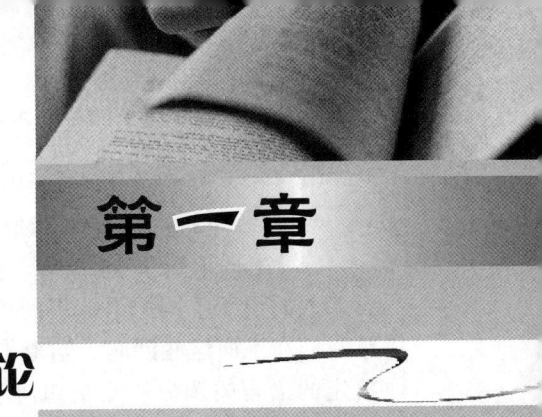

第一章

语言学导论

1.1 为什么研究语言？

语言于人类不可或缺，也是人之所以为人的重要特征，正因为这样，人们对语言的诸多方面存在着想当然的认识。在一些人看来，语言甚至不算是一门有学术研究价值的学科，他们只把语言当作进入其他知识领域的工具，而不是一门学科。但是，如果我们静下心来思考下面一些关于语言的言论，你就会觉得的确有必要对语言本质及其在人们生活中的作用进行重新思考。你或许会惊异地发现，在种族、伦理、社会经济最严重的歧视之中，有一些就是源自对语言的无知与误解。

误解一：语言仅是一种交际方式。
误解二：语言的形式和意义对应一致。
误解三：语言的作用即交换信息。
误解四：英语比汉语难学。
误解五：黑人英语不标准，需要改造。
……

类似的误解不胜枚举。在这门课程结束时，我们希望你能认识到这些流传甚广的观点并不那么正确。

下面是有关语言的一些基本观点，你或许会不假思索，本能地对其中一些表示赞同，或许会立刻表示反对。随着课程的推进，你将会在下面各章中更深入地认识这些观点。

（1）儿童能快速、高效地掌握母语而且无须指导。
（2）语言使用有章可循。
（3）任何语言均包括三个主要组成成分：语音系统、词汇语法系统和语义系统。
（4）每个人都说一种方言。
（5）语言缓慢变化。

（6）无论哪种语言，其使用者都能运用多种语言风格和一系列行话。

（7）语言与社会，语言与使用者紧密相连。

（8）书面语衍生于话语。

人们出于不同原因认识到语言的价值和用处。语言学可以作为一条途径，让我们在下面这些问题上知道得更多：大脑是如何工作的？大脑损伤如何导致特定的语言失调症？儿童如何学习语言？人们如何学习和教授不同语言？语义和感知之间的关系是什么？不同文化中语言扮演什么角色？为什么人们使用不同的语言变体？为什么不同团体的人们存在语言上的差异？科学家如何使电脑更加拟人化？如果你想进一步研究上述某个问题或其他与语言相关的领域，本教程将是你的一个起点。

这里我们还要提及学习语言学更为普遍的意义。我们都注意到，无论我们作为个体还是作为社会存在物，语言在我们的生活中都居于中心位置，如果我们不能充分了解语言的结构与本质，那么对是什么使我们从根本上成为人，我们仍将一无所知。对语言的探究不应仅限于语言学家，因为语言是全人类共享的一种极重要的资源。

1.2 语言是什么？

《韦氏新世界词典》(Webster's New World Dictionary)提供了"语言"最常见的几种释义：(1) a. 人类的言语；b. 通过言语交际的能力；c. 一套语音系统以及产生意义的语音组合系统，用来表达、交流思想和感受；d. 上述系统的书面表示。(2) a. 任何表达或交际的方式，如手势、信号、动物的声音；b. 一套特定的符号、字母、数字、规则集合，用来传达信息，如计算机中所采用的等。尽管在使用"语言"这个词时我们的具体所指有所不同，但这里我们主要讨论的是语言的基本涵义，即(1) a、b、c、d。

对于上面提到的语言其他释义的研究，当代语言学同样给予了关注，比如对借助图像、声音等符号资源来表现的多模态语篇进行研究。多模态至少包含五种意义产生模式：语言的、视觉的、动作的、空间的和听觉的，它们共同作用创造文本。

不同的意义模式总是相互作用的，从这种意义上说，一切文本都是多模态的。文字和图像被组织在一张版面上便产生了一篇新闻报道；图像、声音和动作相配合才能构成一部戏剧或电视节目；低声细语或纸上的小号字体，往往表达出某种特殊意义；照片跟相框严丝合缝则会给人一种空间局促感。

"语言"的一个最直接的定义便是,语言是言语交际的一种方式。因为口头与文字的交际方式都是一种有目的的行为,所以语言是工具性的;因为语言是一种社会符号,语言交际只能在所有使用者对非语言提示、动机、社会文化角色等相关要素都具有相同的理解之后才能有效进行,因此语言又是社会性的、约定性的。语言的学习与使用取决于生物、认知、心理和环境等各种因素。简言之,语言比任何动物交际系统都复杂得多,是语言把人与动物区分开来。

1.3 语言的定义特征

尽管我们都同意语言对人类来说至关重要,但要具体说明是什么使我们的语言优于动物的"语言"却很困难。为了在种群中交配、繁殖与合作,鸟、蜜蜂之类的物种也会通过唱歌和跳舞来交流,也有需要遵守的复杂惯例。它们也在使用语言吗?我们认为这并不是真正的语言。著名哲学家伯特兰·罗素(Bertrand Russell)曾经对此作过讨论,大意为:"不论一只狗叫得多么卖力,它也无法对你说明它的父母贫穷却又诚实。"那么,到底是什么使人类的语言既复杂又灵活,还可以不受临近的语境制约而创造出新的意义?一句话,是什么让它区别于其他物种使用的"语言"?那些决定了人类语言性质的特征我们称之为**定义特征**(Design Features)。以下便是经常被提及的一些特征。

1.3.1 任意性

这一特征由索绪尔(Saussure)最先提出,现已被广泛接受。**任意性**(Arbitrariness)是指语言符号的形式与所表示的意义之间没有天然的联系。例如,我们无法解释为什么一本书读作 a /buk/,一支钢笔读作 a /pen/。但是,任意性具有不同层次。

1. 语素音义关系的任意性

想到拟声词,你可能会反对这个观点。拟声词就是词的发音与其所描述的声音相类似,例如汉语中的"叮咚""轰隆""叽里咕噜",它们的形式似乎建立在天然基础之上。但英语和汉语描写同样声音的却是完全不同的词。比如说,在英语中狗叫是 bowwow,而在汉语中则是"汪汪汪"。

对拟声现象存在一些误解。实际上,任意性和拟声现象可以同时体现,以韦德森(Widdowson)从济慈(John Keats)的《夜

莺颂》摘取的一行诗句为例：

例 1-1
　　The murmurous haunt of flies on summer eves
　（夏日黄昏嗡嗡的蝇群）

如果你大声朗读，你可能会感觉到声音与意义的联系。但这种效果并非来自嗡嗡的声音本身，因为在你建立这种联系之前，你必须知道 murmurous，summer，eves 这些词的意义。为了证明这一点，可试想如果我们用发音类似的词 murderous 代替 murmurous，这样发音与飞舞的蚊子所发出的噪声之间便建立不起任何联系。"只有在明白了意义之后，你才能推断出形式是适合的。"（Widdowson，1996：6）这个观点对大量所谓的拟声词都适用。

2. 句法层面上的任意性

系统功能语言学家和美国功能语言学家认为在句法层面上语言是非任意的。

所谓句法学，是指依据语法规定建构句子的方法。正如我们所知，句子成分的排列顺序遵循一定规则，小句的顺序和事件真实的顺序有一定的对应关系。换句话说，句法的任意性小于词汇，尤其是涉及真实顺序时。试比较：

例 1-2
　　a. He came in and sat down.
　　b. He sat down and came in.
　　c. He sat down after he came in.

我们说 a 时，指的是动作的顺序；说 b 时，读者会按与实际情况相反的顺序来理解——认为也许他是坐上轮椅再进入房间；在 c 中因为 after 的帮助，我们可以调转小句的顺序。因此，功能语言学家认为语言中最严格的任意性存在于对立的语音单位中，我们通过它们来辨别像 pin 和 bin，fish 和 dish 这样成对的词语。

3. 任意性和规约性

那么语言的形式和意义究竟有什么联系呢？它们之间是约定俗成的关系。这里我们不得不看一下任意性这枚硬币的另一面，即**规约性**（Convention）。作为外语学习者，别人经常会告诉我们："这是惯用法"，意味着这是一种约定俗成的说法，即使你觉得它看起来或听起来有不合逻辑之处，也不可以作任何改动。任意性使语言有潜在的创造力，而规约性又使学习语言变得辛苦。对一名外语学习者来说，语言的规约性比任意性更值得注意。这也说明为什么在我们费力地记忆惯用法时，我们对语言的任意性浑然不觉，却对语言的规约性感到多少有些头痛。

1.3.2 二层性

"**二层性**（Duality）是指拥有两层结构这种特性，上层结构的单位由底层结构的元素构成，每层都有自身的组合规则。"（Lyons, 1981: 20）

粗略地讲，话语的组成元素是本身不传达意义的语音，语音的唯一作用就是相互组合构成有意义的单位，比如词。因为底层单位是无意义的，而上层单位有明确的意义，所以我们把语音叫作底层单位，与词等上层单位相对。二层性只存在于这样的系统之中，既有元素又有它们组合所构成的单位。许多动物用特定的声音交际，它们都代表相应的意思。也就是说，上层单位有意义但却无法分成更小的元素。所以我们说动物交际系统没有人类语言的这种结构特征——二层性。因此，从人类的角度来说，动物语言的交际能力受到了很大限制。

讲到二层性，我们必须注意语言是有等级性的。我们听一门不懂的外语时，流利的说话者像是在用持续的语流说话。然而，没有一种语言的语流是连续不断的。为了表达离散的意义，必须要有离散的单位，要对一门新的语言解码首先要找到那些单位。最底层的单位是由众多无意义的语音组成的片段，我们称之为音节。音节是讲话时的最小单位，是成百上千词语的片段——语素的承载者，例如，前缀 trans 或者后缀 ism。有了成千上万的词，我们就可以联系更多的意义，在此基础上，才可能组成难以计数的句子和语篇。

鲍林格（Bolinger）和希尔斯（Sears）指出，"分层——这种一级在另一级之上的方式——是'有限手段无限使用'的具体体现，这是人类交际最显著的特征，并为之提供了无比丰富的资源"。（Bolinger & Sears, 1981: 3-4）

现在我们能够理解二层性的优势了，它使语言拥有了一种强大的能产性。大量的单位由很少数量的成分组成，如，构成成千上万的词只需一小组语音，如英语语音大约有 40 个左右。① 运用大量的词，可以产生无穷的句子，这些句子又可以形成无穷无尽的语篇。

1.3.3 创造性

创造性（Creativity）指语言的能产性，这来源于语言的二层性和递归性。语言比交通信号灯复杂得多，原因之一便是我们可以利用语言产生新的意义。无数的例子可以证明，词语通过新的使用方法能表达新的意思，并能立刻被没有遇到过这种用法的人所理解。这种能力正是人类语言区别于鸟儿那种只能传递有限信息的交际手段的原因之一。（Thomas & Shan, 2004: 7）

---

① 确切的数目取决于不同的英语口音。

如果语言仅仅指一个交际系统,那么它便不是人类所独有的。众所周知,鸟、蜜蜂、蟹、蜘蛛和其他大多数生物都通过某种方式交际,只是可以传达的信息极为有限,仅为很少的几种。语言的创造力一部分来自它的二层性,我们在上面已经讨论过,即利用二层性,说话者可以通过组合基本语言单位,无止境地生成句子,大多数都是以前没有过的或没有听过的。

从另外一种意义上说,语言是创造性的,是因为它有制造无穷长句的潜力。语言的递归性为这种潜力提供了理论基础。譬如,我们可以写一个下面这样的句子并把它无限扩展下去:

例 1 – 3

He bought a book which was written by a teacher who taught in a school which was known for its graduates who...

1.3.4 移位性

移位性(Displacement)是指人类语言可以让使用者在交际时用语言符号代表时间上和空间上并不可及的物体、事件或观点。因此,我们可以提及孔子或北极,虽然前者已经去世约 2500 年而后者位置距我们非常之远。

一旦发生关乎共同利害的事情,大多数动物都会被激发出特定的反应。例如,一只鸟的一声警告鸣叫说明有突降的危险,这样的动物处于"直接刺激控制"之下。人类语言不同于动物的交际系统,它是不受刺激控制的,我们讲什么无须由外界或内部的刺激引发。蜜蜂的舞蹈展示出少许的移位性:它能指示食物源,在它回来报告时,食物源在时间和空间上是过去的、遥远的。一只狗不能告诉人们若干天后主人在家。语言使我们能够谈及已不存在或还未出现的事物。

移位性赋予人们的概括与抽象能力使人类受益无穷。词在指称具体物体时,并不总是出现在即时、形象化的语境中。它们通常为了体现指称含义而被使用。一旦我们谈到远离现实之物,我们需要具备理解"非实体"概念的能力,如真理和美。总之,移位性给予我们心智的好处在于它使我们有可能用抽象的概念来交谈或思考。(Fowler, 1974: 8)

1.4 语言的起源

> 太初有道,道与神同在,道就是神。(《约翰福音》1:1)
>
> 耶和华说:"看哪,他们成为一样的人民,都是一样的言语,如今既做起这事来,以后他们所要做的事就没有不成就的了。"(《创世纪》11:6)

这些圣经片段试图暗示语言的一些神秘起源。今天我们所知道的是世界上正在使用着的语言超过6000种,方言更是不计其数。统一的语言早已不复存在,我们无法听懂彼此的语言。关于语言的起源有许多著名的理论,尽管有些现在已经不足为信了:

摹声说(bow-wow):远古时代,人们居住在野生环境中模仿动物发出的声音,语言便由此而来。拟声词似乎是这一理论最令人信服的证据,但在下面的讨论中我们会发现,拟声词在对自然声音的模仿程度上是非常不同的。此理论缺乏有力证据。

感叹说(pooh-pooh):我们上古祖先在艰苦的生活中,常本能地发出表示痛苦、愤怒和高兴的声音。至于证据,我们能列举的只是普遍被用作感叹词的若干语音。但在几乎所有语言中,感叹词数量都非常有限,这就使这一理论存在问题。除此之外,诸如"哦、啊、哎哟"等感叹词与语音系统关联甚少,因此也不能成为确证。

哼唷声说(yo-he-ho):原始人共同劳动时发出有节奏的哼唷声,这种哼唷声逐渐发展成单调的语调,然后变成语言。在语言中确实含有节奏的运用,但有节奏的哼唷声与现行的语言相去甚远。这一理论至多是猜想。

我们可以继续了解各种奇特的猜测,可以看出,至今对语言起源未果的探求反映了人们对人类起源的关切,将来也许会有具启发性的发现。但我们可以肯定的是,语言的演化与特定的历史、社会和文化环境密不可分。

1.5 语言的功能

语言学家从抽象的角度,而不是从用语言去聊天、思考、买卖、读写、问候、表扬或谴责等方面来讨论语言的功能,他们归纳了这些实用功能,并且试图对语言的基本功能作一概括分类,比如:

雅格布逊(Jakobson)认为,语言像任何符号系统一样,首先是为了交际。对很多人来说,交际的目的是为了传达信息,而雅格布逊(以及布拉格学派的结构主义语言学家)认为这并不是唯一的,甚至不是主要的交际目的。在他著名的文章《语言学与诗学》(1960)中,雅格布逊定义了言语事件的六个主要因素,即:发话人、受话人、语境、信息、语码、接触。与此相关,雅格布逊在交际的六个关键因素之上建立了一套著名的语言功能框架,即:所指功能(传达信息),诗学功能(享受语言自身的乐趣),情感功能(表达态度、感觉和情感),意动功能(通过指令和恳求说服和影响他人),寒暄功能(与他人建立交际)和元语言功能(弄清意图、词语和意义)。它们与语境、信息、发话人、受话人、接触和语码等元素相对应。雅格布逊(Jakobson,1960)关于语言功能的观点至今仍然很重要,请看下面的图表。

```
                        语境
                        所指功能

    发话人              信息                  受话人
    情感功能            诗学功能              意动功能
    (如表示气愤的语调)  (如诗歌)              (如祈使和呼语)


                        接触
                        寒暄功能
                        (如"早上好!")


                        语码
                        元语言功能
                        (如"嘿,能听到吗?")
```

韩礼德(Halliday)提出语言的元功能理论,即语言有**概念功能**(Ideational Function)、**人际功能**(Interpersonal Function)和**语篇功能**(Textual Function)。概念功能构建经验模型和逻辑关系,人际功能反映社会关系,语篇功能建立语言和语境的关系。(Halliday,1994)

在他早期的作品中,韩礼德通过观察儿童语言的发展提出了七类语言功能,分别是工具功能、控制功能、表达功能、交互功能、自指性功能、探索功能和想象功能。还有其他的一些分类方法,所分类别和所用术语多有不同,但在语言的基础功能上看法大致相同。下面我们逐一看一下这些功能,当然,下面列出的概括性分类多少会有所重合。

1.5.1 信息功能

大多数人认为信息功能是语言的主导功能。语言是思维的工具,人们往往觉得有必要大声讲出他们的思想,比如当他们在解决一个数学问题时。能够用语言记录事实是社会发展的前提,这的确是语言的一项关键功能。

在功能语法的框架里这又被称作概念功能。韩礼德认为:"语言为表达'内容'服务:内容就是指说话者在真实世界的经验,包括自我意识的内在世界。语言为了服务内容而把这些经验结构化,帮助我们形成看待事物的方式。所以,如果试图不遵循语言的暗示从其他不同角度看待事物,是要费些脑筋的。"(in Lyons, 1970:143)

1.5.2 人际功能

语言最重要的社会功能是人际功能,人们靠它建立并维持社会地位。在功能语法框架中,人际功能所关心的是语境中发话人与受话人的互动关系和发话人对他所说的话、所写的东西持有的态度。比如,人们称呼他人和指代自己的方式(例如"亲爱的先生、尊敬的教授、约翰、你的、你顺从的奴仆")显示了人际关系的不同等级。

"语言建立并维持社会规则,包括由语言本身造成的交际角色——例如提问者与回答者的角色通过提出或回答问题来实现;……通过此功能……社会团体被划分,个人也得到了识别和强调,因为通过与他人的语言互动,自身人格得到了表达和发展……"(Halliday, in Lyons, 1970:143)与人际功能相关的就是身份表达的功能。比如足球比赛中人群的叫喊、公共集会上高呼名字和口号、安排好的观众对电视比赛的反应都是信号,表明我们是谁、我们在哪里。语言标明我们的身份:生理上是年龄、性别和声线;心理上是谈吐、个性和智力;地域上是口音和方言;伦理和社会上就是社会阶层、阶级、角色、团结和疏离。(Crystal, 1992:17)

人际功能是一个涵盖非常广阔的范畴,经常在不同的术语涵盖下进行讨论。下面的施为功能、感情功能、表达功能和交感功能都强调人际功能的不同侧面。

1.5.3 施为功能

施为(Performative)的概念来自以奥斯汀(Austin)和塞尔(Searle)为代表的语言学家对语言的哲学研究,他们的理论现在成为语用学的支柱。(见8.1)

施为功能主要是为了改变人的社会地位,如在婚礼上、判刑、为孩子祈福、下水仪式上对船的命名、诅咒敌人等。在这些言语行为中,语言通常是非常正式的,甚至是仪式化的。

施为功能在某些特殊的场合或宗教仪式中可以延伸到对事物的控制。比如汉语中,当有人打碎碗或盘子时,主人或在场者很可能会说"岁岁平安",

以此作为一种方式,来控制打碎东西带来的力量可能对自己生活不好的影响。

1.5.4 感情功能

根据调查,虽然信息的传递发生在大多数语言使用中,但它们最多占全部言语交际的20%(Nida, 1998:17)。语言的感情功能是语言最有用的功能之一,因为它在改变听者赞成或反对某人、某物的态度上作用非常关键。克里斯特尔(Crystal, 1992:17)认为在承受压力时,语言是一种摆脱紧张的方法。如誓言、猥亵之辞、对美丽的艺术或景致的言语反应;习惯性话语/短语,如 God, My, Damn it, What a sight, Wow, Ugh, Oh 等。

感情功能又常在表达功能的范畴内进行讨论。表达功能能够完全个人化而不掺入任何与他人的交际。比如说,一个男人被锤子砸了手指甲后大叫"哎哟!",或者当他意识到忘记了一个约会后会嘀咕咒骂。"天哪!""我的妈呀!""好呀!"这些感叹词通常不具有跟他人交际的目的,但对于自我感受来说,却是很重要的言语反应。这样的表达感情的语言还可以是一群人的相互反应,他们想通过这样做来巩固相互的言语表达以显示他们的团结。(Nida, 1998:21)

1.5.5 寒暄交谈

术语"**寒暄交谈**"(Phatic Communion)来自马林诺夫斯基(Malinowski)对特罗布里恩群岛(Trobriand Islands)上居民语言功能的研究,指语言的社会交往。

例 1-4

P 先生打了个喷嚏。

Q 先生:Bless you.

P 先生:Thank you.

我们都会用这种短小的看似无意义的表述来维持人们之间和谐的关系,并不涉及任何实质内容。日常性的关于天气、健康的谈话,如"早上好""上帝保佑""天气真好"都是叙述显见的东西。但它预示一旦需要,交际渠道便会打开。不同文化在寒暄交谈中有不同的话题。据克里斯特尔(Crystal, 1992)说,天气并非像英国人所想的那样,是一个普遍性的穿插在谈话中的话题。布隆迪(中非)妇女在离开前,会习惯于礼貌地说:"我现在必须回家了,不然我丈夫会揍我的。"

宽泛地讲，这种功能指有助于确立和维持人际关系的表述，像俚语、玩笑、行话、礼节性的问候、社会方言或地域方言的转用等。为了与他人的交际更愉快，我们必须大量学习这种用法。

1.5.6 娱乐功能

语言的娱乐功能常被忽略，因为其目的非常单一而用处又极其有限。但没有人会否认确有为了纯粹娱乐而使用语言的情况，如婴儿的咿呀学语、吟唱者的吟唱。在拉丁和伊斯兰世界，还有中国的一部分地区，"对歌"流传很广，一名歌唱者以一首短歌开头挑战对手，让他接续歌的内容或运用相同的节奏和韵律来回答。这样的对歌会持续好几个小时，完全是为了纯粹的娱乐而使用语言。比如著名影片《刘三姐》就展示了一场对歌的情景，参与者用语言进行游戏而获得乐趣。

如果你观察孩子们的玩耍就会发现声音的力量。有时，他们口中无意义的歌谣也能在游戏中体现娱乐功能：重复的节奏有利于控制游戏，孩子从中得到极大乐趣。成人也有自己欣赏语言的方式。例如，写诗让他们对纯粹的语言之美产生愉悦感。这就与雅格布逊的诗歌性功能非常接近了。

1.5.7 元语言功能

我们的语言可以用来讨论语言本身。比如说，我可以用"书"指代一本书，也可以用"'书'这个词"来指代"书"这个词本身。为了把书面文本组织成一个连贯整体，作者用特定的表述使读者明白已经被文章带到了哪里，下一步要去往何处。譬如，用（b）"All around the town the lion chased the unicorn."代替（a）"The lion chased the unicorn all around the town."线性顺序的变化使我们对句子重点的理解发生了改变。（b）回答了"狮子在做什么"，而（a）则回答了"狮子在哪儿或在什么范围内追逐独角兽"。这就是**元语言**（Metalingual）功能，与功能语法中语言的主位功能相契合。

这使语言具有无限的自我反身性：人类可以谈论"谈话"，也可以思考"思考"。所以只有人类才能提问：元语言功能对交际、思考及人类的意义是什么？

1.6 什么是语言学？

在讨论了语言学的研究对象、语言的本质特征、语言的功能之后，我们现在回到语言学本身，简要讨论什么是语言学，其学科地位又如何。语言学通常被定义为研究语言的科学，或对语言的科学研究，是一个内涵丰富而又激动人心的领域。①

但是，对语言学是否是科学曾经存在过争论，尤其是语言学刚刚以科学的身份出现时。现在争论早已没有，语言学已牢牢树立起作为社会科学一个主要分支的地位。作为被认可的学科，语言学是拥有无限探索潜力的一片领域，是一门精深的"行业"，每年都产生大量的专著、学位论文和学术论文。它所关注和亟需解决的问题在专门期刊如《语言》(*Language*)、《语言学杂志》(*Journal of Linguistics*)、《语言》(*Lingua*)、《应用语言学》(*Applied Linguistics*)等和定期的学术会议上都有体现。

有了前面的讨论，语言学突飞猛进的原因就显而易见了。语言对个人是如此重要，对人类社会的正常运转是如此关键，它本身在结构上又是如此深奥复杂，所以必定会吸引大量理性的关注。这种关注必然促生具有重要实际意义的研究（如言语治疗、教育、翻译方法和许多更具实用性的需求），语言学的探讨注定在学术上和经济上都受到欢迎。语言学同样是具有理论重要性的一门学科，比如，索绪尔提出的结构主义已经影响了文学研究和社会研究等相关的社会科学。中国的语言研究有悠久的历史，但要实现突破，语言学家们还有很长一段路要走。

作为一门科学，语言学现在已经有自己的一套理论、方法和分支。随着计算机技术的进步，语料库语言学也得到了飞速发展，人们认识到直觉和语料有各自的优势，所以关于直觉和语料的争论已经平息。莱昂斯(Lyons)在20世纪70年代指出语言学是经验主义的，而不是靠猜想或直觉，他预见到：语言学研究需依靠由观察和实验得到的各种数据进行(Lyons, 1981: 38)。今天我们期望定性的研究方法与定量的研究方法可以在语言学研究中均衡运用，互为补充。

1.7　语言学的主要分支

通常认为，语言学至少应包括五个研究方向：音系学、形态学、句法学、语义学和语用学。下面就是语言学的这些主要分支。

1.7.1　语音学

语音学(Phonetics)研究语音，包括言语的产生（即语音如何被发出、传递和感知），对语音、词语和连续言语等的描写和分类。

---

① 你可以搜索到许多语言学网址，其中语言学知识包罗万象。例如，http://www.linguistlist.org. 近期在语言学方面，诸多个人专业网站大量涌现，你可以浏览世界各地语言学学者的在线课程。

对言语的分析,可以在不同的层面上展开。一个层面是,言语关系到解剖学和生理学,我们可以研究舌头、喉等器官以及它们在言语产生中的作用;另外的层面,我们也可以对单个语音进行识别和归类,把分析重点放在发音器官发出的语音上,这是**发音语音学**的研究范畴。我们也可以调查声波的性质,这是**声学语音学**的范畴。讲话的目的是要被听到和被理解,因此还有必要研究听者如何分析和处理收到的声波,这是**听觉语音学**的范畴。

尽管本书只讨论发音语音学,但这四个层面是相互融合的。对语音学知识的牢固掌握是学习音系学的基础,没有它,对音系学的研究便无从下手。

1.7.2 音系学

音系学(Phonology)研究支配语音分布和排列的规则以及音节的形式。音系学以音位为起点来处理语言的语音系统。音位是语言中能够区别意义的最小的语音单位,英语的音位有四十个左右。如果你重复发 /p/ 这个音十次,每一次都会因为生理原因而有轻微的差别。另外,在 poor 和 soup 中,两个 /p/ 的发音不同,因为它们都受邻近音的影响。即便这样,每个 /p/ 音还保持足够的相似度而不会与其他的音位相混淆。

语音学是对人所能发出的语音进行研究,而音系学只是对这其中能够组成语言和产生意义的语音进行研究。前者注重无序的语音,后者注重排列顺序。

1.7.3 形态学

形态学(Morphology)关心词的内在构造,研究意义的最小单位——语素和构词过程。尽管很多人认为语言最基本的意义单位是词,但许多词可以被分成更小的叫作语素的单位。语素的功用不全相同,有些语素通过替换言语片段或改变意义来产生新词,还有一些通过改变已有词义或赋予新的语法信息来产生新词。因为语素是语音和意义的结合体,所以格外复杂,因此产生了名为"形态音系学"的一个新领域。

不同语言对语素的依赖程度不同。比如在拉丁语中,意义随词尾形态的变化而改变。相反,英语中运用词的顺序传递话语的意义比运用形态变化更为常见。比如说,The dog sees the rabbit(狗看见了兔子),如果我们改变词的顺序,就得到 The rabbit sees the dog(兔子看见了狗),句子的意义发生了变化。但在拉丁语和俄语中,dog 和 rabbit 根据在句子中充当主语还是宾语而带有形态不同的词尾,因此变换它们的位置不影响句子的意思。

1.7.4 句法学

句法学(Syntax)研究产生和理解正确的句子所遵循的规则。句子的形式和结构受制于句法规则,这些规则规定了词语顺序、句子组织方式以及词之间、词类之间和其他句子成分之间的联系。我们知道,句义不仅仅与词序有关,还与结构的组合方式有关。譬如:

例 1–5
  The children watched [the firework from the hill].
  孩子们看山上放的烟火。
  The children watched [the firework] [from the hill].
  孩子们在山上看烟火。

这是顺序丝毫未变的两行词语,意义差别却很大,每一行都对应一种可能的结构。这样的例子还有很多,如 The chicken is too hot to eat.

1.7.5 语义学

语义学(Semantics)考察的是意义如何在语言中被编码。它不仅关心词作为词项的意义,还关心词的上下语言层面,例如语素和句子的意义。下面是一些关键性概念:语义成分、词的所指、词之间的意义联系(如反义词和同义词)、句子间的意义联系(如蕴涵和预设)等。

1.7.6 语用学

语用学(Pragmatics)在语境中研究意义。它研究特定场合下的特定话语,尤其注意不同的语言运用的社会语境如何影响语义的诠释。换句话说,语用学关心的是语言是如何被用来交际的,而不是语言是如何构成的。

  语用学主要把言语运用看作各种社会常规所制约的社会行为。它的一些重要概念如指代、语力、效果、合作原则等可能看起来都是常识性的,但语用学是语言学研究最有发展前景的领域之一。以对话为例,语言主要通过言语方式来传递,语用规则制约着许多会话的交流方式,如顺序的组织、错误的修改、言语角色和言语行为。对话的组织包括话轮转换、开始、维持和结束一段会话,建立和维持一个话题等。

1.8 宏观语言学

  语言学并不是研究语言的唯一学科,其他学科如心理学、社会学、人种学、法学和人工智能研究等都和语言有关联。另一方面,尽管"索绪尔的目的是给予语言学自主性,给它定义明确的研究对象,将它从对其他学科的依赖中解放出来,但随着时间的推移,语言学与其他学科的联系变得复杂。描述潜在的根本系统的中心目标仍然存在,但这是普通语言学和描写语言学的范畴。既然语言同时拥有个人和社会两个层面,它自然就成为心理学家和社会学家的共同兴趣所在"(Hartley,1982:16)。所以,毫不奇怪,有些宏观语言学的分支名称就已经显示出了跨学科的特点。

1.8.1 心理语言学

心理语言学考察语言和意识的相互关系,如话语的处理和产生、语言习得等。语法的心理语言学研究即研究心理语言学对语法形式的限制。心理语言学还研究儿童语言的发展,如语言习得理论、语言的生物学基础及语言和认知的关系等方面。(Slobin,1979)

1.8.2 社会语言学

社会语言学是一个总括性的术语,囊括了对语言和社会的许多不同的研究领域,包括语言的社会功能和语言使用者的社会特征。社会语言学研究语言变体的特征、它们的功能特征、说话者的特点及这三者如何在言语社团中持续地相互作用和变化。它试图揭示出那些可以解释和限制言语行为、言语社团中言语举动的社会规则和规范,同时,也试图确定语言变体对于说话者的符号性价值。语言变体具有符号性或征兆性特征,这是语言功能差异的必然结果。

1.8.3 人类语言学

作为一门科学,语言研究的历史稍长于人类学研究的历史。在早期的实地调查中,人类学家曾借助语言学家在无文字语言研究上的帮助,从此这两个学科就紧密联系起来。与其他语言学家不同,人类语言学家主要对早期无文字语言的结构及其历史感兴趣,他们关注语言的出现和上千年来语言的分化。无文字语言必须要听到才能被研究,一旦说话者死亡就没有任何痕迹可寻。人类语言学家必须从对当代语言的比较出发,才有可能推测出语言过去发生了何种变化,并对当代语言之间的相似性和差异性作出解释。典型的人类语言学家会问:两种或两种以上的当代语言是否源自相同的一种远古语言?如果它们是有联系的,那么多久之前它们开始变得不同?

1.8.4 计算语言学

计算语言学是一个跨学科的领域,它以利用计算机处理或产生人类语言(即"自然语言",与计算机语言相区别)为中心。在这个领域,语言学有助于理解语言数据的特殊性质,可以提供理论对语言的结构和使用进行描写,而计算机科学为设计和实现计算机系统提供理论和方法。当前的一些应用领域包括机器翻译（从一种语言到另一种语言的翻译）、语料库语言学和信息检索（在大型文本库中储存和寻找相关文档）以及各种各样借助计算机进行的交际方式。

1.9 语言学中的一些重要区别

1.9.1 "描述式"和"规定式"

思考下面的例子：

例 1-6
  Don't say X.
  People don't say X.

前一句是**规定式**（Prescriptive）指令，后一句是**描述式**（Descriptive）陈述，区别在于前者说明事情应该如何而后者描述事情本是怎样。"把语言学说成描述性（即非标准化）的科学是说，语言学家试图发现和记录同一语言共同体的成员所遵循的规则，并不是强加给他们其他（即外来的）规则或正确的标准。"（Lyons，1981：47）

今天的语言学家之所以坚持这两类规则的区别，是因为传统语法在特征上非常规范。比如，不能用双重否定、不能把不定式分开等。

在 18 世纪，欧洲主要语言都是通过规定式的方法进行研究，所以语法学家尝试为正确使用语言定下各种规则，一劳永逸地解决用法上的争议。一些用法被规定为需要用心记住，要严格遵守或坚决避免，因为这是黑与白、对与错的问题。

尽管今天人们已经认识到实际的用法比权威的"标准"更有用，但我们中的有些人还是持这种态度。当需要判定一个用法在英语中是对还是错时，我们既不靠逻辑也不靠拉丁语法，这并不是说建立和规定使用规范毫无用处。"在现代社会，规范一个特定国家和地区的主要方言会带来管理上和教育上明显的便利。"（Lyons，1981：53）但语言学作为科学的本质决定了它关注的是描述而非规定。

1.9.2 "共时"和"历时"

共时（Synchronic）的描写取特定的时刻（通常为当下，但不唯一）作为观察点，大多数语法描述都是这种性质的。如果你从图书馆的书架上取下一本名为《现代希腊语语法》的书，这就是一本共时语法书；同样，《莎士比亚英语语法研究》是对单一过去语言的共时描写。因为语言时刻在变化，语法描写

是一项耗时的工作,所以共时是一种虚构。但是,这种虚构对语言学是至关重要的。(Fowler,1974:34)

索绪尔的**历时**(Diachronic)语言学是在语言的历史演化中研究语言。历史语言学也是19世纪达尔文主义者普遍感兴趣的领域。在对印欧语系历史发展的研究之中,语言学家中间形成了一个固定的传统,导致关于拥有文字系统、占有文化优势的大多数欧洲语言的历时信息大量产生。

1.9.3 "语言"和"言语"

索绪尔用**语言**(Langue)和**言语**(Parole)来区分说话者的语言能力和语言上(表达)的实际表现或语料。虽然言语是即时可得的语料,但语言学家的正确研究对象应该是每个社团的语言,那些由社会培养而植根于个人的词汇、语法和语音,在此基础上个人使用并理解自己的语言。

"如果我们能将所有个人头脑中的词语形象汇总起来,我们就能确定组成语言的社会纽带。语言是通过言语实践存放在某一社团全体成员中的宝库,一个潜存在每个人的大脑中,或者更确切地说,潜存在一群人的大脑中的语法系统。因为任何说话者都不可能展现语言的全部,它只有在集合体中才能完全存在。把语言和言语分开的同时,我们也把(1)社会的与个人的,(2)核心的与附属的和多少是偶然的区别开来了。"(Saussure,1960:13-14)

1.9.4 "语言能力"和"语言运用"

乔姆斯基(Chomsky)在《句法理论的若干问题》中讨论过它们的根本区别。一名语言使用者对于语言规则系统的潜在意识称为他的**语言能力**,而**语言运用**指在具体场景中语言的实际运用(Chomsky,1965:3)。

作为语言使用者,我们对语言规则有天生的把握,尽管我们可能无法清晰表述,但我们的言语应用可以展示这种能力。如果你听过一场激烈的辩论并描述它,你会发现讲话者并不总是遵守语法规则。即使是成熟的讲话者都会不合时宜地开口、讲话跑题或者表达不符合语法。

实际上,除一些细节之外,学龄前儿童知道所有语言规则,他们通过使用语言而学习规则。从儿童使用名词的方式可以看出,在他能够给名词定义之前他便知道名词是什么。我们还可以观察到正常语言使用者语言能力和语言运用之间的差异。乔姆斯基认为,语言学家的任务是从语言运用的数据中确定语言使用者已掌握的潜在规则系统。

乔姆斯基指出,这种区别与索绪尔关于语言和言语的区分有关;但他没有接受将语言看作语言单位的系统集合这个观点。他对语言能力的看法与德国著名语言学家洪堡特(Humboldt)相近,认为潜在的语言能力是一个具备生成机制的系统。

并不是所有的语言学家都同意乔姆斯基的观点,即"语言学理论涉及的主要是在一个完全同一的言语社团中理想的说话人和听话人,他们完全掌握了这个社团的语言"(Chomsky,1965:3)。海姆斯(Hymes,1971)从社会、文化的角度研究个人和社团不同的讲话方式。他发现说话者是有规律而不是随意地变换言语行为,这就有可能将语言能力的概念拓展到用来解释语言使用时人的语用能力,而不再像乔姆斯基那样把它局限在语法知识上。这种被拓展的语言能力被称作"交际能力",其概念虽不是很清楚,但近 20 年来在中国的 EFL(English as a Foreign Language)教学中广为流行。

第二章

语音

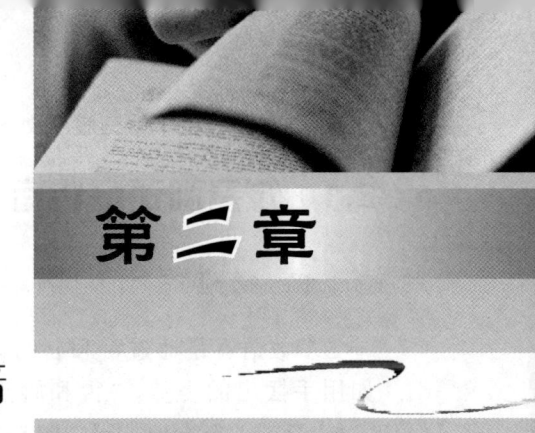

语音（Speech Sounds）是人类语言体系中的声音单位，我们可以从不同角度对语音进行研究，比如方言、社会变体、言语障碍、语音识别和语音合成，但在进行这些研究之前，需要掌握两个方面的基础知识：语音学和音系学。

语音学（Phonetics）研究语音的发生、传递和感知。假设说话人甲发出语音，传递给受话人乙并被乙所感知，这样语音就经历了图2-1所示的过程。这一过程分为三个步骤：

图2-1 言语发生和言语感知过程

语音的研究也就自然地分成三个主要领域，分别对应这一过程中的三个步骤：**发音语音学**研究语音的发生；**声学语音学**研究言语传递的物质特征；**感知语音学**或**听觉语音学**研究语音的感知。

音系学（Phonology）研究各种语言的语音模式和语音系统，其目的是"发现语言中支配语音组合方式的规律并解释语音中出现的变化"（Crystal, 1997: 162）。音系学一般是从一门具体语言（如英语）的研究开始，首先确定其**音系结构**，即使用了哪些语音单位以及这些语音单位如何进行组合，然后把不同语言语音系统的特征进行比较，得出对于某些语言群体语音使用潜在规律的假设，最终得出有关所有语言语音规律的假设。

在本章中，我们着重介绍和讨论发音语音学及音系学的一些基本知识。

2.1 发音和语音转写

2.1.1 发音

多数语音是通过舌和唇的运动产生的，这种运动称为**音姿**（Gesture），犹如用手摆出的姿势。"舌和唇摆出的姿势可以形成能被听到和识别的声音"（Ladefoged & Johnson, 2015: 2）。然而，语音的发生不仅涉及舌和唇，还需要其他器官。

发音器官是人体参与语音发生的器官，包括肺部、气管、喉部、鼻、口等几大部分（图 2–2）。

咽、口、鼻构成声道中的三大**声腔**。发音以**气流**作为能量来源，在多数情

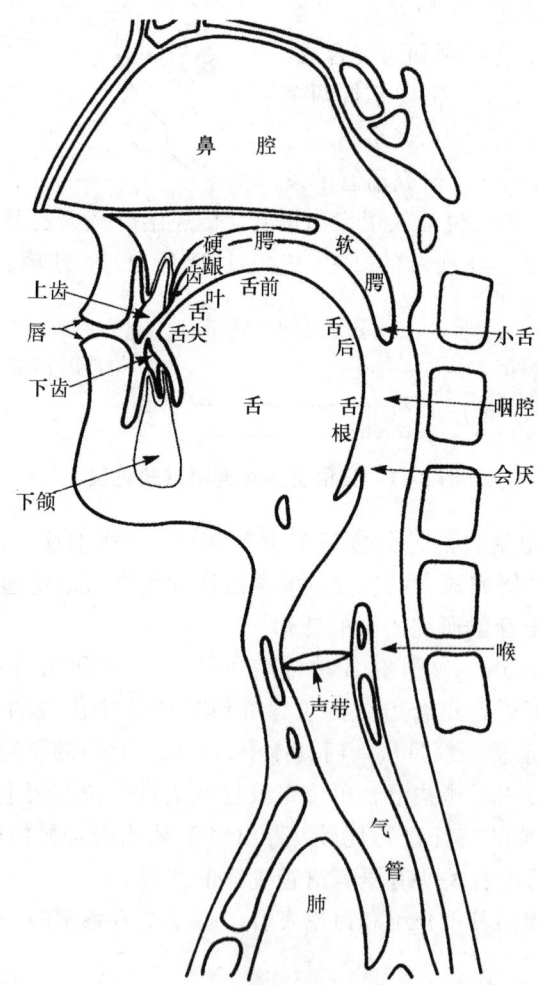

图 2–2 发音器官（根据 MacMahon, 1990: 7）

况下,气流来自肺部,它从肺里被挤出,通过一组称为细支气管和支气管的分支管道到达气管。然后气流在咽腔、鼻腔和口腔的不同位置以不同方式作出调整——口、鼻通常分别称为**口腔**和**鼻腔**,**咽腔**则位于舌根、鼻腔和喉部之间。

口腔内部的器官对发音至关重要。从前面开始,口腔的上部包括上唇、上齿、齿龈、硬腭、软腭和小舌。软腭可以下垂使气流通过鼻腔,如果同时在口腔中发生阻塞,发出的就是**鼻音**。

口腔的下部包括下唇、下齿、舌和下颌(下颚)。在语音学里,舌分成五个部分:舌尖、舌叶、舌前、舌后和舌根。在音系学中,一般依据发音所涉及的舌位分为三类:舌冠音(舌尖、舌叶),舌背音(舌前、舌后)和舌根音(舌根)。

气管的顶端是喉,喉的前端是喉结,男性有明显凸起。喉部有**声带**(图 2-3),是一对横卧的结构,前端相连,位于喉结之后;后端则保持分离,可以向不同方向运动:向内、向外、向前、向后、向上、向下。

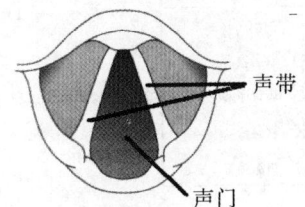

图 2-3 声带(来源:Roca & Johnson, 1999: 15)

从多数发音目的来看,声带只需要三种状态:①分离,②贴近,③紧闭。
- 声带分离,气流容易通过,由此产生的语音叫作**不带声音**(又称**清辅音**)。辅音[p, s, t]就是这样产生的。
- 声带贴近,气流使其产生振动,形成的语音称为**带声音**(又称**浊辅音**)。[b, z, d]即为带声辅音。
- 声带紧闭,气流无法通过,这种状态的结果就是产生声门塞音[ʔ]。

2.1.2 语音转写——国际音标

1886 年,法国的一些语言教师在实际教学中发现语音学的使用对教学有益,为推广他们的方法成立了"语音教师协会",1897 年改名为**国际语音学会**(International Phonetic Association, IPA)。

学会初期的活动之一就是出版一本刊物,其内容全部使用语音符号转写。建立一套语音符号的想法是丹麦语法学家和语音学家奥托·叶斯帕森(Otto Jespersen, 1860—1943)提出的,第一版国际音标符号(国际音标表)发表于 1888 年 8 月。其主要原则是:每一个独特的语音都有一个不同的字母相对应,相同符号出现在任何语言中都表示相同的发音;音标尽可能采用拉丁字母,只有在绝对需要的情况下才使用新造字母和变音符号。这些原则一直延用至今。

国际音标表 (修改至2015)

辅音 (肺部气流)

© 2015 国际语音学会

	双唇音	唇齿音	齿音	齿龈音	腭龈音	卷舌音	硬腭音	软腭音	小舌音	咽音	声门音
爆破音	p b			t d		ʈ ɖ	c ɟ	k g	q ɢ		ʔ
鼻音	m	ɱ		n		ɳ	ɲ	ŋ	ɴ		
颤音	ʙ			r					ʀ		
触音或闪音		ⱱ		ɾ		ɽ					
擦音	ɸ β	f v	θ ð	s z	ʃ ʒ	ʂ ʐ	ç ʝ	x ɣ	χ ʁ	ħ ʕ	h ɦ
边擦音				ɬ ɮ							
通音		ʋ		ɹ		ɻ	j	ɰ			
边通音				l		ɭ	ʎ	ʟ			

小格中有两个符号时，左边为清音（不带声音），右边为浊音（带声音）。阴影处表示发音被判断为不可能。

辅音 (非肺部气流)

吸气音		带声内爆音		挤喉音	
ʘ	双唇音	ɓ	双唇音	ʼ	例如：
ǀ	齿音	ɗ	齿音/齿龈音	pʼ	双唇音
ǃ	齿龈(后)音	ʄ	硬腭音	tʼ	齿音/齿龈音
ǂ	腭龈音	ɠ	软腭音	kʼ	软腭音
ǁ	齿龈边音	ʛ	小舌音	sʼ	齿龈擦音

其他符号

ʍ 不带声唇-软腭擦音	ɕ ʑ 龈腭擦音
w 带声唇-软腭通音	ɺ 带声齿龈边闪音
ɥ 带声唇-腭通音	ɧ 同时发 ʃ 和 x
ʜ 不带声会厌擦音	
ʢ 带声会厌擦音	必要时，塞擦音和双重发音可将两个符号用连弧连接。 t͡s k͡p
ʡ 会厌爆破音	

元音

前　　央　　后
闭　　i•y——ɨ•ʉ——ɯ•u
　　　　ɪ　ʏ　　　　ʊ
中闭　e•ø——ɘ•ɵ——ɤ•o
　　　　　　　ə
中开　ɛ•œ——ɜ•ɞ——ʌ•ɔ
　　　　æ
开　　　　a•ɶ　　　　ɑ•ɒ

符号成对出现时，右侧符号代表圆唇元音。

超音段

ˈ	主重音	ˌfoʊnəˈtɪʃən
ˌ	次重音	
ː	长音	eː
ˑ	半长音	eˑ
˘	超短音	ĕ
|	次群 (音步)	
‖	主群 (语调)	
.	音节间断	ɹi.ækt
‿	连续 (无间断)	

变音符号 下拉式符号有时可将变音符号置于其上，如：ŋ̊

不带声	n̥ d̥		̤	呼气带声	b̤ a̤		̪	齿	t̪ d̪
带声	s̬ t̬		̰	嘎吱带声	b̰ a̰		̺	舌尖	t̺ d̺
ʰ 送气	tʰ dʰ		̼	舌唇	t̼ d̼		̻	舌叶	t̻ d̻
更圆	ɔ̹		ʷ	唇化	tʷ dʷ		̃	鼻音化	ẽ
更展	ɔ̜		ʲ	硬腭化	tʲ dʲ		ⁿ	鼻腔除阻	dⁿ
较前	u̟		ˠ	软腭化	tˠ dˠ		ˡ	边除阻	dˡ
较后	e̠		ˤ	咽化	tˤ dˤ		̚	无可闻除阻	d̚
央化	ë		̴	软腭化或咽化	ɫ				
中央化	ě		̝	升高	e̝ (ɹ̝ = 带声齿龈擦音)				
成音节	n̩		̞	降低	e̞ (β̞ = 带声双唇通音)				
非音节	e̯		̘	舌根前伸	e̘				
儿化	ɚ a˞		̙	舌根后缩	e̙				

声调和词重读

	平调			曲拱调	
e̋ 或 ˥	特高		ě 或 ˩˥	升
é ˦	高		ê ˥˩	降
ē ˧	中		e᷄ ˦˥	高升
è ˨	低		e᷅ ˩˨	低升
ȅ ˩	特低		e᷈ ˧˦˧	升降
↓ 降阶			↗ 整体升
↑ 升阶			↘ 整体降

国际音标表经过几次修订和修改，现已广泛运用于世界各地的词典编纂和教材编写。最新版的国际音标表修订至 2015 年。

在国际音标表中，语音音段分为**辅音**和**元音**两类，将在下节详细讨论。辅音又分为肺气流音和非肺气流音：多数辅音是**肺气流音**，通过从肺部排出气流来完成；**非肺气流音**包括挤喉音、内爆音和吸气音，吸气音是将空气向口腔内吸入进行发音，内爆音和挤喉音都是紧闭声门，通过对声门和声道前部某一发音部位之间空气的控制进行发音。元音的相对位置通过一个口腔侧切面的图形来表示。

"其他符号"实际上是一组涉及两个发音部位或发音方式的辅音，无法放入辅音表的空格中。

变音符号是与元音或辅音符号结合使用的一些附加符号或记号，用于表示元音或辅音在发音上的微小变化。**超音段符号**用于表示重音和音节。最后一组符号用于表明声调的差别和语调模式。本章后面将说明这些符号如何用于语音描述和音系分析。

2.2 辅音和元音

在音段描述中，有辅音和元音的基本区分。发辅音时，"声道紧闭，或声道变窄程度达到气流无法排出，一旦排出就会产生可闻的摩擦"，而发元音时不会产生类似的"制流"，因此"气流可以相对不受阻碍地从口腔或鼻腔中排出"（Crystal，1997：154）。元音和辅音的根本区别在于气流是否受阻。

2.2.1 辅音

发辅音时至少需要两个发音器的参与，例如 bad 一词的起首音 [b] 涉及双唇闭合的音姿，末尾音 [d] 涉及舌叶（或舌尖）向齿龈运动的音姿。因此，辅音的分类要考虑到若干因素，其中最重要的是：①发音器之间的实际关系，即气流经过声道某些部位时的方式；②声道的哪些部位出现靠拢、变窄或发生气流阻碍。前者称为"**发音方式**"，后者叫作"**发音部位**"。

1. **发音方式**指完成发音过程的方法：①发音器暂时或较长时间关闭口腔通道；②发音器使空间明显变窄；③发音器互相贴近，改变声道的形状。

（1）**塞音**（或**爆破音**、**破裂音**）：发音器完全关闭，导致气流无法从口中排出。塞音的产生要经历三个基本阶段：①闭合阶段，发音器发生接触；②相持或挤压阶段，气流由于发音器闭合而受到挤压；③除阻阶段，形成阻碍的发音器突然分开，气流迅速释放。这最后一步在技术上称为**爆破**（或**破裂**），故名爆破音（或破裂音），但是因为爆破音在产生过程中有闭合现象，故又名塞音。

英语中的[p, b, t, d, k, g]都是塞音或口腔塞音。

（2）**鼻音**：如果气流在口腔中被阻碍，同时软腭下垂，于是气流便通过鼻腔放出，产生的就是**鼻腔塞音**，否则它就是**口腔塞音**。虽然这两种发音都称为塞音，但为了简便，语音学家习惯上称口腔塞音为塞音，鼻腔塞音为鼻音。英语和汉语中都有鼻音[m, n, ŋ]。

（3）**擦音**：两个发音器靠拢，导致部分气流被阻，产生气流的振荡，就是擦音。顾名思义，擦音的发生就是出现了可闻的摩擦。英语中的擦音有[f, v, θ, ð, s, z, ʃ, ʒ, h]。

（4）**通音**：发音过程中，两个发音器接近，而声道变窄的程度又不足以产生振荡气流，因此发音器之间的缝隙比擦音大而不致产生擦音或振荡（摩擦）。英语中的这类音有[w, ɹ, j]（为了印刷方便，[ɹ]常被表示成[r]，但实际上在国际音标中它们代表完全不同的发音）。由于[w]和[j]常常被看作是元音，所以这类音和元音有相似之处。

（5）**边音**：气流在口腔中部受阻，并且舌的一边或两边与上腭形成不完全的闭合。由于口腔在侧面形成一个略有开口的制流通道，故称边音。如果产生摩擦，就是边擦音；如果不产生摩擦，就是边通音。英语中只有[l]是边音。

（6）**颤音**：当某一发音器因气流而产生颤动时，产生的音叫作颤音（也称**滚音**）。颤音主要是[r]，见于某些苏格兰英语口音中的red（红色）和rye（黑麦）。

（7）**触音和闪音**：当舌对齿龈进行一次触及，发生一次颤动，就是触音（[ɾ]）。在美国英语中，像[t, d]等音常常发成触音，如city（城市）和ladder（梯子）等。闪音（[ɽ]）是首先以卷舌音的音姿将舌尖向上并向后卷曲，然后返回下齿后面位置，在齿龈后的区域击打口腔顶部。在美国英语的一些方言中，闪音出现在重读音节中的儿化元音之后，如dirty（脏）和sorting（分类）（Ladefoged & Johnson, 2015: 99；关于儿化元音见下文2.2.3）。

（8）**塞擦音**：塞擦音涉及一种以上的发音方式，由一个塞音和紧跟其后处于同一发音部位的擦音组成。英语词church（教堂）中的ch [tʃ]和jet（喷射）中的j [dʒ]都是塞擦音。

2. **发音部位**指辅音的发音位置。辅音几乎可以产生于唇和声带之间的任何部位，在国际音标表中，共区分了其中11个发音部位。

（1）**双唇音**：用两唇发出的音。英语的双唇音包括[p, b, m]，如pet（宠物）、bet（打赌）和met（遇见）。此外，像we（我们）和wet（湿）中的[w]音，涉及双唇靠拢，但在发音上有所不同：舌体同时向软腭提升，因此国际音标表将它处理成"唇软腭通音"，置于辅音表之外的"其他符号"中。

（2）**唇齿音**：用下唇和上齿发出的音。如fire（火）和via（经由）中的[f, v]，发这些音时，下唇提升至几乎接触到上齿。

（3）**齿音**：用舌尖或舌叶（取决于口音或语言）和上齿发出的音。只有擦音[θ, ð]是严格意义上的齿音。

（4）**齿龈音**：用舌尖或舌叶和齿龈发出的音。英语中在此部位的发音有[t, d, n, s, z, ɹ, l]，是一组比较多的语音。

（5）**齿龈后音**或**腭龈音**：用舌尖和齿龈后部发出的音。这样的音包括[ʃ, ʒ]，如 ship（船）和 genre（体裁，类型）。

（6）**卷舌音**：舌尖或舌叶后卷，在舌尖或舌叶下部与齿龈后部或硬腭之间形成制流。汉语普通话中典型的卷舌音是擦音[ʂ]，如"书"[ʂu]和"事儿"[ʂɚ]。

（7）**硬腭音**：用舌前和硬腭发出的音。英语中唯一的硬腭音是 yes（是的）和 yet（然而）中的[j]。

（8）**软腭音**：用舌后和软腭发出的音。发这类音时，舌后部抬升抵住软腭，英语的例子有 cat（猫）和 get（得到）中的软腭塞音[k, g]，以及 sing（唱）中的软腭鼻音[ŋ]。

（9）**小舌音**：用舌后和小舌发出的音。法语中字母 r 发小舌擦音[ʁ]，如 votre（你的）。

（10）**咽音**：咽音是用舌根和咽腔壁发出的音。阿拉伯语有咽擦音[ħ, ʕ]。

（11）**声门音**：又称喉音，是用两条声带互相靠近发出的音。英语 hat（帽子）和 hold（抓住）中的[h]一般被看作是声门擦音（喉擦音）。声门塞音（喉塞音）[ʔ]是将声带贴紧，像塞音一样在其后部形成压力，然后突然放开声带形成的音。声门塞音在英语 fat（胖）[fæʔt]、pack（打包）[pæʔk]等词中经常能够感知到，许多说英语的人在 button（纽扣）、beaten（打）和 fatten（使肥胖）等词中也将中间的[t]音发成[ʔ]。

2.2.2 元音

"发元音的时候，发音器不会非常接近，以便气流能够相对没有障碍地通过"（Ladefoged & Johnson, 2015: 20）。由于元音不涉及气流的阻碍，描写元音不能沿用描写辅音的方法，按气流受阻的位置和方式进行。事实上，元音只涉及舌位，因此人们提出了一套**基本元音**（Cardinal Vowels, CV）来确定舌位。基本元音通过国际音标表中的元音图来表示，是一套人为确定的、固定不变的元音音质，为实际语言中的元音描写提供一个参照框架。

这里需要区分舌的前部、中部和后部，以及舌位的四个高度：
- 舌在不产生可闻摩擦时所达到的最高位置（称"高"或"闭"）；
- 舌所达到的最低位置（称"低"或"开"）；
- 两个中间位置，将中部空间分成听觉上相等的两块区域（分别称"中高"或"中闭"及"中低"或"中开"）。（Crystal, 1997: 155–156）

该体系据此定义出八个主要基本元音，并进一步定义出一套次要基本元音。按惯例，八个主要基本元音按 1—8 编号，排列如下：CV1 [i], CV2 [e], CV3 [ɛ], CV4 [a], CV5 [ɑ], CV6 [ɔ], CV7 [o], CV8 [u], 前面五个是展唇元音，后面三个是圆唇元音。

通过颠倒唇的圆展，可以得到次要基本元音：CV9 [y], CV10 [ø], CV11 [œ], CV12 [Œ], CV13 [ɒ], CV14 [ʌ], CV15 [ɤ], CV16 [ɯ]。这一序列还可加入其他次要基本元音：舌位处于 [i] 和 [u] 之间的元音表示为 [ɨ]（展唇）和 [ʉ]（圆唇）。

国际音标表还提供了其他一些记录常见元音的符号，包括 [ɪ, ʏ, ʊ, ə, ɵ, ɜ, ɐ, ɞ, æ]。中央元音 [ə] 的舌位非高非低，非前非后，称为**中元音**。元音图中的惯例是：当符号成对出现时，靠右的表示圆唇元音，靠左的表示展唇元音。

从理论上讲，语音学家认为一个音段要么是元音，要么就是辅音，如果一个音段不是元音，它就一定是辅音。但这里有个问题，像 hot（热）一词的起首音几乎感觉不到气流的振荡，当然这取决于发音时的用力情况，而 yet（然而）和 wet（湿）的第一个音段明明就是元音（MacMahon, 1990: 10; Crystal, 1997: 154—155）。为了解决这个问题，一般的方法是说这些音既非元音又非辅音，而是处于中间状态，称为**半元音**。

在语言中还常区分两种不同性质的元音：一种在发音过程中音质保持不变，另一种在发音过程中音质有听觉上的变化。前者就是**纯元音**或**单元音**，后者叫作**滑元音**。就滑元音而言，如果舌运动一次，其滑动导致**二合元音**（**双元音**），如英语 way（路）[weɪ], tide（浪潮）[taɪd], how（怎样）[haʊ], toy（玩具）[tɔɪ] 和 toe（脚趾）[təʊ] 等词中的元音。舌运动两次的滑动形成**三合元音**，即"从一个元音滑向另一个元音，再滑至第三个元音，滑动迅速而无间隔"（Roach, 2000: 24）。三合元音实际上是在二合元音之后加一个 [ə]，如英语 wire（连线）[waɪə] 和 tower（塔）[taʊə] 等词中的元音都是三合元音。

2.2.3　英语语音

英语有许多方言，每个方言都具有特定的口音。在很多情况下，英语的发音取决于个人的口音和背景。虽然还没有建立标准来规定英语的发音，但有一种发音形式是在英语教学中最常用的典范发音，称为**被接受的发音**（Received Pronunciation, RP），很多人也将其称作 BBC 英语、牛津英语、国王/女王英语等。RP 在历史上起源于英格兰东南部，但在整个英格兰，它用于中上层或上层阶级，同时又广泛应用于公学（私立寄宿学校）的教育体系中，大部分 BBC 新闻播音员也都说这种英语。在美国，大多数受过良好教育的人普遍接受的是**通用美音**（General American，GA），不过 RP 和 GA 在辅音方面的差别甚微，元音更为突出一些。表 2–1 是英语辅音表。

表 2–1　英语辅音表

发音方式	发音部位							
	双唇音	唇齿音	齿音	齿龈音	齿龈后音	硬腭音	软腭音	声门音
塞音/爆破音	p　b			t　d			k　g	
鼻音	m			n			ŋ	
擦音		f　v	θ　ð	s　z	ʃ　ʒ			h
通音	(w)			ɹ		j	w	
边音				l				
塞擦音					tʃ　dʒ			

当两个音处于同一发音部位并使用同一发音方法时，这些成对的辅音可以用**带声性**来区分，左边是不带声音（清音），右边是带声音（浊音）。

这样，英语的辅音就可以用以下方法进行描述：

[p]　不带声双唇塞音　　　　　[b]　带声双唇塞音
[s]　不带声齿龈擦音　　　　　[z]　带声齿龈擦音

如果不需要区分带声性的话，只用两个词描述即可，如[m]是双唇鼻音，[j]是硬腭通音，[h]是声门擦音。鉴于英语只有[l]这一个边音，既可以称作齿龈边音，也可以直接简称为边音。

在英语元音符号的形式上，不同的作者曾使用不同的符号来表示。本书采用主要英语词典中的通用符号体系来转写 RP 的元音（表 2–2），注意这不是直接从国际音标表中复制的，而是基于国际音标表的一种适用于英语发音描述的变通版本。

表 2–2　英语元音表（RP）

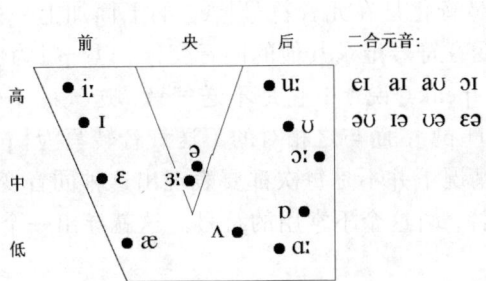

RP 和 GA 在元音性质方面有一定的差别，比较明显的是，GA 的中元音[ɜ,ə]带 r 音，又称儿化，分别转写为[ɝ]（如 bird）和[ɚ]（如 brother）。这种舌尖向卷舌音位置卷起的现象称作**带 r 音现象**或**儿化现象**。另一个主要差别是，RP 中的[ɒ]和[ɑː]在 GA 中分别为[ɑ]（如 box）和[æ]（如 father）。

为了区分同为"前""高"的[iː]和[ɪ]以及同为"后""高"的[uː]和[ʊ]，我们引入了紧度的概念：每一对中的前者发音时肌肉更为紧张。这样[iː]和[uː]称为紧元音，[ɪ]和[ʊ]称为松元音。有了这样的区分，表示长度的符号[ː]在许多书中就略去了。

综上所述，英语元音的描写需要满足四个基本要求：① 舌抬起的高度（高、中、低）；② 舌最高部分的位置（前、央、后）；③ 元音的紧度或长度（紧—松或长—短）；④ 唇的圆展（圆唇—展唇）。

现在我们可以这样描述英语的元音：

[iː] 高前展唇紧元音   [ʊ] 高后圆唇松元音
[ə]   中央展唇松元音   [ɒ] 低后圆唇松元音

2.3 音系学分析

前面我们考察了独立音段的发音情况，然而言语是一个连续的过程，所以发音器官不是从一系列互不相干的步骤中从一个音段跳到下一个音段（Crystal，1997：158），实际上语音是由发音器官发生的音姿结构，会持续地受到邻音的影响。例如，如果鼻辅音（如[m]之类）处于口腔元音（如 map 中的[æ]）之前，鼻音的部分特征就会延续，导致元音[æ]的起始带有一定程度的鼻音性质。这是因为在发鼻音的过程中软腭下垂以便让气流通过鼻腔，而为了发元音[æ]，软腭必须回移到正常位置，软腭从偏下的位置移到抬高的位置自然需要时间，而这个过程还未完成时[æ]音已经开始。同样，当[æ]在[m]之前时，如 Pam（人名），软腭在发[æ]时就开始下降，为接下来的鼻音做好准备。

Map（地图）中的元音[æ]具有其前面鼻音的某些音质，这种现象称为**鼻音化**。国际音标表中的变音符号就是用来转写这类同音变体之间的细微变化的，如表示元音的鼻音化是在元音符号[æ]的上面加上一条波浪线，即[æ̃]。同样，我们可以用变音符号记录其他的同音变体：以[p]为例，在 peak（山峰）中它是**送气音**，在 speak（说）中它是**不送气音**，送气的不带声双唇塞音就要加变音符号[ʰ]，即[pʰ]，而与之相对的不送气音转写为[p]。

然而，在很多情况下并不是每次都要表现出这种同音变体，并且我们常用普通符号[r]来代替[ɹ]这个不常用的符号。这就导出一个新的概念：音位。

2.3.1 音位

音系学并不特别关注前述语音体系的物理特征。比如：在语音转写中，一般认为 tea（茶）和 too（也）中的两个 [t] 音略微不同，与 too 相比，tea 中 [t] 的舌位更靠近口腔的前部，理由是 tea 中的元音 [i:] 是前元音，促使发 [t] 时舌位略微向前，而 too 中的 [u:] 是后元音，导致发 [t] 时舌位靠后，而且 [u:] 是圆唇音，导致 [t] 亦圆唇。事实上，tea 中的这类 [t] 后面就不可能发出纯正的 [u:]——语音学家关注这两种 [t] 在发音方法上的不同，而音系学家的兴趣在于这类音的搭配模式和音变背后的规律。

克里斯特尔（Crystal, 1997: 162）指出："音系学分析所依赖的原则，是某些语音能够导致词或短语意义上的变化，而有些语音则不导致这样的变化。"我们可以用一个简单的方法来阐述这个原理，即取一个词，将其中的一个音替换，看是否会产生不同的意义。例如，英语词 tin（锡）由三个单独的音组成，每个音在语音转写中对应一个符号，即 [tɪn]。如果我们用 [d] 代替 [t]，就会产生一个新词 din（嘈杂）。由于 [t] 和 [d] 能使我们区分出 tin 和 din、tie（领带）和 die（死）及很多其他词，所以它们在英语中都是重要的语音单位。同样，我们还可以展示 [i:] 和 [ɪ] 也是重要的语音单位。

这种方法被称为**最小对比对**测试，可以用来发现哪些语音替换会导致意义上的变化。对于英语来说，这种方法可以区分出 40 多个重要的语音单位，称为**音位**。音位也用国际音标符号进行转写，但不用方括号，而是放在斜线内，如 /p/、/t/、/u/ 等。

简单说来，音位是"明显的语音对立单位"：最小对比对的存在自动地赋予具有区别对立功能的语音以音位的地位（Roca & Johnson, 1999: 53）。语言系统正是建立在对立概念的基础上的，通过语音的选择，我们得以区分不同的词（Spencer, 1996: 3）。

不同语言在选择对立音方面是不同的。在英语中，送气音 [pʰ] 和不送气音 [p] 之间的区别不是音位性的，它们属于同一个音位 /p/，只是在不同的位置条件下表现为不同的语音。比较 peak（山峰）和 speak（说）两个词，peak 中的 /p/ 是送气音，语音学上记为 [pʰ]，而 speak 中的 /p/ 不送气，记为 [p]。在汉语中则不同，/p/ 和 /pʰ/ 的区别是音位性的，因此"宾（bīn）"和"拼（pīn）"分别记为 /pɪn/ 和 /pʰɪn/。汉语拼音符号中的 b 和 p 并非带声性的区别，而是送气和不送气的区别——普通话中并没有带声音 [b]。（需注意的是，普通话中的送气音 /pʰ/ 通常记为 /p'/，用 /'/ 表示送气是过去的做法，但在汉语普通话的国际音标转写中已约定俗成，一般不做改动。）

依照惯例，**音位转写**放在双斜线（/ /）内，而**语音转写**放在方括号（[ ]）内，其对比见表 2-3。

表 2-3 英语词的音位转写和语音转写

词语	音位转写	语音转写	发音细节
help	/hɛlp/	[hɛɫp]	软腭化
play	/pleɪ/	[pʰleɪ]	送气，清音化
tenth	/tɛnθ/	[tʰɛ̃n̪θ]	送气，鼻音化，齿音化
button	/bʌtn/	[bʌʔn̩]	声门化，成音节

音位转写也用于不太关注发音细节时的语音讨论（常见于词典和教材中），或者关注点在于特定语音的对照，而不是每个音的发音细节。在这种情况下，音位转写又称为**宽式转写**，给出发音细节的符号则称为**严式转写**，作为宽式转写的音位转写符号，也可以放在方括号中。

2.3.2 音位变体

英语词典通常把 peak 和 speak 的发音分别转写为 /piːk/ 和 /spiːk/，但这两个词的实际发音需要遵循一条规则，即 /p/ 在 /s/ 后面不送气，在其他位置上送气。为了表现这一语音上的差异，送气音在转写时要在发音符号后面加上上标符号 ʰ（如 [pʰ, tʰ] 等），于是 peak 的语音转写是 [pʰiːk]，speak 的语音转写是 [spiːk]。

在这个例子中，[p] 和 [pʰ] 是两个不同的**音子**，即音位 /p/ 的变化形式。这种音位的变化形式叫作同一音位的**音位变体**。该例中两个音位变体处于**互补分布**状态，它们不会出现在相同的环境中，也就是说 [p] 只出现在 [s] 之后，而在其他位置是 [pʰ]。我们可以将这条规则表达为：

(1) /p/ → [p]/[s]＿＿＿＿
　　　　　[pʰ] 其他位置
（注：＿＿＿＿是 /p/ 出现的位置）

这种在不同位置发生音位变体的现象称为**音位变体现象**或**同音位变体**。另一个英语的例子是 /l/，我们都知道它在 lead（领导）和 deal（处理）中的发音不同：在 deal 中发音时舌稍稍向后部的软腭位置拱起（**软腭化**），常称为"含糊 l"，在语音转写时用符号 [ɫ] 表示；lead 中的 [l] 称为"清晰 l"。于是，在语音学上 lead 记为 [liːd]，deal 记为 [diːɫ]。规则十分简单，音位 /l/ 在元音前发 [l] 音，在元音后发 [ɫ] 音，同样处于互补分布状态，可以表示为（V 表示元音）：

（2）/l/ → [l] / ＿＿＿ V
　　　　　　 [ɫ] / V ＿＿＿

然而 /l/ 的问题并不这样简单，在 telling（告诉）一词中，-ll- 的前后各有一个元音，我们怎么确定它到底是在元音前的发音还是在元音后的发音呢？这在本章后面 2.4.1 将要阐明。我们把 [p, pʰ] 归于同一音位 /p/，[l, ɫ] 归于同一音位 /l/，四个音归并为两个音位，大大减少了英语音位的数量。

当然，并非所有处于互补分布状态的音都是同一音位的变体，如英语中 [h] 只出现在元音前面，[ŋ] 只出现在元音后面，但它们不属同一音位。要将不同的音判属同一音位还需具备另外一个条件：必须在发音上近似。**发音近似性**是说一个音位的变体在语音上必须相似，如 [l, ɫ] 都是边通音，只是在发音部位上有所差异；[p, pʰ] 都是不带声双唇塞音，仅在是否送气这一点上有所不同。这两对音都是既发音相似，又处于互补分布状态。

2.3.3　音系规则

请看下列词语，注意不同情况下它们的发音差别。

例 2-1
　　a. cap（帽子）[kæp]　　　　can（罐）[kæ̃n]
　　b. tap（轻敲）[tæp]　　　　 tan（棕色）[tæ̃n]
例 2-2
　　a. tent（帐篷）[tɛnt]　　　　tenth（第十）[tɛn̪θ]
　　b. ninety（九十）[naɪnti]　　ninth（第九）[naɪn̪θ]
例 2-3
　　a. since（自从）[sɪns]　　　 sink（下沉）[sɪŋk]
　　b. mince（剁碎）[mɪns]　　 mink（貂皮）[mɪŋk]

例 2-1a 和例 2-1b 中的每对词都有两个音不同，而每对词中后一个词的元音都因后面鼻音的影响而发生了鼻音化。例 2-2 中的鼻音 /n/ 则在齿擦音前齿音化。例 2-3 中的齿龈鼻音 /n/ 在软腭塞音 [k] 前面变成了软腭鼻音 [ŋ]。**鼻音化**、**齿音化**和**软腭化**都是**同化现象**，指一个音获得邻音的某些或全部特征这样一个过程。

同化现象有两种可能：如果后面的音影响前面的音，称为**逆同化**；相反，如果前面的音影响后面的音，则称为**顺同化**（Spencer, 1996: 47）。例 2-1 到例 2-3 中的所有例子都属于逆同化，它是英语中最为普遍的同化现象（Ladefoged & Johnson, 2015: 119）。

同化可以跨越音节和词的界限发生(Clark & Yallop, 1995:89)，如下所示：

例 2-4
    a. pan [ŋ] cake（煎饼）
    b. sun [ŋ] glasses（太阳镜）

例 2-5
    a. you can [ŋ] keep them（你可以把它们留下）
    b. he can [ŋ] go now（他现在可以走了）

对英语擦音和塞擦音的研究表明，它们的带声性深受其后辅音带声与否的影响。例 2-6 是英语的带声擦音和塞擦音被同化的例子。

例 2-6

a. five past（过五分钟）	[faɪvpɑːst] →	[faɪfpɑːst]
b. love to（愿意）	[lʌvtə] →	[lʌftə]
c. has to（不得不）	[hæztə] →	[hæstə]
d. as can be shown（可以表明）	[əzkənbɪʃəʊn] →	[əskənbɪʃəʊn]
e. lose five-nil（五比零输了）	[luːzfaɪvnɪl] →	[luːsfaɪvnɪl]
f. edge to edge（边对边）	[ɛdʒtəedʒ] →	[ɛtʃtəedʒ]

第二列符号表示这些短语在缓慢或认真的言语中的发音，而第三列则表示它们在正常连贯的言语中的发音。这种带声音变成不带声音的过程叫作**清音化**。对其他语音的考察表明，发生在这种语境下的清音化过程，不会发生在塞音和元音等其他音上(Spencer, 1996:46—49)。

这类语音发生变化的过程就是**音系过程**，在此过程中，**目标音段**或**涉事音段**在特定的**环境**或**语境**中发生了结构上的变化。在每个过程中，这种变化以其邻音为条件，或由其引发。我们可以用箭头来表示这种变化过程：

(3) /v/ → [f]

这种变化不仅仅适用于 /v/ 而且适用于 /z/、/dʒ/ 等其他擦音，所以我们可以归纳出一个更为普遍的规则来表明带声擦音在不带声音段前变成不带声

擦音:

(4) 带声擦音 → 不带声擦音 / _____ 不带声音
（Spencer, 1996: 47）

这就是**音系规则**。其中斜线(/)表示变化产生的环境,横线(称为**焦点线**)表示涉事音段的位置。该规则读作:当带声擦音出现在不带声音前时变成相应的不带声擦音。

2.3.4 规则序次

一个有意思的例子是英语中的不定冠词 a/an (一个)。试看下面的词:

例 2-7
　　a. a hotel(一家酒店), a boy(一个男孩), a use(一种用途), a wagon(一挂车), a big man(一个大个子), a yellow rug(一块黄色地毯), a white house(一栋白色房子)
　　b. an apple(一个苹果), an honor(一项荣誉), an orange curtain(一个橙色窗帘), an old lady(一位老太太)

例 2-7a 中所有的词前面都是 a,但例 2-7b 中所有的词前面都是 an。我们知道,以元音开头的词前面用不定冠词 an,那么怎样通过音系表达式概括这一现象呢?值得注意的是,正是由于在两个元音之间缺少一个辅音,所以才需要给冠词 a 后面加上这个鼻音[n]。因此,我们将 a 到 an 这一变化看成是插入了一个鼻音,这一做法在术语上被称为**增音**。我们可以将此规则归纳为(ø 表示空位):

(5) ø → [n] / [ə] _____ V

再来看一个更为复杂的现象。大家知道英语中名词的复数形式多数都是有规则的,但规则的复数形式却是极大地依赖于音系环境。请看下列的各种形式:

例 2-8
　　a. desk　　[dɛsk]　　　desks　　[dɛsks]　　（书桌）
　　b. chair　　[tʃɛə]　　　chairs　　[tʃɛəz]　　（椅子）
　　c. box　　[bɒks]　　　boxes　　[bɒksəz]　　（盒子）

可以看出,复数后缀在书写形式上是 -(e)s,但它有三种不同的发音:[s]、[z]和[əz]。如果考察更多的词,就会发现:①[s]用于前面是 /s, ʃ, tʃ/ 以外的不带声辅音；②[z]用于前面是/z, ʒ, dʒ/以外的带声辅音及元音；③[əz]用于/s, z, ʃ, ʒ, tʃ, dʒ/这些音之后，这组擦音和塞擦音常常表现相同，传统上统称作咝音。

现在，英语复数的三种变体按以下方式使用：

(6) a. [s]出现在不带声音之后。
  b. [z]出现在带声音之后。(注：所有元音皆为带声音)
  c. [əz]出现在咝音之后。

为了总结出支配这些模式的规则，我们把出现在多数情况下的[z]看作是基础形式，把其他两种形式看作是由它派生而来。在术语上，基础形式称为**底层形式**或**底层表达式**(UR)，派生形式称为**表层形式**或**表层表达式**(SR)。因此，[s]就成为清音化现象，[əz]就成为增音现象。这两条规则表示如下：

(7) /z/ → [s] / [–带声, C] _____   (清音化)
(8) ø → [ə] / [+咝音] _____ [z]   (增音)

有了这两个规则，看看我们是否能够从底层形式派生出正确的表层形式。请考虑(9)中的派生过程：

(9) a. //siːt + z//   b. //bɛd + z//   c. //keɪs + z//
         s   不适用   s   清音化(第一步)
         不适用   不适用   不适用   增音(第二步)
         siːts   bɛdz   keɪss   结果
  (注：不适用 = 规则不适用此处)

第一步运用了清音化规则，得出 seats(座位)为[siːts], cases(箱子)为[keɪss]，均以[s]结尾，因为它们单数的尾音都是不带声辅音。这样，到了第二步时已经没有增加[ə]音的条件，因为 a 和 c 的复数结尾已经都不是[z]——cases 的结尾[z]已经变成了[s]，于是增音规则无法适用于[s]！这里显然出现了错误，其问题在于清音化总是发生于不带声辅音之后的/z/，这样一来增音发生的环境就不复存在了。解决办法是规定增音总是发生在清音化之前，如(9a)所示：

(9a) a. //siːt + z//   b. //bɛd + z//   c. //keɪs + z//
          不适用   不适用   ə   增音(第一步)
          s   不适用   不适用   清音化(第二步)
          siːts   bɛdz   keɪsəz   结果

这样就得出了正确的表层形式。因此，对于这个特定的例子，我们必须遵从一条人为规定的规则序次（Spencer, 1996: 54），否则会导致产生不正确的派生形式。然而，规则序次并不是非有不可，它可以归并为一个更为概括的语言规则——**剩余位置条件**，简单地说就是：

(10) 剩余位置条件
较为特殊的规则应用在先。

有了剩余位置条件，我们就不必每次都讨论规则的序次问题了。

英语动词第三人称单数现在时的形式变化与名词复数完全一样；规则动词过去式的变化规律亦可以用同样的方法解释：

(11) 规则动词过去式规则
英语规则动词过去式 /d/ 在除 [t] 以外的不带声辅音后发 [t] 音，在除 [d] 以外的带声辅音后发 [d] 音，在 [t] 或 [d] 之后发 [ɪd]。

2.4 超音段特征

超音段特征指语音问题中涉及超出单音音段以上的方面，超音段特征主要有音节、重音、声调和语调等概念。

2.4.1 音节

音节是超音段研究中的一个重要单位。在英语中，词可以是**单音节**，即由一个音节构成，如 cat（猫）和 dog（狗）；也可以是**多音节**，即有一个以上的音节，如 transplant（移植）和 festival（节日）。

音节必须有**节核**或**韵峰**，通常由元音来承担，有时也可以由辅音来起节核的作用，如 table（桌子）是由 [tʰeɪ] 和 [bl̩] 两个音节组成，在第二个音节里，成音节辅音 [l̩] 担任节核的功能。辅音 [m, n] 也有这样的功能，如 bottom（底部）和 cotton（棉花）等。

我们说 bed（床），dead（死），fed（喂），head（头），led（带领），red（红色），said（说），thread（线），wed（结婚）押韵，是指起首辅音或辅音丛后面的语音是相同的，因此可以把音节分成两个部分：**韵基**和**节首**。韵基中的元音是节核，节核后面的辅音称作**节尾**。(12) 是 cracked（敲碎）一词的**音节结构**，其中希腊字母 σ（西格玛）代表音节：

（12）

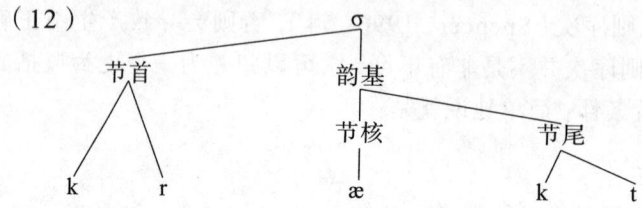

所有音节必须有节核，但不是所有的音节都有节首和节尾。没有节尾的音节叫作**开音节**，有节尾的音节叫作**闭音节**。

音节结构存在跨语言差异。英语音节的节首位置可以为空，也可以由最多三个辅音来充当；节尾最多可以有四个辅音，如 sixths（六分之）。因此英语的音节可以表示为(((C)C)C)V((((C)C)C)C)。在汉语普通话的音节中，节首位置最多只能出现一个辅音，并且只有鼻音[n, ŋ]可以做节尾，所以普通话音节为(C)V(C)。

音节的定义至今还没有形成一致意见，所以对于多音节词的音节划分必须遵守一定的规则，其中一个是**最大节首原则**（MOP），即当辅音的位置面临选择时，将其归入节首而不是节尾（Radford, et al., 1999: 91—92）。这就解释了为什么前面讨论的 telling 一词，/l/ 的发音是[l]而不是[ɫ]。虽然 -ll- 前后各有一个元音，但根据最大节首原则，它只能成为后一个音节的节首，所以应该按元音前发[l]音。

2.4.2 音响阶

有意思的是，在英语的辅音丛中，许多辅音的组合不能出现在节首和节尾位置。例如，可以有 help, lump, pray 和 quick，但不能有 *hepl, *lupm, *rpay 或者 *wqick。人们发现，这是有一个**音响阶**在起作用。各类语音的音响度影响到它们在音节中可能出现的位置：

（13）音响阶：

响度最大	5	元音
	4	通音
	3	鼻音
	2	擦音
响度最小	1	塞音

（Radford, et al., 1999: 89；另见 Spencer, 1996: 90 和 Roca & Johnson, 1999: 288 的讨论）

对于 clasp 这样的词来说，音响度逐步上升，在节核达到顶点，到节尾处下降，如（14）所示：

(14)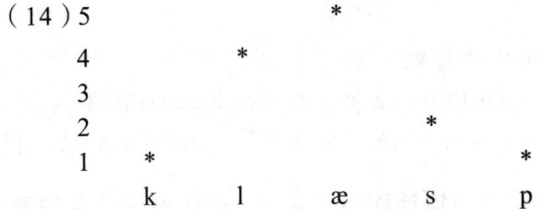

这就解释了为什么 *lkaps 不能成立：

(15)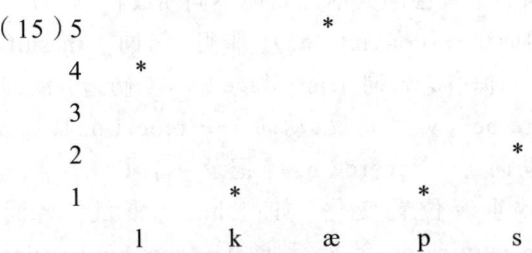

再看 silk 和 sickle，它们由同样的语音组成，只是顺序不同，导致 silk /sɪlk/ 符合音响阶的顺序，sickle/sɪkl/ 却不符合。传统的办法当然是把 sickle 看作双音节词，这样 /kl/ 就构成了独立的音节，/l/ 具有成音节的作用。

节首位置 /s/ 的表现比较特殊，它可以和任一节首结合形成多达三个辅音的音丛，如 /sp-/, /st-/, /sk-/, /sl-/, /sm-/, /sn-/, /spl-/, /spr-/, /skr-/, /str-/ 等。问题在于 /s/ 是擦音，在音响阶中高于塞音，因此不应出现在 /p, t, k/ 之前。对于这个问题的解释有两种：一种观点是把 /s/ 看作独立音节，即把 stock 之类看作是双音节词，/s/ 自成音节，但这种看法与多数本族语使用者的直觉不符，且 /sm-, sn-/ 之类类似的组合完全合理。另一种看法是把这一音段看作是附音（Giegerich, 1992: 149—150），这是一个很复杂的跨语言现象，恕不赘述。

2.4.3 重音

重音是指在音节发音时所用的力度。在语音转写中，把上标垂直线 [ˈ] 放在相关音节前表示重音。重音和非重音音节之间的一个基本区别是前者比后者更为突显。在词的层面上，它只适用于至少有两个音节的词；在句子层面上，单音节词也可以说相对于句子中的其他词是加重的。

虽然许多语言的词重音位置非常固定，但英语的重音模式并不简单（见 Gimson, 2001: 224—235 和 Roach, 2000: 第 10 — 11 章的详细描述），原则上重音可以放在任何一个音节：

例 2-9
  a. beˈgin（开始），ˈpublish（出版）
  b. ˈbicycle（自行车），poˈtato（土豆），recomˈmend（推荐）
  c. ˈtelevision（电视），curˈriculum（课程设置），confiˈdential（机密）

  正因如此，英语词重音常被称为**重读**而不是重音，以区别于重音位置规则的语言。为了简便，下面我们仍使用"重音"这个比较熟悉的词语。

  我们还观察到，有时候词的重音会因其语法功能不同而放在不同音节上，例如 conˈvict（v.）（定罪，动词）— ˈconvict（n.）（罪犯，名词），inˈsult（v.）（侮辱，动词）— ˈinsult（n.）（侮辱，名词），proˈduce（v.）（制造，动词）— ˈproduce（n.）（产品，名词），reˈbel（v.）（造反，动词）— ˈrebel（n.）（造反者，名词），reˈcord（v.）（记录，动词）— ˈrecord（n.）（记录，名词）。

  增加某些后缀也可导致重音位置变化，如：ˈchaos（混乱，名词）→ chaˈotic（混乱，形容词），comˈmunicate（交流，动词）→ communiˈcation（交流，名词），ˈhumid（潮湿，形容词）→ huˈmidity（湿度，名词）。但后缀 -ive 不会导致重音位置变化，如 comˈmunicative，不是 *communiˈcative。

  重音的位置也随历史发展而变化，并表现出区域或方言差异。操标准英语和通用美音的人会对下列词的重音模式有不同的选择：laˈboratory（英），ˈlaboratory（美，实验室）；ˈdebris（英），deˈbris（美，碎屑）；ˈgarage（英），gaˈrage（美，车库）。

  合成词和词组的重音位置也有不同，如 ˈblackboard 是"黑板"，blackˈboard 是"黑色的板子"；ˈblackbird 是"乌鸫"，而 black ˈbird 是"黑色的鸟"。

  长词经常有两个重音节，其中一个相对更重，叫**主重音**，前面用 [ˈ] 表示；相对弱的重音节是**次重音**，前面用 [ˌ] 表示。例如 ˌepipheˈnomenal（副现象的）一词的主重音落在 -no- 上，而次重音落在 epi- 上，其他音节是非重音音节。

  句子重音更为灵活。一般说来，实词重读，虚词不重读，但句子重音经常被用来表示强调、惊异等，所以原则上重音可以落在任何一个词或音节上。例如：

例 2-10
  a. John bought a red bicycle.（约翰买了一辆红色自行车。）
  b. JOHN bought a red bicycle.（**约翰**买了一辆红色自行车。）
  c. John BOUGHT a red bicycle.（约翰**买了**一辆红色自行车。）
  d. John bought a RED bicycle.（约翰买了一辆**红色**自行车。）
  e. John bought a red BICYCLE.（约翰买了一辆红色**自行车**。）

2.4.4 语调和声调

语调涉及升降模式的重复出现,每个模式都应用于一套相对一致的意义。语调模式运用的单位可以是词,也可以是各种长度的词群(Cruttenden,1997:7)。这种升降模式称为**声调**,例如,英语中的降—升调型一般意义为一套有限的词项进行对照,这套词项不管是明确说出的还是隐含的。这一声调可用在下列各例中:

例 2-11
    a.(Isn't her name Mary?)No / ˇJenny
      (她不是叫玛丽么?)不是,珍妮
    b. The old man didn't come / whereas the ˇyoung man / did come and actually enjoyed himself
      那位老人没来,但那个年青人来了,而且玩儿得很嗨
    c. ˇI didn't do it
      这不是我干的
    (注:/ 表示语调群分界,ˇ表示降-升调型延伸至下一分界之前的所有音节。)

声调变化可以改变一组词的意义,我们把这种情况的出现称作语调。在语段结尾常用升调进行提问或表达客气和惊讶,降调则有时显得粗暴或突兀。

汉语的声调变化另有用途,能影响字词的意义。在普通话中,[pa]这个音节按声调的不同至少有四种不同意义(表2-4),如果考虑到相同发音和调型的不同汉字,那么还有更多的意思。在声调方面类似汉语的语言叫作**声调语言**。

表 2-4 普通话声调

		普通话 [pa]		
汉字	汉语拼音	声调符号	调值	声调名称
八	bā	ˉ	55	阴平
拔	bá	ˊ	35	阳平
靶	bǎ	ˇ	214	上声
坝	bà	ˋ	51	去声

在表 2-4 中，第三栏（声调符号）是该词用国际音标表示出的声调符号，右侧竖线代表声调的高低范围，左侧线表明声调的高低变化。调值是音高变化的数字值，最低为 1，最高为 5。

声调语言中的声调也不是一成不变的，相同的相邻声调会导致其中一个声调发生变化。在汉语普通话中，如果两个上声连续出现，则前一个字的声调变为阳平。例如："洗澡（xǐzǎo）"和"你好（nǐhǎo）"在正常说话时分别说成 xízǎo 和 níhǎo，这种现象称为**连读变调**。

连读变调和前面音段音系学中的增音现象结合起来，可以得出一个更为宽泛的规则：

（16）强制性曲线原则（OCP）

不允许具有共性的元素连续出现。

这一原则不但包含了连读变调，还包含了前文 2.3 节中的几个音段规则：两个元音连续出现时，中间加入一个辅音（不定冠词）；两个近似的辅音连续出现时，中间增加一个元音（包括名词复数和第三人称单数现在时动词在咝音和 /z/ 间加 /ə/，以及规则动词过去式以 /t/ 和 /d/ 结尾时加 /ɪ/ 等）。

强制性曲线原则和同化现象正好相反，适用于两个连续出现的具有共性的音段或超音段（声调和重音）所发生的音系变化。重音变化如英语中的 reˈsearch ˈpaper 常常变成 ˈresearch ˈpaper，以避免两个重读音节连续出现。

第三章

词与形态学

词可能是我们学习母语时最早掌握的语言成分。儿童在能够说出完整的句子前,已经掌握了一定数量的词汇。据估计,英语国家六岁儿童掌握的词汇已约达 13,000 个(Fromkin, et al. 2014: 33)。词构成了语言最基本的单位。通过词的组合,我们可以形成词组,进而构造句子。因此,要了解词组和句子,我们有必要先对词的性质有准确的把握。本章将概览词的本质及其内在结构,以便对词在语言学框架内的性质和地位有基本的了解。

3.1 词的性质

3.1.1 什么是词?

尽管我们每个人都掌握丰富的词汇,但是面对"什么是词"这样的问题时,仍不免感到困惑。为了给词下一个初步的定义,让我们先来看下面各类成分,思考其中哪些可以被称作"词"。

例 3-1

gaatcoomgaot	coom	gaot
-er(例如 teacher)	dis-(例如 dislike)	un-(例如 unhappy)
take up	raise your hands	come over

我们会感觉以上各例没有一个成分是词。但是究竟是什么因素让我们做出这个判断呢?第一行的三个成分不能称作词。尽管一个说英语的人可以尝试把这三个成分都读出来,但它们都没有任何意义。由此我们认识到词与意义相关。但如果我们因此而给词下定义,认为词是有意义的单位,我们就无法排除第二行中的成分,因为第二行中的各个成分都有意义。比如,-er 在 teacher(老师),murderer(杀人犯)中的语义是指称动词所表达的事件的发出者。但我们也知道,-er 并不是词,dis- 和 un- 也不是。通过将这类成分从词中排除,我们发现,词并不总是最小的语义单位;有时,词可以进一步切分为几个更小

的语义单位，如上文中的 teacher。为此我们需要引入**语素**（Morpheme）的概念来进一步探究如何给词下定义。语素是语言中最小的有意义的单位。我们发现，单一语素有时可以独立成词，如 walk；但有时又必须要依附于其他成分才能构成词，如 -er 和 dis-，这样构成的词就包含不止一个语素。

引入"语素"的概念后，我们可以对词作如下定义：词是包含一个或者更多语素且能独立出现的最小的语言成分。只包含一个语素的词，如 boy 和 teach，称为**简单词**（Simple Word）；包含不止一个语素的词，如 boyhood 和 teacher，称为**复杂词**（Complex Word）。第一行中的成分不是词，是因为它们没有包含语素。这些成分都没有任何语义，而语素则是有意义的单位。第二行中的例子不是词，是因为这些成分不能独立出现。第三行中的成分也不是词，是因为每一个成分都包含了不止一个可以独立出现的有意义的单位，它们不是最小的能独立出现的语言成分。

上文有关词的定义看似合理，但我们需要再进一步问一个问题：究竟如何理解这个定义中的"独立出现"呢？以英语为例，首先，词在音系意义上可以独立出现，因为一个词代表一个没有停顿的音系区域。比如，当说 I love linguistics（我爱语言学）时，停顿一般情况下出现在词与词之间：I /love/ linguistics。

其次，词在结构层面可以独立出现，我们不能在词中间插入另外一个词。我们可以说 this teacher（这个老师），但不能说 tea-this-cher。但需要注意的是，有些语言中，**词缀**（Affix）可以嵌入一个词中而构成新词，我们将在 3.2 小节具体介绍这个现象以及不同种类的词缀。我们暂时可以将词缀理解为诸如 teacher 中的 -er 和 teaching 中的 -ing 这样的语素，这些语素必须要黏附于某个词出现。

最后，词在语法层面可以单独出现。词是填充话语中一个词类位置的最小填充单位。我们在 3.3.1 会具体讨论**词类**（Category）问题，现在，我们暂时将"词类"理解为我们所说的"名词""动词""形容词"等的名称。Teacher 是一个词，因为这是填充名词位置的最小单位。这个词本身所包含的两个语素 teach 和 -er 在此处都不是词。比如，teach（教）本身可以独立做动词出现，此时可被副词修饰，如 he teaches linguistics excellently（他语言学教得非常好），但是 teacher 却绝对不能被副词修饰，我们可以说 an excellent teacher（一位优秀的老师），但 an excellently teacher 就不行。这是因为 teacher 是一个单一的词，此时 teach 只是词中的一个语素而非一个独立的动词，因此无法获得副词的修饰。

通过使用语素这个概念，我们大致形成了词的定义。现在，我们需要引入另一个概念——**词位**（Lexeme）——来进一步理解词的特性。请阅读如下句子，并思考一个简单的问题：这句话一共包含多少个词？

例 3 - 2

That student walked into the classroom while the other students were walking out.(那个学生走进了教室,当时,其他学生正从教室走出来。)

如果你的答案是 12,那么是将 student(学生)和 students 以及 walked(走路)和 walking 各自当作不同的词。如果答案是 10,则上面每组中的两个词都被当作了同一个词。为了理清这一混乱的状况,我们需要区分抽象层面的词和句子中实际使用的词。前者我们称之为"词位"。以上例子中,walked 和 walking 是同一个词位 WALK 的不同"词语形式"(Word Form),student 和 students 则是同一个词位 STUDENT 的不同词语形式。我们可以把词位理解为多个词语形式的一个"家族",这些词语形式在词尾的语法标记上有差异,包括数(Number)、格(Case)、时(Tense)、分词形式(Participle Form)等。下面列出了更多词位和词语形式的例子:

例 3 - 3

词位	词语形式		
buy(买)	buy	bought	buying
eat(吃)	eat	ate	eaten	eating
apple(苹果)	apple	apples	
I(我)	I	me	

3.1.2 实义词和功能词

语言学家们对词做的一个重要分类是区分**实义词**(Content Word)和**功能词**(Function Word)。请看下面的例子:

例 3 - 4

实义词
名词(noun): tiger(老虎) panda(熊猫)
动词(verb): drink(饮用) hammer(锤打)
形容词(adjective): big(大) pretty(漂亮)
副词(adverb): slowly(慢慢地) crazily(疯狂地)

功能词
标句词(complementiser): that whether
代词(pronoun): I we you he she they
冠词(article): a/an the

指示词(demonstrative): this that these those
助动词(auxiliary verb): will do be have
介词(preposition): in on before behind of
连接词(conjunction): and but or either...or... neither...nor...

实义词表达具体的意义。典型的名词常指称世界中的具体事物，如tiger（老虎），panda（熊猫）；当然，名词也能指称抽象的概念，如impression（印象），justice（正义）。典型的动词常常描述动态的活动，如drink，hammer；当然，动词也可以描述心理状态，如love（爱）和worry（担心）。形容词常表达事物的属性，如handsome（英俊），cold（寒冷），而副词常常用来修饰动词，提供行动的方式、时间或者方位信息。很多英语副词来源于形容词，即在形容词尾添加语素-ly，如slow（缓慢的）-slowly，quick（快速的）-quickly, elegant（优雅的）-elegantly。但也有些副词并不包含形容词在内，如下面的例子（斜体词为副词）：

例 3-5

    a. This plan was *well* implemented.（这个计划得以很好地实施。）

    b. John *almost* finished this dissertation within one week.（约翰几乎在一周内完成了毕业论文。）

    c. I saw John *yesterday*, when he was *very* happy.（我昨天看到约翰了，他非常开心。）

    d. *Now* he has decided to work *hard*.（他现在决定要努力工作。）

这些词之所以叫作实义词，是因为它们有实在的语义。词库中的实义词可以不断增加，因此这类词也称作**开放类词**（Open Class Words）。我们可以非常容易地想到近几年进入英语词库的新词，如iPhone（苹果手机，名词），blog（博客、更新博客内容，名词、动词），email（电子邮件、发电子邮件，名词、动词）。汉语中的新词也很容易想到，如"微博"（名词）、"给力"（形容词）等。这些新词都是实义词。

实义词由于带有具体的语义信息，对英语为母语的人来说，让他们解释tiger或者drink的意思并不困难。但如果让他们解释功能词的意义，则往往会被难住。请看下面的例子：

例 3-6
　　John knows *that* Mary is smart.（约翰知道玛丽很聪明。）

以上例子中的 that 是什么意思？母语者一般很难立即给出一个答案，因为要给这类功能词提供明确的意义非常困难。事实上，例子中的 that 不传达任何语义。在这句话中使用这个词不是为了传达具体的意义，而是为了满足语法功能的需求。本例中，that 的功能是引导一个从句作为 know 的宾语。此外，that 也表明，它所引导的句子是陈述句而非疑问句。

功能词中另一重要的类别是代词。代词的功能是指代前句或者语境中已经明确的实体。请看下面的例子（斜体词为代词）：

例 3-7
　　a. That man is famous in his university; everybody knows *him*.（那个人在他的大学里非常出名，每个人都认识他。）
　　b. *He* is my teacher of linguistics!（The speaker is pointing to the man entering the lecture hall.）（他是我的语言学老师！[说话者说话时指着正在走入报告厅的人。]）
　　c. *It* is raining outside.（外面下雨了。）

以上 a 例中，him 指称的人也是前句中名词短语 that man 所指称的，后者是前者的**先行语**（Antecedent）。在 b 例中，he 指称的人不依赖于任何先行语，但说话人和听话人都可以在当下语境中了解到这个代词的指称对象。因此，我们可以说，代词不能独立指称某一实体，而需要和先行语共指（Co-refer），或者依赖于语境中的实体。我们也需要注意，在英语中，代词并不总是有指称对象。比如 c 例中，使用代词 it 仅仅是为了满足英语语法的要求，即需要有词语填充主语位置。这样的用法并非所有语言都有，比如汉语就没有用无指称对象的代词填充主语位置的语法要求。这一跨语言差异的内在原因，学界并没有定论，我们可以在未来研究中对此做出贡献。

指示词（如 this 和 that）以及**冠词**（如 a 和 the）也属于功能词。这两类词在英语的句中都出现在名词前，作用是锚定（anchor）名词所指称的实体。

例 3-8
　　a. *This* boy is my student, but *that* lady is my teacher.（这个男孩是我的学生，但那位女士是我的老师。）
　　b. Finally he finished writing *the* paper.（他终于完成了这篇论文。）

在 a 例中，this 和 that 帮助听话人明确男孩和女士所处的方位：this 表明男孩离说话人更近；that 表明女士离说话人更远。b 例中，冠词 the 表明，本句中的"论文"在之前已经被提及，因此是说话人和听话人已知的信息。指示词和冠词都被称为**限定词**（Determiner）[①]。

助动词的定义完全依据其语法表现。首先，在英语中，助动词总是出现在动词前：

例 3 - 9

    a. John *is* reading a novel.（约翰在阅读一本小说。）

    b. He *will* choose syntax as the research field of his doctoral study.（他将选择句法作为博士研究的领域。）

    c. He *can* provide very important help to his students in academic research.（他可以给他学生在学术研究方面提供非常重要的帮助。）

    d. John *has* paid full attention to the latest issues in his field.（约翰已经全力关注了他领域内最新的研究问题。）

其次，助动词可以放在句首，形成一般疑问句：

例 3 - 10

    a. *Is* John reading a novel?（约翰在阅读一本小说吗？）

    b. *Will* he choose syntax as the research field of his doctoral study?（他将选择句法作为博士研究的领域吗？）

    c. *Can* he provide very important help to his students in academic research?（他可以给他学生在学术研究方面提供非常重要的帮助吗？）

    d. *Has* John paid full attention to the latest issues in his field?（约翰已经全力关注了他领域内最新的研究问题吗？）

介词常常用来表达物体或者事件与方位的关系；但也有时候，介词表达的关系相当抽象。

例 3 - 11

    a. The 2016 Summer Olympics was held *in* Rio de Janeiro.（2016 年夏季奥运会在里约热内卢举办。）

    b. John does not drink coffee *at* night.（约翰晚上不喝咖啡。）

    c. She knows much *on* Chomskyan linguistics.（他对乔姆斯基语言学了解很多。）

[①] 需要说明的是，this, that 这样的成分也可以充当代词（如 this is my friend［这是我的朋友］中的 this）。此节讨论的指示词特指位于名词前充当限定词的成分。

d. Linguistics is sometimes considered as a discipline *of* science.（有时候，人们将语言学当作一门科学领域的学科。）

例 a 和例 b 中的介词 in 和 at 分别表达事件与地点、时间的关系。例 c 和例 d 中 on 和 of 表达的关系则更抽象，我们可以大致认为，on 表达的是"关于"关系，而 of 表达的是"部分—整体"关系。

另外一类功能词是连词，用于连接词、词组或者小句。以下例子中的连接词分别连接了词、词组和小句：

例 3-12

a. This room is small *but* elegant.（这个房间很小，但是很优雅。）

b. One cannot work in China *and* in the UK simultaneously.（一个人不能同时在中国和英国工作。）

c. You should concentrate on your research, *or* you will find it difficult to pass your viva.（你应该专注于你的研究，否则你很难通过你的毕业论文答辩。）

根据前文的描述，我们发现，只有将功能词置于句子中才能讨论它们的意义和功能，因此很难给这些词提供一个精确的定义。这样我们就可以理解为什么 that 这类词称为功能词，因为它们的核心功能是满足语法的要求，而具体的语义则不是必要的部分。因此，功能词属于语法体系的核心部分。例如，上述 that 的用法是英语语法的一部分，属于"如何说英语"的知识。相反，如果不知道某一个实义词的语义，并不会影响一个人说英语的能力。比如，一个人即使不知道英语单词 laptop（笔记本电脑），也仍有可能英语说得非常好。

功能词相对较为稳定，一种语言的词库很少增加新的功能词。因此，功能词也被称为**封闭类词**（Closed Class Words）。以代词为例，英语等语言中，有第一人称、第二人称、第三人称单数和复数代词，比如 I, we, you, he, she 和 they，以及各自的宾格形式 me, us, you, him, her 和 them。尽管几乎每天都有新的发明出现，使大量新的实义词进入词库，但这些变化并不会影响我们指称人和物的方式，也不会增加新的代词。不过，有时由于种种原因，也会有新的功能词进入某个语言。以汉语为例，书面语代词"她"在现代汉语中是第三人称、阴性、单数人称代词。这个代词直到 20 世纪 20 年代才出现，由语言学家、诗人刘半农在他创作的歌词中首创。尽管代词"她"成功进入了汉语词库，但总体来说，这样的成功案例非常有限。Harley（2006：118）曾指出，数年前，人们曾试图在英语中引入一个中性的单数代词 sie；有了这个代词，当人们要指称一个性别不明确的人时，就可以不需要借助 he 或 she。比如这个例子：When one begins a career in academia, sie has to write papers（当一个人开始了学术生涯，sie[中性代词] 需要写论文）。从性别平等的角度来看，这个代词的引入非常有意义。但是到目前为止，sie 也没有被接受为英语词库中的一员。从语言学角度来看，造成这个现象的直接原因在于，和实义词不同，功能词倾向于保持稳定。

要表达一个句子完整的意义，实义词和功能词都必不可少。我们需要实义词来表达实体、性质和事件。功能词则一方面帮助我们精确这些意义，另一方面将这些实义词串起来构成符合语法的句子。以下面第一个例子中的定冠词 the 为例，这个功能词表明实义词 book 所表达的实体"书"是旧信息，即说话人与听话人都知道这本书的存在。不定冠词 a 则表明，在说这句话前，听话人并不知道这本书的存在。显然，这两个功能词精确化了实义词表达的信息。

例 3 – 13
    a. John bought *the* book yesterday.（约翰昨天买了这本书。[1]）
    b. John bought *a* book yesterday.（约翰昨天买了一本书。）

功能词的另外一个重要功能是将独立的一个个实义词串起来，构成符合语法的句子。请看下面的例子：

例 3 – 14
    John knew *that* Mary *was to be* present *at the* conference.（约翰知道玛丽将出席会议。）

以上例子中，尽管句子的具体意义主要来自于实义词，但仅靠这些词无法构成一个符合语法的句子。我们需要功能词将这些实义词组合起来。从这个角度来看，功能词就像胶水，起到将词和词组黏合起来的作用。

3.2 语素的种类

有的词可以进一步划分出更小的单位。例如我们知道 popularise 和 teacher 是由更小的语义单位构成的。在 3.1 中，我们已经提到，这些更小的语义单位是语素，它们是词内部最小的有意义的成分。本节中，我们将介绍不同类型的语素，以便进一步理解词是如何形成的。构成 popularise 的两个语素 popular 和 -ise 的差别在于是否能够独立出现。尽管在 popularise 中，popular 是词的一个部分，但这个语素本身也可以独立作为一个词出现。而

---

[1] 汉语中没有和英文 the 完全对等的冠词，我们的中文翻译"这本书"只能尽量贴近英文原文的意义，但实际上，与汉语"这"对应的是英文的指示词 this/these，当然，汉语的指示词"这""那"没有明确的单复数数量特征（number feature）。本章中其他例句的中文翻译也都不一定贴合英文原句的结构，中文翻译的目的是帮助读者更好地理解这些句子的意义。

popularise 的另外一个部分 -ise，则不能作为一个词单独出现。这个语素必须黏附到其他语素上，如在 popularise, naturalise, crystallise 中，-ise 要分别黏附到 popular, natural 和 crystal 上。同样，teach 能独立成词，但 -er 不能。像 popular 和 teach 这样可以独立成词的语素称为**自由语素**（Free Morphemes），而 -ise 和 -er 这样不能独立成词的语素则称为**黏着语素**（Bound Morphemes）。

任何词都包含**词根**（Root），它是一个词构成的基础。比如 enable，astronomy 和 linguist 的词根分别是 -able, astro- 和 lingu-。部分词根，如 astro- 和 lingu-，无法独立成词，为**黏着词根**（Bound Roots）。当词根和黏着语素结合时，就形成了**词干**（Stem）。词干既可以是独立的词，也可以作为基础与其他黏着语素构成新词。①

例 3-15
  词根：nature（自然）
  词干：natural（自然的）（名词 + 词缀 -al）
  词干：naturalise（使加入国籍）（形容词 + 词缀 -ise）
  词根：construct（建设）
  词干：construction（建筑）（动词 + 词缀 -ion）
  词干：constructional（建筑的）（名词 + 词缀 -al）

简单理解，词干就是一个词去掉屈折词缀之后的部分。我们在下文会解释什么是屈折词缀。我们暂时可以将它们理解成黏附在词上的语法标记，比如时标记（英语中的 -d 和 -ed）、分词标记（英语中的 -ed 和 -ing）。这样，我们就可以说 naturalising, naturalises 和 naturalised 都包含同样的词干 naturalise。

一个**词缀**（Affix），即无法作为词根的黏着语素，在构词时如果位于其他语素之前，是**前缀**（Prefix）；如果位于其他语素之后，则是**后缀**（Suffix）。下面我们列出英语中常见的一些前缀和后缀。

例 3-16
前缀

en-	enable	enlighten	encrust	enlarge
pre-	predict	precursor	precede	precaution
un-	unable	unhappy	unlike	unselfish
dis-	dislike	disbelieve	disadvantage	dismantle
re-	rebuild	reconstruct	recollect	recall

---

① 需要指出的是，如果单一的词根本身也可以独立成词，则这个词根本身也同时是词干，如 cat。

后缀

-en	redden	flatten	lighten	deepen
-ise	verbalise	naturalise	fossilise	Americanise
-ing	doing	reading	walking	feeling
-s	books	boys	cups	tables
-er	smaller	greater	bigger	hotter

如果只关注英语，我们可能会就此止步，声称词缀只包含前缀和后缀两种。然而，众所周知，至少在表层结构上，不同语言间存在巨大差异是人类语言很重要的特征。在其他一些语言中，我们还发现了另外两种类型的词缀：**中缀**（Infix）和**框缀**（Circumfix）。前缀和后缀黏附在一个词上不会破坏词中原有的语素，但中缀的不同在于它并不是黏附到一个语素之前或之后，而是插入到一个语素中间。他加禄语（Tagalog）就是这样一种含有中缀的语言。举例来说，词缀 -um- 插入到形容词中间，会形成一个起始体动词（就像英语的动词 redden 和 flatten 一样，意指状态的改变）。

例 3 – 17

形容词	动词
ganda（beautiful）（漂亮的）	gumanda（become beautiful）（变得漂亮）
gising（awake）（醒着的）	gumising（awaken）（醒来）
hirap（difficult）（困难的）	humirap（become difficult）（变得艰难）

注意以上例子，中缀 -um- 是插在形容词词根的第一个辅音之后。因此，他加禄语的母语者如果知道 ganda 的意义就会立刻知道 gumanda 的意义，就像一个英语母语者如果知道 possible（可能的）的意义就能立刻知道 impossible（不可能的）的意义一样。

下面我们再列举一些中缀的例子：

例 3 – 18

邦图克语（Bontoc），分布于菲律宾（Philippines）（Fromkin, et al. 2014: 41）

名词/形容词	动词
fikas（strong）（强壮的）	fumikas（to be strong）（变得强壮）
kilad（red）（红色的）	kumilad（to be red）（变成红色）
fusul（enemy）（敌人）	fumusul（to be an enemy）（变成敌人）

化语（Hua）（一种跨新几内亚语[Trans-New Guinea language]）
（Haiman 1980: 195）
  zgavo（embrace）（拥抱） zgaavo（not embrace）（不拥抱）
  harupo（slip）（滑动） haruapo（not slip）（不滑动）
  rvato（be nigh）（附近的） rvaato（not be nigh）（不在附近的）

  邦图克语的中缀表现和他加禄语很类似：中缀 -um- 黏附在要附着的语素的第一个辅音后，生成一个动词。在化语中，中缀 -a- 插在要附着的语素的最后一个音节前，语义类似于否定词。

  初步了解了中缀的概貌之后，我们来尝试一个简单的挑战。你认为下面例句中表示复数的语素 -s 是中缀吗？

例 3-19
  mothers-in-law（岳母/婆婆）
  passers-by（过路人）

  上述两例中的语素 -s 看起来很像中缀：毕竟，它们是插在了词的中间。但仔细考察就会发现它们并不能算是中缀。正如前文所示，中缀最基本的性质是它们不能黏附在一个语素之后或之前，而必须插入到一个语素中间。而上述两例中的 -s 并没有破坏任何一个语素，而是分别跟在语素 mother 和 passer 之后。

  最后，我们来看看框缀的表现。框缀既有前缀的特性又有后缀的特性，就像同时结合了二者。举例来说，荷兰语中，fiets（to cycle）的过去分词形式是 ge-fiets-t。可以看出表达过去分词这一语法意义的词缀包含两个部分，一个部分在词根动词前，另一部分在词根动词后。德语中也有类似的词缀添加方式，比如 ge-sing-e（singing）就是通过 sing（to sing）加框缀得到的，ge-lieb-t 则是由 lieb（to love）加框缀而来。

  结束本节内容之前，我们再来了解一下**同位语素变体现象**（Allomorphy）。它指语音上不同的成分在意义和语法功能上是同一抽象语素的不同变体。这些语音上不同的变体叫作**语素变体**（Allomorphs）。考虑下面的例子：

例 3-20
  intolerable（不可忍受的）
  inelegant（不优雅的）
  inappropriate（不合适的）
  irregular（不规则的）
  illegal（不合法的）
  impossible（不可能的）

impatient（不耐心的）
imbalance（不平衡）

上述例子中，前缀 in-、ir-、il- 和 im- 就是语素变体。在构词中，它们遵循相同的规则；语义上，它们表达相同的意义：每个变体都是作为前缀黏附在形容词上，都表达"否定"的语义。直觉上，我们也能感觉到它们在语音上只有细微的不同。但是为什么同一个语素会实现为不同的语音形式呢？对很多例子来说，语音上的要求就是背后的决定因素。在上面的例子中，当词干的词首辅音是流音（Liquid）（也称为"通音"[Approximant]）时，如 /l/ 和 /r/，前缀的鼻辅音会被同化为相应的流音，得到 illegal 和 irregular。如果词干的词首辅音为双唇音，如 /p/ 和 /b/，前缀就会实现为 /ɪm/，即前缀的鼻辅音会被同化为双唇音。如果词干既不以流音起首，也不以双唇辅音起首，则前缀的规则形式 /ɪn/ 就会出现。弄清楚了这背后的原因，我们就可以预测这个抽象的语素在什么样的词首辅音前会实现为什么具体的语音形式。

但也不是所有的语素变体都是可预测的，比如下面的例子：

例 3 - 21

动词原型	过去式	过去分词
go（走）	went	gone
do（做）	did	done
feel（感觉）	felt	felt
win（赢）	won	won
leave（离开）	left	left
come（来）	came	come

上述语素变体都是不规则的，因此都不可预测。也就是说，这些词的构成并不遵循特定的规则，而是直接被语言使用者储存在心理词库中。

3.3 形态变化

到目前为止，我们已经发现很多词（词语形式和词位）都包含两个或两个以上的语素。但是语素是如何组合成新的词位或者词语形式的呢？这就是语言学的一个分支——**形态学**（Morphology）所要回答的核心问题。本节中，我们会学习一些主要的形态变化，如**派生**（Derivation）、**复合**（Compounding）和**屈折**（Inflection），以及其他一些次要的形态变化，如**词语新造**（Coinage）、**截搭**（Blending）、**逆构**（Backformation）、**截短**（Clipping）、**缩略**（Acronym）等。

3.3.1 派生构词

派生指在已有词位上添加词缀构成新的词位的形态变化。举例来说，当动词 construct 和后缀 -ion 结合在一起，一个新词（或者更准确地说，是一个新的词位）construction 就产生了。派生所涉及的词缀，如 -ion，叫**派生词缀**（Derivational Affixes）或**派生语素**（Derivational Morphemes）。通常来说，派生会改变已有词位的词类。我们知道最基本的词类有名词、动词、形容词和副词。副词暂且不论，其他几个词类都可以通过互相派生来形成。也就是说，名词可以通过派生而变成动词或形容词，动词可以通过派生变成名词或形容词，同样，形容词也可以通过派生变成名词或动词，或更常见的是，形容词通过派生变成副词。派生也可以不改变词位的词类。比如，impossible 是形容词，它由 possible 派生而来，而 possible 显然也是一个形容词。派生形成的副词只能由形容词派生而来，而不能由名词或动词派生而来。

例 3-22
  名词的派生
  V → N decorat-ion（装饰）   teach-er（老师）
         appear-ance（出现）
  A → N happi-ness（快乐）   romantic-ism（浪漫主义）
         free-dom（自由）
  N → N child-hood（童年）   friend-ship（友谊）
         king-dom（王国）

  动词的派生
  A → V social-ise（社会化）   en-large（扩大）
         whit-en（使变白）
  N → V en-joy（享受）   in-habit（栖息）
         im-prison（监禁）
  V → V re-call（回忆）   dis-like（不喜欢）
         un-fold（展开）

  形容词的派生
  V → A read-able（可读的）   defin-able（可定义的）
         evaluat-ive（可估价的）
  N → A joy-ful（欢喜的）   pictur-esque（图画般的）
         astronom-ical（天文的）

A → A　im-plausible（难以置信的）　in-accurate（不精确的）
　　　　ab-normal（异常的）

副词的派生
A → Adv.　slow-ly（缓慢地）　　　great-ly（非常地）
　　　　　odd-ly（古怪地）

上述大多数派生过程都包含对原词位词类（Category①）的改变，因此这一过程也可称为**词类化**（Categorisation），其中起作用的词缀是**词类标记**（Categoriser），它携带有重要的语法信息，即**词类特征**（Categorial Feature）。需要注意，很多词类标记是不包含语义信息的，它们唯一的功能就是改变所附着词位的词类。举例来说，名词化标记 -ion 和 -ness 就属于这种类型。Construct 和 construction 的意义并没有什么不同，它们的不同仅仅是前者是动词，而后者是名词。但也并不是所有的词类标记都缺乏语义信息。比如说，名词化标记 -er 就不仅给动词词位提供名词性的词类特征，而且还提供具体的语义信息，即指称动词所表达的事件的发出者。因此，通过 -er 的意义，我们知道 a teacher 表示的是一个教书的人（a person who teaches）。动词化标记 -en 也是一样，提供了"变成……"的意义，因此当形容词 red 和 -en 结合时，新的词位 redden 表示"变成红色"。

上文提到也有派生词并没有改变原词位的词类，这表明有一些派生词缀并不携带词类（语法）信息。这些词缀只包含语义信息。比如说，上面提到的例子中 -hood 表示"一个特定的时期"（a certain period）：childhood 表达的意义是"作为儿童的那个时期"（the period of being a child）。由于 child 和 childhood 都是名词，因此 childhood 这个词的构成过程就没有改变原词位的词类。

与派生密切相关的另一构词方法叫**转类**（Conversion）。转类也会形成新的词位。上文所给例子中，词类改变（或称词类化过程）大多通过添加词缀或词类标记来实现。但有时词类化也可以不包含任何词缀，我们称这种词类化为**零派生**（Zero-derivation）或转类。下面是英语中一些转类的例子：

例 3-23
　　名词（N）→动词（V）
　　Send me an *email* (N) please.（请给我发一封邮件。）
　　Email (V) me please.（请邮件我。）

---

① 此处取术语 category 狭义的理解，即传统语法上对词性（Part of Speech）的归类，如"名词""动词""形容词""副词""介词"等。更宽的定义（此时 category 常常翻译为"语类"）则包括更抽象的一些类别，如"时"（Tense）、"体"（Aspect）等，在句法理论中，"语类"还可以包括词组层面的成分，在此我们不展开讨论。

形容词（A）→动词（V）
The water is very *cool* (A).（水很凉。）
The coffee will *cool* (V) down very fast.（咖啡凉得很快。）

动词（V）→名词（N）
He always *kicked* (V) the door.（他老踢门。）
He always gave a *kick* (N) at the door when it was not open.（门关着的时候他老对着门踢。）

3.3.2 复合构词

就像派生构词一样，复合构词也会生成新词位。但不同之处在于，复合构词是两个词位结合，而非一个词位和一个词缀结合。Socialise 这个词包含词位 social 和词缀 -ise，属于派生构词。Blackmail 这个词也包含两个部分，分别是 black 和 mail，但与 socialise 的构成不同的是，blackmail 的两个组成部分都是词位，没有任何词缀参与 blackmail 的构成过程。Blackmail 形成的方式我们就叫作**复合构词**（Compounding）。Blackmail 是一个**复合词**（Compound/Compound Word）。

Bisetto & Scalise（2005）考察了复合词的构成部分之间的语义和语法关系，认为可以把复合词分成三类：**修饰型复合词**（Attributive Compounds）、**并列型复合词**（Coordinative Compounds）和**从属型复合词**（Subordinative Compounds）。修饰型复合词的两个组成部分之间是修饰关系，其中一个是**修饰语**（Modifier），一个是**中心语**（Head）：

例 3-24
　　修饰型复合词
　　windmill（风车）（风来推动的磨坊）
　　bookstore（书店）（卖书的店铺）
　　lowlife（下层阶级）（较低阶层的生活）
　　coffee table（咖啡桌）（用来喝咖啡的桌子）

并列型复合词中，两个组成部分的地位是完全平等的，互相不存在修饰关系：

例 3-25
　　并列型复合词
　　prince-consort（王夫）（一个既是王子又是伴侣的人）
　　teacher-student（师生关系）（在教学活动中老师和学生之间的关系）

从属型复合词的两个组成部分中，其中一个通常被认为是另一个的**论元**（Argument）。这里我们需要先讨论什么是论元。一个句子中，通常主语和宾语（在有宾语的情况下）是动词的论元。因此，在 John drove a truck（约翰驾驶了一辆卡车）中，John 和 truck 就是动词 drive 的论元。在英语的从属型复合词中，通常位于右侧的词位是由动词词干派生而来的，而位于左侧的词位则是它的论元。举例来说，在 truck-driver（卡车司机）中，词位 driver 是由 drive 派生而来，而 truck 则是 drive 的论元，或者更具体来说是 drive 的受事论元（Patient Argument），即动作的经历者，这就解释了为什么这个词的意义是"开卡车的人（a person who drives a truck）"。同样的分析也适用于下面这些词：tractor-driving 指的是"拖拉机驾驶"这一动作，cigarette-smoking 指"抽烟"这一动作，coffee-grinder 则是用来磨咖啡豆的工具，can-opener 是开罐头的工具。这些复合词也称作**合成性复合词**（Synthetic Compounds），因为这些词的构成过程既包含复合，也包含派生（比如从动词到名词的派生，就像从 drive 到 driver），而合成性复合词之外的其他复合词也称作**根复合词**（Root Compounds）。

例 3-26
    从属型复合词
    truck-driver（卡车司机）
    tractor-driving（拖拉机驾驶）
    cigarette-smoking（抽烟）
    coffee-grinder（咖啡研磨机）
    can-opener（开罐器）

结束本节之前，需要指出复合词并不是完全同质的，它们的形成有不同的机制。不同类型的复合词具体包含什么样的形成机制仍然是形态学和句法学研究的核心问题，本节不再详细讨论。这里，我们仅给出一点和语义有关的证据。一些复合词的语义是透明的，其语义就像是由各个组成部分的语义直接组合得到，类似于词组合构成短语的过程，合成性复合词就是这样：组成部分中左侧的词位是右侧动词词位的受事论元。但也有另外一些复合词的语义不是组合性的，比如 blackmail，就并不是指"黑色的邮件"。

3.3.3 屈折构词

屈折构词并不构成新词位，而只是生成原词位的不同词语形式。这一过程中所涉及的词缀被称为**屈折词缀**（Inflectional Affixes）或**屈折语素**（Inflectional Morphemes）。因为添加屈折词缀是语法所要求的，因此一个词只有在进入句子时才会被添加屈折词缀。举例来说，英语中如果句子的主语是第三人称单数的代词或名词，时态是现在时，动词是如 like 这样的，屈折词缀 -s 就要黏附到动词上。很显然屈折构词不改变词汇原义，也不改变词类。动词词位 LIKE 的两个词语形式 liked 和 likes 仍然都是动词，语义上也相同。在英语这样的语言中，动词、名词、形容词和副词都有屈折构词操作。下面列出了英语中一些主要的屈折词缀：

例 3-27

-s（第三人称单数现在时） Freddy like-s linguistics.
（弗雷德［现在］喜欢语言学。）

-ed（过去时） John like-d linguistics.
（约翰［过去］喜欢语言学。）

-ing（进行体） John is read-ing linguistics.
（约翰正在读语言学。）

-en（过去分词） Mary has eat-en the apple.
（玛丽吃了那个苹果。）

-s（复数） Mary ate three apple-s.
（玛丽吃了三个苹果。）

-er（比较级） John works hard-er than Tim.
（约翰工作比蒂姆更勤奋。）

-est（最高级） John is the smart-est student in his department.
（约翰是他所在院系中最聪明的学生。）

无论是单一语言内部还是跨语言来看，特定语法功能都既可能由屈折语素来实现，也可能由独立的功能词来实现。比如在英语中，形容词或副词如果包含两个以上音节，比较级通常是由功能词 more 来表达，而不再用屈折词缀 -er（比较 smarter 和 more intelligent）。再如，将来时在英语中由功能词 will 来表达，但在法语中则由屈折语素来表达。

例 3-28

a. I will watch TV.（我将要看电视。）
b. Je regarderai la télé.（法语）
　I will watch the TV
　'I will watch TV.'

我们看到，在法语中，屈折词缀 -ai[①] 添加到动词 regarder 上表达将来时

[①] 更准确地说，屈折词缀 -ai 不仅表达将来时，而且同时表达了主语是第一人称单数。

信息。

　　屈折和派生都包含词位和词缀的结合，但与派生相比，屈折具有如下一些特殊性质。首先，屈折仅仅是语法的要求，也就是说，这是一个人掌握一门语言所必须学会的知识的一部分。但一个人即使不知道如何派生出某个特定的新词，比如如何从 possible 派生出 impossible，他也能够造出有意义的合语法的句子。其次，屈折比派生更能产。屈折规则可应用于大多数符合条件的情况，只有很少一部分是不规则的例外；但派生规则的应用则很受限制。比如，否定前缀 im- 只能用在特定的一组形容词上，到目前为止我们还并不清楚这背后的原因是什么。从这个角度来看，我们可以说，与屈折词不同的是，派生词是储存在我们的心理词库中的。再次，屈折构词绝不改变原词位的词类，而派生则经常导致词类的变化。最后，屈折不改变原词位的语义，而派生所构成的词则可以在语义上不同于原词位。Teacher 在语义上显然不同于 teach。如果我们知道后缀 -er 的功能和语义，teacher 和 teach 在语义上的区别可以预测。但有时派生词的意义也可以是不透明的，比如，由 natural 和 -ise 构成的新词 naturalise 就并不指"变得自然"，而是指"获得某国的国籍 / 成为某国的公民"。

3.3.4　次要形态变化

　　除了上文所讲的主要的形态变化，还有一些不甚常见的形态变化可以构造新词。我们首先来看**词语新造**（Coinage），它指完全新造一个词语。比如我们现在用的很多词汇，如 TV（电视），computer（电脑），iPhone（苹果手机）等，曾经都不是英语的词汇，因为这些事物那时尚未被发明出来。

　　截搭（Blending）是另外一种构造新词的方式，它指将两个词位各自的一部分拼接起来构成新词，且被拼接的两个成分均不是语素，这样的操作构成的词就是**截搭词**（Blends）。一个很典型的例子是英语中的 brunch，它由 breakfast 中的 br- 和 lunch 中的 -unch 截搭构成。Brunch 的语义和原本的两个词都相关，它指的是时间介于早餐和午餐之间的早午餐。下面列出了更多截搭词的例子：

例 3 - 29

motor + hotel → motel（汽车 + 旅馆 → 汽车旅馆）

simultaneous + broadcast → simulcast（同步 + 广播 → 同步广播）

smoke + fog → smog（烟 + 雾 → 烟雾）

spoon + fork → spork（勺子 + 叉子 → 叉勺）

situation + comedy → sitcom（情景 + 喜剧 → 情景喜剧）

逆构（Backformation）发生在母语者将一个简单词（只包含一个语素的词）感知为包含不同的语素的时候。比如说，surveillance（监视，名词）历史上就是一个简单词。但由于这个词的发音很容易让人联想到经常加在动词上构成名词的后缀 -ance（比如 clearance, utterance），它就被重新分析为了动词 surveil（监视，动词）和后缀 -ance 组合形成的派生词。另外一个例子是 burgle（盗窃，动词）：这个动词之所以进入英语词汇，是因为早期的简单词 burglar（窃贼，名词）被重新分析为了动词 burgle 和后缀 -er 的结合（-ar 在发音上和 -er 很接近）。其他例子如 peddle（兜售，动词），edit（编辑，动词）都是通过逆构形成的，原词分别为 peddler（商贩，名词）和 editor（编辑，名词）。

截短（Clipping）是另外一种构造新词的方式，它是将现有的一个长词截为较短的词的过程。下面是一些截短构词的例子：

例 3-30
  refrigerator → fridge（冰箱）
  demonstration → demo（范例）
  mathematics → math（数学）
  laboratory → lab（实验室）
  professor → prof（教授）
  information → info（信息）

缩略（Acronym）是将短语或名称中每一个词的首字母组合在一起构词的过程。

例 3-31
  World Trade Organization → WTO（世界贸易组织）
  North Atlantic Treaty Organization → NATO（北大西洋公约组织）
  Test of English as a Foreign Language → TOEFL（托福考试［非英语母语者的英语能力考试］）
  International English Language Testing System → IELTS（雅思考试［国际英语测试系统］）

需要注意，上述例子显示，有一些缩略词可以按单一的词读出（如 NATO, TOEFL, IELTS），另外一些则是每个构词成分的首字母单独发音（如 WTO）。尽管缩略词经常被用来指称任何通过首字母的组合形成的缩写词（Abbreviation），但也有一些词典区分缩略词和**首字母缩写词**（Initialisms）这两个概念，用缩略词指代 NATO 和 TOEFL 这样能按单一的词来读出的词，而用首字母缩写词来指称 WTO 这样每个构词成分的首字母都需单独发音的词。

第四章

从语词到篇章

语言的使用,犹如游戏,有自身的规则。要玩好游戏,首先应该了解规则。词、词组、短语和句子并非随意组合,而是遵循一定的排序规则。**句法**(Syntax)是研究语言的不同成分组成句子的规则或句子结构成分之间的关系。

4.1 句法关系

句法关系可分为三类,即位置关系、替代关系和同现关系。

4.1.1 位置关系

要实现交际功能,语言就必须有某种方式来标记小句中各种短语的语法作用。例如,在句子 The man kissed the girl(那男人吻了那姑娘)中,必须要用某种方法来表示第一个名词短语的功能是主语,第二个是直接宾语。在人类语言中,用以传达该信息的最常见的两种方法是位置关系(即词序)和词缀法(Affixation)。

位置关系或**词序**(Word Order)指的是一门语言中词语的排列顺序。如果词语不按照语言常规要求以一定的词序来组成句子,就会产生不合语法或没有任何意义的句子。例 4-1 中 b、c 两句可以说明这一点:

例 4-1
    a. The new secretary doesn't like me.(新秘书不喜欢我。)
    b. *New secretary the doesn't me like.
    c. *Secretary the new like doesn't me.

另一种情况,像例 4-2,两个句子拥有相同数量和相同形式的词语,而且都符合语法,意思却完全相反。

例 4-2
    a. She sent the nurse some flowers.（她送了护士一些花。）
    b. The nurse sent her some flowers.（护士送了她一些花。）

位置关系是索绪尔**横组合关系**（Syntagmatic Relation）的一方面。在一些基础语言学教材中，它们也被称为**横向关系**（Horizontal Relation）或**链状关系**（Chain Relation）。有趣的是，词序被列为划分语言的三种基本方法（词序、亲缘划分和区域划分）之一。以这种方式来划分，语言共计六种类型，即主谓宾（SVO）、谓主宾（VSO）、主宾谓（SOV）、宾谓主（OVS）、宾主谓（OSV）和谓宾主（VOS）。英语属于主谓宾，但这是从类型划分上而言的，并不意味着是唯一可能的排列方式。

4.1.2　替代关系

首先，**替代关系**（Relation of Substitutability）指在相同结构的句子中，语法上可以互相替代的词类或语词的集合。

例 4-3
    _____ is not allowed in the lecture room.（教室里严禁____。）
    Smoking　　　　　　　　　　　　　　　　　　吸烟
    Singing　　　　　　　　　　　　　　　　　　　唱歌
    Sleeping　　　　　　　　　　　　　　　　　　睡觉

其次，它还可指由多个词组成的词组（word group），语法上代替特定集合中的单个语词。

例 4-4
    a.
    The { strong man / tallest boy / pretty girl } smiles.（那个 { 壮汉 / 高个子男孩 / 漂亮女孩 } 笑了。）

    b.
    He went there { yesterday. / last week. / the day before. }（他 { 昨天 / 上周 / 前天 } 去那里了。）

在 a 中，我们可以从名词词组中选择；而在 b 中，我们可以从副词词组中选择。这就是索绪尔所说的**联想关系**（Associative Relation）或叶姆斯列夫（Hjemslev）所说的**纵聚合关系**（Paradigmatic Relation）。为便于理解，我们可以把它称作纵向关系（Vertical Relation）或选择关系（Choice Relation）。

4.1.3 同现关系

同现关系（Relation of Co-occurrence）指小句中不同集合的词语允许或要求和另一集合或类别中的词语一起组成句子或句子的某一特定部分。例如，名词可以前置限定词和形容词，后跟动词或动词短语。

例 4-5

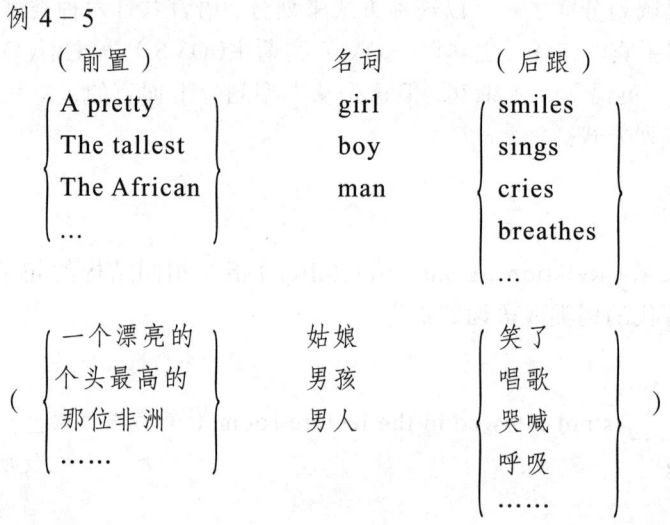

因此，同现关系部分属于横组合关系，部分属于纵聚合关系。

4.2 语法结构和成分

4.2.1 语法结构

语法结构或建构（construct）用来指语言中被赋予一种或多种功能的任何句法建构，包括该建构在语言学上所拥有的常规意义和用法。在句法层次上，我们可区分一种语言中任何结构的外部特征和内部特征。

结构的外部句法特征是指整体结构所具有的特征，即说话者所知道的在更大的句法上下文中与此结构有关的方方面面。例如，不同的术语，像小句类型、短语类型（例 4-6），分别被赋予不同的结构特征。

句子的内部结构实际上是指对结构组成成分的描述，可用主语、谓语、宾语、限定词、名词等术语。请看例 4-6。

例 4-6

主语	+	动词	+	宾语 （小句类型）
Smith		loved		an apple

限定词	+	名词 （短语类型）
this		edition

此外，在话语/篇章分析中，结构可看作结构类型的一个标志。句子结构 Mr. Garland teaches skiing（加兰德先生教滑雪）属"主语+谓语"类型，但却是通过语符列（string）"Mr. + Garland + teaches + skiing"来实现的。正是在这个意义上，结构才可细分为不同的成分。

4.2.2 直接成分

在句子结构分析中，成分用来指任何语言单位，而该单位又是更大的语言单位的一部分。若干成分共同组成一个结构。例如，在句子 The schoolmaster drove the car（校长驾车）中，句子本身（A），the schoolmaster（B），drove the car（C），都是一个成分。成分可以和其他成分结合组成更大的单位。如果两个成分，如上例中的成分 B（the schoolmaster）和 C（drove the car），结合起来形成一个更高一级的成分 A（在上例中是句子），那么 B 和 C 就是 A 的**直接成分**（Immediate Constituent）。

例 4-7

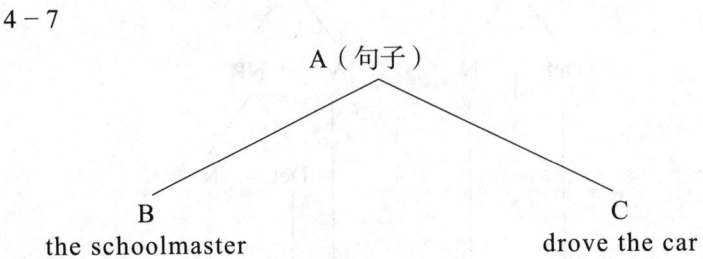

这个树形图包含三个**节点**（Node），节点 A 是下面两个节点 B 和 C 的母节点，B 和 C 是同一个母节点的两个子节点，我们可以称它们为姊妹节点。这个简单的树形图表明，A 由 B 和 C 两部分组成，而且 B、C 又按一定的次序排列。以这种方式来分解语法结构就称为**直接成分分析法**（Immediate Constituent Analysis），简称 **IC** 分析。

直接成分本身也可以是某种类型的结构，例如，名词短语 the schoolmaster 可进一步分析为 the（限定词）+ schoolmaster（名词）。因此，the schoolmaster 是一个名词短语结构,而 the 和 schoolmaster 是它的成分。

当树形图(Tree Diagram)被用来表明一个语法单位(例如短语或句子)的成分结构时,应使用句法范畴来给节点标注,下面所列的是最常用的标记:

词类	短语类
N = 名词	NP = 名词短语
A = 形容词	AP = 形容词短语
V = 动词	VP = 动词短语
P = 介词	PP = 介词短语
Det = 限定词	S = 句子或小句
Adv = 副词	
Conj = 连词	

以 The boy ate the apple(那男孩吃了那个苹果)为例,我们可用树形图详细地表示如下。

(a)树形图

例 4-8

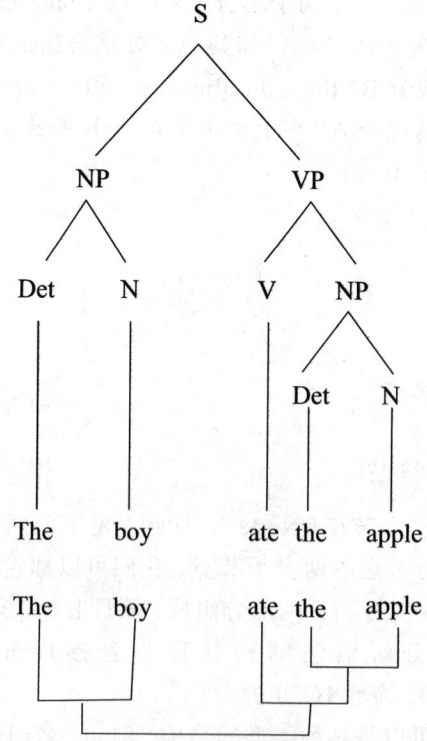

(b) 括号法

和树形图相比,**括号法**(Bracketing)不那么常用,但不失为一种标注语法单位成分结构的便捷方法。

((The)　(boy))　　((ate)　((the)　(apple)))

4.2.3　向心结构和离心结构

句法结构可依据成分的分布以及它们之间的关系分析为两大类:**向心结构**(Endocentric Construction)和**离心结构**(Exocentric Construction)。

1. 向心结构

向心结构是指该结构的分布在功能上相当于它的一个或多个成分,即一个词或词组可确定为"中心"(Centre)或"中心词"(Head)。一般说来,名词短语、动词短语和形容词短语属于向心结构,因为它们的成分都从属于中心词。

例 4-9

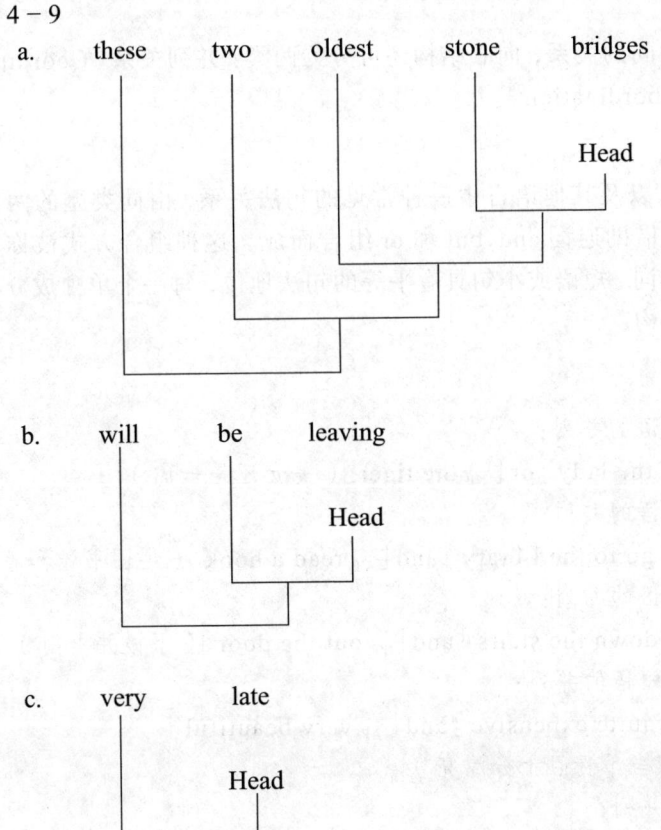

2. 离心结构

离心结构和向心结构正好相反，是指一组句法上相互联系的词语，词组内的任何一个词在功能上都不等于整个词组，也就是说，在词组内部没有确定的中心或中心词。通常情况下，离心结构包括基本句、介词短语、谓语结构（动词＋宾语[verb+object]）和系表结构（系动词＋补语[be+complement]）。

例 4－10

  a. Alice smiled.（艾丽丝笑了。）（任一成分不能代替整个句子结构）
  b. Tom hid behind the door.（汤姆藏在门后。）（任一成分不具有副词性功能）
  c. Joseph kicked the ball.（约瑟夫踢球。）（任一成分不能代表动宾结构）
  d. John seemed angry.（约翰看起来生气了。）（如果这两者分开，系表结构不复存在）

4.2.4 并列关系和从属关系

根据成分之间的关系，向心结构还可分为两类：**并列关系**（Coordination）和**从属关系**（Subordination）。

1. 并列关系

并列是英语以及其他语言中一种常见的句法关系，由同类型的两个或两个以上的范畴，借助连词 and, but 和 or 组合而成。这种组合方式被称为并列关系。被组合的词、短语或小句具有平等的句法地位，每一个单独成分在功能上都可代表原结构。

例 4－11

  名词短语的并列：
    [$_{NP}$ the lady] or [$_{NP}$ the tiger]（美女还是老虎）
  动词短语的并列：
    [$_{VP}$ go to the library] and [$_{VP}$ read a book]（去图书馆和看书）
  介词短语的并列：
    [$_{PP}$ down the stairs] and [$_{PP}$ out the door]（下楼并出门）
  形容词短语的并列：
    [$_{AP}$ quite expensive] and [$_{AP}$ very beautiful]
    （相当昂贵且十分漂亮）
  句子的并列：
    [$_S$ John loves Mary] and [$_S$ Mary loves John too].
    （约翰爱玛丽，玛丽也爱着约翰。）

这种结构通常被看作双重中心，因为两个组成成分中任何一个都可以作为更大单位的中心。也就是说，在一个并列结构中，这两个或更多的句子成分是以更高一级的分句子或并列中心词的形式出现的。

并列关系的特征之一是连词前的并列成分在数量上没有限制。于是，我们就有了例4-12中的结构，作为主语的名词短语由连词前的四个名词短语和连词后的一个短语构成。

例 4-12

[$_{NP}$ A man, a woman, a boy, a cat and a dog] got into the car.
（[一个男人、一个妇女、一个男孩、一只猫和一只狗]进了轿车。）

因此，并列关系在被称为语言创造性的递归性中拥有自身的地位（参阅4.6）。

2. 从属关系

从属关系是指一个语言单位依附于或从属于另一个语言单位的关系，其中的语言单位具有不同的句法地位。从属成分指那些修饰中心词的词语，如下面例中的画线部分，故而它们被称为修饰语（modifier）。

例 4-13

　　a. two dogs（两只狗）
　　　　中心词
　　b. (My brother) can drink (wine).（[我哥哥]能喝[酒]。）
　　　　　　　　　中心词
　　c. Swimming in the lake (is fun).（在湖里游泳[有趣]。）
　　　中心词
　　d. (The pepper was) hot beyond endurance.（[辣椒]辣得受不了。）
　　　　　　　　　　中心词

当然，小句也可作为从属成分，三种基本的从属小句指宾语从句（complement clauses）、状语从句（adjunct/adverbial clauses）和关系从句（relative clauses）。

例 4-14

　　a. John believes [that the airplane was invented by an Irishman].
　　　（约翰相信[飞机是爱尔兰人发明的]。）（宾语从句）
　　b. Elizabeth opened her presents [before John finished his dinner].
　　　（[在约翰吃完饭之前]伊丽沙白打开了她的礼物。）（状语从句）

c. The woman [that I love] is moving to the south.
（[我爱的] 女人要搬到南方去。）(关系从句)

因为所有的小句都包含作为主语的名词短语和作为谓语的限定性动词短语，你可以扩展这些名词短语和动词短语，也可以把它们重新排列组合，从这个意义上说，从属关系和并列关系以不同的方式参与语言的递归性（参阅例4-40）。

4.3 句法功能

句法功能是指一种语言形式和同一句型中的其他部分之间的关系。功能的名称通常有主语、宾语、谓语、修饰语、补语等。除了前一节提到过的"修饰语"这个术语之外，下面这些也是句法中常用的几个基本功能术语。

4.3.1 主语

在一些语言中，**主语**（Subject）指主格形式之中的名词。最典型的例子是拉丁语，主语总是以主格形式出现，例如例4-15中的pater和filius。

例4-15
    a. <u>Pater</u> filium amat.（父亲爱儿子。）
    b. Patrem <u>filius</u> amat.（儿子爱父亲。）

英语中，句子的主语通常被认为是动作的执行者，宾语则是执行者所作用的人或物。这个定义对于例4-16 a、b两个句子来说是成立的，但是对于c、d来说明显是不对的。

例4-16
    a. <u>Mary</u> slapped John.（玛丽打了约翰一巴掌。）
    b. <u>A dog</u> bit John.（狗咬了约翰。）
    c. <u>John</u> was bitten by a dog.（约翰被狗咬了。）
    d. <u>John</u> underwent major heart surgery.（约翰做了心脏手术。）

像"动作的执行者"或"被作用的人或事"这样的表达识别的只是特定的语义角色，即施事者（agent）和受事者（patient）。但在例4-16中我们发现，主语并不总是施事者，受事者也并不总是宾语。在这四个例子中，John都是被作用的对象，但在a、b两句中，John是宾语，在c、d两句中，John则成了主语。
为了解释例4-16 c被动语态句中主语的情况，我们使用另外两个术语：**语法主语**（Grammatical Subject）和**逻辑主语**（Logical Subject）。核心宾语名词（John）在被动句中处于动词之前的位置，所以它被称为语法主语，正常情况下动词之前的语法位置是由主语充当的，而在被动句中则由原来的宾语名词短语占据着；核心主语（a dog）即现在的介词宾语（by a dog）被称为逻辑主语，因为从语义角度来说，核心主语仍然在执行着主语应该做的事情，即它执行一个动作。

另一种对主语的传统定义是"句子是关于什么的"（即主题[topic]）。同样，这个定义对多数句子来说是成立的（像例4-17 a），但对其他句子来说却是不成立的（如例4-17 b、c）。三个句子看起来都是关于Bill的，按这种定义，我们就可以说Bill是三个句子的主题。但是在 a 中，Bill是主语，在 b 中，Bill却是宾语，而在 c 中，Bill既不是主语也不是宾语。这些例子充分说明主题并不总是语法主语。

例4-17
  a. Bill is a very crafty fellow.（比尔是个十分精明的人。）
  b.（Jack is pretty reliable, but）Bill I don't trust.（[杰克相当可靠，但是]比尔我却是不太信任。）
  c. As for Bill, I wouldn't take his promises very seriously.（就比尔而言，我从不把他的承诺当真。）

这样看来，我们用施事或主题来识别句子的主语是不可靠的。我们应该使用语法标准来下一个行得通的定义。主语具有什么特征？看下面英语句子中主语的一些特征：

A. 词序：陈述句中主语通常位于动词前。

例4-18
  a. Sally collects stamps.（沙里集邮。）
  b. *Collects Sally stamps.

B. 代词形式：在主语是代词的情况下，英语中第一和第三人称代词以特殊的形式出现，参考例4-19。当这些代词出现在其他位置时，并不使用这种形式。

例4-19
  a. He loves me.（他爱我。）
  b. I love him.（我爱他。）
  c. We threw stones at them.（我们朝他们扔石块。）
  d. They threw stones at us.（他们朝我们扔石块。）

C. 与动词一致：在一般现在时中，当主语是第三人称单数时，需要在动词后面加上 -s。但宾语和句子中的其他成分在数和人称上的变化都不会对动词的形式产生任何影响。

例 4-20
    a. She angers him.（她激怒了他。）
    b. They anger him.（他们激怒了他。）
    c. She angers them.（她激怒了他们。）

D. 特殊疑问句：当主语被疑问代词（who 或者 what）代替时，句子的其他成分保持不变，如例 4-21 b。但是当其他成分被疑问代词代替时，主语前面一定要有一个助动词。如果一个基本句子不包括助动词的话，我们在疑问代词后一定要插入 did, do, does 这样的助动词。参看例 4-21 d 和 e。

例 4-21
    a. John stole/would steal Darwin's picture from the British Council.
    （约翰偷走 / 会偷走英国文化协会里达尔文的照片。）
    b. Who stole/would steal Darwin's picture from the British Council?
    （谁偷走 / 会偷走英国文化协会里达尔文的照片？）
    c. What would John steal, if he had the chance?
    （要是有机会，约翰会偷走什么？）
    d. What did John steal from the British Council?
    （约翰从英国文化协会里偷走了什么？）
    e. Where did John steal Darwin's picture from?
    （约翰从哪儿偷到了达尔文的照片？）

E. 反意疑问句：反意疑问句用来证实论断的确定性。它总是包括一个代词，这个代词用来指代主语，而不是句子中的其他成分。

例 4-22
    a. Thomas loves Mary, doesn't he?（托马斯爱玛丽，是吗？）
    b. Mary loves Thomas, doesn't she?（玛丽爱托马斯，是吗？）
    c. *Thomas loves Mary, doesn't she?

4.3.2 谓语

谓语（Predicate）是指在句子结构二分法中除主语之外的其他所有成分。谓语通常表达主语的动作、过程和状态。

例 4-23
　　a. The boy is running.（孩子在奔跑。）
　　b. Peter broke the glass.（彼得打破了玻璃杯。）
　　c. Jane must be mad!（简一定是疯了！）

谓语包括动词、宾语、补语等成分，因此，在对功能属性进行语法分析中用一个类术语即动词来表达谓语，很多人认为这是不合逻辑的，而建议用"谓词"(Predicator)来指谓语中的动词。

4.3.3　宾语

宾语(Object)也是一个很难定义的概念。由于传统上主语被定义为动作的执行者，宾语也就用来指动作的接受者或目标。宾语还可进一步区分为直接宾语和间接宾语。

例 4-24
　　a. Mother bought a doll.（妈妈买了一个玩具娃娃。）
　　b. Mother gave my sister　a doll.（妈妈给了我妹妹 一个玩具娃娃。）
　　　　　　　　 间接宾语　直接宾语

在一些屈折语言中，宾语由格标记注明：受格指直接宾语，与格则指间接宾语。在英语中，宾语可以通过它的词序关系来识别（例如在动词和介词后），也可以通过代词的屈折变化来判断。

例 4-25
　　a. Mother gave a doll to my sister.（妈妈将玩具娃娃给了我妹妹。）
　　b. John kicked me.（约翰踢我。）

当代语言学家（如乔姆斯基和韩礼德）认为宾语是指在被动转换中可变成主语的项目。

例 4-26
　　a. John broke the glass.（The glass was broken by John.）
　　　（约翰打破了玻璃杯。[玻璃杯被约翰打破了。]）
　　b. Peter saw Jane.（Jane was seen by Peter.）
　　　（彼得看到简了。[简被彼得看到了。]）

尽管在例 4-27 中有名词短语，但它们却不是宾语，因为它们不能转换成被动态。

例 4-27

    a. He died last week.（上周他死了。）
    b. The match lasted three hours.（比赛进行了三个小时。）
    c. He changed trains at Fengtai.（*Trains were changed by him at Fengtai.）（他在丰台站转车。）

4.3.4 词类与功能之间的关系

词类和功能互相决定，但并非对应关系。一种词类可有多种功能。例如名词或名词短语可以是句子的主语、宾语、修饰语、状语和补语。

例 4-28

    a. The boys are playing football.（孩子们在踢足球。）（主语和宾语）
    b. the Summer Palace（颐和园）（修饰语）
    c. He came here last month.（上个月他来了这儿。）（状语）
    d. He changed trains at Fengtai.（他在丰台站转车。）（补语）

同样，同一功能可以由不同的词类来完成。例如，句子的主语可以由名词、代词、数词、不定式等来充当。

例 4-29

    a. The dog is barking.（狗在吠。）（名词短语）
    b. We will stay here.（我们将待在这儿。）（代词）
    c. Only two-thirds of the population here are workers.（这里仅有三分之二的人口为工人。）（数词）
    d. To run fast can be dangerous.（快跑会有危险。）（不定式）

4.4 范畴

在某些研究中，**范畴**（Category）这一术语狭义上是指词类和功能，例如名词、动词、主语、谓语、名词短语、动词短语等。更确切地说，它专门指语言单位的特性，如名词有数、性、格和可数/不可数等范畴，而动词则有时、体、态等范畴。这里我们讨论第二种意义上的语法范畴。

4.4.1 数

数（Number）是用来分析词类的语法范畴，有单数、双数、复数等。在英语中，数主要是名词的范畴，包括两种形式：单数和复数。例如 dog（狗）：dogs。数还体现在代词和动词的屈折变化上。如 He laughs（他笑）：They laugh（他

们笑); this man（这个人）： these men（这些人）。

在其他语言中，如法语，形容词和冠词也有数的变化。

例 4-30
 a. le cheval royal（the royal horse）（皇家马匹）
 b. les chevaux royaux（the royal horses）（皇家马匹）

4.4.2 性

性（Gender）是用来分析词类的范畴，有"阳性：阴性：中性""有生命：无生命"等区别。当某些词涉及现实世界中实体的性别时，我们说的是它的自然性别，与此相对的是语法性别。据统计，自然性别与语法性别尽管有关联，但在许多情况下这种关联存在任意性，如拉丁语中的 ignis（火）是阳性的，而 flamma（火焰）却是阴性的。

英语里只有代词和少数名词有性的差别，并且主要属于自然性别。

例 4-31
 he ： she ： it（他：她：它）
 prince ： princess（王子：公主）
 author ： authoress（作者：女作者）

而在法语中，性的差别也体现在形容词和冠词上。

例 4-32
 beau cadeau（漂亮的礼物）
 belle maison（漂亮的房子）
 Le cadeau est beau.（礼物漂亮。）
 La maison est belle.（房子漂亮。）

我们得关注某些语言中性的差别，因为它有时会改变词汇意义，例如在法语中就有下面这样的例子：

例 4-33
 a. le poele（这个火炉）
  la poele（这个煎锅）
 b. le pendule（这个钟摆）
  la pendule（这个挂钟）

4.4.3 格

在分析词类中，**格**（Case）范畴用来辨别句子中词之间的句法关系。在拉丁语法里，格是建立在词的形态变体上的，有受格（accusative）、主格（nominative）、与格（dative）等。古希腊语有五种格，梵语有八种格，而芬兰语的名词有多达十五种正式区分的格，它们都有着自身的句法功能。英语中，格是名词的一种特定形式，通常对应于介词与名词的结合，并通过三种渠道实现：a. 屈折变化；b. 跟在介词后；c. 词序。如例 4-34 所示：

例 4-34
    a. teacher：teacher's（教师：教师的）
    b. with/to a man（和/对一个男人）
    c. John kicked Peter; Peter kicked John.（约翰踢彼得；彼得踢约翰。）

4.4.4 一致关系

一致关系（Agreement，或协同关系 [Concord]）可定义为：特定词类中处于一定句法关系中的两个或两个以上的词，要求在聚合关系中有相同的标记范畴。这种句法关系可以是照应（anaphoric）关系，如代词与先行词（antecedent）应该保持一致（例 4-35a）；也可以是中心词和从属语之间的关系（例 4-35b），如动词与主语保持一致。例 4-35 中 c 和 d 则是名词和动词在数上保持一致的例子：

例 4-35
    a. —Whose is this pen?（这支钢笔是谁的？）
       —Oh, it's the one I lost.（哦，正是我丢的那支。）
    b. Each person may have one coin.（每个人都可以有一枚硬币。）
    c. The man runs. These men run.（那人在跑。这些人在跑。）
    d. The bird flies. These birds fly.（那只鸟飞。这些鸟飞。）

能够在依附成分的一致性形式中体现的中心名词特征则是我们上面提到过的：性、数和格。在法语中，性与数之间的一致性还体现在名词与形容词的关系上（比较例 4-33 中的后两个短语）。

4.5 短语、小句和句子

4.5.1 短语

短语(Phrase)是包括两个或多个词的单一成分结构,它不具备小句特有的主谓结构。传统上,它被看作是结构等级的一部分,位于小句和词之间。因此,短语首先必须是组成一个成分的一组词。其次,短语在语法等级上低于小句。更确切地说,简单小句可以(并且通常)包括短语,但是简单短语(一般而言)不包括小句。

例 4-36

  the three tallest girls(三个最高的女孩)(名词短语)
  has been doing(已经做了)(动词短语)
  extremely difficult(特别困难)(形容词短语)
  to the door(到门口)(介词短语)
  very fast(很快)(副词短语)

然而,人们倾向于区分词组(Word Group)和短语(Phrase)(特别是在功能语言学领域)。根据韩礼德(Halliday, 1985),短语和词组的区别在于:词组是词的扩展,而短语则是小句的浓缩。因此,词组拥有区别性的级阶(rank)。常见的词组有名词词组、动词词组和副词词组(对应于其他理论中的名词短语、动词短语和副词短语),还有连词词组和介词词组(如:right behind, all along)。例 4-36 中的 to the door 还是当作介词短语来看待,由介词和一个名词词组构成,而不再是一个介词。

4.5.2 小句

拥有自身主语和谓语的成分如果被包含在较大的句子中,这个成分就是小句(Clause)。小句也可分为限定(Finite)小句和非限定(Non-finite)小句,后者包括传统的不定式短语、分词短语和动名词短语。

例 4-37

  a. The best thing would be to leave early.(最好是早点离开。)
  b. It's great for a man to be free.(对一个人来说,自由是很好的。)
  c. Having finished their task, they came to help us.(完成任务后,他们来帮助我们。)

d. Xiao Li being away, Xiao Wang had to do the work.（小李不在，小王必须做这项工作。）
e. Filled with shame, he left the house.（他满是羞愧地离开了房子。）
f. All our savings gone, we started looking for jobs.（所有储蓄都花光了，我们开始找工作。）
g. It's no use crying over spilt milk.（为洒了的牛奶而哭泣是无用的。）
h. Do you mind my opening the window?（我打开窗户你介意吗？）

4.5.3 句子

传统上，**句子**（Sentence）指表达完整意义的最小语言单位。布龙菲尔德（Bloomfield, 1933）把句子定义为一个"在语法结构上不会被包含在任何较大的语言形式里"的成分。句子可以在结构和功能的交叉层面上进行分类。下面是部分分类方法。传统分类法从结构上对句子进行二分，如下所示：

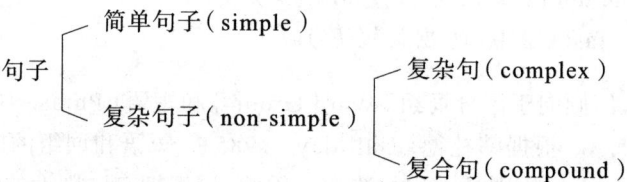

功能分类提供如下框架：

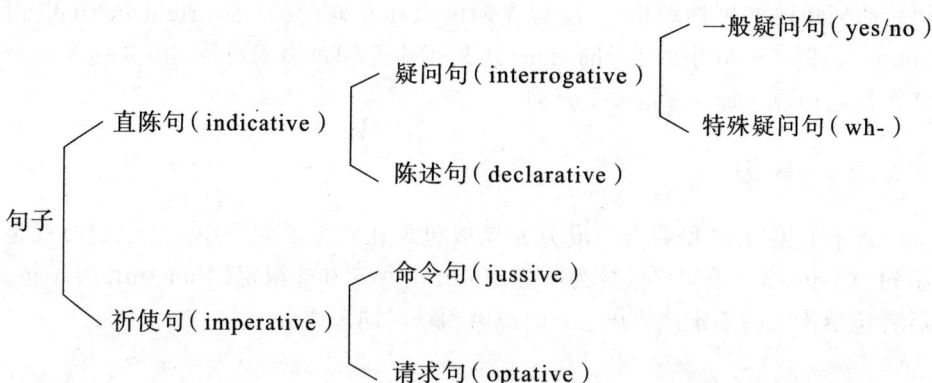

一些语言学家现在对话语的交际功能感兴趣，并把句子标记为"陈述"（statement）、"疑问"（question）、"命令"（command）、"请求"（request）、"肯定"（confirmation）等。以词类为基础，鲍林格（Bolinger, 1981）提出五种基本的句子类型：

例 4-38
 a. Mother fell.（妈妈[病]倒了。）（名词词组+不及物动词）
 b. Mother is young.（妈妈很年轻。）（名词词组+系词+补语）
 c. Mother loves Dad.（妈妈爱爸爸。）（名词词组+及物动词+名词词组）
 d. Mother fed Dad breakfast.（妈妈喂爸爸早饭。）（名词词组+及物动词+名词词组+名词词组）
 e. There is time.（有时间。）（There+存在性动词+名词词组）

夸克等（Quirk, R. et al., 1972）根据句子成分的语法功能介绍了七种句子类型。

例 4-39
 a. SVC 型 Mary is kind.（玛丽很善良。
      a nurse. 是护士。）
 b. SVA 型 Mary is here. （玛丽在这里。
      in the house. 在屋里。）
 c. SV 型 The child is laughing.（孩子在笑。）
 d. SVO 型 Somebody caught the ball.（有人接住了球。）
 e. SVOC 型 We have proved him wrong.（我们已经证明他错了。
        a fool.   是傻瓜。）
 f. SVOA 型 I put the plate on the table.（我将盘子放在桌子上。）
 g. SVOO 型 She gives me expensive presents.（她送我昂贵的礼物。）

4.6 递归性

  递归性（Recursiveness）主要指一个短语成分能被嵌入（也就是被支配）到另一个有着相同范畴的成分中。但递归性已变成一个包罗万象的术语，它涵盖若干重要的语言现象，如并列和从属现象（见 4.2.4）、连接和嵌入（conjoining and embedding）现象、主从和并联（hypotactic and paratactic）现象。所有这些都是扩充句子的方法。一个句子能有多长呢？从理论上说，只要不给成功交际带来障碍，能嵌入到句子中的小句数目是无限的，这也适用于名词性小句和副词性小句。这就是我们所说的递归性。例如，例 4-40 是可能的。

例 4-40

    I met a man who had a son whose wife sold cookies that she had baked in her kitchen that was fully equipped with electrical appliances that were new.（我遇见一个人，这人有个儿子，儿子的妻子卖饼干，饼干是她在厨房里烘烤的，厨房配备全套电器，电器都是新的。）

递归性和开放性一般被看作语言创造性的核心。

例 4-41

    a. John's sister（约翰的姐姐）
    John's sister's husband（约翰姐姐的丈夫）
    John's sister's husband's uncle（约翰姐姐的丈夫的叔叔）
    John's sister's husband's uncle's daughter, etc.（约翰姐姐的丈夫的叔叔的女儿，等等）

    b. that house in Beijing（北京的那座房子）
    the garden of that house in Beijing（北京那座房子的花园）
    the tree in the garden of that house in Beijing（北京那座房子的花园的那棵树）
    a bird on the tree in the garden of that house in Beijing（北京那座房子的花园的那棵树上的一只鸟）

4.6.1 连接

连接（Conjoining）指的是一个小句与其他小句并列或连接的过程。通过这种方式组成的句子可理解为并列句。常用的连词有 and, but 和 or。

例 4-42

    a. John bought a hat <u>and</u> his wife bought a handbag.（约翰买了一顶帽子，而他的妻子买了一个手提包。）
    b. Give me liberty <u>or</u> give me death.（不自由，毋宁死。）

4.6.2 嵌入

小句既可以是独立的也可以是非独立的。当把一个小句当作非独立小句进行嵌入时，其实就是将这个句子与另一个句子相结合。**嵌入**（Embedding）指的是将小句包含到句子（主句）里使其在句法上处于从属地位的一种方式。从句的三种基本类型包括关系从句、补语从句和状语从句（或副词从句）。

例 4 - 43
   a. I saw the man who had visited you last year. (我见到了去年拜访过你的那个人。)(关系从句)
   b. I don't know whether Professor Li needs this book. (我不知道李教授是否需要这本书。)(补语从句)
   c. If you listened to me, you wouldn't make mistakes. (你要是听我的,就不会出这些差错。)(状语从句)

4.7 句子之外

现代语言学的发展把对句法的学习延伸到传统的句子概念之外。更多的语言学家正在探究段落、章节或篇章里的句子之间的句法关系,这就促成了**语篇语言学**(Text Linguistics)和**话语分析**(Discourse Analysis)的产生。从词源学的角度来看,**话语**(Discourse)指口头语言,而**语篇**(Text)则指书面文献。在当代语言学中,这两个术语可以互换使用。

但是,什么是语篇?

语篇最好是看成一个语义单位:它不是形式的单位,而是意义的单位,它不由句子组成,但却是由句子来实现的(Halliday, 1978: 135; Halliday & Matthiessen, 2014: 660)。所以,语篇不能以篇幅的长短来判断,它与句子是完全不同类的东西。

于是,什么是语篇的问题就变成:是什么使得语篇能成为语篇?语篇不是语词的随意组合,它必须具有显性的衔接与隐性的连贯:它表明连接性(connectedness)。

4.7.1 句子的连接

探索语篇的这种连接性特征是语言学家在话语层次上的中心任务之一。传统上,语言学家是通过观察语言的显性成分与结构来解决这个问题的。

对句子间句法关系的研究还在应用**主从**(Hypotactic)和**并联**(Paratactic)关系这两个概念。

例 4-44

主从关系(主从句)

a. You can phone the doctor if you like. However, I very much doubt whether he is in.(如果你愿意,你可以打电话给医生。但是,我很怀疑他是否在家。)

b. We live near the sea. So we enjoy a healthy climate.(我们住得靠海近,所以我们享有一个健康的气候。)

并联关系(并列句)

a. In Guangzhou it is hot and humid during the summer. In Beijing it is hot and dry.(广州夏季炎热潮湿,北京则是炎热干燥。)

b. He dictated the letter. She wrote it.(他口授了这封信,她写的。)

c. The door was open. He walked in.(门开了,他走了进来。)

然而,语篇的连接性总是超越句法的界限。

在语篇层次上,研究连接性有两个重要的视角:衔接与连贯。

4.7.2 衔接

衔接(Cohesion)更多的是与话语或语篇有关而不是与句法有关的概念,它指的是语篇中意义的关联,并且正是由于这些关联才使得语篇能称其为语篇。话语或语篇的衔接是通过多种衔接标记来实现的。

例 4-45

a. Smith lives near the park. He often goes there.(史密斯住在公园附近。他经常去那里。)

(指称[reference]:两个语言成分由它们所指称的事物相关联。)

b. All the children had an ice-cream today. Eva chose strawberry. Arthur had orange and William too.(今天所有的孩子都吃了冰激凌。伊娃选择了草莓味的。亚瑟要了橙子味的,威廉也是。)

(替代[substitution]:不是重复语言成分,而是用替换项。)

c. "Did she get there at six?"("她六点钟到那儿?")

"No, (she got there) earlier (than six)."("不,[她到那儿]更早[早于六点钟]。")

(省略[ellipsis]:相同的语言成分之一被省略。)

d. Professor Goffman walked into town, because he wanted to buy a bookcase.(考夫曼教授进城去了,因为他要买个书架。)

(连接[conjunction]:明确标记一种语义关系。)

e. "Shall we invite Lev?"("我们邀请勒夫吗?")
"No. I can't stand the man."("不。我无法容忍这个人。")
(词汇搭配[lexical collocation]:两个成分共享一个词汇场。)

4.7.3 连贯

语篇的连接性不仅依赖语篇的衔接,而且也依赖语言使用者通过将语篇中的不同信息单位相关联从而形成的连贯。话语的这种连接性具有心理表象特征,而不是语篇自身的特征。如此理解的连接性通常称为**连贯**(coherence)。连贯现象拥有认知本质,但它们的重构通常是建立在语篇信息的基础上。

例 4-46
  a. Mr. Smith was killed the other night. The steering on the car was faulty.(那天晚上史密斯先生被杀了。车上的方向盘有问题。)
  b. Henry took the picnic things from the trunk. The beer was warm.(亨利从后备箱里拿出了野餐的东西。啤酒还是温热的。)
  c. It was hot. Darwin was lining up for an ice-cream.(天气热。达尔文在排队买冰激凌。)
  d. The winter of 1960 was very cold. Many homeless died.(1960年的冬天很冷。许多无家可归的人死了。)

在例子 a 中,尽管两个句子之间没有明说的关联,但读者推断出第二个句子给出了第一个句子所描述的事态之原因,也形成该语篇的连贯,但语篇本身并没有这种提示。要理解例子 b 中的 beer 是如何能与情形相匹配的,读者就必须推断出 beer 是野餐配给的一部分。在 c 和 d 中,第一个句子均是第二个句子的原因。

语篇的连贯研究为语篇语言学、话语心理学和认知科学之间富有成效的对话打开了通道,同时还重视衔接研究所关注的语言细节。

第五章

意 义

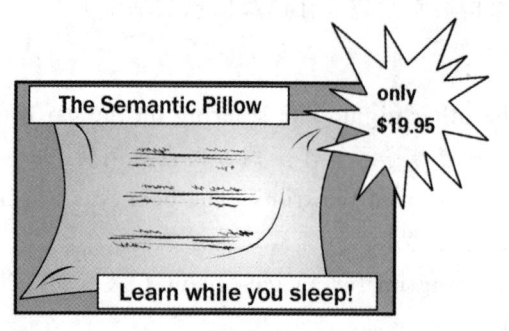

研究意义的学科叫语义学。更具体地说，语义学是研究语言单位的意义，尤其是词和句子的意义的学科。[①]

虽然"语义学"这一术语仅有百年出头的历史，但意义一直是人类学术活动的一个中心话题。早在公元前5世纪，古希腊哲学家柏拉图就在其著作中讨论过意义。在中国，比柏拉图更早的老子也讨论过类似问题。几千年来出版的无以计数的词典，同样从一个侧面证明了意义研究的悠久历史。然而，跟语音学、音系学、形态学、句法学相比，语义学仍然是语言学中最不为人知的领域。

5.1 "意义"的意义

意义研究的困难之一是"意义"一词本身有不同的意义。奥格登（Ogden）和瑞恰兹（Richards）在1923年出版的《意义的意义》一书中罗列了16大类"著名意义研究者提出的有代表性的主要定义"（Ogden & Richards, 1923: 186），加上次类则共有22种。

利奇（Leech）在1974年第一次出版的《语义学》（Leech, 1974: 23）中则提出了如下七种意义类型：

[①] 为了把这种意义研究跟逻辑学或哲学中的意义研究相区别，可以更清楚地称之为"语言意义学"。

表 5-1

	1. 概念意义	逻辑的、认知的、外延的内容
联想意义	2. 内涵意义	通过语言所指所传达的意义
	3. 社会意义	所传达的关于语言使用的社会环境的意义
	4. 感情意义	所传达的关于说话人/作者感情、态度方面的意义
	5. 反射意义	通过同一表达式的其他意思所传达的意义
	6. 搭配意义	通过词语的常用搭配而传达的意义
	7. 主位意义	通过顺序和重音这种组织信息的方式所传达的意义

利奇指出，第一种意义，即概念意义，构成了意义的中心部分。这种意义是"外延"的，因为它关注词语跟它所指称事物之间的联系。从这点看，概念意义在很大程度上与**指称**（Reference）相重合。但是，作为第二种意义的名称的"内涵"，却不同于它在哲学讨论中的意义。哲学家的"**内涵**"（Connotation），跟"**外延**"（Denotation）相对，表示词语所指称实体的性质。例如，人的外延是任何人，如约翰和玛丽；内涵是"两足动物""无羽毛的""有理性的"等。而在利奇的系统中，就像在日常谈话中那样，"内涵"指的是一些附加的，尤其是带感情色彩的意义。举例来说，politician（政客）和 statesman（政治家）的内涵是不一样的：前者是贬义的，后者是褒义的。第二种意义至第六种意义合起来称作联想意义，因为解释这些意义需要依靠一种关于思维关系的基本的联想理论。最后一种意义是主位意义。这种意义是更外围的，因为它是由词序和词语重音所决定的。

但是，即使按照上述第一种意义来理解"意义"，一个词的意义仍然可以有不同的解释方式。在日常生活中我们至少有下面四种解释意义的方式。假设你不知道 desk 这个词的意义，向别人请教。他可能会指着它所代表的实物告诉你，"这是 desk"；他也可能把 desk 描述成"读书写字时用的一种家具，有一个平面和四条腿"；他还可以用另一个英语词来解释，说"desk 是一种有抽屉的 table"；如果他是英语教师，那么他常常会告诉你这个词的汉语翻译——"书桌"。成年人向儿童解释词义常用第一种方式，因为儿童掌握的词汇量有限，用词语向他们解释意义很困难；单语词典通常采用第二、三两种方式释义，有时也用第一种方式借助插图解释词义；双语词典、外语教科书则使用第四种方式。

5.2 指称论

把词语意义跟它所指称或所代表的事物联系起来的理论，叫作**指称论**（Referential Theory）。这是一种很流行的理论。正如我们前一节所讲，通过指明词语所代表的事物来解释词义一般说来是可能的。这种意义理论在解释专有名词和有定性名词短语时尤其有效。当我们说"影响最大的语言学家诺姆·乔姆斯基在麻省理工学院任教"时，我们是用"影响最大的语言学家"和"诺姆·乔姆斯基"来指一个特定的人，用"麻省理工学院"来指一所特定的高等教育机构。

然而，这种理论也有一些问题。其中之一是，当我们通过实物书桌来解释 desk 时，我们并不意味着书桌必须具有当时当地那张书桌所有的尺寸、形状、颜色和质料，而只是用它作一个实例，作某种更普遍的东西的一个例子。也就是说，在我们肉眼所见实物之外存在某种东西，这种东西是抽象的，没有物质存在，只能通过我们的思维来感知。这种抽象之物即一般所谓**概念**（Concept）。①

奥格登和瑞恰兹在《意义的意义》一书中提出的"语义三角"明确使用了"概念"这一术语。他们主张，词和所指事物之间没有直接关系，它们是以概念为中介的。这种关系可用图表示如下：②

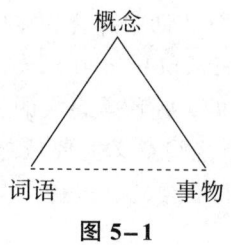

图 5–1

把这种观点跟上一节提到的四种释义方式相联系，我们会发现第一种，即指着所指事物来释义的方式，符合词和所指事物间关系的直接理论；而第二种方式则符合间接理论。当我们说 desk 是"读书写字时用的一种家具，有一个平面和四条腿"时，我们事实上借助了书桌的概念，或者说概括了书桌的主要性质，它的区别性特征。第三、四两种方式更为间接，引入了另外一个词（table 或者"书桌"）的概念。

利奇也用"**涵义**"（Sense）作为他所说的概念意义的简称。这样用是有道理的。作为专门术语，"涵义"可以像哲学中的"内涵"那样使用。它可以指一个实体所具有的性质。在这一点上，"涵义"和"概念"是等价的。像"读书写字时用的一种家具，有一个平面和四条腿"这样的对 desk 的定义也可以叫作书桌的涵义。因而，"涵义"与"指称"的区别类似"内涵"与"外延"的区别：

---

① 正是在这个意义上，利奇把他的第一种意义叫作概念意义。
② 奥格登和瑞恰兹用的术语跟我们这里的不一样。他们用的是 symbol（即我们的"词语"），thought or reference（我们的"概念"），referent（我们的"事物"）。

前者指一个实体的抽象属性,后者指拥有这些属性的具体实体。换句话说,利奇的概念意义包括两个方面:涵义和指称。

然而,涵义和指称还有其他的不同。在某种程度上,我们可以说每个单词都有涵义,即概念内容,不然我们就没法使用或理解它;但并非每个单词都有指称。语法词如 but,if,and 不指称任何事物。God(上帝),ghost(鬼),dragon(龙)这样的词指的是想象中的事物,现实中并不存在。而且,用词的所指事物来解释词义也很不方便。词所代表的事物说话时并不总是在身边;就算它在附近,也需要听众花一些时间来辨认出其主要特征。例如,当一个人第一次见到电脑时,可能会把显示器误认为是其主要部件,认为电脑就像电视机一样。因此,有人提出应该根据涵义而非指称来研究意义。

5.3 涵义关系

不同词语之间有不同的涵义关系。一些词的涵义,跟其他词的涵义相比,可能更相似。如,同 chair(椅子)比起来,desk(书桌)跟 table(桌子)的涵义更紧密一些;反之,可以说 desk 跟 chair 之间的涵义差别比它跟 table 之间的要大。而且 desk 的涵义被涵盖在 furniture(家具)之下,

或者说 furniture 的涵义下面涵盖了 desk 的涵义。因此,一个词的涵义可以看作是它跟其他词之间的一种涵义关系网络。也就是说,我们可以把涵义界定为词语之间的语义关系;更概括地看,是语言单位之间的语义关系。它体现的是语言内关系。与之相对照,如我们前面提到的,指称体现的是词跟所指事物之间的关系;或者说,是语言单位跟它所指的非语言实体之间的关系。人们一般公认三种涵义关系:相同关系、对立关系和内包关系。

5.3.1 同义关系

同义关系(Synonymy)是相同关系的专业术语。一般认为英语的同义词很丰富。英语词汇有两个主要来源:盎格鲁—撒克逊语和拉丁语。它有很多成对的来自这两种语言的意义相同的词,如 buy 和 purchase(购买),world 和 universe(世界),brotherly 和 fraternal(兄弟般的)。

但是完全的同义关系很少见。所谓的同义词都是依赖语境的,它们总是在这方面或那方面有所不同。如在语境 "Little Tom _____ a toy bear(小汤姆买了一只玩具熊)"中,buy 比 purchase 更合适。它们也可能有不同的内

涵。这是为什么人们会开玩笑说："I'm thrifty. You are economical. And he is stingy.（我很节约。你很经济。他很吝啬。）"第三，还有方言的差异。Autumn（秋天）是英国的而 fall 是美国的。英国人住 flats（公寓），乘 underground 或 tube（地铁）去上班，而美国人则住 apartments，乘 subway。

5.3.2 反义关系

反义关系（Antonymy）是对立关系的专业术语，它有三个主要次类：等级反义关系、互补反义关系和反向反义关系。

1. 等级反义关系（Gradable Antonymy）

这是反义关系中最普通的一种。当我们说两个词是反义词时，通常指 good — bad（好—坏），long — short（长—短），big — small（大—小）这样成对的词。如这些例子所示，它们主要是形容词。

等级反义词有三个特征。第一，顾名思义，等级反义词是分等级的。也就是说，每对反义词的成员表示的性质是程度上的差别。对一方的否定并不一定是对另一方的肯定。如：not good 的事物并不一定 bad，它可能只是 so-so（马马虎虎）或 average（一般）。这种反义词可以受 very（很）修饰：某物可能 very good（很好）或 very bad（很坏）。而且它们可能有比较级和最高级：某物比另一物 better（更好）或 worse（更坏）；某物在很多东西中可能是 the best（最好的）或 the worst（最坏的）。有时居间的程度可能被词汇化了，人们用不同的词来表达它而不是在原级上添加修饰语。例如，用来表示尺寸既不大又不小的词是 medium（中间的）；在温度的两个极端 hot（热）和 cold（冷）之间，有 warm（温暖）和 cool（凉爽）。它们自己也形成一对反义词，而且可能仍有居中的词 lukewarm（微温的）。

第二，这种反义词的规范在不同的场合是不同的。没有绝对的标准可用来判断某物 good 还是 bad，long 还是 short，big 还是 small，标准随对象而改变。A big car（一辆大轿车）实际上比 a small plane（一架小飞机）小得多；按照 microorganism（微生物）的标准，microcomputer（微机）简直是巨人。

第三，一对反义词中，那个表示较高程度的单词通常可以用作整个性质的覆盖词。我们问某人"How old are you?（你多大了？）"，而被问者或许一点都不 old（年长），他可能只有二十岁，甚至三岁。这里用 old 覆盖了 old 和 young（年轻）。这个句子意思跟"What is your age?（请问你的年龄？）"相同。

按照语言学术语，覆盖词是"无标记的"，即常见的；被覆盖的词叫作"有标记的"，即不常见的。换言之，一般来说，覆盖词是更常用的词。如果用了被覆盖的词，那就表示出现了某种不寻常的、特殊的情况。说话者可能已经知道某人年轻或某物小、近，他想了解更具体的程度，所以他才说"How young is he?""How small is it?""How near is it?"。相应的名词也反映了这一特点，如：length（长度），height（高度），width（宽度），breadth（广度），depth（深度），它们都是相应范畴覆盖词的同源词。

2. 互补反义关系（Complementary Antonymy）

像 alive — dead（活—死），male — female（雄—雌），present — absent（出席—缺席），innocent — guilty（无辜的—有罪的），odd — even（奇数的—偶数的），pass — fail（a test）（及格—不及格），hit — miss（a target）（击中—未击中），boy — girl（男孩—女孩）等反义词都属于这一类型。第一，跟第一种反义词相反，这种反义词中的成员彼此互补。也就是说，它们把一个语义领域完全切分成两半。不但对一方的肯定意味着对另一方的否定，而且对一方的否定也意味着对另一方的肯定。例如，He is alive（他活着）意味着 He is not dead（他没有死），同时 He is not alive（他不在人世了）也意味着 He is dead（他死了），两者之间没有中间地带，人不能既不死又不活。汉语中的"半死不活"只能用来指仍然活着的人；如果他已的确"不活"，那么他就彻底死了，不可能只是"半死"。换句话说，这是一个二者择一的选择："是"或"不是"；它不是多项选择。所以这种类型的形容词不能受 very 修饰。我们不能说某人 very alive（很活着）或 very dead（很死了）。它们也没有比较级或最高级。He is more dead than alive 这个说法不是真正的比较级，它实际的意思是"说他死了比说他活着更正确"，所以要译作"与其说他活着，不如说他死了"。毕竟我们不能说"John is more dead than Peter"。支持这个观点的一个佐证是，我们可以说"John is more mad than stupid"，表示"说约翰疯狂比说他愚蠢更正确"（与其说约翰愚蠢，不如说他疯狂）；其中单词 mad 用的不是比较级，因为其正确的比较级形式是 madder，不是 more mad。

在某种程度上，等级和互补两种反义关系之间的不同类似于传统逻辑学中反对命题跟矛盾命题的区分。逻辑上，如果两个命题不能同真，但是可以同假，则一个是另一个的反对命题，如 The coffee is hot（咖啡是热的）和 The coffee is cold（咖啡是凉的）。如果两个命题既不能同真，也不能同假，则一个是另一个的矛盾命题，如 This is a male cat（这是一只公猫）和 This is a female cat（这是一只母猫）。这种不同可以图示如下：

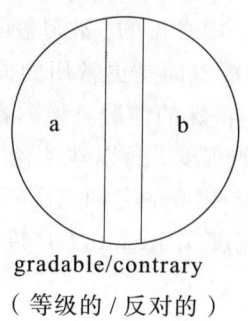
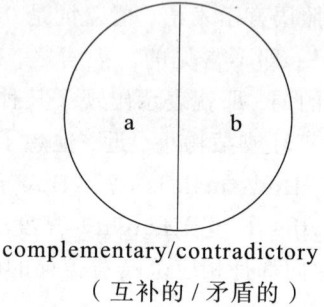

gradable/contrary　　　　complementary/contradictory
（等级的/反对的）　　　（互补的/矛盾的）

图 5-2

第二，互补反义词依据的规范是绝对的，它不会随着词所指事物的不同而改变。它适用的所有事物都遵循同一规范。例如，区分雄性与雌性的标准对人类和动物来说是一样的；一个生物根据人类的标准是雄性而根据动物的标准是雌性，这种情况不可能存在。人的死亡和大象，甚至树木的死亡是一样的：都是实体不再具有生命；如果有什么不同的话，人死和树死也只是种类不同而非程度差异。

第三，一对互补反义词的成员没有一个覆盖词。如果不知道婴儿的性别，我们会问 "Is it a boy or girl?（男孩还是女孩？）" 而不是 "How male is it?"，male 只能用来指 boy，不能覆盖 girl 的意义。事实上，这类形容词不能受 how 修饰，这同它们不能受 very 修饰相关。

True — false（对—错）这对反义词从某种意义上来说是一个例外。通常认为它们是互补反义词：true 等于 not false，同时 not true 也等于 false。但是它们可以有覆盖词，我们可以说 "How true is the story?"；而且它还有相关名词形式：truth。 True 甚至有比较级和最高级：一个描写可能比另一个 truer（更对），或是一组描写中 the truest（最正确）的一个；但 false 不能这样用。

3. 反向反义关系（Converse Antonymy）

像 buy — sell（买—卖），lend — borrow（借出—借入），give — receive（给出—收到），parent — child（父母—孩子），husband — wife（丈夫—妻子），host — guest（主人—客人），employer — employee（雇主—雇员），teacher — student（老师—学生），above — below（在……上面—在……下面），before — after（以前—以后）这样成对的词构成反向反义关系。这是反义关系的一种特殊类型，因为其中的成员并不构成肯定、否定的对立，而只表现两实体间的一种反向关系。X buys something from Y（X 从 Y 处买了某物）意味着 Y sells something to X（Y 卖了某物给 X），X is the parent of Y（X 是 Y 的家长）意味着 Y is the child of X（Y 是 X 的孩子）。这是从两个不同角度来看的同一种关系。

如例所示，这种反义关系典型地表现在两两相对的社会角色、亲属关系、时间和空间关系等方面；在这种意义上，它也叫作关系对立（Relational Opposites）。它总是涉及两个实体，一个预设了另一个。这是它和前面两种反义关系的主要区别。

使用等级或者互补反义词时，我们可以说"X is good（X很好）"，或"X is male（X是男性）"，不需要同时预设 Y。它只是 X 自己的事情，与 Y 无关。但是使用反向反义词时，总有两个实体同时存在。如果有买主，也就必须有卖主；家长必须有孩子，一个人没有孩子就不能称为家长；如果 X 在 Y 上面，那么必须既有 X 又有 Y，没有 Y，我们就不能谈论 X 的上位性。我们不能只说"He is a husband（他是一个丈夫）"，而必须说他是谁的丈夫；同样地，不能不提父母而只说"He is a son（他是一个儿子）"。也许有人会争辩：我们可以说"He is a child（他是一个孩子）"呀！但这是 child 一词的另一不同意义：指"18岁以下的人"；在这种意义上，它是 adult（成年人）的对立面。过了18岁，人就不再是一个孩子。相反地，作为与 parent 相对意义而使用的 child，不受年龄的限制。一个人相对于自己的父母来说，永远是孩子。即使他80岁了，也仍然是他父母的孩子。另一可能带来麻烦的词是 teacher，它可以表示一种职业，因而能说"He is a teacher（他是老师）"，与其他职业相对，如记者、作家、演员、音乐家或医生。然而在与 student（学生）相对的"老师"这一意义上，一个人只对他的学生来说是老师；对其他人来说，他不是老师。而且相对于他自己的老师来说，他又是一个学生。

比较级形式，像 bigger — smaller（较大—较小），longer — shorter（较长—较短），better — worse（较好—较坏），older — younger（较老—较年轻）也属于这种类型，因为它们涉及两实体间的一种关系。

5.3.3 上下义关系

术语**上下义关系**（Hyponymy）是近年才产生的，一些小型词典中还查不到。但是"意义内包关系"（inclusiveness）这个概念并不新鲜，例如，desk 的意义内包在 furniture 的意义中，rose（玫瑰）的意义内包在 flower（花）中。换句话说，上下义关系是一种类和成员间的关系。位于这种意义关系上位的词语，即类名，叫作**上坐标词**（Superordinate）或**上义词**（Hypernym）；居于下位的是成员，叫作**下义词**（Hyponym）。一个上坐标词通常有很多下义词，例如，flower 下面除了 rose，还有 peony（牡丹），jasmine（茉莉），chrysanthemum（菊花），tulip（郁金香），violet（紫罗兰），carnation（康乃馨）等。同类中的成员叫作**同下义词**（Co-hyponym）。

有时一个上坐标词同时是它自己的上坐标词。例如，animal（兽类）可以只包括像老虎、狮子、大象、奶牛、马等兽类，作为 human（人）的同下义词；

但当它作为 mammal（哺乳动物）使用时，就与 bird（鸟），fish（鱼），insect（昆虫）相对，是包括了 human 和 animal 的上坐标词。它还可以更进一步成为 bird，fish，insect 和 mammal 的上坐标词，与 plant（植物）相对。

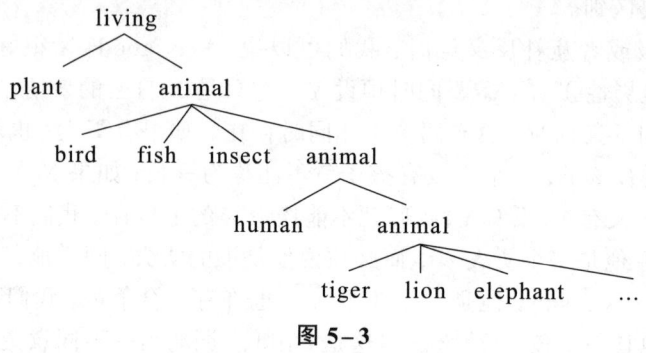

图 5-3

从下义词的角度来看，animal 是自己的下义词，也可以叫作自我下义词（auto-hyponym）。

有时上坐标词会缺损。英语表示颜色的形容词像 red（红），green（绿），yellow（黄），blue（蓝），white（白）等没有上坐标词。Colour（颜色）是名词，和上述词的词性不同。单词 coloured（彩色的）通常不包括 white 和 black（黑）；当它用来指人种时，又只表示非白种人。英语单词 beard（颔须），moustache（唇须）和 whiskers（腮须）也缺乏一个上坐标词。

下义词也会缺损。跟汉语相比，英语只用一个词 uncle 表示各种长一辈的男性亲属：伯伯、叔叔、舅舅、姑父、姨父。单词 rice 也用于稻、谷、米、饭等不同的涵义。

5.4　成分分析法

以上讨论是按照传统方法把意义作为单词的特征来处理的。下面要介绍的是意义研究的一些现代方法。本节讨论比词小的单位的意义，下一节讨论比词大的单位的意义，即句子的意义。

根据音系学中的区别特征，一些语言学家建议也应设**语义特征**（Semantic Feature），或叫**语义成分**（Sematic Component）。也就是说，词义并非不可分析的整体。它可以看作由不同语义特征组成的复合体，有比词义更小的语义单位。例如，单词 boy（男孩）的意义可分析为三部分：HUMAN（人），YOUNG（年轻），MALE（男性）①。同样，girl（女孩）可分析为 HUMAN，YOUNG，FEMALE（女性）；man（男人）可分析为 HUMAN，ADULT（成

---

① 语义成分通常用方括号括起来，如[HUMAN]。为方便起见，本章不用方括号。

年), MALE; woman (女人) 可分析为 HUMAN, ADULT, FEMALE。

为了省事,我们可以把一些语义成分合并起来。语义成分 YOUNG 和 ADULT 可以合并为 ADULT,把 YOUNG 表示成 ~ADULT;MALE 和 FEMALE 可以合并成 MALE,把 FEMALE 表示成 ~MALE。

像 father(父亲)和 mother(母亲), son(儿子)和 daughter(女儿)这样包含了一种两实体间关系的词,可表示如下:

father=PARENT(x,y) & MALE(x)[①]
(父亲 = 父母(x,y) & 男性(x))
mother=PARENT(x,y) & ~MALE(x)
(母亲 = 父母(x,y) & ~男性(x))
son=CHILD(x,y) & MALE(x)
(儿子 = 孩子(x,y) & 男性(x))
daughter=CHILD(x,y) & ~MALE(x)
(女儿 = 孩子(x,y) & ~男性(x))

动词也可以用这种方式来分析,如:

take=CAUSE(x,(HAVE(x,y)))[②]
(取 = 致使(x,(拥有(x,y))))
give=CAUSE(x,(~HAVE(x,y)))
(给 = 致使(x,(~拥有(x,y))))
die=BECOME(x,(~ALIVE(x)))
(死 = 变得(x,(~活着的(x))))
kill=CAUSE(x,(BECOME(y,(~ALIVE(y)))))
(杀死 = 致使(x,(变得(y,(~活着的(y))))))
murder=INTEND(x,(CAUSE(x,(BECOME(y,(~ALIVE(y)))))))
(谋杀 = 故意(x,(致使(x,(变得(y,(~活着的(y))))))))

用这种方式展示词的语义成分,据称可以更好地说明涵义关系。两个有相同语义成分的词或表达式将是彼此同义的。如,bachelor(单身汉)和 unmarried man(未婚男士)都有语义成分 HUMAN, ADULT, MALE 和 UNMARRIED,因而它们是同义的。另一方面,有相反语义成分的词是反义词,

---

[①] 这是一个常见的逻辑表达式。用普通英语说,其意义为 "x is a parent of y, and x is male"(x 是 y 的父母,并且 x 是男性)。关于逻辑语义学的详细介绍,参见 5.5.2。

[②] 这个表达式的意思是 "x causes x to have y"(x 使 x 拥有 y)。

如 man 和 woman，boy 和 girl，give 和 take。有另一个词的所有语义组成成分的词是该词的下义词，如 boy 和 girl 是 child 的下义词，因为它们有 child 的所有语义组成成分，即 HUMAN 和 ~ ADULT。

语义分析法也可以解释句子之间的意义关系。下例 a、b 和 c 都是自相矛盾的，因为句中单词或表达式含有相矛盾的语义成分。

例 5 - 1

    a. *John killed Bill but Bill didn't die.（约翰杀死了比尔，但是比尔没有死。）

    b. *John killed Bill but he was not the cause of Bill's death.（约翰杀死了比尔，但他不是导致比尔死亡的原因。）

    c. *John murdered Bill without intending to.（约翰谋杀了比尔，但他不是故意的。）

但是句子之间一个更重要的意义关系是衍推关系，我们用下面例 5 - 2、5 - 3 和 5 - 4 中的 a、b 来说明。

例 5 - 2

    a. John killed Bill.（约翰杀死了比尔。）

    b. Bill died.（比尔死了。）

例 5 - 3

    a. I saw a boy.（我看见一个男孩。）

    b. I saw a child.（我看见一个小孩。）

例 5 - 4

    a. John is a bachelor.（约翰是个单身汉。）

    b. John is unmarried.（约翰没有结婚。）

每个例子的两句之间有如下关系：a 真则 b 必真，b 假则 a 也假。用语义成分理论，我们可以说句 a 中的词含有句 b 词语的所有语义成分。[①]

用语义成分来分析词语意义的方法也有它的困难。一是很多词语是多义

---

① 这里似乎有例外，如下（i）所示。（ia）衍推（ib），但是 boys 有 children 的所有语义成分，不符合我们所讨论的情况。然而，这一"例外"只是表面现象。它的衍推关系来自单词 all 的使用，而非 boys 和 children 之间的意义联系；如果（ia）中用的是 some children 或 children，它就不再衍推（ib）；（ii）中表现的是同一情形。

  （i）a. All children are a nuisance.（所有的孩子都是一个麻烦。）

      b. Boys are a nuisance.（男孩子是一个麻烦。）

  （ii）a. He likes all fruit.（他喜欢所有的水果。）

      b. He likes apple.（他喜欢苹果。）

的，它们有不止一个意义，因此它们将有几套不同的语义成分。单词 man 就是这样，通常认为它有 MALE 这一语义成分，但它也可用在类属意义上，如 Man is mortal（人终有一死）就适用于男女两性。

二是语义成分被看成是二分的，如 MALE 和 FEMALE，ADULT 和 YOUNG。但正如我们上面反义关系部分已经指出的，MALE 和 FEMALE 之间的对立不同于 ADULT 和 YOUNG，前者是绝对的而后者是相对的。在英语中，虽然 boy 和 girl 都标记为 YOUNG 或 ~ ADULT，但 boy 和 man 之间的区别远不同于 girl 和 woman 之间的区别。前一对词之间的区分通常相对比较鲜明，而后两词的区分则相当模糊。Girl 和 woman 之间有相当大的交集，一个女人经常可以同时用这两个词来指称。

三是我们上面看到的例子只是语言词汇中组织整齐的部分。有些单词的语义成分可能是难以确定的。于是就有这样的问题：语义成分是否有普遍性？是否每种语言的词汇全都可以用这种方法来分析？即使这些问题的答案是肯定的，仍然有语义成分本身如何解释的问题。按照现在的情况，HUMAN，ADULT，MALE 这样的语义成分已不再是英语中的普通单词，而属于元语言——一种用来谈论其他语言的工具语言。用语义成分来解释 man 的意义，只是把英语译成元语言的一种尝试；对于不懂元语言的人来说，这种翻译是无效的。

5.5 句子意义

显而易见，句子意义与句中使用的词的意义相关；但同样清楚的是，前者并不是后者的简单总和。所含词语相同但词序不同的句子可能意义相当不同。例如：

例 5-5
 a. The man chased the dog.（人追狗。）
 b. The dog chased the man.（狗追人。）

即使两个句子意义极为相似，如例 5-6，它们之间在利奇（Leech, 1974）所谓的主位意义上仍然有差异。

例 5-6
 a. I've already seen that film.（我看过那部电影。）
 b. That film I've already seen.（那部电影我看过。）

对于例 5-7 这样的句子，不只需要知道其线性顺序，还要辨认其层次结构。

例 5-7

  The son of Pharaoh's daughter is the daughter of Pharaoh's son.
  ("法老的儿子的女儿是法老的儿子的女儿"或者"法老的女儿的儿子是法老的女儿的儿子")

这表明，要理解一个句子，还需要知道它的句法结构。换言之，句子意义是词语意义和句子结构共同作用的结果。

5.5.1 认知语义学

句子意义由其中词语的意义及组合方式所决定，这一观点通常叫作**组合性原则**（Principle of Compositionality）。认知语义学是当今体现组合性原则的一种有前途的理论，虽然它实际上是一组互相重叠的语义学思路，而不是一种单一的界定明确的理论。

这一派语言学起源于生成语义学传统，坚持"语言完全是关于意义的"这个基本观点（Geeraerts [ed.], 2006: 3）。这个观点下面有 4 个信条："语言意义是视角性的""语言意义是动态的、易变的""语言意义是百科性的、非自主的""语言意义是基于用法和经验的"（同上：4-5）。

莱可夫（Lakoff）在 2004 年北京航空航天大学的讲座中，回顾了 1975 年夏天在伯克利举办的为期 6 周、有 188 名语言研究者参与的特别活动的巨大效应。他提到的第一个重要报告是保罗·凯（Paul Kay）的报告。凯与布伦特·柏林（Brent Berlin）曾在 1969 年出版了一部关于颜色词的书。他们发现，虽然不同的语言有不同的颜色词，不同的人对可能的颜色有不同的意象，但是关于某种颜色的典型例证却是相同的。在 1975 年的报告中，凯发展了他早期研究中的思想。他提出，颜色词的共性是有生理根据的，我们可以用神经生理来解释语言和语言共性。莱可夫说，这一观点对他来说意味非常深远。（高远、李福印 [主编]，2007：61）

真值条件语义学曾认为，"雪是白的"这句话为真，当雪是白的。换言之，世界上存在白色的东西。现在凯的研究表明，世界上并不存在颜色这样一种东西。颜色不仅仅是波长，它是一种互动特性。颜色跟波长击中人体眼睛的色锤和神经回路的方式有关，它们使人产生一种内在经验。草本身并不是绿色的。绿色来自人跟草之间的互动。血液本身并不是红色的。天空本身并不是蓝色的。莱可夫总结说，所有的颜色都来自人跟世界之间的互动。（同上：62）

莱可夫和约翰逊在他们 1980 年的《我们赖以生存的隐喻》中，明确批判了意义是客观的这种观点。他们认为，客观主义和主观主义都不足以解释人类语言理解。他们提出了第三种选择——经验主义，或称"经验合成论"（experientialist synthesis）。这就是说，意义来自主观跟客观之间的互动。在

1987年的《女人、火、危险事物——范畴揭示的心智的奥秘》和1999年的《体验哲学——涉身心智及其对西方思想的挑战》(与约翰逊合著)中,莱可夫进一步阐述了这种认识。

在2004年的北航讲座中,莱可夫还提到了查尔斯·菲尔墨(Charles Fillmore)1975年暑期班上的**框架语义学**(Frame Semantics)报告。菲尔墨一直关注意义研究,1968年就以《格辨》一文闻名。他的框架语义学是格语法的发展,后来又发展成**构式语法**(Construction Grammar),最终带来阿黛尔·戈德堡(Adele Goldberg)《构式——论元结构的构式语法路径》在1995年的出版。

构式语法最重要的观点是,句子意义不仅取决于所用词语,更取决于整个构式。例如,sneeze(打喷嚏)这个词一般是不及物的,但是它在例5-8中带了一个宾语。

例5-8
Sam sneezed the napkin off the table.(萨姆把餐巾纸从桌子上喷走了。)

戈德堡(Goldberg, 1995: 9-16)提出,要解释这种现象,最好援引构式这个概念。那就是,是sneeze所在的构式使其具备了及物性。换言之,我们必须对组合性原则作更实质性的解读。词语在句子中的组合方式,或曰"构式",具备实质性内容。它有能力把论元赋予动词。

就例5-8而言,其构式称为"英语致使移动构式"(English Caused-Motion Construction)。戈德堡(Goldberg, 1995: 152)认为,其结构如下(V是非状态动词,OBL是oblique的缩写,是方向性短语):

[SUBJ [V OBJ OBL]]([主语[动词 宾语 介宾]])

典型的例子是:

例5-9
a. John pushed Mary into a room.(约翰把玛丽推进房间。)
b. Joe hit the ball across the field.(乔把球打过场子。)
c. Sam loaded the hay onto the wagon.(萨姆把干草装上车。)

这种构式的基本语义是:致使者论元(主语)直接导致主事[1]论元(宾语)沿着方向性短语(介宾)指定的路径移动,即"X致使Y移向Z"(出处同上)。戈德堡(Goldberg, 1995: 153-160)认为,其中的"路径/目标"[2]论元

---
① 原文theme,有人译作"客事、客体"。
② 戈德堡有时称其为"目标"(goal),有时称其为"路径"(path),参见Goldberg(1995: 160, 163)。为避免可能的混淆,我们采用"路径/目标"这个术语。

不是动词的内在意义,而是来自构式。例如 push,hit 这样的动词完全可以用于下列句子,不需要方向性短语:

例 5-10
  a. John pushed Mary.(约翰推了玛丽。)
  b. Joe hit the ball.(乔打了球。)

至于 sneeze 这样的动词,单独使用时就连宾语都不能带,这说明主事论元也是构式意义的一部分。

除了英语致使移动构式,戈德堡还在书中详细讨论了英语双及物、英语动结式、way 构式等。

近来,语言类型学家也开始注意构式语法处理论元结构的方法(参见 Haspelmath,2005;2015;2016)。我们相信,随着这种研究的深入,语言单位的意义会逐渐清楚起来。

5.5.2 逻辑语义学

本章开头曾提到,哲学家、逻辑学家是最早研究意义的人之一。传统语法学家研究的大多是词语意义,而哲学家一直对句子意义更为关注。在这一小节,我们介绍一些他们的基本观点,尤其是命题逻辑和谓词逻辑中的概念。

命题逻辑(Propositional Logic),也叫命题演算或句子演算,它研究命题的真值条件:复合命题的真值是如何由其成分命题的真值及相互关系决定的。根据莱昂斯(Lyons,1977:141-142),"命题是陈述句被用于描述时所表达的意义"。在这一意义上,我们可以比较随意地把句子的命题和它的意义等同起来。

命题的一个重要性质是有真值,它要么真要么假。复合命题的真值被认为是其成分命题的真值及所用逻辑连词的函数,或者其真值是由成分命题的真值及所用逻辑连词决定的。举例来说,如果命题 p 为真,那么其否定命题 ~p 为假;如果 p 为假,则 ~p 为真。这里字母 p 代表一个简单命题;符号 ~ 也可以写作 ¬,代表逻辑连词"否定";~p 表示对一个命题的否定,它是复合命题。其他还有四个逻辑连词:合取连词 &,析取连词 ∨,蕴涵连词 →,等值连词 ≡。这四个连词跟否定的不同在于它们涉及两个命题,因而名为"二元连词"。相应地,否定连词 ~ 被叫作"一元连词"。涉及二元连词的复合命题的真值表如下:

表 5–2

p	q	p & q	p ∨ q	p → q	p ≡ q
T	T	T	T	T	T
T	F	F	T	F	F
F	T	F	T	T	F
F	F	F	F	T	T

合取连词也可以用 ∧ 表示，它相当于英语中的 and（和）。从真值表中可以看到，当 p 和 q 皆为真时，公式 p & q 取值为真。这是一个充分必要条件，即，当且仅当两个合取项都为真时，复合命题才为真。

析取连词相当于英语中的 or（或）。真值表显示，只要其中一个成分命题为真，复合命题就为真。

蕴涵连词，也叫条件连词，相当于英语中的 if ... then（如果……那么）。它的真值表说明，除非前件为真，后件为假，否则复合命题即为真。

等值连词也叫双条件连词，也可以用 ↔ 表示，是两个蕴涵关系的合取，即 p ≡ q 等于 (p → q) & (q → p)。它相当于英语表达式 "if and only if ... then"（当且仅当……则），有时写作 "iff ... then"。该复合命题取值为真的条件是，当且仅当两个成分命题真值相同，即都假或都真。

读者会立刻注意到，逻辑连词的真值函数跟它们各自在英语中的对应表达式 —— not, and, or, if ... then, if and only if ... then 并不完全相同。

我们在 5.3.2 节中提到，反义词有不同的类型：对互补反义词来说，否定其中的一个确实等于肯定另一个；然而对于等级反义词来说，情况就不一定如此了。当 John isn't old（约翰不老）为假时，其否定命题 John is old 不一定为真。

合取连词的真值表显示，如果两个命题 p 和 q 都真，那么它们组成的复合命题 p & q 必定真，其中成分命题的顺序不重要。但英语中 and 的用法与此不同。即使其中的两个成分命题都真，它们组成的复合命题也不一定都真。在某种情况下，He arrived late and missed the train（他到晚了，没赶上火车）可能为真，而 He missed the train and arrived late（他没赶上火车，到晚了）则可能为假。

蕴涵连词跟 if ... then 的区别就更明显了。逻辑连词不考虑前件和后件之间关系的性质；真值表显示，只要两个命题都真，它们组成的复合命题 p → q 即为真。也就是说，任一真命题蕴涵其他任一真命题。在逻辑上，不但复合命题 If he is an Englishman, he speaks English（如果他是英国人，那么他说英语）的推理是有效的，而且 If snow is white, grass is green（如果雪是白的，那么草是绿的）这一推理也是有效的。而且，根据真值表，只要后件为真，复合命题即为真，这意味着即使一个假前件命题也可以蕴涵一个真后件命题。如，If snow is black, grass is green（如果雪是黑的，那么草是绿的）。但在自然语言中，前件和后件之间必须有某种因果关系，或类似的关系。复合命题 If snow is white, grass is green 听起来很古怪，而且日常谈话中没有人会接受 If snow is black, grass is green 这样的句子。如果要表达一个与事实相反的命题，必须使用虚拟语气，如：If snow were black, grass would be red。

如上文所示，命题逻辑关注命题之间的语义联系，它把简单命题作为一个不可分析的整体来对待。这种方法不足以分析如下三段论的有效推理。

例 5-11

  All men are rational.（人都是有理性的。）
  Socrates is a man.（苏格拉底是人。）
  Therefore, Socrates is rational.（所以，苏格拉底是有理性的。）

要解释这些推理为什么有效，我们需要求助于谓词逻辑，也叫谓词演算，它研究简单命题的内部结构。

在这一逻辑体系里，Socrates is a man 这样的命题要分成两部分：主目[①]和谓词。主目是表示实体的项，有关陈述是关于该实体的；谓词是把一些性质或关系赋予所指实体的项。因而，在 Socrates is a man 中，Socrates 是主目，man 是谓词。按照逻辑学的术语，这个命题可以表示为 $M(s)$，其中字母 M 代表谓词 man，s 代表主目 Socrates。也就是说，简单命题可以看成是它的主目的函数，命题真值随主目而改变。当 Socrates 的确是人时，$M(s)$ 为真；另一方面，因为丘比特是天使，逻辑式 $M(c)$（即 Cupid is a man）表达的命题就是假的。如果用数字 1 代表"真"，0 代表"假"，那么我们可以把这两个命题用公式表示为：$M(s)=1, M(c)=0$。

John loves Mary（约翰爱玛丽）这个句子可以表示为 $L(j,m)$，其中有两个主目 John 和 Mary。如果根据所带主目的数量对谓词进行分类，那么 man 是一元谓词，love 是二元谓词。单词 give 在 John gave Mary a book（约翰给了玛丽一本书）中是三元谓词，该句子的逻辑结构是 $G(j,m,b)$。但是，有两个或更多主目的句子也可以按照只有一个主目的句子的方法来分析。例如，John loves Mary 也可以表示为 $(Lm)(j)$[②]，其中有一个复杂谓词 (Lm)（由一个简单谓词 love 和一个主目 Mary 组成）和一个简单主目 John。有人甚至提出，谓词还可以带由命题[③]充当的主目。我们可以用 take, kill 之类单词的

[①] 也叫作"名称"（name）或"个体"（individual）。

[②] 这个特殊的表达式是本章作者提出的，不是逻辑学家通用的。

[③] 下下个注释将要指出，这些并非真正的命题，因为其中的有关主目并不像代名词那样指称特定实体。

成分分析法作例子。大家记得,kill 的语义成分是 CAUSE(x,(BECOME(y,(~ALIVE(y))))),我们现在可以把它简化为 C(x,(B,(y,(~A(y)))))。也就是说,谓词 cause 带了一个简单主目 x 和一个命题主目 y becomes non-alive,后者本身可分析为由一个谓词 become 和一个命题主目 y is non-alive 组成,而命题主目 y is non-alive 又由一个谓词 non-alive 和一个简单主目 y 组成。

All men are rational 这样的命题跟上述情况不一样。首先,其中有量词 all,叫作全称量词,在逻辑学中用一个倒写的 A——∀ 表示。其次,主目 men 并不指称任何特定实体,而是一个变项①,用字母表中最后几个字母如 x,y 表示。因此,我们可以说 All men are rational 的逻辑结构是 $\forall x(M(x) \to R(x))$。用普通英语来说明,它的意义就是 "For all x, it is the case that, if x is a man, then x is rational(对所有 x,如果 x 是人,那么 x 是有理性的)"。②

另外一种量词是存在量词,等于英语中的 some,用一个反写的 E——∃ 表示。它在分析 Some men are clever 这样的命题时很有用。比如,该命题可以表达为 $\exists x(M(x) \& C(x))$,意思是 "存在一些 x,他们既是人又聪明";或者更确切地说,"至少存在一个 x,x 是人并且 x 聪明"。

请注意,这两种量化命题的逻辑结构不但量词不同,逻辑连词也不同:一为蕴涵连词 →,一为合取连词 &。这就是说,全称量词是条件性的,它不预先设定一个以主目命名的实体。它肯定的是,如果有这样一个实体存在,那么它一定具有所述性质,没有例外情况。但是存在量词却蕴涵,一定存在至少一个这样的实体,而且它具有相关的性质;否则该命题就是假命题。

实际上全称量词和存在量词是逆相关的,一个是另一个的逻辑否定。All men are rational 也就是 There is no man who is not rational,用逻辑术语可表示为:$\forall x(M(x) \to R(x)) \equiv \sim \exists x(M(x) \& \sim R(x))$。更概括地,我们可以有如下一些等式:

(1) $\forall x(P(x)) \equiv \sim \exists x(\sim P(x))$
    $\sim \forall x(P(x)) \equiv \exists x(\sim P(x))$
    $\exists x(P(x)) \equiv \sim \forall x(\sim P(x))$
    $\sim \exists x(P(x)) \equiv \forall x(\sim P(x))$

---

① 与此相对,由专有名词 Socrates 这样的词表示的主目叫作常项(constant)。

② 在带有变项的表达式中,量词是不可缺少的。从逻辑观点看,Men are rational 这样的表达式是不能接受的,因为主目 men 并不像 Socrates 那样指称一个特定实体,所以它没有真值,不是一个严格的命题。人们把这样的表达式叫作开放性句子,或者句子函数、命题函数。因而,如前面 5.4 节最后一个注释所提及的,在逻辑学中没有像 Children are a nuisance 这样的歧义表达式。在这个意义上,语义成分分析中用的 PARENT(x, y) & MALE(x) 这样的逻辑式表达的并不是命题,而是命题函数。

换言之,"对于所有 x,x 有性质 P"等于"不存在这样一个 x,x 不具有性质 P";"不是所有 x 都有性质 P"等于"至少有一个 x,x 不具有性质 P";"至少有一个 x,x 具有性质 P"等于"不是所有 x 都不具备性质 P";"没有这样一个 x,x 有性质 P"等于"对于所有 x,x 不具备性质 P"。

采用这种方法,例 5-11 这类推理的有效性就很容易显现出来了。其中所含三个命题的逻辑结构分别为:

$$(2)\ \forall x(M(x) \to R(x))$$
$$M(s)$$
$$\therefore R(s)$$

另一方面,下面的推理是无效的:(3)的前件和后件颠倒了,有理性的实体不一定是人;(4)的大前提是存在句,它不能保证任何只要是人的实体就一定聪明。

$$(3)\ \forall x(M(x) \to R(x))$$
$$R(s)$$
$$\therefore M(s)$$

$$(4)\ \exists x(M(x)\ \&\ C(x))$$
$$M(s)$$
$$\therefore C(s)$$

含有全称量词和存在量词的推理的有效性也可以由集合论来证明。如图 5-4 所示,左图大圆代表具有"有理性的"这一性质的实体的集合,里面的小圆代表"人"这一实体的集合。显而易见,任一实体只要是集合 M 中的成员,就同时也是集合 R 中的一员;反之则不然。也就是说,集合 M 是集合 R 的子集。这就说明了为什么(2)有效而(3)无效。右图用 E 表示存在量词的辖域,它是两个集合 M 和 C 的交集。换句话说,并非集合 M 中所有成员都是集合 C 的成员,这是为什么(4)无效的原因。

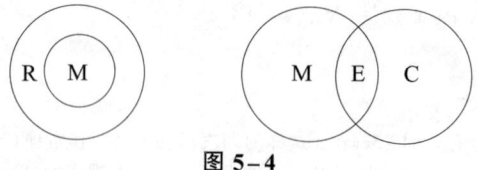

图 5-4

我们看到,谓词逻辑的分析跟自然语言也是有分歧的。分歧之一是,它对待普通名词,如 Socrates is a man 中的 man,像对待 Socrates is rational 中的形容词 rational,Socrates ran 中的动词 run 一样,认为三个都是一元谓词;

然而在英语中它们属于三个不同的词类。分歧之二是，自然语言中有比 all 和 some 更多的量词，如英语中的 many, most, dozens of, several, a few；但谓词逻辑却没有给它们应有的注意。

逻辑语义学在过去 50 多年取得了长足发展。美国逻辑学家理查德·蒙塔古（Richard Montague）所作的综合逻辑语言和自然语言的研究，取得了很大成功。然而，他的理论，即蒙塔古语义学或叫蒙塔古语法，是非常复杂的。要了解其理论需要对逻辑语义学作更加深入的研究，这已经超出了本书的范围。

第六章

语言与认知

20世纪50年代，乔姆斯基（Chomsky）把语法看作是有关语言认知表征的一种假设，认为语言是一种认知现象，上述观点激发了语言学的认知革命。此后，语言与认知的关系逐渐成为研究热点。20世纪70年代和80年代，语言学界出现了一种把语言和认知作为特殊领域（即认知语言学）的趋势，心理学界出现了一种强调语言与认知共性（心理语言学和语言心理学）的潮流。

6.1 认知的定义

"认知"（Cognition）一词既可用于不同学科，又可用于相关学科。在心理学上，"认知"是指个人的心理过程，即心智具有内部心理状态（比如：信仰、意志和意愿），特别是在许多抽象和具象交织在一起或知识、技能和学习共同作用时，采用信息处理的方法可以理解心理过程。另外，"认知"是指心理过程或获得知识的能力，包括意识、知觉、推理和判断等。

6.2 研究语言与认知的三种方法

目前，有三种语言与认知的研究法，即形式法、心理学法和认知（概念）法。

形式法主要研究语言显性形式所表现出的结构模式，这些结构大都从相互联系的意义中抽象出来或被认为是自足的系统，这种方法包括对形态结构、句法结构以及词汇结构的研究。

心理学法从相对普遍的认知系统的角度来考察语言，也就是从感知、记忆、注意和推理的角度来研究语言。它实际上部分地涉及了另外两种研究的方法，因此，它从语言的形式特征和概念特征来考察语言。后者包括对语义记忆、概念联想、范畴结构和语境知识的分析，但这类研究极大地限制在某些领域。

认知法关注语言中组织概念内容的方式和过程。因为"**构建**"(Structure)这一术语既指模式又指过程,所以,认知法被认为是研究语言如何构建概念内容的方法。**认知语言学**(Cognitive Linguistics)研究语言中一些基本的范畴,如空间和时间、场景和事件、物体与过程、行为与处所,以及力与作用结果的构建。它的研究还包括基本概念和情感范畴(注意、视角、意愿、意图、希望和影响)所产生的认知因子的语言结构以及形态、词汇和句法的语义结构。它还研究概念结构间的相互关系,如隐喻映射概念结构、语义框架概念结构、上下文和语境间的概念结构,以及组成更大结构系统的概念结构。总之,认知语言学试图确定语言中概念结构的整体结构系统(Talmy, 2000a、b: 1-3)。

心理学法和认知法是本章主要讨论的问题。换句话说,心理语言学和认知语言学是本章的重点。

6.3 什么是心理语言学?

心理语言学(Psycholinguistics)是对语言的心理方面的研究,它通常研究的是与语言使用有关的心理状态和心理活动。心理语言学中的大多数问题都比较具体,包括对语言习得特别是儿童的语言习得的研究、成人的语言使用(如产生和理解话语或句子的过程)的研究。心理语言学的一个重点是研究能够使人理解和产出可理解的句子的句法规则的无意识运用。心理语言学家研究语言与思维的关系,这是一个永恒的论战主题,即思维决定语言还是语言使用决定思维。心理语言学同时还关注语言是如何习得的以及语言在思维活动中所发挥的作用。

心理语言学是语言学和心理学的交叉学科,起源于结构主义语言学和认知心理学,它也和其他一系列学科如人类学和神经科学紧密相连。乔姆斯基及其转换生成语法的支持者的有关研究对心理语言学领域产生了显著影响,20世纪60年代和70年代初,许多心理学家和语言学家运用乔姆斯基的转换生成语法模式,分析儿童理解话语的语法加工过程以及人们加工和理解口头语和书面语的心理过程。目前,心理语言学家纷纷转而研究其他与语言结构和功能有关的问题或社会方面的问题,用实验方法研究多方面的课题,如短时记忆、长时记忆、知觉策略、基于语言学模型的言语听辨、语言使用时的大脑活动、脑伤导致的语言损伤以及认知和语言等。

我们通常把心理语言学领域的研究分为六个方向。(1)习得:儿童如何获得语言技能(母语习得)?这些语言技能如何扩展到其他语言上去(第二语言/外语习得)?(2)理解:视觉信号或听觉信号是如何被读者和听者以语言学的方式解释的?(3)产生:人们想表达的信息是如何转化成声波或书面字符的?(4)障碍:是什么导致言语和语言处理系统出现暂时性的或永久性的混乱?(5)语言和思维:人类语言在思维中起什么作用?不同的语言会对我们的思维造成怎样不同的影响?(6)神经认知:语言的认知结构是怎样的?语言处理过程是如何在大脑中得以实现的?也就是说,人类语言能力的大脑功能结构是什么样的?本章集中讨论前三项研究主题,即习得、理解和产生。

6.3.1 语言习得

语言习得(Language Acquisition)是心理语言学的中心研究课题之一。掌握语言是人最典型的特性:正常的人都会说话,而动物则不会。每个儿童都可在短短的几年内不需任何正式的学习而成功地掌握母语。语言对人类是如此重要,儿童的语言习得受到如此众多的关注也就不足为奇了。任何对人类思维抱有坚定信念的人都会认为,儿童的最初几步都是向着正确方向迈进的几步。

在语言习得领域,学者们将儿童的言语活动及内容写成日记作为研究资料,例如进化论的创立者达尔文就是第一个对他儿子的言语发展作日记记录的人。20世纪50年代晚期,便携式磁带录音机用于系统地分析儿童的自然言语过程。今天,对儿童自发性言语的自然主义研究更加便利,因为人们可以把它们录入电脑文档进行自动切分和分析。

1. 独词句阶段

语言习得始于人类生命的早期,并且以习得语言的声音形式为发端。一岁时的主要语言成就是,控制话语肌肉组织,培养对父母话语语音差别的敏感性。

快一岁时,婴儿开始理解单词,一岁左右时,开始学习发音。词语经常独立出现,这种独词句阶段将持续两个月到一年。习得初期的词语,全世界的儿童大同小异。约半数的词是具体名词:食物(juice,cookie)、身体部分(eye, nose)、衣物(diaper, sock)、交通工具(car, boat)、玩具(doll, block)、家居用品(bottle, light)、动物(dog, kitty)和人物(dada, baby)。还有一些说明动作、行为和常规的词,如 up, off, open, eat 和 go 等。还有一些修饰词,如 hot, allgone, more, dirty 和 cold 等。最后,还有一些社交常用词,如 yes, no, want, bye-bye 和 hi,其中有一些如 look at that 和 what is that,对成人来说不是独词,但在某种意义上可看作是记忆模块。尽管儿童在使用所记得的常用词说出物体名称或进行社会交流的数量上有区别,但是所有的儿童都能做出这两种活动。

2. 双词句阶段

18个月左右，儿童语言在两个方面发生变化：一是词汇量增加了，儿童开始以清醒时平均两个小时学一个单词的速度学习单词，此速度或更快的学习速度将维持到整个青春期结束；二是出现了简单的句法，如以下的双词串：

例 6-1

All dry	All messy	All wet
I sit	I shut	No bed
No pee	See baby	See pretty
More cereal	More hot	Hi Calico
Other pocket	Boot off	Siren by
Mail come	Airplane allgone	Byebye car
Our car	Papa away	Dry pants

不同文化中的儿童的双词组合大同小异。儿童随时随地都会说出物体出现了，不见了，在移动，指出这些物体的样子以及谁拥有这些物体；评论正在做事或看东西的人，拒绝或要求某个物品或动作，问出是谁、是什么、在哪里等诸如此类的问题。这些序列表明语言正在习得，其中95%的单词的词序是恰当的。

甚至在学会组合单词之前，儿童已经可以通过句法理解句子。例如，在一个实验中，在只会说独词句的婴儿面前摆放两台电视机，每台电视中都有两个成年人打扮成"芝麻街"中饼干怪物和大鸟的样子。一台电视机播放的是饼干怪物抓挠大鸟的画面，另一台播放的是大鸟抓挠饼干怪物的画面并且配了画外音，画外音说"看呀！大鸟正在挠饼干怪物！快找出挠饼干怪物的大鸟！"儿童一定是明白了主—动—宾排列顺序的意义，因为他们用更长时间观看画外音描述的画面。

3. 三词句阶段

儿童的双词句和三词句像是从表达完整而复杂意义的潜在长句中抽出的样品，研究语言发展的专家罗杰·布朗（Roger Brown）指出，虽然他研究的三个儿童没有产出像 Mother gave John lunch in the kitchen 这样复杂的句子，但是却按照正确的顺序产出了包括所有组句成分的词串（Brown，1973：205）：

例 6-2

施动	动作	接受者	对象	位置
Mother	gave	John	lunch	in the kitchen.
	Give	doggie	paper.	
	Put		truck	window.
Tractor	go			floor.
Adam	put		it	box.

4. 流畅且合乎语法的会话阶段

从双词句后期到三词句中期阶段，儿童的语言迅速发展成为流畅且合乎句法的会话，句子长度也稳步增加。由于语法是一个组合系统，此时儿童的句法类型的数量呈指数上升，每个月的数量成倍地增长，在三岁之前可达到上千种之多。正常儿童在语言发展的速率方面会出现一年或一年多的差异，但历经的阶段是基本相同的，无论是大踏步前进还是徐徐进步，大部分儿童在两岁前都能说出复杂的句子。

在语法激增期，儿童说出的句子不仅变长了，而且变得更为复杂，他们可以将一个句子嵌入另一个句子中，此前他们会说 Give doggie paper（三词动词短语句）和 Big doggie（双词名词短语句），现在他们会说出嵌入了双词名词短语句的三词动词短语句 Give big doggie paper；早期的句子像电报一样，忽略了 of, the, on 和 does 等非重读功能词和曲折形式如 -ed, -ing 和 -s 等。满三周岁时，儿童会在大多数情况下使用这些虚词，而此前他们在 90% 要求使用这些虚词的句子中将其漏用。相当全面的句子形式大量产生——如使用包含有 who, what 和 where 的问句、关系从句、比较级、否定、补语、连接词和被动态等，这些结构展示了绝大部分甚至是全部用来解释成人语法的语法规则体系。

可是，由于这样或那样的原因，大部分三岁儿童的句子还不合语法规则，因为在任何一个句子中造成错误的原因有很多。但当研究者集中关注某一单项语法规则并进行儿童使用情况统计时，结果却十分惊人：三岁的儿童在大多数情况下都遵守了每一项被调查的语法规则。三岁时，儿童很少搞乱词语顺序，并给出了句子所要求的大部分的变形和虚词。尽管当我们听到 "mens" "wents" "Can you broke those?" "What he can ride in?" "That's a furniture" "Button me the rest" 和 "Going to see kitten" 这样的错误时会比较敏感，但是整体来看，这样的错误发生率为 0.1% 到 8%，90% 以上的时间内，儿童的表现是合乎要求的。

儿童似乎不会特别偏爱某一种语言，他们可以迅速掌握母语所要求的任何一种规则，如位置不固定的词的顺序、SOV 和 VSO 结构、格和主谓一致结构、黏着词缀、主格标记等，以及母语给予他们的其他语法规则。甚至许多成人在学习外语时感到十分困惑的性这样的语法范畴，他们也不在话下：正在习得语言的儿童对性标记掌握得很快并极少犯错。可以肯定地说，除了罕用、主要出现于书面语中的句式结构或者成人也要费力掌握的句式结构（如 The horse that the elephant tickled kissed the pig），语言的其他方面儿童都可在四岁前掌握。

6.3.2 语言理解

人类可以通过对语言结构极为敏感的方式理解包含有新奇信息的句子，例如，我们可以解释句子 The umpire helped the child to third base 和 The umpire helped the child on third base 是传达不同信息的句子，我们明白 He showed her baby the pictures 和 He showed her the baby pictures 描述的是完全不同的事情。

从心理语言学的观点来看，我们在自己的"心理词典"中储存了大量关于词语属性的信息，并在理解语言时检索这些信息。例如，当我们遇到一个像 rewritable 这样的复杂词汇时，最初几次我们会用形态学的规则对它进行分解，几次之后，我们可能会把它作为一个单元或一个单词来存取，这意味着接触的频率决定我们回忆已存例证的能力。心理语言学中的连接主义（Rumelhart & McClelland, 1986）研究证明，读者利用拼写单元和语音单元之间的同一个连接系统来产生书写词，如 tove 的发音，并且提取形似单词 stove 的发音或此类的例外形式，如 love 的发音。根据这一观点，相似性和频率在加工处理和理解语言中都起着重要的作用，而对词的新颖成分的加工是根据它们与已知词汇的相似性而进行的。

本节主要描述流畅的语言使用者对口语和书面语言的理解。重点将放在语言理解的核心过程，如词汇提取和识别、语句句法分析和文本解析这几个环节上。

1. 单词辨识

词汇由于其在传达意义过程中的极端重要作用而在语言理解中居于核心地位。单词辨识是指对口语词和书面语词的辨识。

对口头语单词的听辨是语言使用者的一项重要任务。人类似乎在口头语的听辨上占有优势，常常不费气力。口语传递的是即时性的、转瞬即逝的信号，对于声段和词语的界限基本上不提供可靠的提示。声学信号本身是连续的，但听者是如何听辨为一连串离散的言语单位的，这是心理语言学中这一分支学科研究的核心问题。口语的特征可能会给听者造成困难，如一些音位在会话中可能会被省略，一些音位可能受到周围音位的影响而改变发音（如 /n/ 在 lean bacon 中可能会被发成 /m/ 音），许多词有"日常"发音（如 going to 经常发成 gonna），几乎在信号到达的同时，听者就试图将声学信号映现为心理词典中的一个表征。根据 Marslen-Wilson 和 Welsh 在 1990 年提出的"集群模型"（Cohort Model），口语词的头几个音位激活一组或一队与输入信息一致的待选词。待选词之间互相竞争以便激活，当更多声学信号被分析时，与输入信息不符的待选词就会被淘汰出局。这个过程一直持续到选出与输入信息相符的唯一待选词为止。若没有符合条件的唯一待选词，则最合适的词会被选中。例如，对于"pick up the candle"的指令，听者有时候会首先扫视一幅 candy 的图画，这表示一组以 /kæn/ 开头的词被暂时激活了，听者也有可能扫视一幅 handle 的图画，因为待选词的列队也包括与目标词押韵的词。"交互模型"（Interactive Model）认为，高级的加工层对低级的加工层产生直接的、"自上至下"的影响，词汇知识可以影响对音位的听辨，词汇层对词以下层面感知的影响正是交互性的体现。在某些情况下，听者的词汇知识可以抑制对一些音位的听辨，在另外一些情况下，听者继续"听到"一些已经从口语信号中移除并且被噪音所替代的音位。"竞争模型"（Race Model）不认同"自上至下"效应，它包含两条互相竞争的路径：前词路径从声学听觉信号中计算语音信息，词汇路径是指当词自身被提取时，与其相关的音位信息也被同时提取。该模型认为，当词这一层次的信息影响单词中较低层次的元素的加工时，词汇路径在竞争中胜出。

  听者的语言及语言模式的知识会以某些方式促进词的辨识，例如，听者利用诸如英语中不存在以 /tl/ 开头的词之类的语音策略进行判断，从而来帮助识别音位和词语的界限；听者也会利用他们关于英语单词经常在第一个音节重读这一知识来帮助把口语信号流切分成一个一个的词。这类知识帮助我们解决所知语言中的切分问题。

  书面语提供语言结构的对应映射关系，读者利用包含正词法在内的形态结构线索来阅读印刷出的书面语词。例如，他们明白前缀 re- 可以出现在自由词素如 print 和 do 之前，组成双语素词 reprint 和 redo；当遇到 vive 这个词时，由于它与单词 revive 的相似性，读者有可能将其错判。阅读过程需要提取音位学和其他方面的语言结构，对于印刷词的识别，有一个从书面词语中如何分析得出语言结构的问题。一种看法认为，从正词法表征到音位表征的转换过程中，存在两种不同的路径：第一种是词汇路径，在心理词典中查找已知词汇的音位形式，这一过程产生了不符合常规或读音规则的词的正确发音，如 love；第二种是非词汇路径，说明阅读的创造性，即新字符串（如 tove）像规则词语（如 stove）一样发音，但必须以较小的单位为基础。第二种路径对于不规则词给出错误发音，以致在快速单词命名发音任务中，这些词的发音可能较慢或发错音（例如 love 发成 /læv/）。连接主义理论认为，一组从正词法到音位学的连接可以说明规则词和不规则词的使用。

正词法到音位学的转化的另一个问题关注的是它的排列组合程度。作为很多单词辨识研究的对象,英语存在着相当不规则的书写系统。例如,ea 在 bead 中发 /i:/ 音,但在 dead 中却发 /ɛ/ 音;c 在 cat 中发为 /k/,但在 city 中却发为 /s/。这些不规则情况在元音中更为普遍。然而定量分析却显示,如果对位于元音之后的辅音进行判断,就可以帮助确定这个元音的读音,例如,ea 在 d 之前比在 m 之前更有可能发为 /ɛ/ 音。这种判断引导出这样一个观点,那就是英语读者在将拼写转化成语音时常常使用字母聚合,这种聚合相当于音节"结晶体",是由元音核和随意的辅音结尾组成的。

口语词是随时间的推进而铺展开的,所以人们通常认为,口语词的辨识是一个以顺序为特征的加工过程。对阅读而言,人的眼睛注视一下就能够收入多个词的所有字母。所以,阅读研究领域的连接主义模型认为,一个词的所有音位被平行地同时激活。相反,双路模型认为,转换加工过程是以序列方式运行的,也就是处于最左边的音位形式比后面的先被加工。尽管还有很多问题需要解决,但是很明显,印刷的书面语词所提供的视觉表征能够迅速地和存储的心理词汇表征相匹配;这种匹配一旦成功,原先的输入是视觉的还是听觉的都无关紧要了,因为原理和加工程序基本上是一样的。

2. 句子理解

尽管词语的辨识很重要,但仅仅靠单个词义的简单相加来实现对语言的理解是远远不够的,我们还必须尊重语法规则,并对语言的隐喻和非字面用法相当敏感,以此来组合词的意义。心理语言学以多种不同的方式来关注句子理解现象。**串行模型**(Serial Model)认为,句子理解系统以极高速度持续而有序地理解语言的语法约束条件。串行模型描述了处理器如何根据有限的可以确保句子解析贴切性的信息——主要是语法信息——构建一个句子的单个或多个表征,然后运用相关信息对这些表征进行解析和评估。**并行模型**(Parallel Model)强调指出,理解系统对范围广泛的信息都很敏感,包括语法、词汇、语境信息。对说话者和写作者的知识,以及对整个世界的一般知识等,并行模型描述了处理器如何运用所有相关的信息快速地评估一个句子所有可能的理解。人们普遍认为,听者和读者在理解句子的过程中会整合运用语法知识和情境知识。

理解中的结构因素:对书面语和口头语的理解有时会有难度,这是因为人们不大容易确定句子的组成成分以及这些成分相互之间的联系方式。心理语言学家提出了一些根据语法制约条件理解句子的原则,最为人熟知的就是"最小配属"(Minimal Attachment)原则。这一原则界定的是"结构简化",它认为结构的简约性指导着句子理解过程中的所有初始的分析。也就是说,句子处理器首先建构对句子的单一分析并试图理解这个句子。这个初始分析以最少的语法规则把每一个输入的单词配属在正在建构的句子的结构中,这是为努力尽快完成句子分析而发生的自动结果。例如 The second wife will claim the inheritance belongs to her，当 the inheritance 初次出现时，它既可以理解成是 claim 的直接宾语，也可以理解成是 belongs 的主语。研究发现，读者的眼睛在 belongs 这个单词上注视的时间比平常要长，而这个单词消解了这个句子的歧义。心理语言学家解释说，这一发现表明，读者先把 the inheritance 理解为直接宾语，当他不得不把这个最初的理解修正为 the inheritance 是 belongs 的主语时，第一个理解就中断。读者被引入了花园小径(garden path)，因为直接宾语的分析比其他可能的分析在结构上来说更简单。

理解中的词汇因素：心理语言学家提出，人类的句子处理器主要是由心理词汇中储存的关于特定词汇的信息引导的。在 The salesman glanced at a/the customer with suspicion/ripped jeans 中，介词短语 with suspicion 或 with ripped jeans 可以修饰动词 glance 或名词 customer 中的任何一个，但这仅在针对行为动词时是正确的，而对于感知动词 glance at 则是错的。研究发现，对名词词组修饰语的倾向性理解只有当被修饰的名词前有不定冠词 a 时才会发生。

3. 语篇理解

句子出现于语篇和话语中，整个语篇或话语都与要传达的信息有关。语篇是命题的网络，这些命题构成单个句子的语义解释。读者在阅读过程中提炼出语篇的主要线索和思路，并且推理出未出现在语篇中的背景或关系，这样的提炼和推理过程受读者的短时记忆时效的限制，也受论据在命题之间的互证方式和语篇所表明的语言组织形式的指引。

语篇或话语与读者的长时记忆中的知识以及在语篇的前面部分出现的材料相连通。从长时记忆中提取信息可能是一个贯穿于理解过程始终的无意识的顺应性过程。**共振模型**(Resonance Model)认为，与长时记忆中的信息有明显语义关系的材料出现时，长时记忆中的信息便被自动激活，诸如否定等能够彻底改变命题真值的语义细节并不影响共振的过程。共振模型强调指出，积极而睿智的意义搜索是读者观察和找到语篇中的概念结构的基础。在阅读记叙文时，读者通过分析事件的目的、行动、反应以试图建立对于文本中所表达的因果结构的表征。共振过程是对语篇进行加工处理的第一个阶段，阅读目的和文本的结构细节，决定读者是否继续处理文本并搜索构成该文本的连贯结构。

6.3.3 语言的产生

心理语言学家也关注说话者如何用言语在对话的背景中或其他的情况下阐明意图和表达观点。语言产生过程的方方面面都成为这一领域的研究对象，如概念形成过程、语言素材的序列化或线性过程、语法编码和音位编码、自我监控、自我纠错以及说话时的手势等。

第一个关注点是简单话语的产生。我们所产出的最简单的话语是单个的词语，产出词语的能力必然是生成更复杂话语的能力的核心组成部分。因此，单个词语的检索曾经是而且仍然是研究的中心课题。多词语的话语要求说话者重复进行单词的检索，尚不清楚的是，这些多个词语检索程序是否在时间上有重叠，以及它们之间是否是互相作用的。在前面谈过的语言理解的过程中，理解者必须把口头或书面的输入和心理词汇中的条目相对照，而且必须生成句法的、语义的、概念的结构等不同层次的表征。然而在语言产生过程中，人们却面临着相反的问题，我们必须要把概念结构映射到词汇以及词汇的组成成分上去进行匹配。

本节首先讨论人是如何产出单个词语转而生成更长的话语的。讨论将围绕口头语言的产生展开，口语的产生一直是大多数语言生成研究的焦点；然后探讨与口语中的表征和处理截然不同的写作过程中的表征和处理。

1. 词汇提取

说话者是如何生成单个单词的？词汇是经过几个处理步骤计划而成的。每个步骤产生一个特定类型的表征，而且信息在各个表征之间通过激活的扩散而相互传递。第一个处理步骤叫作概念化，它决定要表达何种意念。例如，一个说话者说"the baby""Her Majesty's grandson"，或者仅仅一个字"he"来指坐在高脚椅上的小孩，在做这种选择时，说话者要考虑很多因素，包括要考虑所要指的人前面是否提到过以及听者是否愿意知道他的大名等。

下一个步骤是选择能够和已确定欲表达的概念相符合的词语。说话者首先选择一个句法词汇单位，这个句法词汇单位规定该单词的句法类别以及附加性语法信息，比如动词是不及物的（如 sleep）还是及物的（如 eat），如果是及物的，它将携带什么样的谓项成分等。选择一种句法词汇单位是一个竞争性的处理过程，多个语法单位可能被同时激活，因为有多个概念都适合于要表达的信息，且和那些语义相似的概念相对等的语法单位也会相互激活（这是由于它们拥有共同的上位概念或概念特征）。一旦某个单位的激活水平超过了其他所有竞争者的激活水平的总和，这个单位将会被选择。检验机制会确保被选择的单位的确和要表达的意义相吻合。

接下来的处理步骤是形态—音位编码，这个步骤开始于检索与被选择单词相对应的语素。Baby 这个单词仅需检索一个词素，但是 grandson 和 walked 这两个词都必须要检索两个词素。人们有时会犯下面这样的言语错误："imagine getting your model renosed"，在这个错误中，词干交换了位置，而词缀却保留在原来的位置。有时候，与形态有关的语言成分对目标词的产生会有不同的影响,相比之下,与语义或音位有关的语言成分则对目标词的产生影响较小。通常情况下,词素是按照它们在话语中出现的先后顺序以序列方式得到提取的。

2. 句子的生成

要描述场景或事件,说话者需要生成更长的话语。在句子的生成过程中,第一步也是概念准备,也就是要确定想说出的内容。很明显,长话语的概念准备要比短话语的概念准备更为复杂。要进行一个复杂的理论论证或者描述一系列的事件,说话者需要全局的计划。计划的每一部分都需加以精心准备,以使表征层面和词汇概念相一致,也许这需要通过一些中间阶段。这种表征形成输入而进入到语言计划。在语言计划开始以后,才能产生出含有多个句子的话语。语言生成理论假定,说话者的话语计划是呈递增状态的;也就是说,说话者一旦做出了对最初的几个词汇概念的选择,他们就会启动语言计划,稍后在说的时候或者在话语成分轮换时,再准备其余的话语。说话者可能会选择各种大小不同的概念准备单位,但是很多情况下的典型单位似乎主要是和分句相对应。

计划句子时,说话者需要检索词汇。但是句子不是词汇的简单组合,而是有句法结构的,说话者必须应用语法知识来生成句子。有两种不同的过程参与句法结构的生成。第一种过程称为功能计划过程,负责指派语法功能,如主语、动词或直接宾语等。这个过程主要依赖于言语层面的信息和所检索到的词汇—语法单位的语法特征。第二种过程称为定位编码过程,这个过程使用被检索到的词汇—语法单位以及它们所承担的功能生成句法结构,所生成的句法结构安排各个成分之间的依存关系和顺序关系。从功能层面到位置层面的对应往往是很直接的,主语常常在动词之前,接着是直接宾语和间接宾语。然而有时倒装会颠倒这样的顺序,例如 "I don't mind bikes; cars I hate."

能证明功能过程和位置过程之间存在区别的证据可以在一些言语错误中找到(如不同短语的单词的互换,如 put the tables on the plate,在这个例子中不同词组的词语相互被调换),这个错误可以被解释为是功能编码的错误。然而有其他特点的错误最好是被解释为位置编码的错误(例如 the come homing of the queen,在这个例子中一个词组内的词素被错误调换了)。

3. 书面语的产生

书面语的产生步骤和口头语的产生步骤很相似,主要的区别在于,一旦句法词汇单位和它的形态表征得到提取,必须要被检索和产出的形式是正字法拼写形式而不是音位形式。音位在这一过程中起着很重要的作用,就像在阅读时从印刷字体获取意义中它起的作用一样。例如,向法语使用者展示海狮(phoque)和烟斗(pipe)的图画,并要求他们尽快写出这两个事物的名称。结果显示,书写 phoque 前花费的时间比 pipe 的更长,因为 phoque 这个单词的首音位的拼写是不规则的，在法语中 /f/ 常被拼写为 ph，然而 pipe 这个单词的首音位的拼写方式是典型的。因此，即使要拼写的单词不是以口头形式表达出来的，在选择拼写形式时单词的音位形式也还是参与其中。

拼写时从音位到表音的派生这一问题来源于对书面语生成过程的探讨。例如拼写一个英语字串时，把邻近的字串考虑进去会使拼写更具预测性，其中最有影响力的是元音音丛和尾音。这表明韵律在英语拼写中具有特殊的作用。生成和理解之间的互相反馈是拼写和阅读中出现的另一个问题，因为人们可以回过头去阅读已经写出的拼写，以检测它是否正确。

写作和说话的差别在于，写作者有更多的时间用于准备和计划，而且写作者更加有必要这样做，因为书面文本的阅读者在时空上是远离作者的。监控和修改在写作中比在说话中发挥的作用更大。由于这些原因，对书面语写作的生成研究常常关注的是计划过程和修改过程，而口头语生成的研究则以句子生成和词汇提取为研究焦点。

6.4　什么是认知语言学？

认知语言学是语言研究的全新方法，发轫于 20 世纪 70 年代，是对当时盛行的转换生成范式的反动，转换生成范式追求语言的自足性（Ruiz de Mendoza, 2000）。1989 年，由德尔文（Dirven）主持的第一届认知语言学大会在德国杜伊斯堡召开，国际认知语言学协会（ICLA）成立，该协会每两年召开一次国际会议。80 年代中期，该协会开始酝酿出版《认知语言学》杂志，并于 1990 年由 Mouton de Gruyter 出版公司出版了第一期。进入新世纪后，该协会又推出《认知语言学年度评论》年鉴。

认知语言学建立在人类对外部世界的经验的基础之上，以人类感知和理解世界的方式为基础。认知语言学的基本原则是，语言是象征性的而非自动化或无意识的，语言使用的方式及人类的普遍认知能力塑造了语言，因此，语言不是以"普遍语法"为基础而发展的，而是要经过学习才能得到发展。

6.4.1　识解及识解操作

识解是一种用交替的方式对同一场景进行构想和描述的能力，这种能力是通过详细程度、不同的心理扫描、指向性、有利位置、图形—背景分离等实现的（Langacker, 1999）。识解操作是人类语言处理过程中概念化的过程；或者说，识解操作是理解语言表达方式所使用的基本心理过程和来源。托尔密（Talmy, 1978, 1988, 2000a, 2000b）、莱可夫等人（Lakoff & Johnson, 1980, 1987; Lakoff & Turner, 1989）、兰盖克（Langacker, 1987）和克劳福特等人（Croft & Wood, 2000; Croft & Cruse, 2004）对识解操作曾做过研究和描述。

1. 注意力/突显

突显下的识解操作与我们关注突显事物所需的注意力有关。在知觉中，我们把注意力集中在感知到的情景部分。在认知中，我们的注意力关注于概念结构的激活。也就是说，我们激活大部分相关概念，这些相关概念远远大于与我们所想无关的概念。在这种情况下，我们把注意力集中在相关的概念上。在其他事物中，语言与注意力/突显密切相关，因为我们用不同的语言表达式来刺激某些概念结构的激活。

例 6-3
    a. We drove along the *road*.（我们沿着马路开车。）
    b. She ran across the *road*.（她跑着穿过马路。）
    c. The building workers dug through the *road*.（建筑工人挖了一条横穿马路的通道。）

马路被概念化为一条线（一维）、一个平面（二维）和一个立体（三维）。

例 6-4
    a. He *cleaned* the window.（他擦窗户。）
    b. He *opened* the window.（他打开窗户。）

例 6-4a 注意力放在窗户的玻璃上，而例 6-4b 突显在窗扇上。

例 6-5
    a. *I've* broken the window.（我打碎了窗户。）
    b. *A stone* has broken the window.（石头打碎了窗户。）

例 6-5a 前景落在事件中"我"的身上，例 6-5b 前景落在事件中"石头"上。

2. 判断/对比

判断/对比的识解操作与把一物比作另一物的判断有关，它是人类基本的认知能力，也是人类经验的基础。

图形-背景关系运用于空间研究，背景充当了介词宾语和表征空间关系的介词（Talmy, 2000）。这种关系也适用于我们感知运动的物体，因为运动物体既是典型的突显物，又是可以充当图形的物体，而其余的刺激构成了背景。为了分离静态和动态图形-背景关系，兰盖克（Langacker, 1987）用**射体**（Trajector）表示运动的图形，用**路标**（Landmark）表示运动图形的背景。例如：

例 6-6
    a. There's a *cat*[图形] on the *mat*[背景].(垫子上有一只猫。)
    b. *Batman*[图形] was standing on the *roof*[背景].
    （蝙蝠侠站在屋顶上。）
    c. *We*[射体] went across the *field*[路标].
    （我们横穿过田野。）
    d. *He*[射体]'s going to *London*[路标].(他要去伦敦。)

3. 视点/观察者位置

认知语言学的另外一个识解操作为视点。我们以所处的位置来观察一个情景。视点取决于两个方面：其一，观察者的位置与观察情景的关系；其二，情景的安排与观察者位置的关系。例如：

例 6-7
    a. My bike is *in front of* the car.（我的自行车在汽车的前面。）
    b. My bike is *behind* the car.（我的自行车在汽车的后面。）

这些识解以我们从不同的角度实地观察汽车和自行车的位置为先决条件。

指示词（Deixis）是一种从说话环境出发指向某物的语言形式。按照认知的术语，指示词是主语所在位置对情景中某物所指的应用。最典型的例子是英语的"这"和"那"的应用。

例 6-8
    a. Look at *that*[construes distance].（看那儿[识解为距离远]。）
    b. Look at *this*[construes proximity].（看这儿[识解为距离近]。）

其他种类的指示词包括：1）人称指示词，识解话语环境中参与者的关系；2）社会指示词，识解话语参与者的社会关系；3）篇章/推论指示词，识解篇章中已提及的内容。

6.4.2 范畴化

范畴化（Categorization）是人类基于经验的异同对经验进行分类的过程，是人类知识的产生不可或缺的成分，它使人类能够把现在的经验与过去的经验结合起来。范畴分三个层次：基本层次范畴、上位范畴和下属范畴。

1. 基本层次范畴

基本层次范畴是最能体现文化突显性、实现认知需求的范畴。基于这个层次，人类可以感知到"事物"的最大不同。例如，"狗"的范畴各不相同，却有别于猫、鸟、蛇及灵长目动物等。在此层次，人类可以发现范畴特性的最理想化结构。基本层次范畴也是最经济的范畴，因为在此层次，我们可以发现许多相关信息。我们与外部世界相互作用的许多信息均储存于此层次，形成范畴的完形（gestalt）。关于这一层次的特征，克劳福特和克鲁兹（Croft & Cruse, 2004：83）概括为下列四点：

（i）具有行为相互作用典型范式的最具包容性的层次。
（ii）构成清晰意象的最具包容性的层次。
（iii）表征部分—整体信息的最具包容性的层次。
（iv）为日常参照所使用的层次。

2. 上位范畴

上位范畴是最具概括性的范畴，各成员没有足够的共性构成一个共同的完形。但是，如果有人要求你想出一种交通工具，你会想到轿车或公共汽车，或者有人要求你想出一种植物，你会想到树或花。这种现象叫寄生范畴，实际上是从基本层次范畴中提取一些特征用于上位范畴。的确，你挑选了对你重要的基本层次范畴，你借用的特征或许是整个上位范畴的代表，但实际上这些特征只是上位范畴内所有成员具有的特征的很小一部分。克劳福特和克鲁兹（Croft & Cruse, 2004：84-85）指出了四个特征：

（i）上位范畴的范畴性弱于基本层次范畴，尽管它的成员可区别于邻近范畴成员，但是范畴内相似性相对较低。
（ii）上位范畴比基本层次范畴的定义特征少。
（iii）基本层次范畴的中间层次上位范畴与高级上位范畴间只有单一的修饰关系。
（iv）从语言学角度讲，基本层次范畴的名称是可数名词，而上位范畴的名称经常是物质名词。

3. 下属范畴

下属范畴具有清晰可辨的完形和许多个性特征。在此层次，我们可以感知基本层次范畴成员间的区别。下属范畴的名称通常形态复杂，它们是典型的复合形式。一个复合形式由两个或更多基本层次范畴的词汇构成，例如 rain coat（雨衣），apple juice（苹果汁）和 wheel chair（轮椅）。但是复合形式的意义并不是组成成分的组合，因为呈复合形式的下属范畴比组成成分具有更多的特征。如果我们想要解释复合形式的意义特征，我们必须观察其语义框架。克劳福特和克鲁兹（Croft & Cruse, 2004：85-86）总结了三点：

（i）下属范畴的范畴性弱于基本层次范畴，尽管它们的成员间有很高的相似性，但与邻近范畴成员的区别性却很低。
（ii）它们的信息量相对比它们的上位范畴少。
（iii）它们是多词素性的，其最普遍的格式为修饰语-中心语结构。

6.4.3 意象图式

约翰逊(Johnson,1987:xiv)提出意象图式,并把意象图式定义为一种通过感知相互作用以及动觉程序获得的对事物经验给以连贯和结构的反复出现的动态模式。意象图式结构有两个特点:一是前概念图式结构,来自身体的经验;二是意象图式结构的恒常性,即意象图式总是在人的不同感知活动互动、人在空间的身体位移以及人对客观物体的操控三者之间持续不停地运行和操作。意象图式存在于抽象层次,在命题结构和具体图式心理组织层操作。意象图式"充当无数经验、知觉以及在相关方面构成物体和事件图式形成的识别模式"(Johnson,1987:28)。

1. 中心-边缘图式

该图式涉及生理或隐喻的中心与边缘以及从中心到边缘的距离范围。例如:苹果的结构、个人的知觉范围、个人的社会范围,以及家庭和朋友为中心、他人为边缘的关系。

2. 容器图式

该图式涉及生理或隐喻的界限、闭合的区域或容器,或者不闭合的范围或容器。容器图式有许多选择属性,如闭合的及物性、界限内外的物体、闭合内物体的保护、闭合内力的限制、闭合内物体相对固定的位置。

3. 循环图式

它涉及不断发生的事件或系列事件,其结构包括:起点,不受阻碍的事件进程,回到起始点,在其上有一个从高峰到低谷的结构。例如:每天、每周、每年、睡觉与苏醒、呼吸、循环、情绪的积累与释放。

4. 力图式

它涉及生理或隐喻的因果互动关系,包括下列因素:力的起始和目标、力的方向和密度、起点和目标的运行轨迹、因果率。下面是几种力的图式:引力图式、平衡图式、阻碍图式、强制图式、反作用力图式、转向图式、或然因果图式、抑制移动图式。

5. 连接图式

它由两个或两个以上生理或隐喻地连接起来的实体组成。例如:孩子牵着妈妈的手、把灯与墙上的插头连接、偶然的"连接"和亲戚的"关系"。

6. 部分-整体图式

它涉及生理或隐喻的整体与部分的关系。例如:整体与部分、家庭成员和印度种姓等级。

7. 路径图式

它涉及从一点到另一点的生理或隐喻的移动,由起点、终点和系列中间各点组成。这可以举路径与射体为例。

8. 标量图式

它涉及生理或隐喻的数量的增加与减少,由下列部分组成:封闭或开放的数量级数、数量级数的位置、一个或多个平均数、数量的刻度。例如:物理数量、数量系统的属性。

9. 垂直图式

它涉及"上""下"关系。例如:直立、爬楼梯、看旗杆、观察试管里水的上升。约翰逊认为一些意象图式也可以表达空间方向和关系:上-下、前-后、部分-整体、中心-边缘等。

6.4.4 隐喻

隐喻涉及两个概念的对比,其中一个概念识解另一个概念。隐喻被描述为目标域与源域,**目标域**(Target Domain)是隐喻所描述的经验,**源域**(Source Domain)是人们用来描述经验的方法。例如:

例 6-9

We're wasting our time here.(我们在此浪费时间。)

此句基于"时间是金钱"的隐喻,其目标域"时间"是以源域"金钱"来识解的。抽象经验常被具体经验所描述。在认知语言学里,隐喻的简单表达式为:"X 是 Y",X 为目标域,Y 为源域。

莱可夫和约翰逊(Lakoff & Johnson,1980)把隐喻分为三类:结构隐喻、方位隐喻和实体隐喻。但后来对这一分类进行了修正和澄清(Lakoff & Johnson,2003),本节的结尾部分对上述修正作为补充说明加以介绍。

1. 结构隐喻

结构隐喻(Structural Metaphor)起着重要作用,使我们超越指向性和所指,给我们根据另一概念构建一个概念的可能性,其含义为结构隐喻根植于我们的经验。结构隐喻意味着一个概念是以另一个概念隐喻地构建起来的。例如:"争论是战争"隐喻可以产生诸如"他向我争论中的每个弱点发起进攻"之类的表达。

争论是战争

例 6-10

a. Your claims are *indefensible*.(你的言辞不容辩解。)

b. He *attacked every weak point* in my argument.（他向我争论中的每个弱点发起进攻。）

c. His criticisms were *right on target*.（他的批判一针见血。）

d. I *demolished* his argument.（我摧毁了他的论证。）

e. I've never *won* an argument with him.（同他争论我从未赢过。）

f. You disagree? Okay, *shoot*!（你不同意？好吧，说吧！）

g. If you use the strategy, he'll *wipe you out*.（如果你用这个计谋，他会消灭你。）

h. He *shot down* all of my arguments.（他驳倒了我所有的论证。）

显然，我们不仅以战争谈论争论，实际上我们赢得或失去争论。我们把争论者视为对手，我们向他的阵地发起进攻，固守自己的阵地，我们赢得或失去阵地，我们计划和使用计策。如果我们发现阵地守不住，我们会放弃，构筑新的阵线。我们所争论的事情部分由战争概念构成。

2. 方位隐喻

方位隐喻（Orientational Metaphor）给概念一个空间方位，它们不是以另一个概念构建一个概念为特点，而是以连接隐喻两部分的经验为基础。连接动词"是"(is)为隐喻句的一部分，应视为同时发生不同经验的连接。例如"多多益善"，这句隐喻基于同时发生的两种不同的经验：物质数量的增加和物质水平的增长。

方位隐喻基于人类身体和文化的经验。例如，在一些文化中，未来在我们的前面，在另一些文化中，未来在我们的后面。下面我们来研究一些方位隐喻，并且给出每个隐喻概念来自人类身体和文化经验的暗示（Lakoff & Johnson, 2003: 15）：

高兴为上，悲伤为下

例 6-11

a. I'm feeling *up*.（我感到高兴。）

b. That *boosted* my spirits.（那激起我的情绪。）

c. My spirits *rose*.（我的情绪增长了。）

d. You're in *high* spirits.（你兴高采烈。）

e. Thinking about her always gives me a *lift*.（回想起她总是让我高兴。）

f. I'm feeling *down*.（我感到情绪低落。）

g. I'm *depressed*.（我感到悲伤。）

h. He's really *low* these days.（他这几天情绪不高。）

i. I *fell* into a depression.（我陷入了悲伤之中。）

j. My spirits *sank*.（我的情绪不高。）

从上述句子不难看出，低垂的姿势与悲伤和沮丧相联系，直立的姿势与积极向上的状态有关。

3. 实体隐喻

实体隐喻（Ontological Metaphor）是指人类以自身经验和生理实体为基础，把事件、行为、情感、思想等抽象概念转换为实体。实体隐喻服务于各种目的。实体隐喻可以给非清晰的实体（山、篱笆、街角）以有界的平面，把事件、行为和状态概念化为实体。以涨价为例，这种经验可以通过名词"通货膨胀"隐喻为实体。这种方法为我们理解经验提供了一条途径（Lakoff & Johnson, 2003：27）：

通货膨胀是实体

例 6-12

a. *Inflation is lowering* our standard of living.（通货膨胀在降低我们的生活水准。）

b. If there's much *more inflation*, we'll never survive.（如果有更多的通货膨胀，我们将无法生存。）

c. We need to *combat inflation*.（我们必须抗击通货膨胀。）

例 6-13

a. *Inflation is backing us* into a corner.（通货膨胀把我们逼到绝路。）

b. *Inflation is taking its toll* at the checkout counter and the gas pump.（通货膨胀使人们在付款台和加油站付更多的费用。）

c. Buying land is the best way of *dealing with inflation*.（对付通货膨胀的最佳方法是购买土地。）

d. *Inflation makes me sick*.（通货膨胀让我恶心。）

这些例子中，通货膨胀被视为可以使人们对它进行谈论、量化和识别的实体，视它为一个事件，对它采取行动，甚至相信我们理解它。实体隐喻对人类经验必不可少。

本节前面指出，莱可夫和约翰逊根据对隐喻的进一步深刻理解和修正性的认识，对之前的隐喻分类（Lakoff & Johnson, 1980）做出了修正和澄清（Lakoff & Johnson, 2003：265）。他们指出，上述三种隐喻分类具有很强的人工属性。也就是说，实际上所有的隐喻都是结构性的，因为它们都把结构映现于结构；所有的隐喻都是实体性的，因为它们都产生目标域实体；多数的隐喻是方位性的，因为它们都映现着方位意象图式。他们也对"争论是战争"这一隐喻进行了修正,根据莱可夫和约翰逊(Lakoff & Johnson,2003:265),"争论是战争"并不是一个初始隐喻,人们首先在日常生活中接触到"争论"这一概念,然后才获得"战争"这个概念,因此,用"战争"以隐喻手段来建构"争论"不能恰当地表达出意思,因此,"争论是战争"的隐喻被修正为"争论是斗争"(ARGUMENT IS STRUGGLE)。

6.4.5 转喻

认知语言学把**转喻**(Metonymy)定义为一种认知过程,在这个过程中,源域为同一域中的目标域提供了心理通达。转喻被莱可夫(Lakoff,1987)视为理想化认知模式,被兰登和库瓦克塞斯(Radden & Kövecses,1999)理解为概念映射,被克劳福特(Croft,2002)认为是域的突显,被曼都泽(Mendoza,2000)认为是映射和突显的结合,被潘瑟和桑博格(Panther & Thornburg,1999)视为事件情景,被兰盖克(Langacker,2000)和巴萨洛那(Barcelona,2000)认为是参照点的激活。

在本体域的基础上,转喻可以分为三类:"概念"世界、"形式"世界和"事物/事件"世界,这些域与奥格登和理查兹(Ogden & Richards,1923)提出的"语义三角"中的实体——思想、符号和所指相符。同域实体与非域实体的相关性导致各种理想化认知模式和转喻的可能性。因此,我们有三种不同实体域的理想化认知模式:符号理想化认知模式、所指理想化认知模式和概念理想化认知模式。

兰登和库瓦克塞斯(Radden & Kövecses,1999:30-43)提出两种概念表征形式:整体与部分间的转喻;部分与部分间的转喻。

1. 整体与部分间的转喻

(i)事物及部分转喻。这个转喻可以分为两个转喻变体:

例 6-14
  a. 整个事物替代事物的部分:*America* for "United States"("美国"替代"美利坚合众国")
  b. 事物的部分替代事物的整体:*England* for "Great Britain"("英格兰"替代"大英帝国")

(ii)标量(scale)转喻。标量是事物的一种特殊的类,标量单元是类的部分。典型地,整体标量替代标量上限,标量上限也可以替代整体标量:

例 6-15
  a. 整体标量替代标量上限:*Henry is speeding again* for "Henry is going too fast".("亨利又在加速"替代"亨利的速度太快了"。)

b. 标量上限替代整体标量：*How old are you*? for "what is your age?"（"你多大了？"替代"你的年龄是多少？"）

（ⅲ）构成转喻。它涉及构成物体成分的物质或材料。

例 6-16
　　a. 物体替代构成物体的材料：I *smell skunk.*（我闻到一股臭鼬味。）
　　b. 材料成分替代物体：*wood* for "forest"（"木柴"替代"森林"）

（ⅳ）事件转喻。事件可以隐喻地视为事件的各个部分。

例 6-17
　　a. 整个事件替代子事件：*Bill smoked marijuana.*（比尔抽大麻。）
　　b. 子事件替代整个事件：*Mary speaks Spanish.*（玛丽说西班牙语。）

（ⅴ）范畴及范畴成员转喻。范畴及范畴成员构成一种关系。

例 6-18
　　a. 范畴替代范畴成员：*the pill* for "birth control pill"（"药片"替代"避孕药片"）
　　b. 范畴成员替代范畴：*aspirin* for "any pain-relieving tablet"（"阿司匹林"替代"镇痛药"）

（ⅵ）范畴及属性转喻。属性可以被隐喻地视为拥有的物质（属性是拥有）或转喻地视为物体的部分。

例 6-19
　　a. 范畴替代属性：*jerk* for "stupidity"（"傻瓜"替代"愚蠢"）
　　b. 属性替代范畴：*blacks* for "black people"（"黑色"替代"黑人"）

（ⅶ）压缩转喻。部分替代整体的最后一种转喻是符号形式的压缩。

例 6-20
　　形式的部分替代整个形式：*crude* for "crude oil"（"原始的"替代"原油"）

2. 部分与部分间的转喻

（ⅰ）行为转喻。它涉及行为者与谓语要表达的行为间的关系。

例 6-21
　　a. 行为者替代行为：*to author* a new book; *to butcher* the cow（写一本新书；杀死这头牛）

b. 行为替代行为者：*writer*, *driver*（作者，司机）

例 6-22
    a. 工具替代行为：*to ski*, *to hammer*（滑雪，锤锤子）
    b. 行为替代工具：*pencil sharpener*；*screwdriver*（铅笔刀；螺丝刀）

例 6-23
    a. 物体替代行为：*to blanket* the bed；*to dust* the room（铺床；清理室内灰尘）
    b. 行为替代物体：the best *bites*；the *flight* is waiting to depart（最佳食物；航班等待离开）

例 6-24
    a. 结果替代行为：*to landscape* the garden（美化花园）
    b. 行为替代结果：the *production*；the *product*（生产；产品）

例 6-25
    方式替代行为：*to tiptoe* into the room（踮起脚尖走进房间）

例 6-26
    手段替代行为：He *sneezed* the tissue off the table.（他打喷嚏把桌上的纸巾吹掉了。）

例 6-27
    时间替代行为：*to summer* in Paris（在巴黎过夏天）

例 6-28
    目的地替代行动：*to porch* the newspaper（把报纸放在门廊）

例 6-29
    工具替代执行人：*the pen* for "writer"（"笔"替代"作家"）

（ii）知觉转喻。知觉在我们的认知世界里起着很重要的作用，值得拥有自己的转喻。因为知觉是有意图的，知觉转喻与行为转喻可以进行交叉分类。

例 6-30
    a. 知觉到的事物替代知觉：*There goes my knee* for "There goes the pain in my knee"（"我的膝盖又来了"替代"我的膝盖又痛了"）
    b. 知觉替代知觉到的事情：*sight* for "thing seen"（"视觉"替代"看到的事物"）

(iii）因果转喻。原因和结果相互依存，一个隐含另一个。另外，它们解释了人们因果混淆的事实。理论上，因果转喻会产生相互转换：

例 6-31
  a. 原因替代结果：*healthy complexion* for "the good state of health bringing about the effect of healthy complexion"（"健康的肤色"替代"良好的身体状况产生健康肤色的结果"）
  b. 结果替代原因：*slow road* for "slow traffic resulting from the poor state of the road"（"车辆行驶缓慢的道路"替代"行驶缓慢的交通由道路状况不良造成"）

（iv）生产转喻。它涉及生产行为，在行为中，每个参与者使生产行为产生产品。产品的生产是因果行为中突出的类别。

例 6-32
  生产替代产品：*Ford* for "car"（"福特"替代"小轿车"）

例 6-33
  a. 工具替代产品：*the whistle* for "its sound"（"汽笛"替代"汽笛声"）
  b. 产品替代工具：*the heat* for "the radiator"（"暖气"替代"暖气片"）

例 6-34
  产地替代产地所生产的产品：*china, mocha, camembert*（瓷器、摩卡咖啡、卡门培尔乳酪）

（v）控制转喻。控制者和被控制者产生相互转换的转喻关系：

例 6-35
  a. 控制者替代被控制者：*Nixon* bombed Hanoi.（尼克松轰炸了河内。）
  b. 被控制者替代控制者：*The Mercedes* has arrived.（奔驰到了。）

（vi）领属转喻。领属者和被领属者会产生相互转换的转喻：

例 6-36
  a. 领属者替代被领属者：*me* (That's me) for "my bus"; *I* (I am parked there) for "My car"（"我的"替代"我乘坐的公共汽车"；"我"替代"我的车"）
  b. 被领属者替代领属者：*money* (He married money) for "person with money"（"金钱"替代"有钱的人"）

（vii）容器转喻。容器的意象图式情景非常基础和固化，它应在地点关系上被认为是一种转喻。

例 6-37
 a. 容器代表内容：*the bottle* (the bottle is sour) for "milk"（"瓶子"替代瓶子里的"奶"）
 b. 内容代表容器：*the milk* (The milk tipped over) for "the milk container"（"牛奶"替代"牛奶容器"）

（viii）地点转喻。地点常与生活于该地点的人、位于该地点的著名机构、发生在该地点的事件以及该地点生产的产品和从该地点运输的产品有联系。

例 6-38
 a. 地点替代居民：*the whole town* (The whole town showed up*)* for "the people"（"全城"替代"城里的居民"）
 b. 居民替代地点：*the French* (The French hosted the World Cup Soccer Games*)* for "France"（"法国人"替代"法国"）

例 6-39
 a. 地点替代机构：*Cambridge* (Cambridge won't publish the book) for "Cambridge University Press"（"剑桥"替代"剑桥大学出版社"）
 b. 机构替代地点：I live close to the University.（我住在大学附近。）

例 6-40
 a. 地点替代事件：*Waterloo* for "battle fought at Waterloo"（"滑铁卢"替代"滑铁卢战役"）
 b. 事件替代地点：*Battle*, name of the village in East Sussex where the Battle of Hastings was fought.（Battle，东萨塞克斯郡一个村落的名字，黑斯廷斯战役遗址。）

（ix）符号和指代转喻。它们产生转喻，交叉切分实体域。在符号转喻里，词形替代一个相关的概念；在指代转喻中，符号、概念和词形替代外部事物。

例 6-41
 单词替代单词表达的概念：a self-contradictory utterance（自相矛盾的话语）

（x）修饰转喻。它主要用于符号的省略形式。

例 6-42
 替代形式替代原始形式：Do you still love me? - Yes, I do.（你还

爱我吗？——爱。）

6.4.6 整合理论

整合是一种认知操作，它以投射或映现方式把两个或多个心理空间的要素合成或整合成为一个具有独特结构的新的心理空间。整合理论最初由 Fauconnier 和 Turner（1994，1996）提出并讨论，后由 Fauconnier 详加阐释并于 1997 年在《思维与语言的映现》一书中确立为一种学说。根据整合理论，整合是通过操作和运行两个输入心理空间从而产生一个第三空间即合成空间，合成空间可以从前面的输入空间中继承部分结构，也可以产生自己的新型结构。要整合输入空间 I_1 和 I_2，需要有四种条件或四个空间。

（1）跨空间映射：输入空间 I_1 和 I_2 中的相应元素间存在部分映射关系，如图 6-1 所显示：

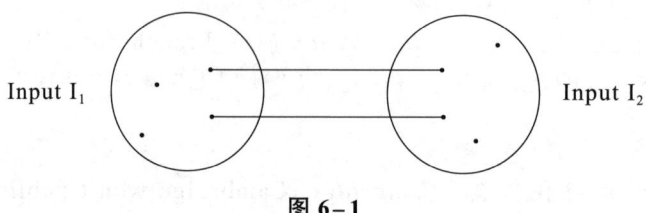

图 6-1

（2）类属空间（Generic Space）：它对每一个输入空间进行映射，反映输入空间所共有的一些抽象结构与组织，并定义跨空间映射的核心内容，如图 6-2 所显示：

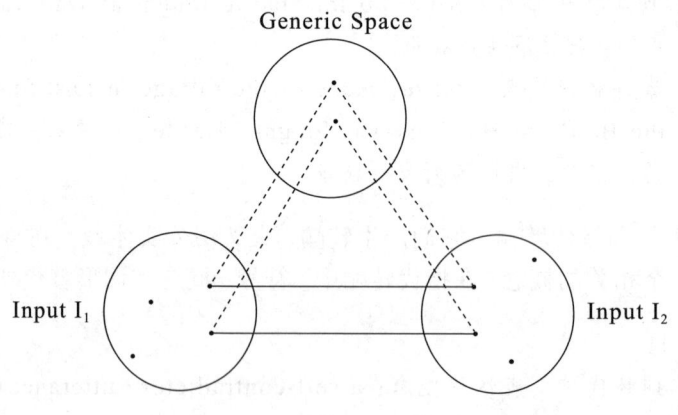

图 6-2

（3）合成空间（Blend Space）：输入空间 I_1 和 I_2 部分地投射到第四空间，即合成空间，如图 6-3 所显示：

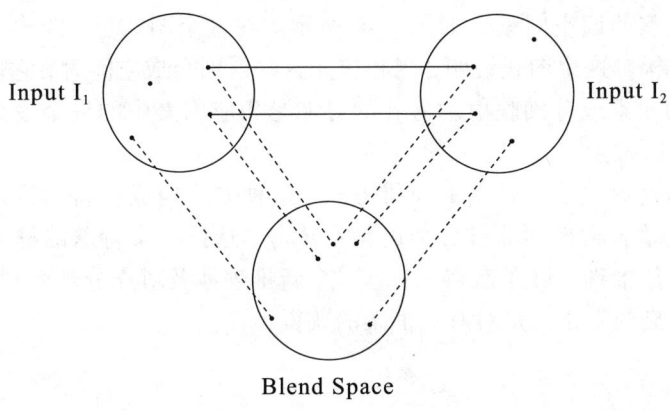

图 6–3

（4）层创结构（Emergent Space）：合成空间有一个非输入空间构成的层创结构，由下列三种相关联的方式产生：

a. 组合：经两个输入空间的投射组合起来，形成每个输入空间以前所不存在的关系；

b. 完善：借助背景框架知识、认知和文化模式，组合结构从输入空间映射到合成空间，这一组合结构可视为合成空间中一个更大的内含结构的构成部分；

c. 扩展：合成空间中的结构可以扩展，这就是"对合成空间进行运演"，即根据自身的层创逻辑在合成空间中进行认知运作。

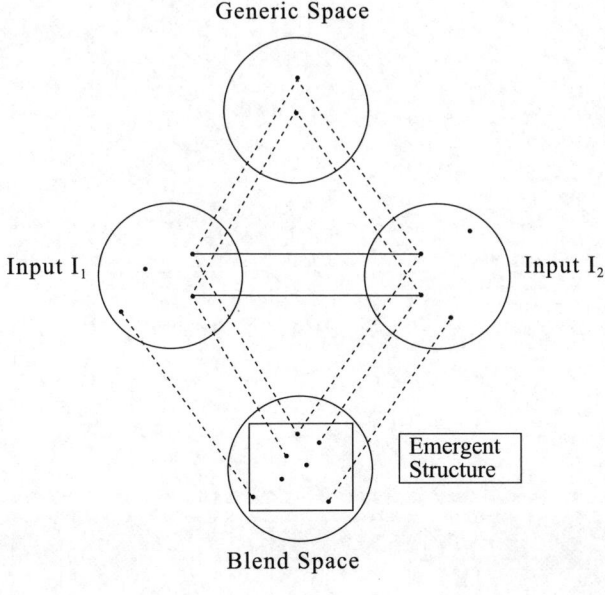

图 6–4

一个完整的四空间整合如图6-4所示。在这个图式里，四边形指合成空间的层创结构。这个图式说明，当相应元素映射到合成空间时，它们会融合为一个单一的元素或分别映射。另外的可能是相应因素中的一个发生了映射而另一个却没有发生。

整合理论提供了一种新的思维方式，这种方式构成全新的推理。因为映射操作涉及整合框架而非被分离的谓语成分，选择一个特殊的框架会产生一组不同的附加推理。除了获得未知事实，新推理涉及对充分理解现象的识解、特殊成分突显的变化或是对有关框架的获得。

第七章

语言 文化 社会

语言学界对于语言与文化的关系,早已达成一种共识,普遍认为语言是文化的一个重要组成部分,文化对语言产生本质性的影响。实际上,对语言与文化关系的探索虽然古已有之,"但直到20世纪60年代,学术界才开始集中力量,注重社会文化语境中语言现象的研究"(Apte,1994:2000)。

为了说明这种学科范式的流变过程,本章择其要点,集中讨论语言、文化、社会之间的关系。同时,为了体现社会语言学应用性的特色,反映出社会语言学的跨学科特征,我们还新增了一节内容,介绍跨文化语境中的交际问题。显而易见,这种篇章结构的安排,目的在于了解社会语言学,为语言学研究提供一种新视野。本章的内容要点,涉及以下四个方面关系的讨论:1)语言与文化的关系;2)语言与社会的关系;3)语言与跨文化交际的关系;4)文化在标识译写中的表现。[①]

7.1 语言与文化

语言是文化的载体,具有不可替代的重要性;文化通过语言得以凸现,其表现力得到充分展示。语言与文化关系的研究,既有助于拓宽人类的知识范围,又有利于丰富语言学和文化学研究。语言与文化之间的这种相关性研究,也有双重性的特征,既引人入胜,又充满挑战,大有认真研讨的必要。

7.1.1 语言与文化的相关性

毋庸置疑,语言与文化之间,关系紧密。回顾语言学的发展历程,即可发现大量实例,证明这种说法的公理性。18世纪以来,语言学研究,从本质上讲,具有历史比较和结构分析的特征。20世纪20年代之后,出现了两支不可忽视的语言学流派,为日后社会语言学的形成与发展奠定了基础。一支是源于马林诺夫斯基(Malinowski)、成于弗斯(Firth)的"功能学派"或"伦敦学派";

---

① 考虑到双语标识在中国语境中的重要性,本章在新版的中文版教程中增加了一个小节,专门讨论双语标识译写在文化中的表现。

另一支是以博厄斯（Boas）、萨丕尔（Sapir）为首的北美人类语言学派。

20世纪20年代，马林诺夫斯基在新几内亚东岸特罗布里恩群岛（Trobriand Islands）的田野调查工作中注意到一种有趣的现象。这种现象表明，在一种特定的语言文化中，任意一种语言形式可能包含着若干义项；其中的一些语义关系，只有在特定的语言使用环境中，才能为外来文化所理解。例如，在特罗布里恩土著文化中，"树木"这个词，既可指一般的树木，也可以指独木舟。离开了具体的使用语境，来自异文化背景的欧洲人，往往对此现象一筹莫展，无法解读。基于这一发现，马林诺夫斯基声称，"在原始用法中，语言在协同人类活动中起着纽带的作用……语言不仅通过交流概念而成为一种表达思想的工具，而且是一种可以建立人际关系的行为方式"（Sampson，1980：224）。马林诺夫斯基最重要的贡献还在于他的语言学思想强调语境重要性这一点。不过，马林诺夫斯基对于语境的论述，多半具有一种探索的性质。大约过了30年之后，语境理论在"伦敦学派"的创始人弗斯那里才得到了实质性的发展。弗斯语境说的一些概念，后来又在北美社会学家那里得到进一步的重申与印证，最终语言与语境的研究日益广布，成为早期社会语言学研究的一个主要内容。弗斯对于社会语言学的主要影响，是他根据马林诺夫斯基关于语境的基本看法，首次以比较完善的方式，阐述了说话人、语言形式、语言环境等因素相互之间的关系，开创了语言学研究中的"语境说"（Theory of Context of Situation）。他的语境说，可以通过下列模式进一步具体化（Palmer，1981：53-54）：

A. 参与者的相关特征，个人与个性：
（i）参与者的言语行为；
（ii）参与者的非言语行为。
B. 相关的话题内容。
C. 言语行为所产生的效果。

由此可见，同萨丕尔一样，弗斯的语境说旨在说明语言使用过程中的创新性和多样性特点（参考Darnell，1994：3655）。不过，弗斯的语境理论所包含的一些内容与概念，经历了很长一段时期的沉寂，到了20世纪60年代末，才在一些社会语言学家的著作中找到某种关联与回归。社会学家费什曼（Fishman，1972：46）提出一条格言警句式的定律，说明社会语言学的内涵与外延：社会语言学研究什么人说什么、对谁说、何时说，以及为何说的问题。不难看出，这两种理论虽然说法不同，精神实质却十分接近。20世纪60年代以后，由于韩礼德在符号学、系统功能语言学以及社会语言学方面的杰出贡献，伦敦学派得到了进一步的发扬光大。在符号学方面，他提供了一种社会符号学或交互学的新视角。在语法研究中，他强调功能语法观，认为语法体系是一个体现意义潜势的选择系统。他所构建的语言学分析模式，在文学作品的研究中，也得到了广泛的应用（Downes，1998）。

从 20 世纪 20 年代开始，北美的语言学家在语言和文化关系的研究方面做出了一些实质性的贡献。事实上，当谈到美国的语言文化研究时，自然会意识到这样一个事实：美洲印第安文化为早期北美人类学的研究提供了极为丰富的语料素材。从 20 世纪 20 年代到 40 年代，美国人类学家如博厄斯、萨丕尔、沃尔夫，进行了一项紧迫而重要的工作——重建美洲印第安语。通过这项工作他们意识到，在语言使用的研究中，文化有着重要意义。通过他们杰出的田野调查，许多语言材料得到了记录与保存。这些记录为显示北美印第安人在日常交际中选择的语言形式如何与人际关系相互联系这一点，提供了大量的第一手证据。这一点如果没有得到恰当的描写或正确的理解，要想解释这些语言结构中的诸种变异，几乎是不可能的。这种语言和文化研究的人类学方法，在语言学发展的历史上打下了深深的烙印，特别是提起"交际民族学"（Ethnography of Communication）这一重要理论时，人们仍然可以感受到早期人类学传统的潜在影响（Hymes，1972）。交际民族学在语言文化研究中具有重要的地位与影响，值得作进一步的介绍。

交际民族学包括三个方面的核心内容：1）言语社团；2）场景、事件和行为；3）交际民族学模式。判定说话人是否属于同一个言语社团，不但要看成员之间是否共享一套话语规则，还要看他们是否至少共享一种语言变体形式。所谓"场景、事件和行为"，是用于研究同一言语社团话语交际行为的一套等级式的表述结构。其中，"行为"构成了"事件"的主要内容，"事件"又在"场景"中发生并得以描述。交际民族学的研究模式，是交际民族学的一个有机组成部分，含有八个方面的内容：1）场景（situation）；2）参与者（participants）；3）目的（ends）；4）相关形式与内容（act sequence）；5）语气（key）；6）语式（instrumentalities）；7）准则（norms）；8）体裁（genres）。为了记忆上的方便，英语的说法采用了首字母缩略法，简称为 SPEAKING Mnemonic（Fasold，1990：39 - 46；杨永林，2000：23 - 24）。

谈到语言文化研究传统，不可避免地要提到美国人类语言学的重要人物——沃尔夫和他关于语言、思维和文化的著名假说。沃尔夫从 20 世纪 20 年代早期开始，作为一名业余语言学家，开始对语言学、人类学和考古学产生了兴趣。后来，他在耶鲁大学旁听了萨丕尔所开设的一些语言学课程，"在他自己的看法和萨丕尔的观点之间，找到了相同之处，产生了独特的共鸣"（Stam，1994：4983）。沃尔夫的这种求学经历，加上自己对于印第安豪皮（Hopi）语的研究，使其对语言相对性理论有了独特理解，最终形成了著名的"**萨丕尔-**

沃尔夫假说"（Sapir-Whorf Hypotheses）。这个假说认为，语言塑造了我们的思维模式；相应地，不同的语言表达决定了人们认识世界方式的不同。从这个观点出发，可以得到两点认识：一方面，语言可以决定我们的思维方式；另一方面，语言之间的相似性是相对的，结构性差异越大，反映出对于世界的认识越不同。因此，这个假说也被称作"**语言决定论**"（Linguistic Determinism）和"**语言相对主义**"（Linguistic Relativity）。实际上，这种看法"最早是由德国民族学家洪堡特提出并加以阐释的"（Crystal，1985：262）。

回顾语言文化研究的历史，有必要简述奈达（Nida）的一些精彩观点。作为一位语言学家和翻译理论家，奈达对语言和文化的关系问题十分关注。针对语言文化关系的研究而言，他的观点意义非凡，具有理论与实践两个方面的贡献。多年来，奈达一直从事《圣经》的跨文化翻译工作。这方面的丰富实践经验，使他深刻认识到，作为一个翻译家，如果想出色地完成跨文化交际的任务，有必要在具体的翻译工作中，注重以下五种文化的表现：1）生态文化；2）语言文化；3）宗教文化；4）物质文化；5）社会文化（Nida，1964）。

7.1.2 萨丕尔－沃尔夫假说

如上所述，这一假说认为，不同的语言有助于形成人们对于世界的不同看法。不过，现在很少有人全盘接受这一理论的初始观点。事实上，随着时间的流变，这一假说从原来的初始形式中，逐渐衍生出了"强式"和"弱式"两种理论模式。强式之说，指的是这一理论的初始假说，即强调语言在塑造人类思维方式过程中所起的决定性作用；弱式之说，则是对于初始假说的修正，认为语言、文化和思维之间有相关性，但是思维方式的跨文化差异是相对的，不是绝对的。

回顾萨丕尔－沃尔夫假说研究，就会发现这是一个众说纷纭的历史发展过程，其间充满了论争与反诘、挑战与应对。譬如说，有些研究声称，已经找到了足够的证据证明其正确性。与此同时，另外一些研究则提出同样有力的证据指出其谬误之处。面对这种纷繁复杂的局面，必须尊重事实，仔细研究，科学求证，避免妄断。以下通过两个具体的语言学研究案例来说明这种研究工作的复杂性和艰巨性。第一个案例来自北美印第安语族中的豪皮语；第二个案例取自巴布亚语中的丹尼语（Dani）。前者为文化相对论的观点提供了一个极好的例证；后者为语言进化论的观点提供了有力支持。

同大家熟悉的语言相比，豪皮语有一个奇特之处：它的语法系统中缺乏抽象时间概念的表达形式。"一段时间（a length of time）这个概念，在豪皮语中被想象为同一单位时间的系列组合，就像一个个排列起来的玻璃瓶一样。"（Whorf，1956）正是由于这个原因，豪皮语又被称为"没有时间的语言"

（timeless language）。对此现象，语言学家桑普森（Sampson，1980：86）进一步评述道：

> 豪皮语里，时间不是呈现为一种线性的维度，可以像空间那样作为单位来分割和度量……此外，豪皮语里也没有可以同欧洲语言相匹配的动词时态系统。因为没有时间概念，因此无法形成表达距离与时间之比率的速度概念，所以豪皮语里没有表达"迅速地"（fast）这个意思的相同说法。英语句子 He runs *fast*，充其量只能翻译成一种近似的说法 He *very* runs。

虽然豪皮语中没有相应的表示时间概念的语言形式，但是对于本族人而言，决不意味着"现在、过去、将来"这些时间概念并不存在。从功能上说，也不意味着缺乏相应的语言表达。针对这些有趣的跨文化差异现象，一个需要我们思考的重要问题是：假定豪皮语文化中产生出一位极富创新精神的物理学家，那么他对相对论的表述同爱因斯坦的有何区别？毫无疑问，如果情况果真如此，那么这位物理学家肯定也会找到方法，用其独特的表达形式阐述自己的理论。同样需要我们思考的问题还有：如果这样，他所采用的语言表达方式同我们所熟悉的其他语言有何不同？这些问题的提出表明，在处理跨文化问题时应当小心谨慎，不能简单采用"从特殊到一般"的做法，用单一的标准来推断评价其他语言体系。

事实上，沃尔夫在豪皮语的对比研究中，由于采用了"平均标准欧洲语言"（Standard Average European，SAE）作为比较的基准，因而招致了非议。诸种现象表明，从语言普遍性的角度思考问题时，难免会出现使用不同标准研究相似性的问题。语言普遍性的研究是一个重新分类的过程，不能用一个现成的语言模型作为标准推及其他。以观察和比较的便利性而言，在探讨语言普遍规律时，有必要从其相似性开始，而不是从其差异性入手（Greenberg et al.，1978）。总体而言，豪皮语的讨论为支持文化相对论提供了一个有趣的案例。

丹尼语的情况恰恰相反，说明了语言普遍性的存在。1969年，两位美国学者携手合作，发表了半个世纪以来色彩语码研究中最有影响力的专著《基本色彩词汇：普遍原则与进化过程》（Berlin & Kay，1969）。通过实证研究与文献研究相结合的方法，柏林与凯考察了98种语言的色彩语码系统，揭示出色彩辨认与语码匹配之间许多有趣的现象。其中，最主要的发现有两点：1）11个基本色彩词语构成了人类语言色彩语码系统中的一种普遍性原则；2）这11个基本色彩词语，按着严格有序的进化过程出现在不同语言系统之中，见图7-1。

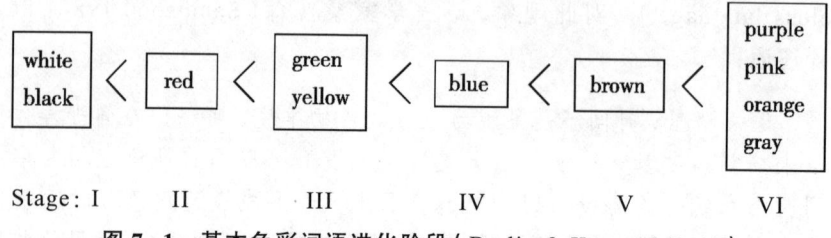

图 7-1 基本色彩词语进化阶段（Berlin & Kay, 1969: 4）

根据图 7-1 所示内容，一种语言如果有"黑、白"两个基本颜色词，它就处于色彩词语进化的第一阶段；如果有"黑、白、红"三个基本颜色词，那就处于色彩词语进化的第二阶段，依此类推。英语里有 11 个基本颜色词，所以处于基本色彩词语进化的最后一个阶段。这一理论概括的好处是，从跨文化比较的角度说明了基本色彩词语的普遍进化过程。柏林和凯发现，在所有被考察的 98 种语言中，基本色彩词语只有大约 30 种组合方式，数目从 2 个到 11 个不等。如果不存在这样一种普遍性原则，那么 11 种基本色彩词语的自由组合，可以产生多达 2000 种表现形式。

丹尼语因为其独特的基本色彩语义系统，受到语言学界普遍的关注。20 世纪 60 年代，研究者发现，丹尼语中仅有黑白对立两个基本颜色词：modla 表示"白色"，mili 表示"黑色"。依据色彩语码进化论的分类标准，丹尼语只有"黑、白"两个基本颜色词，所以处于基本色彩词语系统的第一个发展阶段（Berlin & Kay, 1969）。由于具备了这样一个特征，丹尼语为语言学家提供了一个不可多得的实例，用以验证基本色彩词语进化论观点的可靠性。针对丹尼语基本色彩词语系统中的特殊现象，结合萨丕尔—沃尔夫假说的讨论，我们难免会产生这样一个疑问：丹尼语会采用什么样的方法表示"黑—白"以外的语义对立，进而展现五彩缤纷的现实世界？20 世纪 70 年代以来的研究表明，丹尼语虽然仅有两个基本颜色词，但是相对于其他语言来说，这两个基本颜色词具有更为深厚的内涵和更为宽广的外延。在丹尼语中，modla 和 mili 这两个词语所表达的意思，从语言类型学的角度而言，除了表示不同的色度对比之外，还形成了色调的冷暖对立。换言之，前者可以表示"白色+暖色"的语义范畴，后者可以用来指代"黑色+冷色"的概念表达，由此构成"白暖色系列"与"黑冷色系列"（white-warmness VS. black-coldness）这种独特的语义对立。

由此可见，丹尼语通过"白"与"黑"的对比，可以传达本族人对颜色感知的多样性信息。Modla 作为一个普遍性的色彩词语包含了所有的暖色语义，如红色和黄色；mili 作为另一个概括性的色彩词语则覆盖了所有的冷色语义，如蓝色和绿色。因此，modla 和 mili 之间的对比，事实上是"白暖"和"黑冷"之间的对比，而非简单的"白"与"黑"的对比。这一现象表明，通过"白暖"和"黑冷"的对比，加上其他类型色彩词语的用法，如源于事物名称、动物、植物等的色彩词语，丹尼语和其他语言一样，也可以成功地表达世界上的任何一种色彩。由此可见，考虑到语言使用的情况，丹尼语的个案研究表明，语言相对论并不能解释所有的语言文化问题。

理论语言学研究表明，新世纪的语言学理论研究，最有可能通过跨学科、认知科学和进化论的视角取得突破性进展（Hauser, et al., 2002）。人类语言学研究表明，萨丕尔－沃尔夫假说对于分析解释来自异文化的差异现象仍然有其合理性的一面。认知科学家（Gibson et al., 2017）却发现，尽管文化不同，人们在日常交流中更加偏向于使用暖色系词语（红、黄、橙）而非冷色系词语（蓝、绿）。显而易见，学术界的这些新发现、新变化，代表了一种充满理性的折衷主义思潮，为语言科学的健康发展带来了活力与新元素。从这个意义上来说，全盘否定萨丕尔－沃尔夫假说为时过早，尚不足取。

7.1.3 个案研究

语言与文化关联性的研究汗牛充栋，大到篇章研究，小到语音分析，从不同的语言结构分析层面说明两者之间的紧密关系。说到语言学习中的文化因素研究，最为著名的当数卡普兰（Kaplan, 1966）关于文本结构与文化差异的相关性假设。此外，中国学生英语学习过程中"反事实假设"（counterfactual condition）的问题，也引发了一场旷日持久的争论。争论的焦点集中在是否因为汉语语法缺乏明显的"反事实假设标记（虚拟标记）"（counterfactual marking），所以中国学生不擅长虚构假设的推理模式与语言表达（Bloom, 1981）。另一方面，大量语言学研究结果表明，说话人的方言差异与发音的不同，不仅传达一种地理学意义上的不同，更重要的是反映出了不同的社会文化底蕴（参考 Labov, 1966; Levey & Harris, 2002）。不论是"标准英音"（Received Pronunciation or Standard British, RP），还是"标准美语"（General American or Standard American, GA），对于听话人来说，都传递着不同的社会信息。标准英音，是受到良好教育的表现；标准美语，含有良好教育与开朗随和的底蕴。带有外国口音的英语，对于本族人而言，也会产生诸如优雅、粗俗等社会心理的影响。

语言与文化关联性的讨论，目前尚无法取得完全一致的见解，但是这种探讨为考察习惯用语、研究比喻用法在特定文化背景中的含义，提供了一个绝好的跨文化对比机会。这也说明为什么奈达在讨论词汇、语义、翻译、文化问题时，特别提出词义受"习语支配"、具有"文化特征"的观点（Nida, 1998: 32-45）。此外，这种对比分析还说明，隐喻研究已经发展成为探索语言、认知、文化关系过程中一个新的学科生长点（Lakoff & Johnson, 1980），值得深入研究。

每一种语言中都存在着大量"习惯用法"（idiomatic usage），其中又有不少是含有鲜明文化色彩的比喻用法（culturally-specific metaphorical use）。这些语言形式，对于来自其他文化传统的语言学习者来说，往往成为语言学习中的"拦路虎"。

下面两段对话都是发生在实际的跨文化交际语境之中的，有比较高的参考价值。第一段对话，是笔者在美国学习期间同美国教授的谈话；第二段对话，是笔者同美国房东之间的闲谈。援引语言生活小插曲的目的，是想通过个人在美国文化中的生活经历，结合社会语言学分析，展示语言与文化之间的紧密联系，为语言文化关系的研究提供一种不同的考察视角。

（1）美国英语中，get your hands dirty 这条短语绝不是如字面含义所示，表示"弄脏自己的手"的意思，而是一种含有特定文化底蕴的比喻用法，意思是"身体力行地做事"。下面这段对话，是笔者同一位美国语言学教授的闲谈。时间是一个秋天的下午，地点是美国康州中央大学英语系 Tulai 教授的办公室：

  Prof. Tulai: To do research means to get your hands dirty.
  Prof. Yang: So you think teaching is worthier than doing research? Does the phrase "to get your hands dirty" have some pejorative connotations?
  Prof. Tulai: Oh, no! I didn't mean that. When I was saying that, I simply meant "you are practicing something" or "you are engaged in doing something".

（2）Dumbbell 的字面意思为"哑铃"，是一种健身器具。但是在日常口语中，如下面对话内容所示，它还可以表示另一层比喻意思。下面这段对话，是笔者同美国房东 Goodell 先生一起打扫卫生时的闲聊。时间是一个冬日的周末，地点是客厅隔壁的厨房：

  Mr. Goodell: I guess I'd better put them in the garage. I've had enough dumbbells in my office.
  Mr. Yang: Really? Can you do dumbbell practice in your office?
  Mr. Goodell: Definitely not! I was joking. What I really meant is that there have been a lot of stupid guys in my office.

7.1.4 文化在语言学研究中的重要意义

如果说豪皮语的时间表达、丹尼语的基本色彩词语的用法，以及美国社会文化中的习语用法凸现了文化在语言学研究中的重要意义，那么下面的讨论将有助于我们通过考察英语新词构成演变的过程，进一步加强对语言文化关系的理解。显而易见，采用"解剖麻雀，以小见大"的分析方法，观察活生生的语言使用过程，不但有助于凸现语言变化与社会文化的紧密关系，而且可以加强对语言变化动因和发展方向的理解，达到促进语言学研究的目的。

1. 词语的故事

20世纪70年代初，美国社会发生了一件大事，这就是最终导致尼克松政府倒台的"水门事件"（the Watergate Event）。时至今日，此事已成历史，当事人也已作古。不过，这一事件对于美国社会政治、语言文化方面的影响，却是经久不衰，依然深刻。事实上，在过去的40多年里，源于"水门事件"政治丑闻的Watergate一词已经风靡全球，家喻户晓，其复合成分-gate也随着更多政界要员丑闻、跨国行贿大案、大宗金融诈骗、总统桃色事件的出现，逐渐演变成为当代美国英语中一个最为活跃能产的构词成分。单就美国前总统克林顿的桃色事件，就产生了诸如Fornigate, Monicagate, Double entendre-gate, Tailgate, Interngate, Lewinskygate, Zippergate等一大批新词新语，极大地丰富了当代美国英语的表现力（Glowka & Lester, 1997）。其他诸如Billygate（比利门），Debategate（辩论门），Cattlegate（牲畜门），Ricegate（大米门）等。1996年，以-gate结尾的复合词语入选美国社会最为流行的年度新词。

结合语言文化关系的讨论，美国英语中复合成分-gate及其合成词语的研究具有双重价值。首先，作为特定历史事件的产物，在短短40多年的时间里派生出如此众多富有文化色彩的英语新词，这在所有英语复合成分及其变体中史无前例，绝无仅有。其次，Watergate一词丰富的经历本身，为语言学家提供了一个最新、最完备的实例，用以考察英语新词构成嬗变过程中文化因素的作用与影响。有例为证。

"水门事件"以来，世界政治舞台风波不断，丑闻迭出。在这种情况下，这一复合成分早已走出美国，用以泛指任何一个国家权势人物见不得人的肮脏交易，大有演变成为一个全球性政治词语的势头。例如，韩国的朴正熙集团试图收买美国国会议员，以便对国会施加影响的做法，被称为"韩国门"（Koreagate）。又如，南非新闻总署主任马尔德（Mulder）因非法挪用公款资助不明活动，最终导致了包括他本人在内的几位部长辞职一案，被冠以"马尔德门"（Muldergate），成为表示南非政界丑闻的一个新名词。再如，绿色和平组织"彩虹勇士号"的沉没，被新闻界称作是一起"法国的水门事件"（a French Watergate）。诸如此类的跨文化类推现象数目繁多，举不胜举。时至今日，有理由认为，复合成分-gate已不再是一个仅限于美国本土的社会文化现象，而是一种国际化的符号标记，用来泛指各类同政界要员、社会名流有关的欺诈行为（杨永林，2004b: 34－41）。

特别值得注意的是，新世纪以来，在"文化模因"（cultural memes）和"波浪理论"的助推作用之下，加上新闻媒体与网络传播的促动，源自"水门事件"

丑闻的复合成分-gate被直译为汉语的"门"字,在完成了"汉化"或者说"模因化"过程之后,作为公众人物各类丑闻的代名词,获得了前所未有的滋生能力,在中国新闻文本与话语中得到了广泛的使用。例如,"秘书门""电话门""窃听门""虐女门""抄袭门""裁员门""籍贯门""商标门""非礼门""裸照门""煽情门""黑客门""贿赂门",应有尽有,数不胜数。

从社会语言学的角度来说,通过对Watergate一词及其家族成员的分析讨论,可以得出五点结论:

1)作为当代英语中极富滋生能力的复合成分,-gate将会继续存在,并繁衍出更多家族新成员;

2)复合成分-gate专指政界要人、社会名流丑闻劣行的文化底蕴,将会保持不变;

3)经过"换称"和"转化"两种构词方法的筛选与稳固,Watergate作为复合成分-gate的鼻祖,将会在英语中长久存在;

4)有理由相信,Watergate所含的社会语义,在"文化模因"的助力之下,在世界范围内会逐渐传播开来,蔓延下去;

5)完成了"汉化"或"模因化"过程的附着成分"门"字,在中国新闻语境中频繁使用的现象,在未来的一段时间内仍然会持续下去,继续演绎"千门万门,同出一门"的语言学故事(杨永林,2008)。

2. 称谓进行时

众所周知,不论何种语言,相对于词汇的剧烈变化而言,其称谓系统一般都比较稳定。不过,汉语的称谓系统近来却发生了一个新变化:"亲"和"亲们"用作称谓语。从社会语言学的角度来看,这种新变化值得关注。

我们注意到,这一新变化是受到电商的促动而快速传播开来的。所以,这种用法又被称为"淘宝体"。从社会语言学的角度来看,这种变化有下列几个方面的特点。

从形态上来看,"亲"是源于"亲爱的"这一固定说法的。虽然后者本身没有什么特别之处,但是这种缩略说法却很新奇。从语义上来说,即便作为一种称谓语,"亲爱的"也仅限于夫妻、恋人、家人、好友之间,基本上不用于陌生人之间。基于这种分析,"亲"作为一种新兴的称谓用法,确实有其可圈可点之处。首先,能够从"亲爱的"结构中分离出来,自立门户,就很不易。其次,从原来仅指亲密关系,到现在泛指他人的语义变化,也堪称奇。最后,还能以复数"亲们""众亲"甚至"众亲们"的形式呈现,则更为新奇。仅此一例,即可看出语言与社会共变的道理来。

除了"亲"和"亲们"的兼类用法之外,现代汉语还出现了名词用作称谓语的现象。这方面最典型的例子当属"美女"与"帅哥"了。这一对词语,从传统意义上而言,有三个专门属性:

1) 从词性上而言,属于名词的类别;
2) 从语义上来说,具有年轻貌美的底蕴;
3) 从文体上来看,多用于书面语或文学体。

从社会语言学来看,这种词语跨类的新变化,具有四个方面的特征:
1) 从词性上而言,可以兼类用作称谓语;
2) 从语义上来说,只要性别选择得当,不分年龄,不论容貌,可以用于任何人;
3) 从文体上来看,不论口语还是书面语都可使用;
4) 从语用上来讲,话语双方的关系不论远近亲疏,皆可使用。

无独有偶,在过去的40年里,英语的称代系统也在悄然发生变化。其中有两个显著案例,值得我国英语学习者注意:其一,代词 he 不再用于泛指;其二,出现了一个新的代词形式 Ms.,专指女性。这两种新的变化,标志着西方女权运动在消除语言性别歧视方面的胜利。从 20 世纪 70 年代开始,不论政府文件还是学术文本,都不再接受 he 用作泛指的做法。同理,除非必要,一般也不再使用带有婚姻标记的 Mrs.,取而代之的是用 Ms.。时至今日,在英语国家,如果不加区分地继续使用传统的用法,难免会被看作是"大男子主义"(male chauvinism)的表现。遗憾的是,在国内英语教材和大学生英语作文中,代词 he 用作泛指却是屡见不鲜:

1) *Everyone* should hand in *his* homework on time.
(每个人都要按时交作业。)
2) As a student, *he* has to take a good care of *his* study.
(作为一个学生,必须把学业弄好。)

针对这种情况,社会语言学家建议,采取下列方法即可避免语用错误:he or she 连用;he/she 并列;选用复数形式 we, you or they;在保持原意的基础上,避免使用代词。

7.1.5 文化在语言教学中的重要作用

了解一种新的文化不是一件容易的事情。理解新文化,做到言行举止得当,更是难事一桩。著名翻译理论家奈达声称,圆满实现这个目标,大概需要 20 年左右的时间(Nida & JFL Correspondent, 1998)。考虑到文化学习的艰巨性,为了认识文化知识对于外语学习的促进作用,我们将简述文化学习同语言教学的关系。

总体而言,就外语学习来说,文化知识的传授至少体现了以下三个方面的优点:
1) 有助于学生了解文化差异;
2) 有助于语言学习者跳出自身文化的圈子,从目标文化的角度去思考问题;

3）有助于通过各种课堂活动，加深对语言与文化不可分离性的理解，促进外语学习。

通过以上分析，可以得出这样一种共识：对语言学习者而言，大多数情况下，要想更好地理解目标语言的结构，有必要了解目标语言的文化背景。换言之，能否成功掌握一种外语，很大程度上取决于是否真正理解其文化内涵。这是因为，恰如以上各例所示，文化同语言之间的关系极为紧密，这在不同层面都有所体现，不可忽视。

7.2 语言与社会

语言是社会之镜，透过这面镜子，可以更好地展示五彩斑斓的社会生活；社会是语言之根，置身社会语境，可以切身感受到语言使用的方方面面。语言与社会之间关系的研究，是随着社会语言学的出现而广布的，是随着社会语言学家锲而不舍的追求而被认可的。在过去的50年里，语言与社会关系的研究获得了令人瞩目的成就（杨永林，2004a，2004b）。在这种学术大背景下，社会语言学为我们了解语言、社会、说话人三者之间的内在联系提供了一种全新的视角，值得介绍。

7.2.1 语言和社会的联系

语言同社会关系的研究由来已久。这种看法可以从古希腊—罗马和古印度哲学家、语法学家的著作中得到有力的证明（Harris & Taylor，1989；Apte，1994）。20世纪30年代以来，语言学家试图把语言学研究看作是一门独立的学科，致力于语言学一元性和自治性的探索研究工作。受到这种主流语言学观点的影响，整个20世纪后半叶，语言学的研究几乎都是在脱离了具体的社会背景和语言使用的情况下进行的结构分析。20世纪60年代以来社会语言学的出现，形成了对乔姆斯基理论语言学的反叛，语言学研究的二元观点逐渐复苏。语言与社会关系的研究由此得到了重视。经过50多年的发展，社会语言学的百花园里，鲜花吐艳，芬芳满园。我们只能采撷几朵加以介绍。感兴趣的读者可以参见这方面的专题讨论（杨永林，2004a，2004b）。

7.2.2 社会语境中的文体变异

20世纪60年代初，语言学家盖耶茨（Geertz，1960）发现，在爪哇语（Javanese）中，说话人可以根据不同的交际情景与事件，选用不同的文体形式来表现同一种信息内容。爪哇语中，如果要表示 Are you going to eat rice and cassava now?（你现在要吃米饭和木薯吗？）这样一个简单的意思，有下列数种文体可供选择。这些语言形式的选择，反映出语境与文体的共变特征，展示了从"随和体"到"正式体"的文体差异。

are	*apa/napa/menapa*
you	*kowé/sampéjan/pandjenengan*
going	*arep/adjeng/dadé*
to eat	*mangan/neda/daharé*
rice	*sega/sekul*
and	*lan/kalijan*
cassava	*laspé*
now	*saiki/saniki/samenika*

这一实例说明，爪哇语言语社团中丰富多彩的文体变异形式不仅仅同语言形式的搭配有关，更为重要的是，选用何种结构形式还同社会所认可的语言标准相关联。不同语言形式之间得体和谐的选用与组合，既有形式上的要求，更有语境与文体上的制约。面对如此复杂的社会结构和语言变体，语言学研究有必要采用一种形式与功能互补的观察视野，建构整体论意义上的语言学观。

爪哇语的实例表明，不同语言形式的选择是受语境制约的，而语境的选择又和文体的变化有着千丝万缕的联系。众所周知，五度区分是文体研究的经典理论之一（Joos, 1967）。根据这个理论，可以通过正式程度的不同，把抽象的文体概念具体化为五个度量层级：庄重体（frozen）、正式体（formal）、商洽体（consultative）、随和体（casual）和亲昵体（intimate）。例如，请人入座之时，根据语境场合、双方关系的不同，英语里至少有五种句式可以选择：

1）庄重场合：Be seated, please!
2）正式场合：Would you please take a seat?
3）商洽场合：Sit down, please!
4）随和场合：Sit down!
5）亲昵场合：Sit!

不仅如此，语言形式同社会阶层之间，也存在着广泛的共变现象。20世纪60年代，社会语言学家拉波夫在纽约市进行了一次大规模的社会语言学调查（Labov, 1966）。这项调查的主要目的在于考察说话人社会阶层（social status）同其音位变体（phonological variations）之间的关系。该项研究报告最终以专著的形式问世，书名为《纽约市英语的社会分层》。过去几十年里，这本语言学著作已成为社会语言学变体研究理论的经典之作而被广为引用。这项调查表明，不同语音变体的使用，绝非仅是形式上的差异，而是隐含着深刻的社会含义；一种语音形式不但在语音层面上形成了形式上的区别，而且在用法层面上形成了表意功能的差异。作为一种社会语言学的变量（a sociolinguistic variable），语音变体形式的不同，反映出说话人阶层、身份以及语境变化方面的信息内容。正是由于这些原因，拉波夫所首创的社会语言学定量分析模式又被称作"定量范式"（the quantitative paradigm）、"社会语言学本体"（sociolinguistics proper）、"变异研究"（variationist studies）、"都市方言学"（urban dialectology），以及"世俗语言学"（secular linguistics）（Mesthrie，1994；Bolton，et al. 1992；Milroy，1994；Fasold，1990）。

社会语言学家莱可夫（Lakoff）曾经提出过一个著名的论点："言为身份"（You are what you say）（Lakoff，1991）。通过这一论点的讨论，借助于文体、语境、社会三者之间的变化研究，可以进一步引进一些社会因素，达到扩展观察视野的目的。例如，在特定的社会语境中，各种不同的因素发生作用，影响着我们的言语行为模式。这些因素包括：1）说话人的阶层；2）说话人的性别；3）说话人的年龄；4）说话人的种族；5）说话人的教育背景；6）说话人的职业；7）说话人的宗教信仰。以下我们仅择其要，选定性别这一因素，看看这一社会语言学变量是如何影响语言使用的。

社会语言学调查表明，除了阶层引发的社会变体之外，性别对个人言语行为的影响也是值得重视的。事实上，人类对于这种关系的认识源远流长，至少可以追溯到两千多年以前：古希腊的戏剧文本中，就保存下来许多反映言语性别差异的珍贵实例（Gregersen，1979）。尽管如此，一般认为，从社会语言学角度对此问题进行思考研究是从莱可夫的"女子英语研究"开始的（Lakoff，1973；参考 Jesperson，1922）。莱可夫采用内省式的研究方法总结了美式英语中性别差异的诸种现象，由此揭开了女性语言大讨论的序幕。莱可夫断言，美国文化里有一种独特的女子英语文体形式（women's register），其具体表现可以大致概括为：委婉文雅；含蓄客气；语气游移；内容琐细。细究起来，女子英语文体有六个方面的特征：

1）在词语的选择特别是色彩词语的使用上，女性使用的颜色词更多；
2）女性喜用含义空泛、语义虚指的形容词形式；
3）女性善用反意疑问句以及陈述句作为一般问句的用法；
4）女性常用表示语气游移不定的语气词语；
5）so 作为强势语的用法为女性所偏爱；
6）女子英语中出现更多礼貌客气的表现手法，以及矫枉过正的语言形式。

莱可夫进而指出，语言中的这种差异现象，是由女性在社会中的地位形成的。这一观点表明，如果试图解决语言性别歧视的问题，必须先改变社会对妇女的看法。这是因为，不是语言系统本身，而是女性在社会中的地位导致了她们言语行为方式的变化——这些变化多半带有"弱势语言"的特色，不是主流语言模式，所以不为社会所推崇。由此，要想了解语言和社会的关系，不妨从下列问题的思考开始。一种语言形式是否多为女性使用？如果如此，为何如此？自 20 世纪 70 年代以来，语言性别差异（gender differences）与语言性别歧视（linguistic sexism）的研究，一直是社会语言学的热点问题，讨论的要点，恰如图 7-2 的文字说明所示，集中在"本能"与"教养"（nature vs. nurture）的二元对立之上。换言之，女性语言是受生物学机制的影响，还是受社会因素的制约，就成了语言学家所关心的一个主要问题。

图 7-2

7.2.3 社会语言学的重要作用

社会语言学作为一种交叉性、应用型的语言研究，旨在揭示语言与社会的关系。具体而言，社会语言学有两个方面的重要内容：一是语言结构的分析研究，二是社会语境中具体用法的考察。借助于社会语言学的视角考察语言使用问题之时，也需要关注两个方面的问题：其一，了解语言与社会的关联；其二，探询相互关联的内在机制。从这个意义上来说，社会语言学首先试图通过社会语境中语言使用情况的调查来了解语言结构的问题，其次又通过语言现象的分析来了解社会构成的问题。

不言而喻，这一双重研究目的，使得社会语言学具有交叉学科和多元学科的特质（Bolton & Kwok, 1992）。这种多元性和多样性特征，也使得社会语言学的学科边界难以界定。学科交互和领域重叠构成了社会语言学独特的研究范式。了解社会语言学大厦的构成，可以通过两种方法实现：一是层级的划分，二是类属的划分。为了便于讨论，我们选择后一种方法。这种方法又可以进一步区分为语言社会学（the sociolinguistics of society）和社会语言学（the sociolinguistics of language）两种不同的视角（Fasold, 1984, 1990）。

考察社会成员的语言行为，达到了解社会的目的，这是语言社会学需要解决的问题。换言之，这是一种宏观层面上的社会语言学研究。在这个层面上，可以讨论的内容有：双语问题、多语现象、语言态度、语言选择、语言保持、语言流变、语言规划、语言标准、语言政策等等。

考察语言结构的社会含义，了解语言变体现象，提供语言功能的说明，这是社会语言学需要考虑的问题。换言之，这是一种微观层面上的社会语言学研究。在这个层面上，可以研究的问题有：结构变化、称谓形式、性别差异、话语分析、洋泾浜语现象、克里奥尔语机制等等。有兴趣的读者可以参见相关专题讨论（杨永林，2000，2002a，2002b，2004a，2004b）。

7.2.4 社会语言学的重要启示

在过去的 50 年里，社会语言学获得了迅猛发展，极大地丰富了我们对于语言与社会关系的理解。随着学科的发展，其学术地位进一步得到了巩固与确认。随着学术的繁荣，衍生出了新的姊妹学科"应用社会语言学"（Applied Sociolinguistics）（Trudgill，1984），社会语言学应用型学科的特色，由此也得以凸显。下面结合外语学习课堂、法庭语境、医院诊所的语言使用问题，简述其应用型的特色，拓展社会语言学的研究领域。

首先，介绍社会语言学在语言教学中的应用。社会语言学对于语言教学的影响，可以从"传统教学方法有何不妥？"这个问题的提出得以体现。对于这个问题的不同回答，代表了两种不同的外语教学理念——外语教学的目的是培养"学院式的语法学家"还是"活生生的语言使用者"？"在传统的外语课堂里，语言学习如同历史学习和数学学习一样，被看作是一个知识积累的过程。最终的训练结果是，学生像语言学家一样，掌握了一些关于语言的知识，但是对于鲜活的语言事实却知之甚少"（Berns，1990:342）。20 世纪 70 年代以来，社会语言学家海姆斯（Hymes）"交际能力"（communicative competence）理论的提出，形成了对传统语言教学方法的严峻挑战。语言交际能力的培养在外语学习的课堂里因此得到了重视。教学的目的是要把学习者培养为成功的语言使用者，而不是只懂语法规则的语法学家。从这个意义上来说，社会语言学至少在以下四个方面对广义的语言教学产生了作用与影响：

1）促进了语言教学内容与重点的改变；
2）有助于教材内容和教学活动的创新；
3）为卓有成效的教学研究提供了广阔天地；
4）为研究语言使用与语言发展提供了一种新视野。

其次，还有必要了解一下社会语言学在法庭语境中的应用。在过去的 30 年里，语言与法律之间关系的研究，为社会语言学理论的广泛应用提供了一片新天地，取得了鼓舞人心的成就。语言学家通过对语言类证据的分析为案件判定提供参考证据的做法逐步得到接受，对法庭证据的甄别与鉴定起到了辅助作用。同时，社会语言学家同立法工作者协同工作，制定法律文书，为提高法律文书的可读性进行了有益的实践，得到了鼓励与认可（Fasold，1990）。此外，法庭语境中语言使用情况的调查，反过来又极大地丰富了我们对于权势与语言关系的理解，为研究社会语境中说话人的言语变体提供了难得的语料素材。显而易见，在法庭这个特殊的社会语境中，何时提问、谁来提问、如何提问，何时陈述、谁来陈述、如何陈述，都有定数。权势语言变体与弱势语言变体的选择受到制度性条文的制约，都带有"约定俗成"的社会语义（O'Barr &

Atkins, 1980)。

最后,再来看看社会语言学在医院诊所语境中的应用情况。在过去的40年里,医生与护士的对话、医生与患者的对话,引起了社会语言学家的兴趣。同法庭语言研究一样,在医院诊所语境中,广义的权势要素通过不同语言形式的表现得以凸显,反映出社会的等级观念,隐含着不同语用策略的使用。通过考察医护、医患双方的话语模式,可以揭示出在这一特殊语境中,社会因素是如何通过语言的使用影响到话语群体的言语行为的;通过合理的分析,社会语言学为这种语言行为的成因提供了一种较为全面的、科学合理的解释。

7.3 跨文化交际

在全球化思潮的促动之下,跨文化交际已经成为社会语言学研究的一个焦点问题,获得了充分的重视。另一方面我们也注意到,在国际事务交往中,文化误读的现象层出不穷,时有发生。心理学家罗杰斯(Rogers, 1961)声称,真正的交流建立在理解基础上的倾听。反过来或许也可以说,缺乏理解的倾听不会产生真正的交流;缺乏理解的交流还会导致谬解,进而引发冲突。众所周知,语言在日常交流中起着决定性的作用。语言与文化多样性的存在,使得跨文化交际研究充满了困难与挑战。面对这种情况,有必要首先了解一些言语交际过程中应当遵循的基本原则;其次,通过跨文化交际中误读实例的分析,提高我们的认识水平,促进全球化语境中言语交际问题的研究。不言而喻,"国家走出去,语言必先行"的论断,对于"一带一路"倡议的实施有着重要的启示作用。跨文化交际在这个过程中具有不可替代的重要作用。

7.3.1 跨文化交际的原则

文化误读不仅仅是跨文化交际中才可能出现的问题,违反基本交际原则,同一文化群体的交流也会出现误读问题。不了解交际常识,跨文化交际更是困难重重,无法进行。在全球化的语境中,了解跨文化交际中的一些基本原则,有助于构建更为健康的话语模式,促进双方的沟通,降低交流的成本,提高"以言成事"的效率。为了达到这个目的,我们采用心理学家罗杰斯(Rogers, 1961)提出的"三大交际原则",作为本小节讨论的基本框架。罗杰斯提出的三大交际原则可以简约归纳为:1)学会从对方的角度看待事物;2)学会从对方的角度感受事物;3)学会从对方的角度了解世界。

为了便于讨论,我们采取交际心理与语用意象相结合的视角,考察跨文化交际中的一些问题。罗杰斯的三大原则反映了交际心理在跨文化交际中的作用。语用意象体现了一种语用哲学的理念。这是因为"交际本身具有意象交际的特征,也就是格赖斯所谓的'非自然意义'"(Berge,1994:614)。根据这些原则与理念,结合跨文化交际问题的讨论,我们提出了三点建设性原则,用于解决跨文化交际中的难题:

1)成功的交际,要求能从对方的角度看待、感受、理解问题;
2)成功的交际,要求话语双方对于彼此意图有一个充分的了解;
3)成功的交际,要求话语双方采用互动式而非独角戏式的对话模式。

7.3.2 个案研究

在现代社会中,得体有效的交际行为是成功的要素之一,其重要性在双语和多语语境中的作用日益彰显。在跨文化语境中,交际的成功带来财富、和平、发展机会;交际的失败招致偏见、冲突、敌对局面。信息化、网络化、数字化、全球化所构成的"新四化",极大地丰富了现代人的生活。与此同时,跨文化语境中交际活动与日俱增,既有成功的案例,也有失败的教训。了解这方面的知识,掌握应对策略,既有利于"一带一路"倡议的实现,又能繁荣新时期的语言学研究,是学好社会语言学、用好社会语言学的动因之一。为此,我们准备了几个个案研究,供大家参考比较。

1. 入乡随俗

不同语言表达不同,语义选择彼此互异。汉语可以随意言说之物,英语中不一定有对应之说。跨文化交际语境中可以找到大量类似的实例。其中,代词用法、称谓形式、问候表达在跨文化交际中经常会引发一些令人头痛的问题。表7-1总结了六种人称代词形式。这些代词形式存在于不同语言之中,具有普遍性的特征(Ingram,1978:219)。

表 7-1 人称代词形式

单数	复数
我	我们
你	你们
他	他们

同其他语言相比,现代英语的代词对称形式有其独特的一面。在大多数欧洲和亚洲语言中,代词对称系统不但可以表示单复数的选择,而且还可以体现话语双方的社会关系,形成"远近亲疏、尊卑长幼"这样一种多元语义对立(Yang,1988)。在现代汉语中,这种社会语义的区分是通过"您"或"你"的形式选择而得以实现的。与此形成鲜明对比的是,现代英语却没有相应的表达,虽然这种语义与形式上的对立在莎士比亚时代还依然普遍存在。例如,《第十二夜》中就有这样一句台词:"你把他你呀你的你上三次,他绝对会怒气冲

天"(*Twelfth Night*, Act 3, Scene 2, 50 – 51)。18 世纪以后,英语中的这种区分逐渐消失。于是就出现了一个问题:现代英语如何体现这种社会语义?《简爱》第一章里有一段对白,说明同一个 you 在不同的上下文中具有不同的引申含义:

"What do *you* want?" I asked, with awkward diffidence.("你要干什么?"我用略显不安的冷淡问道。)

"Say, 'What do *you* want, *Master Reed*?'" was the answer.(我得到的回答是:"你得说'您有何吩咐,里德少爷?'")

由此可见,现代英语虽然没有了"您"和"你"之间的形式区别,但是通过语言自偿手段,如"you + 称谓"的方式,也可形成相应的语义区别。例如在美式英语里,可以通过不同称谓形式和句式表达的选择,体现话语双方的社会距离(Hook,1984:187):

1)我是琼斯先生(姓氏 + 头衔,强调正式与礼貌)。
2)我是琼斯(单用姓氏,表示正式与礼貌)。
3)我是约翰(单用名字,表示熟悉与亲近)。

除了代词、称谓、姓氏的选择用法,在跨文化交际的语境中,如何选取得体的问候说法,也是一件令人头痛的事情。两个英国人见了面,大概会谈到天气如何。

A: It's a nice day, isn't it?(今天天气不错,是不是?)
B: Yes, its such a warm day!(可不是,够暖和的!)

在同样的语境中,中国人可能会说:"你/您去哪里?"或者"你/您吃了吗?"由于文化的不同,中国式的问候对于西方人来说显得"太个人""太私密",多少还有点多管闲事的嫌疑。大名鼎鼎的英国《卫报》曾经刊登过一篇专栏文章,谈到中英问候语的文化差异。这篇短文文笔简洁,读来有趣,节译如下,以资参比(Xin Ran, 2005)。

以食谈天

同英国人聊天,如果没有要紧的话题,不妨从天气谈开。同中国人聊天,如何开腔?自然会从食物或健康谈起。

"你吃了吗?"是汉语中最常见、最要紧的问候语。这句话在任何时候、任何地点都管用,三更半夜碰到路人,问问也没错。听话一方简单回应一声"吃了"就可以了,无须再言哪里吃的、吃了什么。一声"吃了",既可表示日子过得滋润,不愁没饭吃,也有别无可谈、要事缠身、无暇多聊的意思。回应一声"没吃"或者"你呢?",意思就不一样了——吃不吃不重要，重要的是想聊聊。如果还想谈谈其他事情，可以接着问上一句"咋还没吃？"

西方人不理解食物与健康成为中国人日常生活中热门话题的原因。实际上，这反映了一个沿袭了五千年的文化传统。据我所知，五百年前就有统治者告诫臣民可说什么、可做什么的历史记录……

有一点还得说说。英国人历来文明有加，衣食无忧。可我就是闹不明白，为什么偏要选定天气作为说事的开端（引子）。

2. 换位思考

面对重要事件与重大抉择，跨文化交际能否成功，很大程度上取决于能否正确把握对方此时此刻的想法、充分理解对方此时此刻的感受、准确预见对方将要采用的行动。不过，要培养这样一种准确判断，养成这样一种先见之明，绝非易事。只有通晓对方语言，熟知对方文化，了解对方"国情民性"，谨慎行事，避免莽撞，才能奏效。下面介绍的是跨文化交际中一个"代价昂贵"的误读实例（Stewart, 1983），说明真正的交流，是建立在对于目的文化、目的语言、目的社会整体了解基础之上的"通识"。

第二次世界大战期间，中、美、英、苏四方联合发表了《波茨坦公告》，敦促日本政府无条件投降。公告发表之后，日本首相铃木在接见新闻界人士时说，日本内阁对于波茨坦公告采取一种"默殺"政策。他原本要表达的意思是"不加评论"，但是，"默殺"一词在日语中有两种截然不同的意思，既可以解释为"不加评论"，又可以理解为"不予理睬"（杨永林，2004b：59-60）。由于文化差异的缘故，盟国新闻社的译员在翻译铃木首相的讲话内容时，选择了后一种意思，译为英语的 ignore。国外有评论家认为，正是由于这种文化上的误读，最终导致美国政府做出了投掷原子弹、迫使日本政府投降的决定，成为历史上代价最为昂贵的"误译"之例。语言学家斯图尔特（Stewart, 1983）在解释其中的原因时声称，受到传统文化的影响，日本民族遇事往往深思熟虑，"默殺"一词便暗含"延缓决定"的意思。而美国人做事果断，所以在翻译"默殺"一词时，选取了"不予理睬"的义项，译为英语的 ignore，于是"默殺"就有了 do not pay attention 的解读。实际上，英语中表示"延缓决定"的说法有很多，既可以用 put aside, delay decision，也可以说 ignore until deliberations are completed。但是在任何情况下，ignore 都不含"延缓决定"这一层意思。上述误译现象，显然是一种基于美国文化的文化误读。

3. 萝卜青菜，各有所爱

谚语集语言、文化、社会之大成。跨文化语境中的谚语研究，不但有助于了解不同的价值观念，也有助于了解对待动物的不同看法。英语中有"Love me, love my dog"（爱我及狗）的说法，中国有"爱屋及乌"的说法。两条谚语表示了两种文化对于不同动物与人类关系的看法。不了解其间的差异，也会导致不快，甚至误解。不同文化对不同宠物的态度，也是萝卜青菜，各有所爱，难求一致。英美文化对于宠物狗的概念完全不同于中国文化，如果不加区别生搬硬套，也会引起麻烦。有例为证。

2003年早春，"中电通信"（CECT）的手机用户打开手机，注意到屏幕上映现出两个英语单词"Hello, Chow"。有细心用户查阅了词典，发现"chow"在中文里的意思是"松狮犬"或"雄狮狗"，于是便将查询结果诉诸报端。这条消息一经报纸转载，引发了众怒，一致认为这条问候语有戏弄用户之嫌。短短几天之内，电讯公司收到无数投诉，要求给公众一个说法。为此，公司专门召开了记者招待会，解释说本款手机是针对年轻女性开发的一款新机型。"Hello, Chow"就像"Hello, Kitty"一样，不过是英语中的一句问候语，作为研发单位，绝对没有冒犯用户的意思。从社会语言学的观点来看，此次事件的起因是将异域文化的内容直接移植到本土文化，没有考虑到两种文化对于"chow"一词的不同理解。英文里以犬喻人没有太大的问题；中文里以狗喻人，多半含有侮辱之义，属于语言禁忌之列。由此可见，不了解社会的习俗、文化的差异、语言的不同，就无法真正完成跨文化交际。更有甚者，还会形成谬见，造成负面影响。

下面的短文说的是几个中国女留学生在美国纽约市的不快经历。问题的焦点还是落在跨文化交际的语用问题之上。一个明显的事实是，"托福"考试得高分，并不意味着同时也获得了得体使用英语的能力。一个再简单不过的"Hello"，如果使用不当，也会引发文化误读，造成负面影响。这篇短文文字简明，不作翻译，便于大家感受文化之不同。

What Is Wrong with Their "Hello"?

A group of Chinese girls who just arrived at the United States for their university education decided to visit the city of New York together. Since their school was not very far from the city, they planned to take a Greyhound bus to go there at weekend.

Saturday morning, they got up early and after two hours' drive they got to the downtown of the city. They stayed there for a couple of hours, shopping and sightseeing happily. Everything seemed OK until it was the time for them to go back — they suddenly realized that they lost their way back to the Greyhound bus station. What made the situation worse was that it was getting darker.

In despair, they stopped at a corner on the street and decided to ask for help. At this moment they saw a young couple passing by so they said "Hello!" to this couple. To their surprise, the couple looked at them coldly and hustled on. Having no way out, they approached to the next group of passers-by and tried a louder "Hello" this time. Again they got nothing but a cold shoulder from these city people.

故事讲到此，细心的读者或许已经明白了这些留学生遭遇白眼的原因了——不是语言问题，而是语用错误。英美文化中，身处公共场所语境，如要引起他人注意、寻求帮助之时，要用"Excuse me"而非"Hello"。由于缺乏对这种文化差异的认识，这些女生在错误的地点、错误的时间使用了错误的开腔话语，而被误认为是街头女郎，遭人白眼，境遇尴尬。

以上研究表明，一种语言形式在不同的语境中有可能获得完全不同的社会含义。面对这种困惑，在跨文化交际中有必要遵循一条社会语言学的定律，弄清楚"什么人对什么人，为了什么目的，什么时候，说什么"的问题（who speaks[or writes]what language[or what language variety]to whom and when and to what end）(Fishman, 1972: 46)。

4. 贵在真诚

长久以来，学术界一直思索着"东西文化何处交汇"的问题，并试图给予明确的解答。实际上，跨文化交际是一项极为艰巨的任务，充满了误读与误解的陷阱。因此，不论是对于语言学家来说，还是对于语言学习者来说，要实现这个美好的愿望，还有相当漫长的道路要走。面对这种困境，大家难免要问：出路何在？我们认为，丰富的交流经验、充分的文化意识、良好的语言水平，是保证跨文化交际的前提条件。更为重要的是，在跨文化语境中，态度决定一切。真诚相待才是跨越文化鸿沟、通往理解彼岸的桥梁与纽带。

7.4 文化与标识

新世纪以来，随着北京奥运会（2008）、上海"世博会"（2010）、南京"青奥会"（2014）的成功举办，中国语境中的双语标识问题，不但引起了各级政府、管理部门的重视，同时也成为社会语言学家关心的问题。北京、青岛、南京、上海、成都、广州、深圳等地，相继推出了中文标识英文译写的地方标准。针对我国双语标识中普遍存在的不规范现象，国家语言文字工作委员会与教育部语言文字信息管理司组织成立了专家委员会，启动了"公共服务领域英文译写规范"研究项目，旨在加强中国语境中外语用语的标准化、规范性的研究。可喜的是，这个项目的成果作为国家标准于2017年6月正式颁布了。

双语标识译写的实践经验告诉我们，除了语言的规范之外，文化的问题也是标识译写中一个值得注意的现象（杨永林，2012）。这方面的实例很多，以下以条件句和委婉说法为例,说明文化在标识译写中的表现。

翻译条件句,英语里一般使用 if 引导的从句,这是常规的做法,没有什么问题。但是在标识翻译中,"条件"的概念一般都用 in case of 来表达。例如,"如遇火情,勿乘电梯,请走逃生楼梯"的标准翻译是"In Case Of Fire, Do Not Use Elevators. Use Stairways"。又如,"如遇地震,朝高地或内陆方向疏散"的通用

说法是"In Case Of Earthquake, Go To High Ground Or Inland"。究其原因,是因为标识的主要功能是"告示与警示",所假设的内容都是一些极端情况。在这种情况之下,使用 in case of 不但言简意赅,而且包含了"如果发生此类极端情况"的文化含义。这层意思显然不是 if 从句所能概括的。

"产妇孕妇专用车位"是停车场中常见的一条标识。这条标识,北美规范的说法是"Reserved Parking For New Mothers & Mothers To Be"。在这条英文标识中,

new mothers 和 mothers to be 都是一种委婉说法。值得注意的是,表达"怀孕"或者"孕妇"的意思,除非在医院透视室或工厂放射物区域,英美标识中一般不用 pregnant 这个字眼。令人遗憾的是,中国语境中的双语标识中却经常出现"Seats For Pregnant Women"(孕妇专座)或者"Reserved Parking For Pregnant Women"之类的说法。中国文化中有"麒麟送子"的故事,英美文化中有"鹳鸟送子"的传说,所以"Reserved Parking For New Mothers & Mothers to be"这条标识,也可改写为"Stork Parking For New Mothers & Mothers To Be"。

7.5 总结展望

综上所述,考察语言、文化、社会之间的内在关系,有必要采用一种"与时俱进"的生态化观点。新世纪之初,乔姆斯基和哈佛大学的两位心理学家发表了一篇重要文章,标题为《语言能力:何为语言能力?谁拥有语言能力?语言能力由何而来?》(Hauser, Chomsky & Fitch, 2002)。这篇里程碑式的论文明确提出,语言学研究有必要采取多学科、进化论的视角,才能产生新的理论贡献。这篇文章还表明,在语言学研究中,有必要区分"广义语言能力"和

"狭义语言能力"之间的异同。"广义语言能力"包括感觉运动系统、概念意念系统,以及递归运算机制三个方面的研究内容,为我们提供了从有限元素组群生成无限表达方式的可能;"狭义语言能力"仅含递归特征,构成了人类语言独特的语言能力。有理由认为,"广义语言能力"有可能来自于语言之外的进化动因。因此,语言学研究必须采用跨学科比较的视野,通过与生物学、心理学以及人类学联袂的方法,才有可能产生新的理论假设,找出形成语言能力配置的进化动力。新世纪的理论语言学研究如此,作为跨学科研究的社会语言学,更应当体现一种"兼容并包"的精神和"格物致知"的传统。

  在本章的讨论中,我们通过语言、文化、社会三者之间关系的论述,介绍了社会语言学的理论要点与应用范围。作为一门新兴学科,社会语言学在50年的发展过程中历经风雨,终成气候,得以广布。另一方面,我们也注意到,语言与文化、社会关系的研究,在跨文化交际的语境中,更是一项具有挑战性的工作。这种挑战性主要体现在这种研究所必需的多学科知识储备。要想做好社会语言学研究,有必要学一点人类学的知识,了解一些社会学的理论,懂得一些认知科学的原理,学会一些心理学的方法,知晓一些民族学的内容(Rosch, 1977)。知识积累只是一个方面,还要具有创新发展的意识,才能有所作为。跟踪学科前沿动向,转变思想观念,采取多维视角,了解语言、思维、文化、社会之间错综复杂的关系,这些都是创新发展的基本要求。从这个意义上来说,社会语言学研究既是一条充满了困难与挑战之路,也是一条实现光荣与理想之路——放眼看去,风景这边独好;展望未来,事业未有穷期。

第八章

语言的使用

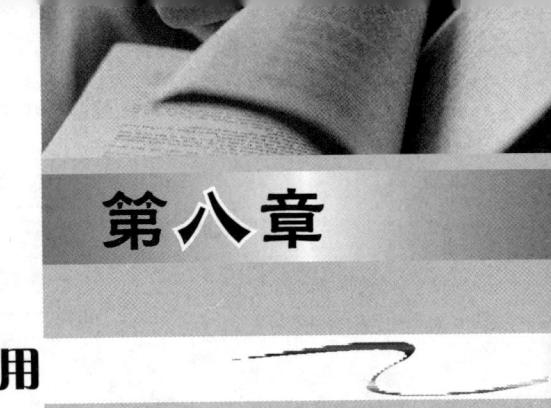

在语义学那一章里，我们谈到"意义"一词可以有不同的意义，并对其中的几种作了讨论。但是还有一种重要的意义我们没有涉及。假定有人对你说"You're a fool（你是傻瓜）"，你一般都会反问："What do you mean?（你什么意思？）"这并不是因为你不知道句子中各词的意思，也不是因为句子的结构太复杂，让你难以理解。你清楚地知道you指谁，fool有什么涵义，也知道句子的结构。你不知道的是说话人为什么说这句话，他有什么意图。或者，你知道说话人的意图，却想用"What do you mean?"来反驳对方的说法。你这里用的并不是句子的概念意义。

这种意义有时称为"说话人意义""话段意义"[①]或者"语境意义"。这种意义跟我们在语义学中研究的意义不同，对它的解读更多地依赖于说话人是谁，听话人是谁，什么时候、在什么地方说这句话。总之，它取决于语境。研究这种意义的学科叫**语用学**（Pragmatics）。因为这种意义部分来自语言的使用环境，语用学也可以定义为研究语言使用的学科。如果我们把意义分成两大类，一类与所用的词密切相关，较稳定，是固有意义（语义学研究的意义），另一类与语境密切相关，不太确定，是附加意义（语用学研究的意义），那么我们就可以说 pragmatics=meaning−semantics（语用学意义＝意义−语义学意义）。

8.1 言语行为理论

言语行为理论（Speech Act Theory）是牛津哲学家奥斯汀（Austin）提出的，是研究语言使用的第一个重要理论。奥斯汀从1952年开始讲授他的理论。1955年，他去美国哈佛大学做威廉·詹姆斯讲座时，修订了自己的讲稿，

[①] "话段"（utterance）可以定义为实际运用中的语言片段。从这种角度，我们可以把意义分成两类：一类是与词和句子相关的意义；另一类是与话段相关的意义。词和句子是语言系统的抽象单位；话段是实际运用中的语言的单位。但在文献中，"句子"和"话段"的英语对应词 sentence 和 utterance 并不总是分得很清楚。而且，utterance 也可译作"话语"。

把题目从《言与行》(*Words and Deeds*)改成了《怎样用词做事》(*How to Do Things with Words*)。该讲稿在他去世后，于1962年出版。

8.1.1 施为句和叙事句

奥斯汀提出自己理论的第一步是把句子分成两类：施为句和叙事句。在《怎样用词做事》中，奥斯汀认为下面的句子并不是用来描述事物的。它们没有真假。说出这些句子就是，或者部分是，实施某种行为。所以这些句子称为**施为句**(Performative)，其中的动词（如 name）叫施为性动词。

例 8-1

    a. I *name* this ship the Queen Elizabeth.（我把这艘船命名为"伊丽莎白皇后号"。）

    b. I *bequeath* my watch to my brother.（我把手表遗赠给我弟弟。）

    c. I *bet* you six pence it will rain tomorrow.（我用六便士跟你打赌明天会下雨。）

    d. I *promise* to finish it in time.（我保证按时完成。）

    e. I *apologize*.（我道歉。）

    f. I *declare* the meeting open.（我宣布会议开始。）

    g. I *warn* you that the bull will charge.（我警告你这头公牛会撞人。）

相反，化学老师在演示实验时说的例 8-2，却不是施为句。它只是描述了说话人在说话时所做的事。说话人不能通过说这句话把液体倒入试管，他必须同时做倒液体的动作。否则，我们可以说他作了虚假陈述。这样的句子叫**叙事句**（Constative）。

例 8-2

I pour some liquid into the tube.（我把一些液体倒入试管。）

虽然施为句没有真假，但必须满足一些条件才是合适的。我们把奥斯汀提出的合适条件简化如下：

A.（ⅰ）必须有一个相应的规约程序；并且（ⅱ）相关的参与者和环境是合适的。

B. 该程序必须正确全面地得到执行。

C. 通常，（ⅰ）有关人员必须有相关的思想、感情和意图；而且（ⅱ）必须有相关的后续行为。

例如，在新船下水仪式上，只有被指定的那个人才有权给船命名，并且这个人必须说出符合命名程序的话；遗赠手表的人必须有一块手表；如果第二天是晴天，那么，打赌会下雨的人必须给另一个参与者六便士。

但是，奥斯汀很快认识到，这些条件只适用于部分情况。有些情况，并不需要规约程序来完成。例如发誓，可以说"I promise"，也可以说"I give my word for it"，没有严格的程序。另一方面，所谓的叙事句也可能必须满足其中的某些条件。例如，说"The present King of France is bald（法国现在的国王是个秃子）"是不合适的，就像一个没有手表的人说"I bequeath my watch to my brother"一样。它们都假定存在某种实际并不存在的东西。而且说叙事句时，说话人也必须要有相关的思想、感情和意图。例如，我们不能说"The cat is on the mat, but I don't believe it（猫在垫子上，但是我不相信）"。

后来，奥斯汀尝试从语法和词汇上找到区分施为句和叙事句的标准。他注意到，典型的施为句一般用第一人称单数主语、一般现在时、直陈语气、主动语态、施为性动词。不过也有反例。用被动语态的，如"Pedestrians are warned to keep off the grass（行人禁止践踏草坪）"，还是很常见。在非正式场合，其他语气和时态也是可能的。我们可以不说"I order you to turn right（我命令你向右转）"，而只是简单地说"Turn right（向右转）"。陪审团可以不说"I find you guilty（我裁决你有罪）"，而说"You did it（你犯了罪）"。最明显的例子可能是"Thank you"。因为没有主语，表面上看起来像个祈使句，但实际上这是个施为句。通过说这句话，说话人表达了对听话人的谢意，没有必要再做别的事，虽然对方有时会开玩笑说："你不能只是口头上谢我。"

另一方面，state 一般用来叙述事情，是最典型的叙事动词，却也可以被用来做事。说"I state that I'm alone responsible（我声明我承担全部责任）"的时候，说话人就发表了声明，承担了责任。换句话说，看来施为句和叙事句的区分很难维持，所有的句子都能用来做事。

8.1.2 行事行为理论

在《怎样用词做事》的后半部分，奥斯汀尝试从一种新的角度来解决这个问题，重新讨论在什么意义上说话就是做事。

他认为，说话可以在三种意义上被看成做事。第一种是普通意义。那就是，我们说话的时候，要移动发音器官，发出按照一定方式组织起来并被赋予了一定意义的声音。在这个意义上，当有人说"Morning！"时，我们可以问"他做了什么？"，而不问"他说了什么？"。答案可以是他发出了一个声音、单词或者句子——"Morning"。这种意义上的行为叫**发话行为**（Locutionary Act）。然而，奥斯汀认为在发话行为中还有一种行为，"在实施发话行为的时候，我们同时也在实施另一种行为，例如：提出或回答问题，提供信息、保证或警告，宣告裁定或意图，公布判决或任命，提出申诉或批评，作出辨认或描述，等等"（Austin, 1962: 98 – 99）。因此，回答说了"Morning!"的人做了什么这个问题时，我们完全可以说："他表达了问候。"

换言之，我们说话时，不只是说出一些具有一定意义的语言单位，而且说明我们的说话目的，我们希望怎样被理解，也就是奥斯汀说的具有一定的语力。在上面的例子中，我们可以说"Morning!"有问候的语力，或者说，它应该被理解成问候。这是说话可以是做事的第二种意义，这种行为叫**行事行为**（Illocutionary Act）。奥斯汀承认语力可以被看成意义的一部分，这时的意义是广义的。就我们刚才讨论的例子，我们也可以说"他的意思是问候"。在本章开头的那个反问句"What do you mean？"中，mean 也是广义的。但是奥斯汀主张还是把语力与意义区分开，后者只用作狭义，只指较稳定的固有的意义。语力，或者叫**行事语力**（Illocutionary Force），相当于说话人意义、语境意义或附加意义，可以译成汉语的"言外之意"。不过 illocutionary act 不能翻译成"言外行为"，因为这个前缀 il- 的意思是"内"，而不是"非"。

说话可以被看成做事的第三种意义，涉及话语对听话人产生的效果。通过告诉听话人某事，说话人可以改变听话人对某件事的观点、误导他、让他惊奇，或者诱导他做某事，等等。不管这些效果是否符合说话人的本意，它们都可以看作说话人行为的一部分。这种行为，叫作**取效行为**（Perlocutionary Act）。

例如，说"Morning!"的时候，说话人表示他想和听话人保持友好的关系。这种友好的表示无疑会对听话人产生一定的影响。如果对话双方的关系很正常，效果可能不太明显。但如果两人的关系有些紧张，一方说出一个简单的"Morning!"，就可能使他们的关系发生很大的变化。听话人可能会接受他这种友好的表示，和他重归于好。如果是这样，回答"他做了什么？"时，我们就可以说："他和朋友重修旧好了。"也可能，听话人对说话人有偏见，把他的友好表示看成是虚伪的,一句问候语反而使两人的关系更加恶化了。虽然这并非说话人所愿,但这的确是他的取效行为。这是行事行为跟取效行为的另一点不同,前者与说话人的意图有关,而后者与此无关。

如果这样定义,那么语言学家历来研究的就是发话行为。他们关心怎么发音,怎么组词,怎么造句,它们又有什么固有的意义。取效行为涉及许多现在仍然没有搞清楚的心理和社会因素。所以奥斯汀真正关注的是行事行为。在这个意义上,言语行为理论实际上就是行事行为理论。

这个概括性更强的理论适用于所有的句子。前面所讲的施为句只是比较特殊的一类,它的行事语力已由施为性动词清楚地表明。

8.2 会话隐含理论

语用学中第二个重要的理论就是会话隐含理论,由牛津大学的另一位哲学家格赖斯(Grice)提出。有证据表明,格赖斯是在20世纪50年代开始构建这一理论的,但是直到1967年他在威廉·詹姆斯讲座作演讲时,这一理论才公之于世。1975年,部分演讲稿发表,题为《逻辑与会话》,我们介绍的内容主要以这篇文章为基础。

8.2.1 合作原则

格赖斯注意到,在日常会话中人们并不总是直白地告诉对方某事,而是暗示对方。例如,C在银行工作,是A和B共同的朋友,当A问B关于C的近况时,B可能会回答"Oh quite well, I think; he likes his colleagues, and he hasn't been to prison yet(哦,我想应该不错。他喜欢他的同事,也还没有坐过牢)"。这里,B肯定暗含了什么,虽然他没有直说。格赖斯认为我们可以区分B这时的明说跟暗含(或暗示、意会)。为了更清楚地说明这一点,我们来看一个从电影里找到的汉语的例子。男孩对女孩说"你不戴眼镜的时候很漂亮",女孩立即回了一句"我戴眼镜的时候一定很丑了"。男孩有理由否认他这样说了,但是他不能否认自己多少暗含了这一点。在逻辑语义学那部分我们讲到了"蕴涵"(implication),为了避免混淆,格赖斯新造了一个术语——"隐含"(implicature)。他试图弄明白,人们是怎样传递没有明确说出来的隐含的。

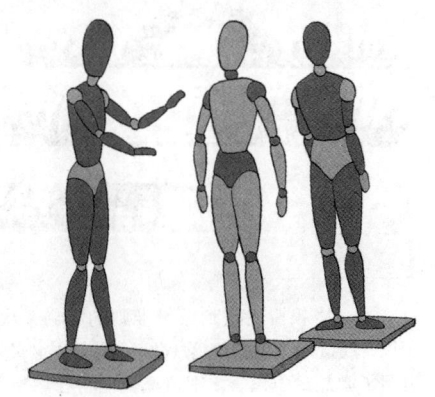

他的答案是,会话是有规律的。"我们的交谈通常不是由一串互不相关的话

语组成的,否则就会不合情理。它们常常是合作举动,至少在某种程度上;参与者都在某种程度上承认其中有一个或一组共同目标,至少有一个彼此都接受的方向"(Grice,1975:45)。换句话说,我们好像遵循了这样的原则:"使你所说的话,在其所发生的阶段,符合你所参与的交谈的公认目标或方向"(同上)。这个原则叫**合作原则**(Cooperative Principle, CP)。

为了进一步具体说明 CP,格赖斯引入了下面四条准则(Maxim):

数量(Quantity)

　　1. 使你的话语如(交谈的当前目的)所要求的那样信息充分。
　　2. 不要使你的话语比所要求的信息更充分。

质量(Quality)

设法使你的话语真实。

　　1. 不要说自知是虚假的话。
　　2. 不要说缺乏足够证据的话。

关系(Relation)

要有关联。①

方式(Manner)

要清晰。

　　1. 避免含混不清。
　　2. 避免歧义。
　　3. 要简练(避免冗长)。
　　4. 要有序。(同上:45-46)

有关合作原则及其四条准则的表述用的都是祈使句,这使很多读者误认为

它们是规范性的:告诉说话人应该怎样做。而事实上,合作原则意图描写会话中实际发生的事。也就是说,我们说话的时候,一般会有合作原则和四条准则这样的东西在指导着我们,虽然这可能是潜意识或无意识的。我们会努力用清楚的方式提供充足的、真实的、相关的信息。听话人也会努力这样去理解他们听到的话。在前面关于有人在银行工作的例子里,A 假

---

① 格赖斯注意到数量准则的第二条次则和关系准则部分重叠。多余的信息就是不相关的,所以,数量准则的第二条次则可能是不必要的。有关关系准则的准确解释问题后来在语言学家中引起了激烈的争论,详细情况我们将在后格赖斯理论部分介绍。

定 B 提供的信息都是相关的,B 关于 C 喜欢他的同事、还没坐过牢这些话一定有所指,这样,A 就会努力找出 B 的隐含意义,或者说是**隐含**(Implicature)。

有时说话人会意识到自己的话可能会有某种隐含,如果他不想让听话人这样想,他就会说明他没有这个意思。一个典型的例子就是 1999 年 4 月 14 日朱镕基总理在麻省理工学院的演讲。朱总理的演讲首先提及麻省理工学院,他说,当他在清华大学(被称为中国的麻省理工学院)的时候,他就憧憬着有一天能在麻省理工学院读书并且拿到学位。然而,他接着说:"但是,校长先生请不要误会,我绝对不是要个荣誉学位。"

在某种意义上,合作原则可以看作不成文法,就像"如果发生沉船事件要先救妇女和儿童""在学术会议上不得进行人身攻击""礼尚往来""两军对阵,不斩来使"。

8.2.2 准则的违反

使用原则和准则这两个术语,并不是说每个人一直遵守合作原则及其四条准则。人们会违反准则,会撒谎,所以格赖斯的《逻辑与会话》的后半部分讨论了违反准则的问题。

格赖斯首先区分了说谎与其他的违反准则的情形。他认为,会话隐含只有依赖合作原则才能推导出来。如果说话人故意对听话人隐瞒事实,那么准确理解他的话语的前提就不复存在;尽管只有听话人认为说话人遵循了合作原则,说谎才能获得成功。换言之,谎言没有严格意义上的会话隐含。因此,格赖斯详细讨论的都是一些显而易见的违反准则的事例。说话人清楚地显示出他违反了某些准则,但是在更深的层次上,他仍然可以被认为遵守了合作原则。

关于违反数量准则第一条次则,格赖斯用的例子是,假定 A 给他的一个去应聘哲学讲师职位的过去的学生 X 写推荐信。信里说:"亲爱的先生,X 先生精通英语,能正常出席讨论会。某某签名。"格赖斯评论说:"A 不可能是要退出,如果他不想合作,为什么要写信呢?那人是他的学生,他不可能不了解情况;而且他也清楚他需要提供更多的信息。因此,他一定是想传递他不愿写下来的信息。如果是这样,那么唯一的可能就是:他认为 X 先生哲学学得并不好。所以,这就是他想隐含的。"(同上:52)

有时候,数量准则第一条次则可能会与质量准则发生冲突。假定 A 向 B 打听 C 住在哪儿,B 回答说"Somewhere in the south of France(法国南部的某个地方)"。显然,B 没有提供充足的信息量,但这可能是因为他自己也不是很清楚确切地址。为了遵守质量准则,他只好违反数量准则第一条次则。

同义反复句是违反数量准则第一条次则的极端例子,如:Boys are boys(男孩就是男孩);War is war(战争就是战争)。从表面上看,从言传的角度看,这两个句子没有提供什么信息。但是从深层看,从意会的角度看,它们都提供了信息。它们传递的隐含可能是"男孩的天性就是淘气、顽皮","为战争的悲惨而痛苦是没用的,只要发生战争就会有灾难。这就是战争的本质"。

下例是违反数量准则第二条次则的一个例子:

例 8-3

 A: Where is X?(X 在哪儿?)
 B: He's gone to the library. He said so when he left.(他去图书馆了。他走的时候是这样说的。)

实际上,B 的第一句话已经回答了 A 的问题。他之所以补充了第二句,可能要隐含他不太确定 X 是不是真的去了图书馆。

格赖斯用作违反质量准则第一条次则的例子都是例 8-4、8-5 这样的传统修辞格:

例 8-4

 He is made of iron.(他是铁打的。)

例 8-5

 Every nice girl loves a sailor.(每一个好姑娘都喜欢水手。)

从言传的角度看,上面两句都是虚假的。除了机器人,没有人是铁打的。所以例 8-4 不能从字面上理解。因此我们把它解释成隐喻,意思是那个人有铁一样的坚强性格。例 8-5 的隐含则是,很多女孩都喜欢水手。

另一方面,当我们没有足够证据时,我们一般会加以限制,说"可能是这样……"或者"我不太肯定,不过……"。

至于关系准则,格赖斯认为:"通过真的(不是表面上的)违反关系准则而传递隐含的例证可能非常罕见,不过下面这则大概可以算一个。在一个高雅的茶会上,A 说 'Mrs. X is an old bag(X 夫人是个老丑八怪)',引起一片尴尬的寂静,这时 B 说 'The weather has been quite delightful this summer, hasn't it?(今年夏天天气不错,是不是?)'B 公然使自己的话与前面 A 的话毫无瓜葛。他因此隐含,他不宜评论 A 的话;或者更具体地说,他可能隐含,A 失态了。"(同上:54)

下面的例子中,B 故意使用了隐晦的方式,免得孩子们明白他们在说什么。

例 8-6

 A: Let's get the kids something.(我们给孩子们弄点吃的吧。)
 B: Okey, but I veto I-C-E C-R-E-A-M-S.(好的,不过我否决 b-i-n-g j-i l-i-n-g。)

在说明对避免歧义准则的违反时，格赖斯引用了布赖克（Blake）的诗句"Never seek to tell thy love, Love that never told can be"。在这个例子里，love 可以指一种感情，也可以指被爱的人。"Love that never told can be"的意思可能是"无法诉说的 love"，也可能是"不可告人的 love（一旦告诉人，love 就会消失）"。

如果评论家用的是例 8-7b，而不是例 8-7a，那么他的冗长隐含 X 小姐的演唱非常糟糕，都不能算"唱"了。

例 8-7
  a. Miss X sang "Home sweet home". （X 小姐唱了《家，甜蜜的家》。）
  b. Miss X produced a series of sounds that corresponded closely with the score of "Home sweet home". （X 小姐发出了一些声音，接近《家，甜蜜的家》的旋律。）

格赖斯没有给出"缺乏条理"的例子，这是可以理解的。一般说来，缺乏条理的话不能传递任何信息，只能说明说话人的脑子有问题。"They had a baby and got married（他们有了孩子，结了婚）"并不是"They got married and had a baby（他们结了婚，有了孩子）"的颠倒表达。这两句都是有条理的，只是意思不一样。但是，汉语的例子"屡败屡战"可以看作利用"有条理"准则的一个例证。

8.2.3　隐含的特征

在《逻辑与会话》的结尾部分，格赖斯简单地提到了会话隐含的一些特征。下面，我们将结合别的语言学家的研究来总结一下格赖斯的观点。

1. 可推导性（Calculability）

说话人试图传递他的会话隐含，而听话人也能理解这些会话隐含，这一事实说明，会话隐含是可推导的。它们可以根据已知信息被推导出来。在文章中，格赖斯罗列了下面这些必需的信息：

（1）所用的词的常规意义和可能涉及的指称对象；（2）合作原则及其各条准则；（3）话语的语言或非语言语境；（4）其他相关的知识背景；（5）下列事实（或假定的事实）：会话双方都能得到前面几条提到的信息，而且双方都知道或假定那是事实。（同上：50）

他提出，人们推导会话隐含时一般遵循以下模式：当某人说了什么从表面（在言说的层次）上看没有意义的话时，你不会草率地认为他在胡说八道，不再去细想，而会从更深一层去挖掘其暗含意义。如果根据你掌握的所有信息，有一种解读正好支持你前面的假设，那么，你会认为这种解读正是说话人想要传递的。例如，在前面那个推荐信的例子里，读信的人不会认为它毫无用处，读了一遍就弃之不理。他会假定写信人确实遵守了合作原则之类的惯例，试图说出一些相关的、真实的东西。既然最重要的是 X 先生是否适合这项工作，而对于这一点，信中没有明确表态，那么，读信人不得不假定写信人对此是持否定态度的。

2. 可取消性（Cancellability）

可取消性也被称为可废除性（defeasibility）。前面我们已经提到，会话隐含的存在依赖于一些因素：所用词的规约意义，合作原则，语言和情景语境，等等。所以，如果其中一个因素变了，隐含也会相应地发生变化。例如，例 8-8a 的隐含一般是 b。但如果在 a 句里加上 "if not more"，变成 c 句，那么前面的隐含 b 就被取消了，c 的意思就变成了 d。

例 8-8
  a. John has three cows.（约翰有三头奶牛。）
  b. John has only three cows.（约翰只有三头奶牛。）
  c. John has three cows, if not more.（约翰有三头奶牛，如果不是更多。）
  d. John has at least three cows.（约翰至少有三头奶牛。）

在推荐信那个例子里，如果写信人加上一句 "though I don't mean he's no good at philosophy（但我并不是说他的哲学不好）"，那么原来的隐含就不存在了。朱镕基总理在麻省理工学院的演讲也说明，通过增加句子可以取消原来的隐含。

会话隐含也可以只通过情景语境来消除。如果有三头牛是从政府获得补助金的条件，那么当检查员问约翰的邻居 e 的时候，他完全可以回答 f，同时不隐含 b。

  e. Has John really got the requisite number of cows?（约翰真有足够数量的奶牛吗？）
  f. Oh sure, he's got three cows all right.（哦，当然，他确实有三头奶牛。）

同样，在推荐信那个例子中，如果那个学生是要申请英语讲师的职位，那么这封推荐信就有正面作用了。

3. 不可分离性（Non-detachability）

不可分离性是说，会话隐含是依附于话语的语义内容，而不是语言形式。

因此，我们能用同义成分来替换话语的某一部分，而不改变原来的隐含。换言之，即使改变话语的具体词语，会话隐含也不会因此从整个话语中分离出去。例如，例 8 – 9 从 a 到 e 用讽刺口吻说出来时，表达的隐含都是例 8 – 10。

例 8 – 9
  a. John's a genius.（约翰是个天才。）
  b. John's a mental prodigy.（约翰是个智力奇才。）
  c. John's an exceptionally clever human being.（约翰是个特别聪明的人。）
  d. John's an enormous intellect.（约翰是个大有才智的人。）
  e. John's a big brain.（约翰是个智囊。）

例 8 – 10
  John's an idiot.（约翰是个白痴。）

在格赖斯用来说明违反关系准则的例子"Mrs. X is an old bag"里，回应的话，只要跟这句话没有直接关系，都会产生"你现在不应该谈论这个"这样的隐含，而不一定要说"The weather has been quite delightful this summer, hasn't it?"，诸如"What a beautiful dress!（多漂亮的衣服！）""Your son's very smart!（你儿子真聪明！）""The music's great!（音乐棒极了！）"这样的话都有这个隐含。

不过，与方式准则相联系的会话隐含不具有这个特征，因为它依赖于话语的形式而非内容。如果用"But don't give them ice creams"来替换"but I veto I-C-E C-R-E-A-M-S"，就会泄露天机。

4. 非常规性（Non-conventionality）

会话隐含与词语的常规意义显然不同。为了更好地说明二者的区别，我们来看一些衍推的例子。在语义那一章，我们说衍推反映的是两个句子之间的逻辑关系，第一个句子为真，第二个句子就一定为真；第二个句子为假，第一个句子就一定为假。我们当时用了例 8 – 11 这样的句子，而例 8 – 8a 除了有例 8 – 8b 这样的隐含，也有像例 8 – 12 中句子之间的衍推义。

例 8 – 11
  a. I saw a boy.（我看到一个男孩。）
  b. I saw a child.（我看到一个孩子。）

例 8 – 12
  a. John has some cows.（约翰有一些奶牛。）
  b. John has some animals.（约翰有一些动物。）

c. John has something.（约翰有某物。）
d. Somebody has three cows.（某人有三头奶牛。）
e. Somebody has some cows.（某人有一些奶牛。）
f. Somebody has some animals.（某人有一些动物。）
g. Somebody has something.（某人有某物。）

从上面的例子我们可以看出，衍推是常规意义的一部分。单词cow（奶牛）的部分意思是"它是一种动物"。要理解John的意思就必须知道这是个人名，所以它可以用somebody来代替。如果我们不知道一个词的衍推，就必须查词典。我们是没有办法通过合作原则和上下文来推导出衍推义的。

由于衍推的常规性，它在所有的语境中都是固定不变的。例8-8a永远都有例8-12的衍推义。不可能存在某个语境，使得例8-8a为真，而例8-12为假。因此，衍推义是确定的。相反，会话隐含是不确定的，它会随着语境的变化而变化。这种不确定性有时也被认为是会话隐含的另一个特征。

最后，我们可以这样总结**会话隐含**（Conversational Implicature）：它是一种暗含意义，可以在合作原则及其准则的指导下，在词语常规意义的基础上，联系语境推导出来。在这种意义上，会话隐含相当于言语行为理论中的行事语力。它们都与意义的语境方面有关，用汉语的说法，就是"言外之意"。这两种理论的不同仅在于对语境意义的产生机制有不同的解释。

8.3 后格赖斯时期的发展

会话隐含理论为解释语言的使用开辟了一条新思路，立即引起了语言学家的关注。不过，在合作原则及其准则中还有一些矛盾和重复多余的部分。因此，到后格赖斯时期，语言学家尝试着把这些准则简化成一套原则，这套原则是不可缺少的，同时又不会有重叠。在这一节里，我们将介绍四种这样的理论。

8.3.1 关联理论

1986年，斯波伯（Sperber）和威尔逊（Wilson）在他们的《关联性——交际与认知》一书中正式提出了**关联理论**（Relevance Theory）。他们认为，格赖斯准则，包括合作原则本身，都可以简化成一条关联原则。关联原则的定义是这样的：

每一个明示交际行动，都传递一种假定:该行动本身具备最佳关联性。（p.158）[1]

---

[1] 在该书第二版中，斯波伯和威尔逊提到实际上有两种基于关联的原则。于是，他们把这一原则重新命名为"交际关联原则"，又补充了一条"认知关联原则"：人类认知倾向于追求关联最大化。

要理解这个定义,就需要搞清楚其中的关键概念:"明示交际行动"和"最佳关联假定"。斯波伯和威尔逊同意格赖斯的观点:交际不只是简单的编码和解码的过程,而且涉及推理。但是他们认为推理只与听话人有关。从说话人方面讲,交际应该被看成一种表明自身说话意图的行为。他们称之为"明示行动"。换句话说,交际的完整概括是"明示-推理交际",所谓"明示交际"或"推理交际"只是简称。

要解释"最佳关联假定",我们首先看一下关联性在该书中的三种定义。第一种定义与语境相联系。

> 当且仅当一个设想在一种语境中具有语境效应时,这个设想在这个语境中才具有关联性。(p.122)

但是关联性也是个相对概念。有些设想可能比别的设想关联性强。而且,"估算关联性就像估算生产率一样,要考虑产出和投入两个方面"(p.125)。它不仅取决于产生的效应,还取决于处理它需要付出的努力。因此,斯波伯和威尔逊又从"程度-条件"角度对关联性作了如下定义:

> 程度条件1:如果一个设想在一个语境中的语境效应大,那么这个设想在这个语境中就具有关联性。
> 程度条件2:如果一个设想在一个语境中所需的处理努力小,那么这个设想在这个语境中就具有关联性。(同上)

然后,他们详细讨论了"语境"究竟是什么意思。结果发现,有时候语境必须包括所有的背景信息,否则有些设想就很难处理。而有时候有些信息又必须排除在外,否则付出的努力就会增大,而效应并没有增强。换句话说,语境的大小取决于所要处理的设想。语境不是给定的,而是择定的。不是先有语境,再根据语境决定设想的关联性。给定的是关联性。人们一般假定他们要处理的设想具有关联性(否则他们不会费劲去处理它),然后才会设法寻找一个语境,使得其关联性最大。

关联性的第二个定义与交际个体相联系。

> 当且仅当一个设想在某一时刻,在某人可及的一种或多种语境中具有关联性时,这个设想才在当时与那个个体相关联。(p.144)

他们的最后一个关联性定义跟现象有关。斯波伯和威尔逊认为,关联性"不只是脑中设想的特性,而且是用来建构设想的外界现象(刺激信号,例如话语)的特性"(pp.150-151)。发话者不能直接给受话者提供设想。说话人或书写人所能做的只是以声音或书写符号的形式提供某种刺激信号。这种刺激信号的出现改变了听话人的认知环境,使某些事实显现出来,或者显现得更明显。

这样,听话人就能把这些事实再现为很强或更强的设想,甚至能用这些设想推导出进一步的设想。经过这样扩展的关联性概念定义为:

> 当且仅当某个现象显映的一个或多个设想与某个体相关时,这个现象才与该个体有关联。(p.152)

因此,最佳关联假定是:

(a)发话者意欲向听话者显现的这个设想集 {I},具有足够的关联性,值得受话者花时间去处理其明示性刺激信号。

(b)这一明示性刺激信号,是发话者可能用来传递 {I} 的关联性最大的信号。(同上)①

这就是说,每句话语都假定努力和效应能取得最佳平衡。一方面,所要达到的效应永远不会小得不值得处理;另一方面,需要付出的努力永远不会大得超过取得效应的需要。相对于所要达到的效应而言,需要的努力总是最小的。这等于说,"在所有符合最佳关联假定的对某信号的解读中,受话者第一个想到的解读就是发话者意欲传递的解读"(pp.168-169)。例如,对听话人而言,例8-13a 的第一解读通常是乔治有一只大的家猫。

例 8-13

a. George has a big cat.(乔治有只大猫。)

因为 cat 这个词是有歧义的,它在某些情况下,也可以指猫科的其他动物。也就是说 a 也可能被用来表达 b 的意思。

b. George has a tiger, a lion, a jaguar, etc.(乔治有只老虎、狮子、美洲豹等。)

但是斯波伯和威尔逊认为,即使 b 的解释是正确的,它也只能满足最佳关联假定的第一条,即 b 有足够的关联性;却不能满足第二条,即 b 不是关联性最大的,因为为之付出的处理努力会增加。换句话说,如果 b 就是说话人要表达的,那么他应该用 c 这样的句子;或者,如果他缺乏必要的信息,可以选择 d 或 e 这样的句子:

c. George has a tiger.(乔治有只老虎。)

---

① 在《关联性》第二版的后序中,斯波伯和威尔逊把最佳关联假定修订如下:(a)该明示性刺激信号有足够的关联性,值得受话者付出努力去处理;(b)该明示性刺激信号是发话者能力和意愿所允许的关联性最大的信号。

d. George has a tiger or a lion, I'm not sure which.（乔治有只老虎或者狮子，究竟是什么我也不太确定。）

e. George has a felid.（乔治有只猫科动物。）

这些话语都会减少听话人需要付出的努力，不用先得出 b，然后再进行比较和选择。因此，他们认为听话人不必担心。符合关联原则的第一解读总是最好的假设，其他所有的解读都不符合最佳关联假定的第二条。

8.3.2 Q 原则和 R 原则

这是个简化较少的二元模式。1984 年由霍恩（Horn）在他的《语用推理的新分类初探——基于 Q 原则和 R 原则的隐含》一文中第一次提出。1988 年，他在《语用学理论》一文中又进一步完善了这两条原则。Q 原则源于格赖斯的数量准则第一条次则，R 原则源于关系准则。但二者比格赖斯的准则内容更宽泛。

在 1984 年的论文中，霍恩首先介绍了齐波夫（Zipf）的省力原则。齐波夫发现，在语言使用中存在两种竞争力量：单一化力量，或者叫说话人经济原则；多样化力量，或者叫听话人经济原则。第一种力量朝着简化方向推动，如果不加阻止，会导致用一个词来表达所有的意思。而第二种力量，是反歧义原则，会导致每种意思都只用一个特定的词来表达。[①]

霍恩认为，格赖斯的会话准则，以及由此推导出来的隐含主要是来自这两种竞争力量。例如，数量准则第一条次则要求说话人要充分传达他的信息，从本质上说，这符合齐波夫的听话人经济原则。方式准则中的"避免含混不清"和"避免歧义"也符合听话人经济原则。其他准则，即使不是全部，也大部分与说话人经济原则一致，如数量准则的第二条次则、关系准则和简练准则。他的观点和斯波伯、威尔逊的观点相同，认为数量准则第二条次则特别接近关系准则。他问"除了把与眼前的事毫无关联的话包括了进来，还有什么能使你的话多于必需的？"（Horn，1984：12）。所以，霍恩建议把格赖斯的所有准则[②]简化成下面两条原则：

Q 原则（基于听话人）：

你的话语要充分（参照数量准则第一条次则）

说得尽可能多（在符合 R 原则的前提下）

[①] 现实当然是这两种力量之间的妥协。一个词可以表达许多不同的意思，这叫一词多义；而一种意思也可以用不同的词来表达，这叫多词同义。

[②] 从上文可以看出，质量准则是个例外，它仍然保留在新的理论中。

R 原则（基于说话人）：

你的话语应是必要的（参照关系准则、数量准则第二条次则和方式准则①）

只说必须说的（在符合 Q 原则的前提下）（同上：13）

基于听话人的 Q 原则是充分条件，它意味着说话人提供的信息是他所能提供的最大信息。例如，例 8-14a 隐含 b。

例 8-14

a. Some of my friends are linguists.（我的一些朋友是语言学家。）

b. Not all of my friends are linguists.（不是我所有的朋友都是语言学家。）

相反，R 原则则鼓励听话人推导出更多的意思。像例 8-15 这样的言语行为就是典型的例子：

例 8-15

Can you pass the salt?（你能把盐递给我吗？）

霍恩说："如果我问你能否把盐递给我，而我又知道，你无疑是有能力这么做的，这时，我是想让你推导出我并不只是在问你能否把盐递给我，而是在要求你这样做。（如果我实际上知道你能把盐递给我，那么这个是否问句就是无意义的；如果你假定我遵循了关系准则，你就会推导出我要说的不只是明说的意思。）"（同上：14）

在 1988 年的论文中，霍恩认为 Q 原则是"基于听话人的经济原则，要求信息内容的最大化，类似于格赖斯的数量准则第一条次则"，而 R 原则是"基于说话人的经济原则，要求形式的最小化，类似于齐波夫（1949）的'省力原则'"（p.132）。这就是说，Q 原则与内容有关。遵循这条原则的说话人会提供最充分的信息。而 R 原则与形式有关。遵守这条原则的说话人会用最小的形式，因此，听话人有权推论说话人的意思比他明说的要多。

为了证明这两条原则的有效性，霍恩考查了大量的语言现象，包括历时的和共时的，词汇的和语法的，基于言语的和基于语言的。这里，我们只介绍他关于否定可以取消隐含和避免使用同义词的论述。

霍恩发现，基于 Q 原则的隐含可以通过元语言否定来取消，因为它不影响明说的内容；基于 R 原则的隐含则不能。例如，否定通常的意思是"少于"，所以，例 8-16a 的一般意思是 b：

---

① 如上文所示,方式准则中的次准则没有全部归入 R 原则,"避免含混不清"和"避免歧义"这两条方式次准则事实上属于 Q 原则。

例 8-16

    a. He didn't eat three carrots.（他没有吃掉三个胡萝卜。）

    b. He ate less than three carrots.（他吃了不到三个胡萝卜。）

如果我们像 c 那样重读 three，也就是用元语言否定（意思是"他吃了三个胡萝卜不是事实"，而不是"事实是他没有吃掉三个胡萝卜"），那么 b 的意思就被取消了，我们可以接下去说 d。

    c. He didn't eat THREE carrots.

    d. He ate FOUR of them.（他吃了四个。）

同样，我们也可以说 e 和 f：

    e. You didn't eat SOME of the cookies – you ate ALL of them.（你不是吃了一些饼干，而是全吃了。）

    f. It isn't POSSIBLE she'll win – it's CERTAIN she will.（她不是可能会赢，而是一定会赢。）

相反，例 8-17a 与 b 的意思不同，尽管 c 与 d 的意思相同。

例 8-17

    a. I didn't break a finger yesterday.（我昨天没有折断一根手指。）

    b. I broke a finger, but it wasn't one of mine.（我折断了一根手指，但不是我的。）

    c. I broke a finger yesterday.（我昨天折断了一根手指。）

    d. I broke a finger of mine yesterday.（我昨天折断了自己的一根手指。）

原因在于，这里的 d 是基于 R 原则的隐含，而例 8-16b 是基于 Q 原则的隐含。不过好像也有例外。如例 8-18，a 和 b 分别有基于 R 原则的隐含 c 和 d，而 c 可以通过元语言否定被取消，就像 e 那样，虽然 f 像预料的那样是不可接受的。

例 8-18

    a. John had a drink.（约翰喝过了。）

    b. The secretary smiled.（秘书笑了。）

    c. John had an alcoholic drink.（约翰喝了酒。）

    d. The female secretary smiled.（女秘书笑了。）

e. John didn't have a drink – that was Shirley Temple.（约翰没喝酒，喝的是软饮料。）

f. *My secretary didn't smile – I have a male secretary.（*我的秘书没笑——我有一个男秘书。）

霍恩认为，这个例外只是表面上的，不是实质性的。说话人的直觉和词典编纂者的做法都告诉我们，drink 的隐含，即 alcoholic drink，已经成了常规意义的一部分；而 secretary 的隐含 female secretary 还没有成为常规意义的一部分。换句话说，alcoholic drink 已经成了 drink 的一个义项，不再是隐含。

霍恩用来支持他的两条原则的另一个现象，可以称为"避免使用同义词"。麦考莱（McCawley, 1978）在别人研究的基础上提出，由于词汇化的存在，相对多产的构词过程受到限制。他的第一个例子最初是 Householder（1971：75）注意到的。形容词 pale 和颜色词能组合成很多短语，如 pale green, pale blue, pale yellow, 但 pale red 听起来就有点古怪，这是因为存在 pink（粉红色）这个词。只有在指比红色浅，又比粉红深的颜色时才用 pale red。也就是说，因为有 pink, pale red 的使用就受到限制，而 pale blue 和 pale green 则没有这样的限制。

在另一个例子中，霍恩引用了麦考莱有关使役动词的例子。

例 8-19

a. Black Bart killed the sheriff.（布赖克·巴特杀了警长。）

b. Black Bart caused the sheriff to die.（布赖克·巴特把警长弄死了。）

例 8-19a 中的词汇使役式往往用在通常的使役情况中，表示直接的、无中介的物理行为；而 b 这样的多产使役式往往用于表示间接原因。同样，例 8-20a 也用了无标记的词汇使役式，这隐含车是用一种无标记方式停住的，比如踩刹车踏板；而 b 用的是词形复杂的形式，这就隐含采用了某种不寻常的办法，比如拉了手刹。

例 8-20

a. Lee stopped the car.（李停了车。）

b. Lee got the car to stop.（李使车停了下来。）

霍恩认为，虽然麦考莱等人的观点有待于发展完善，但其背后的看法是正确的，"它本质上是这一个看法：无标记形式用于通常的、无标记情况（通过基于 R 原则的隐含）；而相应的有标记形式则用于'剩下的'情况（通过基于 Q 原则的隐含）"。（Horn, 1984：29）

实际上，这种看法就是他在前文说过的语用分工。霍恩注意到，Q 原则和 R 原则常常直接冲突。"如果说话人只遵守 Q 原则，她就会说出自己知道的一切，以防遗漏；而如果说话人只遵守 R 原则，为了保险起见，她很可能什么都不说。事实上，格赖斯等人已经讨论过的许多准则冲突都涉及数量准则第一条次则和关系准则的冲突"（同上：15）。但是"这两条原则可能在解决彼此之间的冲突时起到了主要的作用"（同上：22）。他认为解决的方法就是如下的语用分工：

> 在可以使用相应的无标记的（简单而"省力"的）表达式时，使用有标记的（相对复杂而且/或者冗长的）表达式，往往被解释成要传递有标记的信息（无标记表达式不会或不能传递的信息）。（同上）

8.3.3 数量原则、信息量原则和方式原则

这个三分模式是莱文森（Levinson）在他 1987 年的论文《语用学与照应的语法——约束和控制现象的部分语用简化》中提出的。莱文森说，实质上，数量原则、信息量原则和方式原则是对格赖斯的数量准则的两条次则和方式准则的重新解释。质量准则就像在霍恩的理论中一样，原封不动地保留了下来。

莱文森不同意斯波伯、威尔逊和霍恩的做法，把数量准则第二条次则归属于关联原则或 R 原则。他认为，数量准则是与信息量紧密联系在一起的，而"关联性是衡量能否及时实现交往目标的"（Levinson, 1987: 401），"主要是关于对方交往目标的满足程度、语篇的话题要求和顺序要求的满足程度，就像有问就要有答那样"（Levinson, 1989: 467）。它不是，至少主要不是关于信息的。于是他把数量准则第二条次则重新命名为"**信息量原则**"（Principle of Informativeness），简写为 **I 原则**；数量准则第一条次则命名为"**数量原则**"（Principle of Quantity），简写为 **Q 原则**。

讲到方式原则时，莱文森把对霍恩原则的批评和自己观点的表达结合在一起。他指出，霍恩没有区分两种"最小化"：语义最小化和表达式最小化。

语义最小化，或内容最小化，等于语义概括化。这就是说，概括性越强的词语，语义量越小，内涵越小（相反，其外延会越大）；而概括性越差、越具体的词语，则语义量越大。例如 ship 和 ferry，flower 和 rose，animal 和 tiger，前者都比后者概括性强。选择前者而不选择后者是个最小化过程。

另一方面，表达式最小化，或者说形式最小化，是就表面的长度和复杂性而言的。它与一个词语的语音形式和词汇形态有关，所以，正常重音的词语要比相应的非正常重音的词语形式小。意义相当的词语（即同义词语）中，如 frequent（频繁）和 not infrequent（不是不频繁），to stop a car（停车）和 to cause a car to stop（让车停下来），越短的、组成成分越少的，形式越小；反之，

越长的、组成成分越多的,形式越大。

莱文森主张,只有语义最小化与信息量原则有关。表达式最小化则属于方式原则,因为它与语言单位的形式有关,与表达的方式有关,而与表达的内容或表达的多少无关。他也批评了霍恩的语用分工。他说,"霍恩语用分工涉及的对立,是有标记形式和无标记形式之间的对立,更确切地说,是常用和不常用形式之间,或短小和冗长形式之间的对立。这个区分跟信息量没有关系,相应的表达式被认为是同义的;相反,它只跟表层形式有关,因此,这些会话隐含应该被恰当地归属于方式准则"(同上:409)。

后来,莱文森又把他的原则叫作"探索法"(heuristics)。如,莱文森(Levinson, 2000b:31-34)提出了如下三条探索法:

探索法 1
没有说的,就是不想说的。

探索法 2
简单描述的是用通常方式举例说明的。

探索法 3
用不正常方式表达的,就是不正常的;或者说,有标记信息表示有标记情形。

然后,他解释说,第一探索法(他又称之为"数量探索法")"跟格赖斯的数量准则第一条次则有相当透明的关系"(同上:35)。它负责两种会话隐含:等级会话隐含和分句会话隐含,分别由例 8-21 和 8-22 说明,其中的 a 句隐含 b 句。

例 8-21
    a. Some of the boys came.(来了一些男孩。)
    b. Not all the boys came.(不是所有的男孩都来了。)

例 8-22
    a. If eating eggs is bad for you, you should give up omelets.(如果吃鸡蛋对你没好处,你就不要吃煎鸡蛋了。)
    b. Eating eggs may be bad for you, or it may not be bad for you.(吃鸡蛋可能对你没好处,也可能对你没坏处。)

换言之,等级会话隐含就是涉及霍恩 Q 原则的会话隐含。像 all, some 这样的词组成数量等级〈all, some〉,其中 all 是信息量较大的项,或强项,some 是信息量较小的项,或弱项。

另一方面,分句会话隐含则涉及不同的分句。如果说话人用了例 8-23,而不是 8-22a,那么,就不会有 8-22b 这样的会话隐含。

例 8-23

　　Since eating eggs is bad for you, you should give up omelets.（既然吃鸡蛋对你没好处，你就不要吃煎鸡蛋了。）

因此，我们可以说例 8-22a 和 8-23 是两个对应分句，可以表达为〈(since p, q), (if p, q)〉。用 since 的分句是信息量较大的分句，较强的分句；而用 if 的分句则是信息量较小的分句，较弱的分句。

第二探索法（又称为"信息量探索法"）"可以更直接地跟格赖斯的数量准则第二条次则联系起来，……其基本思想当然是，可以被视作当然的事情就不需要说了"（同上：37）。如，下列 a 句都隐含 b 句。

例 8-24

　　a. John turned the key and the engine started.（约翰转动钥匙，引擎启动了。）

　　b. John turned the key, and then the engine started.（约翰转动钥匙，然后引擎启动了。）

　　John turned the key, therefore the engine started.（约翰转动钥匙，因此引擎启动了。）

　　John turned the key in order to start the engine.（约翰转动钥匙，以便启动引擎。）

例 8-25

　　a. If you mow the lawn, I'll give you $5.（如果你修剪草坪，我就给你 5 美元。）

　　b. If and only if you mow the lawn, I'll give you $5.（你只有修剪草坪，我才给你 5 美元。）

例 8-26

　　a. John unpacked the picnic. The beer was warm.（约翰打开了野餐。啤酒是温的。）

　　b. The beer was part of the picnic.（啤酒是野餐的一部分。）

例 8-27

　　a. John said "Hello" to the secretary and then he smiled.（约翰跟秘书说"你好"，然后他笑了。）

　　b. John said "Hello" to the female secretary and then John smiled.（约翰跟女秘书说"你好"，然后约翰笑了。）

例 8 - 28
    a. Harry and Sue bought a piano.（哈里和苏买了一架钢琴。）
    b. They bought it together, not one each.（他们一起买了一架钢琴，不是每人各买一架。）

例 8 - 29
    a. John came in and he sat down.（约翰进来，他坐下。）
    b. John$_1$ came in and he$_1$ sat down.（约翰进来，约翰坐下。）

第三探索法（又称为"方式探索法"）"可以跟格赖斯的'要清晰'方式准则直接联系起来，特别是其中的第一条次则'避免含混不清'和第三条次则'避免冗长'……其基本思想是第二探索法跟第三探索法之间有一个隐性对立，或寄生关系，即，用简单、短小、无标记方式叙述的内容，要作通常的解读；如果用了有标记表达式，那就暗示应该避免通常的解读"（同上：38）。

如，例 8 - 30a 应该根据信息量探索法作通常的解读。假设这时的可能性是 n，那么 8 - 30b 就应该根据方式探索法作有标记解读，也就是说，这时的可能性低于 n。

例 8 - 30
    a. It's possible that the plane will be late.（飞机很可能要晚点。）
    b. It's not impossible that the plane will be late.（飞机晚点不是不可能的。）

同样，如果用较长的表达式，而不用简单的使役动词，那就暗示实际情形跟常态有些区别。例 8 - 31a 隐含"比尔是用通常方式，通过踩刹车板停车的"，但是，8 - 31b 则隐含"比尔是用间接方式，不是通常方式，是通过使用手刹这样的方式停车的"。

例 8 - 31
    a. Bill stopped the car.（比尔停了车。）
    b. Bill caused the car to stop.（比尔使车停了下来。）

再如，如果说话人用了有标记表达式 the man，而不用无标记表达式 he，那么下例中的 John 和 the man 就不会同指。

例 8 - 32
    John came in and the man laughed.（约翰进来，那人笑了。）

莱文森用这些探索法解释自己的理论，使问题得以简化，一般读者更易接受。

8.3.4 社会认知路径

近年来,有学者试图把不同语用学流派,如关联理论派、新格赖斯派,甚至欧洲大陆派①,整合到一起。这一节我们介绍这样一种尝试——美国纽约州立大学奥尔巴尼分校伊斯特凡·凯奇凯斯(Istvan Kecskes)教授提出的社会认知语用学路径。

凯奇凯斯从2008年开始积极倡导社会认知路径,虽然从20世纪90年代晚期开始他就在研究类似思想。他这方面最重要的著作是2014年出版的《文化间语用学》(Intercultural Pragmatics),这也是本介绍的主要依据。

在他看来,"交际涉及不可分割、互相支撑、互相影响的两组特色之间的互动"(p.47),表示如下:

表 8-1

个人特色(individual traits)	社会特色(social traits)
前语境(prior context)	实际情景语境(actual situational context)②
凸显度(salience)	关联性(relevance)
自我中心论(egocentrism)	合作(cooperation)
注意力(attention)	意向(intention)

因此,讨论交际就应该同时考虑这两组特色。这是社会认知路径的中心论点。

为了帮助读者理解凯奇凯斯的路径,我们在此重点介绍一下"合作"和"自我中心论"这对概念。新格赖斯派跟关联理论派曾就这个问题展开激烈的争论。威尔逊和斯波伯坚持他们的关联原则跟格赖斯的合作原则不矛盾,因为"声称会话根本就不是合作举动的理论是不可信的",但是,"我们不清楚为什么**因为会话是合作举动,话语就应该像这样被解读**"(Wilson & Sperber,1981/1998:365,黑体是原有的)。他们认为,"一定量的合作是说话人要付出的代价,如果想在这种本质上是自我中心的活动中取得成功的话"(同上:365—366)。

凯奇凯斯注意到关联理论派对格赖斯合作原则的批评有致命的缺陷。他认为,"我们需要区分**交际合作跟社会合作**"(Kecskes,2014:27,黑体是原有

---

① 出于简化目的,我们在前面几节没有提及欧洲大陆派。事实上,关联理论派和新格赖斯派都是不同于欧洲大陆派的英美派。因为他们都把语用学看作语言学的重要分支,就像语音学、音系学、形态学、句法学、语义学一样。欧洲大陆派则把语用学看作一种视角,"语用学应该被界定为……视角,一种看待音系学家、形态学家、句法学家、语义学家、心理学家、社会语言学家等研究内容的视角"。(Verschueren,1987:360)

② 原文此处用的是"经历"(experience),而不是"语境"(context)。但是,在正文里,他有时把 experience/context 连用,因为一个人的"前经历"构成他说话时的"前语境"。而且语境问题是凯奇凯斯社会认知语用学理论的核心概念之一,因此我们在此使用"语境"这个术语。

的)。格赖斯的合作原则不是"正面的,社会'顺畅'或令人愉悦的"(同上),而是人们交际时持有的假定——遵守合作原则他们就会成功。即使两个人有不同意见,在争论,他们也预期"谈话是有意义的,会有某种结果,对方是在关注自己"(同上)。关联理论派讨论的却是"社会合作还是不合作"(同上:33),跟格赖斯所讲的交际合作不是一回事。因此,格赖斯合作原则"当然还应该被看作交际的主要推动力"(同上:27)。

尽管如此,凯奇凯斯主张,格赖斯的合作原则并不是故事的全部,而"只是硬币的一面"(同上)。根据认知实验研究,我们有强有力的证据表明,自我中心论大部分时间在交际中占统治地位。凯萨、巴尔、霍顿(Keysar, Barr & Horton, 1998)指出,人们处理语言时通常以自我为中心。凯萨、巴尔、巴林、布劳讷(Keysar, Barr, Balin & Brauner, 2000),凯萨、林、巴尔(Keysar, Lin & Barr, 2003),巴尔、凯萨(Barr & Keysar, 2005)进一步报告实验证据,说明听话人有时候采用自我中心策略。凯萨(Keysar, 2007)明确提出,说话人的自我视角不允许他们遵从合作原则假定。

凯萨等(Keysar, et al., 2000)报告的一个实验如下:

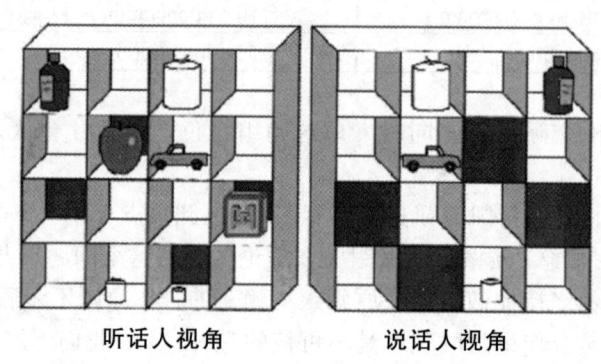

听话人视角　　　说话人视角

图 8-1

说话人和听话人分别坐在桌子的两边,桌上放着图中所示的架子,有些格子里放着东西。如图所示,说话人和听话人能看见的东西不完全相同,有4个格子说话人一边是挡住的。他们发现,当说话人要听话人把小蜡烛拿走时,每个听话人都先看自己右手第二格最下层最小的蜡烛,尽管这不可能是说话人的意图所在,因为他看不见。(同上:35)

换言之,自我中心论,从自己的角度、根据自己的知识、按照自己的语境看问题的倾向,是一种无意识、直觉的反应,因而不可避免。这样界定的话,自我中心论是对交际的一个方面的客观描述,没有任何只为自己谋利的负面涵义。或者,我们也可以这样说,会话参与者虽然都愿意为交流信息而合作,却可能对特定语境下的"合作"有不同的判断。在这个意义上,合作和自我中心论是互补的,讨论会话时两者都要考虑。

凯奇凯斯的社会认知路径的一个不足是，他所谓的"社会"更多用在"集体"的涵义上，跟"个人"对立；而不是用在"人际关系"，特别是"情感关系"的涵义上，跟"认知""信息"对立。

英美派语用学跟欧洲大陆派语用学的一个区别是，前者更倾向于认知、哲学，后者更倾向于社会、文化。把这两派语用学思想整合起来，就像凯奇凯斯尝试的那样，意味着把认知、哲学倾向跟社会、文化倾向整合起来。或者用法国学者博纳丰（Bonnefon）及其同事的说法，不仅有涉及话语信息量（即信息真假）的认知语境，而且有涉及话语情绪（如，是否威胁面子）的情感，或社会语境。在威胁面子的语境下，some（部分）不太会表示"不是全部"（参见 Bonnefon & Villejoubert, 2005, 2006; Bonnefon, Feeney & Villejoubert, 2009）。下例就来自他们的文章（Bonnefon, Feeney & Villejoubert, 2009: 250）：

例 8-33
  a. What impression did I make during dinner?（我在饭席上表现怎么样？）
  b. Some thought you drank too much.（有些人觉得你喝得太多了。）

事实可能是所有在场的人都认为这个人喝得太多了，但是为了给他留点面子，说话人用了 some，没用 all。这就是说，在这个场合，霍恩等级 <all, some> 不再适用。

此外，我们还需要考虑文化因素。根据霍恩，<love, like> 构成数量等级，使用弱项 like（喜欢）就隐含强项 love（爱）不适用。然而，在中国文化里，特别是年长的一代，人们比较内向，羞于公开表达感情，他们常常用"喜欢"表示"爱"。

一个真正意义上的社会认知语用学路径必须同时考虑这些情绪、文化因素。

第九章

语言与文学

9.1 概述

文体(Style)的概念源自古代修辞学。**文体学**(Stylistics)则可能是文献研究者开创的学科(Burton, 1990),它作为语言学的分支,主要研究特殊语境中语言的特征(即语言的多样性),并试图建立一些规则,以解释个体和社团在语言使用过程中的特殊选择。(Crystal, 1980)

作为一门新近发展的学科,卡特和辛普森(Carter & Simpson, 1989)认为:"如果20世纪60年代是形式主义文体学的十年,20世纪70年代是功能主义文体学的十年,20世纪80年代是语篇文体学的十年,那么20世纪90年代将会是以社会历史文体学和社会文化文体学为主导的十年。"除此以外,申丹(2000)还指出,文体学的发展还呈"多元发展"的趋势,即,不同流派的文体学竞相发展,新流派层出不穷。例如,从认知角度研究文学就是一个范例。

9.2 文学语言的一些普遍特征

本章主要关注语言与文学的紧密联系,即**文学文体学**(Literary Stylistics),其研究焦点是与文学文体相关联的语言特征。

从某种角度来看,语言的语音、语法和语义特征显著化或前景化的程度,可以作为区分语言的文学用法和非文学用法的标志。

前景化(Foregrounding)的概念来自于视觉艺术,与"背景化"一词相对应,已经成为文体学的常用术语。俄国形式主义语言学家、布拉格学派学者和现代文体学家,如Leech(1969),都曾在文体研究中使用这一术语。它被定义为"以艺术手法为动机的偏离"(Leech & Short, 1981)。这种偏离或非常规用法,覆盖了语言的所有层面:词汇、语音、句法、语义以及语相等。重复的手法也是偏离的一种,因为通过不断再现,重复打破了语言使用的常规。重复性模式(比如语义或语法层面的)被添加到了期待正常用法出现的背景上,显得不同寻常,从而引起读者关注。因此,许多通过重复使用词汇来实现的修辞手法或者技巧,如头韵、平行等在文学语言前景化过程中被普遍采用。(Wales, 1989)

9.2.1 前景化和语法形式

请看下面的例子。两个例子都描述了美国城市内部的衰颓。例9-1出自《观察报》(1995年11月29日刊)。

例9-1
  The 1960 dream of high rise living soon turned into a nightmare.
（1960年生活高速增长的梦想很快就变成了一场噩梦。）

从单词的排列形式看，这个句子在语法上没有任何与众不同或"偏离"。然而，在下面摘选的诗句中，语法结构却似乎很有挑战性，并且对我们的解释过程提出了更多的要求：

例9-2
  Four storeys have no windows left to smash
  （四层楼没有窗户可以打碎）
  But in the fifth a chipped sill buttresses
  （但是第五层一个破碎的窗台支撑着）
  Mother and daughter the last mistresses
  （母女也是最后的主人）
  Of that black block condemned to stand, not crash
  （那尚存未毁的黑色楼房）

诗句的第二行以"But in the fifth"开头，其与常规用法的不同之处，在于句子的谓语由一系列嵌入成分组成。如果将它们用完整形式写出来，我们就能看出这一点："A chipped sill buttresses mother and daughter who are the last mistresses of that black block which is condemned to stand, not crash."（一个破碎的窗台支撑着母亲和女儿，她们是那个尚未坠毁的黑色楼房的最后的女主人。）

在文学文本里，语言的语法系统常常被"开发"和"实践"，或者，用穆卡洛夫斯基（Mukarovsky）的话说，就是"使其偏离于其他日常语言形式，结果是在形式和意义上都创造出有趣的新模式"。其产生的途径之一是使用那些看起来打破语法规则的、非常规的结构。在下列摘自Angela Carter的小说《聪明孩子》的一段中，第一句话打破了什么规则？

例9-3
  The red-haired woman, smiling, waving to the disappearing shore. She left the maharajah; she left innumerable other lights o' passing love

in towns and cities and theatres and railway stations all over the world. But Melchior she did not leave.（红发女人微笑着向渐渐消失的海岸挥别。她离开了邦主，她离开了全世界的城镇、都市、剧院和火车站等无数其他过往爱情的灯火。但是主她并没有离开。）

我们都知道英语句子通常由一个主语和一个谓语组成，这个谓语通常又包括一个动词词组。然而，这里的第一个句子却没有核心动词。它看上去似乎应该与另一个分句相连，所以不该以独立形式存在。但是在这里，它的确是个独立句。

在这段摘录的文字里，Carter 在最后一句中也运用了一个带标记的句法结构：But Melchior she did not leave。同更多英语句子的常用词序即"主语+动词+宾语"（常记为 SVO）相比，这个结构要显眼得多。Carter 把直接宾语（Melchior）放在主语和核心动词（she did not leave）之前，使得这个句子和前两个分句之间产生了结构上的对比，从而加强了意义上的对比：

例 9-4
    She left the maharajah
    She left innumerable other lights o'passing love
    Melchior she did not leave

9.2.2 字面语言和比喻语言

词典定义中所提供的一个词的第一个意义通常是它的字面意义。例如"树"一词的字面意义是指"一株大的植物"。然而，一旦我们在谱系树的语境下开始谈论一棵树时，它就不再是我们所谈论的字面意义的"树"，而是一棵具有比喻意义的"树"。"树"一词的基本用法是指有皮有枝有叶的生物体。谱系树也同时具有上述属性中的一部分——从构图上看，家族的平面图和树的图像看起来相似，而且某种程度上，双方都是一个有机生长的过程，因此我们使用同一个词表达它们。但是当我们用这个词指植物时，是用它的字面意义，而用它来描述我们的谱系时，则是比喻意义。

语言中表示比喻用法的另一个词是 trope（修辞，比喻）。它是指为了修辞目的而通过比喻途径来使用语言。例如：

例 9-5
    Friends, Romans and Countrymen, lend me your ears（朋友们，罗马人，同胞们，请注意听我说……）

这句话摘自莎士比亚的《裘力斯·恺撒》中马可·安东尼的演讲。这里的

lend me your ears（把你的耳朵借给我）就是一个比喻，是为了达到修辞目的所使用的比喻，为的是制造比直接按原义表达（如：listen to me for a moment［请听我说］）更好的效果。我们不能按字面意义把句子解释为希望借用观众"血肉的耳朵"，而应解释为寻求注意力的修辞手法。比喻在语言运用中频繁出现，并且采用许多不同形式。我们在本章中只能就其中的一部分作简要说明。

明喻（Simile）是把一种事物和另一种事物作比较，并通过展现一种事物如何与另一事物相似来解释这种事物是什么样子的方法。它用 as 或 like（像、好像、好似、如）等词在文本中作为明确标志。短语 as cold as ice（冷得像一块冰）就是一个普通的明喻；coldness（冷）这一概念被表现为一种实际的、具体的事物。As 一词就标志着这个比喻是明喻。例如，下列 Robert Burns 作品的第一行就是一个明喻。

例 9-6

  O, my luve is like a red, red rose,

  That's newly sprung in June;

  O, my luve is like the melodie,

  That's sweetly play'd in tune.

为了表达情感，诗人邀请读者一起去感受其爱人所拥有的一些如玫瑰般的特征，比如美丽、清新、芬芳、脱俗，以及珍贵。

以上明喻中把一个事物的特性转移到另一个事物的过程，在**暗喻**（Metaphor）中同样有效。但是二者有形式上的差异，即在暗喻里诸如 like 或 as 一类的词并不出现。和明喻一样，暗喻也是对比两个并不相似的成分；但不同于明喻的是，这种对比是隐含的而不是直接表达的。试比较以下两个例子。

例 9-7

  The world is like a stage.（明喻）

例 9-8

  All the world's a stage,…（暗喻）

我们可以看到，由于暗喻没有给出明确的比喻信号，因此更难以辨认，但却更加有力。

转喻（Metonymy）意味着"名称的改变"。例如，在以下 J. Shirley 的诗行中，运用了四次转喻：

例 9 – 9
> There is no amour against fate;
> Death lays his icy hand on kings;
> Sceptre and Crown
> Must tumble down
> And in the dust be equal made
> With the poor crooked Scythe and Spade.

在这里，sceptre（王杖）和 crown（王冠）代表国王和王后，scythe（镰刀）和 spade（铲子）则代表普通农民和工人。

提喻（Synecdoche）是更深层次的比喻语言。它通常被视为转喻的一种，是指用事物一部分的名称来指代整个事物，反之亦可。例如，hands（手）在 They were short of hands at harvest time（他们在收获季节缺乏人手）这个句子里是指工人、劳动者或帮手。

总体说来，语言的比喻用法使得被讨论的概念更通俗易懂，更易于接受。读者所感知的关于世界的图像，其不确定性和模糊性已被消除。有些语言学家认为我们对世界和自身的诸多认识都是由语言的比喻用法塑造的。

9.2.3 文学语言的分析

我们可以通过多种途径分析文学作品。根据我们所分析的作品的类型，以及分析的目的，下列一些程序对分析文本的语法结构和意义可能会有所帮助。

—— 当词汇层面上呈现前景化时，可运用形态分析来关注词语新的组合形式。

—— 当词序和句法层面上呈现前景化时，可运用关于词类的知识（即名词、动词、形容词等）来分析不寻常的或"有标记的"组合。

—— 在语法层面上，可以分析句子结构或寻找不同类型词组、名词词组和动词词组的组合以及模式，因为它们可能有助于语言的文学性用法。

—— 在任何情况下，你都会发现：关注语言的系统性，将使你能够把语言的较为平常的、非文学的用法和语言的"偏离"的、更"有标记的"或者说更文学的结构区分开来，从而能够更好地理解文本中的结构模式。

—— 如果你不能确定从哪里着手分析一个文本，你可以试着重写文本。通过比较原文和重写的版本的差异，你就能够对原文正式或非正式的程度（即其语域）以及它对读者的影响作出评论。重写一篇文章也是一个发现原文其他重要特征的好方法。

—— 如果运用了影响意义的一些结构手法，是哪些手法？例如，有没有运用词汇意义的交叠或词汇意义的反差？文章是否以一种有趣或不同寻常的方式采用了对立、矛盾修辞法或上下位关系的手法？

——文章的上下文对于你理解文章有多重要？与你背景知识不同的读者会不会形成不同的解释？

——某个单词或短语的字面意义在此适用吗？如果不适用，你就是遇到了比喻性语言。看看文中有没有明喻、暗喻、转喻和提喻。语言修辞手法的功能是什么？它可能使抽象变得具体，使神秘和恐惧变得安全、平常、熟悉，或者使司空见惯的用法看起来精彩与特别。

9.3 诗歌语言

9.3.1 语音模式

大多数人都熟悉诗歌的韵律这一概念。事实上对一些人来说，正是韵律定义了诗歌。尾韵（即在每行的末尾押韵）在一些诗歌类型中非常普遍，尤其是在儿童诗歌里：

例 9-10
  Little Bo-peep
  Has lost her sheep
  And doesn't know where to find them
  Leave them alone
  And they will come home
  Waggling their tails behind them

下列莎士比亚的诗句也押韵：

例 9-11
  Fair is foul and foul is fair
  Hover through wind and murky air

歌曲也常常是押韵的：

例 9-12
  Hark! The herald angels sing
  Glory to the newborn King!

这些都是押尾韵的例子：一行的最后一词和另一行的最后一词尾音相同，有时两行上下相邻，有时中间间隔一行或几行。

通过像这样重复单词中的音，诗人们能建立非常复杂的模式。对英语的押韵模式感兴趣的读者可进一步阅读本书最后列出的参考书目，例如 Thornborrow & Wareing(1998)等。

9.3.2 不同形式的语音模式

摘自 Christopher Marlowe 的作品《多情牧羊人的情歌》中的下列诗句能够帮助我们区分几种不同类型的语音模式。

例 9-13
> Come live with me and be my love
> And we will all the pleasures prove

押韵（Rhyme）　　　me-be　　　　　love-prove
　　　　　　　　　　/mi:/-/bi:/　　　/lʌv/-/pruv/

我们已经在一些细节上讨论了押韵。Me-be 的押韵是押中间韵，而不是尾韵。在 Marlowe 的时代，love 和 prove 两词的元音可能发音相同，应该是押韵的，尽管今天看来，这两个词听上去像是押半韵或者押辅音韵。

头韵（Alliteration）　me-my　　　　pleasures-prove
　　　　　　　　　　/mi:/-/maɪ/　　 /pleʒəz/-/pruv/

在头韵里，词首的辅音是一致的（Cvc）。正如我们所看到的，虽然 pleasures 和 prove 都是以 /p/ 开头，但拥有不同的辅音音丛：/pl/ 和 /pr/。因此它们不是押完全的头韵。

准押韵（Assonance）　live-with-will　　come-love
　　　　　　　　　　/lɪv/-/wɪð/-/wɪl/　/kʌm/-/lʌv/

准押韵通过一个共同的元音（cVc）来描述音节。

辅音韵（Consonance）　will-all
　　　　　　　　　　　/wɪl/-/ɔ:l/

以相同辅音（cvC）结尾的音节被描述为押辅音韵。

反韵（Reverse Rhyme）　with-will
　　　　　　　　　　　 /wɪð/-/wɪl/

反韵是指音节拥有共同的元音和首辅音，即 CVc，而不是元音和尾辅音押韵。

押副韵（Pararhyme）　　　　live-love
　　　　　　　　　　　　　/lɪv/-/lʌv/

当两个音节具有相同的首辅音和尾辅音，但是元音不同时（CvC），它们就是押副韵。

反复（Repetition）虽然在《多情牧羊人的情歌》这首诗里没有相应的例子，但是CVC的完全匹配当然是可能的，例如"the sea, the sea"。这就被称作反复。

9.3.3　重音和韵律模式

在正常语境下，一个双音节英语单词的其中一个音节会较响亮、较高、较长，或比同一词中的另一个音节发音稍用力一些，这个音节被称作重读音节。例如，在kitten一词中，kit是重读音节，而ten是非重读音节。除了单个单词内部的重读以外，当我们把词放在一起形成语句时，我们也会更强调其中的一部分词。哪里该重读，一部分取决于人们认为语句里哪些信息是最重要的，一部分取决于词语内部的重音。

诗歌能表现出我们在说话时是如何使用重音来表现节奏的。当重读被组织成有规律的节奏时，就形成了韵律。

传统上来讲，要弄清楚诗歌的韵律，首先要计算出每一行诗的音节数目。以莎士比亚的《罗密欧与朱丽叶》中的一句话为例：

例9-14
　　For saints have **hands** that **pilgrims'** **hands** do **touch**

这一行包括十个音节，黑体字标出的是重读音节（根据对句子的不同理解，可能会标示不同的重读音节）。类似这样的诗句：有十个音节，每隔一个音节出现一次重读，且以非重读音节开头，在英语诗歌中是一种非常特殊并受欢迎的形式。这类诗歌被称为抑扬格五音步诗。抑扬格的模式是：一个非重读音节后面跟上一个重读音节。

抑扬格是韵律单位的一种。韵律单位叫作音步。五音步诗行（pentametre）是指诗句里有五个音步。《罗密欧与朱丽叶》中这一句诗就是五音步诗，因为它包含五个音步。在英语诗歌里频繁出现的不同类型音步的名称如下：

抑扬格（Iamb）：一个抑扬格音步包括两个音节，即一个非重读音节后面跟一个重读音节。

例 9 – 15

and **palm** to **palm** is **ho**ly **palm**er's **kiss**

扬抑格（Trochee）：一个扬抑格音步也包括两个音节，但这种情况是重读音节在前，非重读音节随后。

例 9 – 16

Willows **whi**ten, **as**pens **qui**ver

抑抑扬格（Anapest）：一个抑抑扬格包括三个音节，即两个非重读音节后面跟一个重读音节。

例 9 – 17

Without **cause** be he **pleased**, without **cause** be he **cross**

扬抑抑格（Dactyl）：扬抑抑格和抑抑扬格相似，但是顺序正好颠倒，一个重读音节在前，后跟有两个非重读音节。

例 9 – 18

One for the **mas**ter, and **one** for the **dame**

扬扬格（Spondee）：一个扬扬格包括两个重读音节。诗句很少只包含扬扬格。

例 9 – 19

and a **black-/Back gull bent** like an **iron bar slow**ly

抑抑格（Pyrrhic）：一个抑抑格包括两个非重读音节，比如例 9 – 19 中的 like an。

与五音步诗行相类似，包含两个音步的诗行（类型不限）被称作双音步诗行（dimetre）；包含三个音步的称作三音步诗行（trimetre）；包含四个音步的为四音步诗行（tetrametre）；包含六个音步的为六音步诗行（hexametre）；包含七个音步的为七音步诗行（heptametre）；包含八个音步的为八音步诗行（octametre）（每个名称的前半部分都与希腊语中表相应数量的词相关）。

9.3.4 传统的韵律模式与语音模式

不同时代有不同的韵律模式和语音模式，并作为构建诗歌的途径而被人们所接受。这些传统的诗歌结构通常都有名字。如果你想分析诗歌，那么建议你先去熟悉诗人比较常用的形式。下面是常见的一些韵律模式和语音模式。

对句（Couplets）：对句为两行诗句，一般由押韵联系在一起。下面这个例子摘自 Wordsworth 的《疯狂的母亲》。

例 9-20
  Her eyes are wild, her head is bare,
  The sun has burnt her coal-black hair,
  Her eyebrows have a rusty stain,
  And she came from far over the main.

四行诗（Quatrains）：即四行为一节的诗，是英语诗歌中很常见的形式。Oliver Goldsmith 写于 1766 年的《当漂亮女人做蠢事》就属于四行诗。

例 9-21
  When lovely woman stoops to folly,
  And finds too late that men betray,
  What charm can soothe her melancholy,
  What art can wash her guilt away?
  The only art her guilt to cover,
  To hide her shame from every eye,
  To give repentance to her lover,
  And wring his bosom — is to die.

无韵诗（Blank verse）：无韵诗是由不押韵的抑扬格五音步诗组成的。这一诗歌形式在英国文学里非常普遍。例 9-22 摘自 Robert Browning 的诗《裁缝安德拉》（1855）。

例 9-22
  But do not let us quarrel any more,
  No my Lucrezia; bear with me for once:
  Sit down and all shall happen as you wish.
  You turn your face, but does it bring your heart?

其他许多诗歌形式在英语诗歌里的出现也是相当有规律的。例如十四行诗（sonnet）、自由体诗（free verse）、打油诗（limericks）等等。Jon Stallworthy 写有一篇论文，就《诺顿诗集》中的诗律作了很好的概述。

9.3.5 语音和韵律在诗歌中的功能

为什么诗人要运用语音模式和韵律模式？Thornborrow & Wareing（1998）作出的一些解释，可以让我们对语音和韵律能够产生效果的范围有一个了解。诗人们使用语音、韵律模式的原因包括：

（1）追求审美趣味——语音和韵律模式从根本上说令人愉悦，正如音乐；多数人喜欢节奏和重复的语音。孩子们尤其如此，看上去他们喜欢诗歌是因为这个理由。

（2）适应传统/风格/诗歌形式——和服装、建筑一样，诗歌也有流行式样。不同形式的语音模式流行于不同时期。它们的创作时代在很大程度上影响了诗人们对于诗歌形式的选择。

（3）表情达意或者革新一种形式——诗人们为了进行革新而创造新的诗歌形式，并向那些所谓的适合诗的语言形式提出挑战。

（4）展示专业技巧，寻求精神满足感——诗歌的巧妙构思、形式和意义的完美结合，都能给诗人带来满足感。运动员们通过奔跑、跳跃、飞跃来表现自己的能力，而诗人则通过词语来展示自己的才华。

（5）突出强调和对照——有些韵律模式，如 slow spondees，或者在前面原本很规则的模式里融入突然的变化，使你对诗歌中的某处加以注意。

（6）拟声现象——如果一行诗的节奏或语音模仿的是被描绘事物的声音，这被称为拟声现象。

9.3.6 如何分析诗？

Thornborrow & Wareing（1998）所提供的下列清单，将有助于我们了解诗的分析中需要关注的地方。

1. 关于诗的信息

如果能查到的话，分析诗歌时应在必要处点出诗的题目、诗人姓名、诗歌创作时期、诗歌所属类型，比如抒情诗、戏剧诗、叙事性十四行诗、讽刺诗等。你也可以提及主题，例如，它是爱情诗、战争诗，还是关于自然的诗。

2. 诗歌建构的方式

这些是你应该小心找寻的结构特征。我们可能已忽略了其他一些特征。如果在诗歌中你没有找到任何反韵的例子，或规则的韵律模式，不要着急。重要的是你寻找过了，假如这些例子存在，你肯定没有错过它们。

你不必在文中就下列所有标题进行阐述。对这些问题的思考是了解诗歌的程序。之后，你便可以选择讨论自己认为有趣的特征。

——布局:每一诗节所包含的诗行的长度是一致还是存在差异?
——诗的行数。
——诗行的长度:数一数音节,诗行的音节长度是否规则?

诗的布局对于理解视觉型诗尤其重要。下列两个例子可表现此类诗的一些特征。

例 9-23

　　seeker of truth
　　follow no path
　　all paths lead where

　　truth is here
　　　　　　　　　　　（e. e. Cummings,《73 首诗》的第三首）

例 9-24

　　　　Lord, who createdst man in wealth and store,
　　　　　Though foolishly he lost the same,
　　　　　　Decaying more and more,
　　　　　　　Till he became
　　　　　　　 Most poore:
　　　　　　　 With thee
　　　　　　　O let me rise
　　　　　　As larks, harmoniously,
　　　　　And sing this day thy victories:
　　　　Then shall the fall further the flight in me
　　　　　　　　　　　（George Herbert,《复活节的翅膀》）

——规则的韵律:哪些音节重读?重读音节之间的非重读音节是否数目相等?每一诗行包含几个音步(即重读音节)?对每一诗行的音步类型及音步数量展开评论——或者指出该诗歌没有规则的韵律模式。不过,发现一首诗没有规则的韵律并不等于说该诗没有使用韵律。一首诗可能采用自由诗体,并且偶尔也使用特殊的韵律模式表示强调或制造拟声效果。

——尾韵:如果存在尾韵现象,就要分析一下。你应该求助于一些参考文献，比如《诺顿诗集》最后面 Jon Stallworthy 的文章，检查一下该诗的韵律和尾韵是否符合某类诗的独特风格（如：民歌或十四行诗）。

——语音模式的其他形式：准押韵、辅音韵、头韵、侧韵、反韵、半韵以及反复。

你可以参考以上诸项，对这些形式创造的效果展开评论。你也应该仔细研究诗歌语言的字面意义和比喻用法、句法层面上的有趣用法、标点、语域，以及穿插于文中的典故等。

9.4 小说中的语言

9.4.1 小说与视角

根据 Mick Short（1996）的观点，我们至少需要三个话语层面来解释小说（即长篇小说和短篇小说）的语言，因为在角色—角色层面和作者—读者层面之间插入了一个叙述者—被叙述者的层面：

信息发出者 1 —— 信息 —— 信息接受者 1
（作者）　　　　　　　　　（读者）
信息发出者 2 —— 信息 —— 信息接受者 2
（叙述者）　　　　　　　　（被叙述者）
信息发出者 3 —— 信息 —— 信息接受者 3
（角色 A）　　　　　　　　（角色 B）

上图只能"笼统地"对小说加以说明，因为如果要用它来解释小说是如何作为一种文学形式发生作用的，要求三个层面和三组参与者同时出现。但是任何特定的小说都可能选用这些特征中的一部分，或增加其他特征，或同时采用这两种手法。小说的基本话语结构包含六个参与者这一事实，本身就意味着，跟其他体裁（如诗歌）相比较，小说叙述中需要引入更多视角。但是在特定的小说中，增加必要的叙述视角数量并使这些视角彼此建立联系的机会是无穷多的。因此，小说成为作家们广泛探究视角的一种写作体裁，实在不足为奇。

I 叙述者（I-narrator）：讲述故事的人也可能成为故事虚构世界中的一个角色，在事件发生后讲述故事。在这种情形下，评论家们称叙述者为"第一人称叙述者"或"I 叙述者"，因为叙述者在故事里提到他或她自己的时候，总是用第一人称代词"我"（I）。第一人称叙述者常常被认为"有局限性"，因为他们并不了解所有事实；或者被认为"不可靠"，因为他们通过保留信息或说谎来欺骗读者。此类情形常出现在凶杀和推理小说中。

第三人称叙述者（Third-person narrator）：如果叙述者不是虚拟世界中

的角色,他或她常常被称为"第三人称叙述者",因为故事虚构世界中的所有人物被提及时,用的都是第三人称代词"他、她、它或他们"(he, she, it or they)。虽然存在争议,但这种主要的叙述类型是占主导地位的叙述类型。

图式语言(Schema-oriented Language):叙述视角也受图式的影响。值得一提的是,处于相同情形中的不同参与者会有不同的图式,这和他们的不同视角有关。因此,店主和顾客会有商店图式,而且这些图式在许多方面都会成为相互间的镜像。店主成功与否将部分取决于他们能否考虑到顾客的视角。

小说家们除了通过选择描述对象来表明视角以外,也能通过确定描述方式来表明视角,尤其是通过具有评价特征的词句。

例 9-25

She opened the door of her grimy, branch-line carriage, and began to get down her bags. The porter was nowhere, of course, but there was Harry...There, on the sordid little station under the furnaces...

这个段落选自 D. H. Lawrence 的作品《芬尼和安妮》(*Fanny and Annie*)。其中具有浓厚评价性特征的两个形容词:短语 grimy, branch-line carriage 中的 grimy 和 sordid little station under the furnaces 中的 sordid 使对于莫雷(Morley)火车站的描写非同一般,这个描写取自芬尼的视角,显然,她厌恶这个地方。

已知信息与新信息(Given vs. New information):在故事开头,我们应该能预料到,除了我们文化当中每个人都知道的事物(如太阳),对其他所有事物的叙述所指(narrative reference)一定是新的,因此应该选用不定所指(indefinite reference)。Thomas Hardy 的作品《卡斯特桥市长》(*The Mayor of Casterbridge*)的开头就是一个范例。

例 9-26

One evening of late summer, before the nineteenth century had reached one third of its span, a young man and woman, the latter carrying a child, were approaching the large village of Weydon-Priors, in Upper Wessex, on foot.

第一次提到男人、女人和孩子时,使用了不确定所指(a young man and woman, a child),因为我们尚未与他们谋面。这样造成的印象是,我们倾向于对这些人物远距离"鸟瞰"。"19世纪"是确定性所指,因为 Hardy 认为他的读者已经知道这个词组的所指。但是请注意:即使在如此直截了当的描述中,作者第一次提到 Weydon-Priors village 时使用了确定性所指,鼓励我们假装自己已经熟悉了这个地方。通过这种手法,Hardy 把他的读者群"定位"为:

在某种程度上熟悉这个村庄(以及这个地区),但不熟悉其中的人物。

指称(Deixis):因为指称与说话者相关,所以它很容易被用来表明特定的、变化中的视角。在下列选自《间谍》(*The Secret Agent*)的例句中,我们可以通过 Verloc 先生的视角观察他妻子的行动。

例 9-27

    Mr. Verloc heard the creaky plank in the floor and was content. He waited.

    Mrs. Verloc was coming.

除了表示感知和认知的动词 heard,waited,以及他的内心体验(was content),我们还能从 Verloc 先生的位置看到,Verloc 夫人正在向她丈夫靠近(coming)。在小说这个情节处,只从 Verloc 先生的视角来看待事件,是具有特殊意义的。他没有意识到妻子正准备杀害他。

9.4.2 言语和思维的表达

1. 言语的表达

根据 Short(1996)的观点,言语的表达可以有以下几种可能:

1)直接引语(Direct Speech,简称 DS)
2)间接引语(Indirect Speech,简称 IS)
3)叙述者对言语行为的表达(Narrator's Representation of Speech Acts,简称 NRSA)
4)叙述者对言语的表达(Narrator's Representation of Speech,简称 NRS)

此外,我们从直接引语(DS)中能得到人物语言最完整的形式。从1)到4)的过渡中,人物对言语的贡献变得越来越弱。

还可能出现一个更深层次的范畴。这个范畴是直接引语(DS)和间接引语(IS)的特征的结合体,被称为自由间接引语(Free Indirect Speech,简称 FIS)。它在言语表达的连续体中位于 DS 和 IS 之间:

NRS — NRSA — IS — FIS — DS

以下例子摘自 Charles Dickens 的作品《老古玩店》(*The Old Curiosity Shop*),可以用来阐明言语表达的大多数类型。

例 9-28

    (1) He thanked her many times, and said that the old dame who usually did such offices for him had gone to nurse the little scholar whom he had told her of. (2) The child asked how he was, and hoped

he was better. (3) "No," rejoined the schoolmaster, shaking his head sorrowfully, "No better.(4) They even say he is worse."

引号中校长的话是 DS 的例子。在句(2)中,可以看到典型的 IS:"The child asked how he was...",它提供给我们关于孩子所说的话的建议性内容,而不是她在表达这些内容时所用的词句。然而,在句(1)的开头"He thanked her many times..."处,我们甚至不知道校长说了什么内容,更别说他在陈述那些内容时所使用的词句了。我们所知道的只是他一次次使用了感谢(thanking)的言语行为。因此,段落的这一部分可被看作是对很长一段话语的总结,从而比使用 IS 更能突出它的不重要性。Mick Short 称这种极简类型的表达为 NRSA。另外,可能还有一种比 NRSA 更简单的言语表达,即这样的一种句子:只告诉我们言语发生了,根本不指明所发生的言语行为,例如 We talked for hours, 此类句子称为 NRS。

FIS 的形式乍一看好像是 IS,但又有 DS 的特征。在刚才的例子中,最明显的 FIS 的例子就是句(2)的后半句:"...and hoped he was better."(前半句"The child asked how he was..."明显是 IS,给出了语句的建议性内容,而不是所用的词语)虽然它肯定不是 DS,但它确实保留了那孩子措辞的一些特点。这种情况产生的原因是:虽然它与句子前半部分的 IS 是并列的(这让我们认为它同样是 IS),但却省略了转述从句,而这个从句很容易就能从上下文推导出来。更清晰的 FIS 的版本应该为 "...and said that she hoped he was better"。

2. 思维的表达

小说家们在表达其人物思维时所采用的区分类别,与用来表达言语时采用的类别完全相同。

例 9 - 29

　　a. He spent the day thinking.

　　　（叙述者对思维的表达：NRT）

　　b. She considered his unpunctuality.

　　　（叙述者对思维行为的表达：NRTA）

　　c. She thought that he would be late.

　　　（间接思维：IT）

　　d. He was bound to be late!

　　　（自由间接思维：FIT）

　　e. "He will be late", she thought.

　　　（直接思维：DT）

考虑到 NRT,NRTA 或 IT 产生的文体效果与对应的言语表达类型产生的文体效果大致相同，我们只讨论两种思维表达类型，即 DT 和 FIT。

直接思维（Direct Thought，简称 DT）：DT 倾向于用来表达有意识的、缜密的思维。在下列选自 Dickens 作品《老古玩店》的例句中，Dick Swiveller 已患重病好几周了，刚刚苏醒过来：

例 9-30

"I'm dreaming," thought Richard, "that's clear. When I went to bed, my hands were not made of egg shells; and now I can almost see through'em. If this is not a dream, I have woke up by mistake in an Arabian Night, instead of a London one. But I have no doubt I'm asleep. Not the least."

Here the small servant had another cough.

"Very remarkable!" thought Mr. Swiveller. "I never dreamt such a real cough as that before. I don't know, indeed, that I ever dreamt either a cough or a sneeze. Perhaps it's part of the philosophy of dreams that one never does. There's another — and another — I say, — I'm dreaming rather fast!"

该叙述的幽默体现在：Mr. Swiveller 以为他在做梦，但我们知道当他从昏迷中清醒过来时，进行的思考却相当缜密。他迅速闪过的梦境不过是日常生活现实对其意识的冲击。叙述中插入的句子清楚地体现了这一点。

DT 的语言形式与戏剧中独白的语言形式相同：人物到底是在自言自语还是在对观众倾诉，DT 和独白在这一点上表现出的模棱两可人人皆知。小说中没有观众可以倾诉，所以，表达思绪一定是 DT 的唯一目的。然而，DT 常常被用来表达人物与自己或与他人的、想象中的对话，这大概就是为什么 DT 给人的感觉往往是有意识思考的缘故。

自由间接思维（Free Indirect Thought，简称 FIT）：以下是一个 FIT 的简短范例，选自 Julian Barnes 的《十章半的世界史》(*A History of the World in* $10\frac{1}{2}$ *Chapters*)。Fergusson 上校临终前躺在床上，对正在读宗教手册并等待他死去的女儿感到恼火。作为无神论者的上校非常恼怒，因为他无法理解女儿对上帝的信仰：

例 9-31

It was a provocation, that's what it was, thought the Colonel. Here he was on his deathbed, preparing for oblivion, and she sits over there reading Parson Noah's latest pamphlet.

第一句的转述从句和第二句的前半部分采用了 FIT 形式。它们同时具有直接表达和间接表达的特征。我们可通过把它们先"翻译"成 IT 再"翻译"成 DT 来说明其混合性特征：

（1）The Colonel thought that it was a provocation that while he was on his deathbed, preparing for oblivion, she was reading Parson Noah's latest pamphlet.（IT）

（2）"It is a provocation, that's what it is," thought the Colonel. "I'm on my deathbed, preparing for oblivion and she sits over there reading Parson Noah's latest pamphlet."（DT）

从这个例子中，我们能看到 FIT 的典型效果。我们感觉靠近了人物，几乎在他的大脑中和他一起思考，并与他的想法产生共鸣。这种"靠近"的效果或多或少与 FIS 的效果相反：FIS 使我们感觉与人物有距离，并且通常被用来作表示嘲讽的工具。

FIS 和 FIT 为何具有如此显著的不同效果？其中一个原因就是，虽然我们能把 DS 合理地假定为言语表达规范，但要对 DT 作出同样假定却要难得多。与别人的言语不同，别人的思维我们是无法直接感知的。我们只能从人们的言语、行动、面部表情等来推测他们可能在想什么。因此，把 IT 作为我们思维表达的规范要合理得多。在这种情况下，FIT 的使用远离了规范一端，向天平的人物那一端移动。FIS 的移动方向则正相反。

意识流写作（Stream of Consciousness Writing）："意识流"一词最早是由哲学家 William James 创造的。他在《心理学原理》（1890）一书中用该词描述思维中观念与印象的自由联系。后来该词被 William Faulkner, James Joyce, Virginia Woolf 等作家用于小说实验，展现思维的自由流动。然而，应注意的是：小说中多数思维表达并非意识流写作。上面我们已经讨论过的例子也不是意识流写作，因为它们太有序了，无法形成思绪的自由组合。或许最著名的使用意识流手法的段落是 Joyce 的作品《尤利西斯》中描写 Leopold Bloom 的一段。文中，Bloom 在一家餐厅里思考着牡蛎：

例 9-32

Filthy shells. Devil to open them too. Who found them out? Garbage, sewage they feed on. Fizz and Red bank oysters. Effect on the sexual. Aphrodis.（sic）He was in the Red bank this morning. Was he oyster old fish at table. Perhaps he young flesh in bed. No. June has no ar（sic）no oysters. But there are people like tainted game. Jugged hare. First catch your hare. Chinese eating eggs fifty years old, blue and green again. Dinner of thirty courses. Each dish harmless might mix inside. Idea for a poison mystery.

这个曲折的认知过程全部是通过 DT 最自由的形式来表达的。该认知过程的另一特征是：句子结构高度省略（尽可能多的语法词被统一删掉了），使读者能够推断当时事态的发展。语言并不十分衔接，并且违反了格赖斯的数量准则和方式准则。但是我们必须假设：明显违背常理的写作行为是与相应的作者意图相联系的。这个假设就是：虽然 Joyce 明显使我们的阅读变得困难，但实际上他是在更深的层次上与我们合作。由此我们得出结论：他试图刺激读者随他一起驰骋想象。

9.4.3 散文风格

1. 作者风格

人们谈及风格时，通常是指作者的风格，即"世界观"式的作者风格。换言之，是指一种写作方式：属于特定作者，可以识别。如 Jane Austen 或 Ernest Hemingway 的写作方式。这种写作方式使一个作者的作品区别于其他作者的作品。并且，同一作者的一系列文本都可据此加以识别，尽管这些作品由于主题不同、描述对象不同、写作目的不同等原因，肯定有所不同。正是这种从特定作者作品中能够感知作者风格的能力，让我们能够效仿其作品或写出滑稽仿作。

2. 文本风格

文本风格密切关注的是，语言选择如何帮助建构文本意义。正如可以说作者有风格一样，我们也可以说文本有风格。批评家们能够像讨论 George Eliot 的风格一样，去讨论小说《米德马尔契》(*Middlemarch*) 的风格，甚至讨论该小说某些部分的风格。观察文本或节选文本的风格时，我们甚至把关注焦点集中于意义，而不是上面讨论过的作者风格的世界观模式。因此，当我们考察文本风格时，需要考察那些与意义有内在联系并对读者产生影响的语言层面的选择。到目前为止，我们在本书中谈到的所有方面，都与其特定文本的意义及其风格相关：比如词汇方面和语法模式方面，甚至一些明显不重要的东西的位置，如逗号的位置，有时对文本风格的解释非常重要。

9.4.4 如何分析小说语言？

我们应考察那些能够阐明某一作者的一个文本或其所有文本风格的语言特征。包括以下方面：

—— 词汇模式（词汇量）；

—— 语法组织模式；
—— 文本组织模式（从句子到段落以及更大文本，各层文本结构单位是如何组织的）；
—— 前景化特征，包括修辞手法；
—— 是否能观察到任何风格变化的模式；
—— 各种类型的话语模式，如话轮转换和推论模式；
—— 视角处理的模式，包括言语和思维的表达。

9.5 戏剧语言

戏剧以两种方式存在——在剧本里和在舞台上。这使文艺评论者进退两难，因为两种呈现方式非常不同，需要不同的分析方法。语言学家关注戏剧时，通常是关注剧本文本，而不是舞台表演。毕竟，剧本是静态的和不变的。文体学家可以轻而易举地将剧本翻回前一幕，并对剧中不同部分的台词作比较，或者甚至拿起另一本书，在不同戏剧间作比较。但是，戏剧的现场演出却转瞬即逝。不经意间听到的某段台词的一部分，在那个场合不可能再次听到。但是，这并不是说演出永远不能被分析，尤其是现在，我们可以对表演进行录制。不过，在本书中，我们的兴趣在于剧本中戏剧的语言。

9.5.1 如何分析戏剧？

1. 像分析诗歌一样分析戏剧

像分析诗歌一样去分析摘录的戏剧文本——如我们在 9.3 中所做的那样。既然语音和韵律在剧本里与在诗歌里一样，都具有价值，那么前面章节中讨论过的所有处理韵律、语音模式、句法和比喻性语言的方法都同样适用于戏剧分析。

2. 像分析小说一样分析戏剧

可以分析戏剧中的角色和情节，把戏剧大体上看作小说。很明显，情节和人物两个组成部分，在戏剧文本中和在小说中同等重要。因此，这显然是个有价值的出发点；前面章节中所描述的某些方法可以用在这里。

但是从根本上来说，戏剧是不同于小说的，因为戏剧往往欠缺一个叙述性声音。这种欠缺为小说成功改编为戏剧增加了难度。在 1995 年 BBC 改编自 Jane Austen 的小说《傲慢与偏见》的剧目中，公认的问题之一就在于，剧中带有嘲讽口吻的叙述声音所呈现出的对人物与事件的看法，和小说中诸人物在观察时或评论时不可避免地用到的叙述性声音相比，是不一样的。因此，通过叙述性声音所传达的信息和态度，就必须通过其他的戏剧手段来实现。

戏剧中有一些尝试处理小说叙述性声音的方式。如希腊悲剧中的合唱，也已被 T.S. Eliot 借鉴于戏剧中，如《鸡尾酒会》(*The Cocktail Party*)，并为人物行为或情节发展提供了另一视角。Dylan Thomas 在《米尔克丛林》(*Under Milkwood*)全剧中应用了一个叙述性声音来阅读；Dennis Potter 在电视剧《唱歌的侦探》(*The Singing Detective*)中运用了画外音技巧。在剧本中，剧作家有时通过明确的插入语给出关于情节和人物的信息，就像给出舞台指令那样。

3. 像分析会话一样分析戏剧

我们已经说过，文体学在分析剧本时，把剧本假定为诗歌，或把剧本假定为小说。这并不能真正解释戏剧与诗歌及小说的不同之处，即那些它本身具有的、使之称得上一种体裁的特征。戏剧不同于诗歌和小说的一个关键方面在于：它强调语言的交流，以及通过会话来建立和发展人们之间相互关系的方式。在这里，语言学可以大显身手，因为我们需要做大量的工作，才能弄清楚人们交谈时做了些什么，以及成功交际和失败交际是如何产生的。语言学，特别是话语分析的技巧，可以帮助我们分析人物之间的交流。目的在于：

a. 更好地理解文本；
b. 更好地理解会话产生效果的方式；
c. 更好地欣赏剧作家在描写人物言语的方式中所表现出的技巧；
d. 找出剧本中那些如果用别的分析形式就可能导致我们忽略掉的东西。

9.5.2 分析戏剧性语言

在这一节，我们将探讨剧本中的言语，并介绍一下为了研究角色间的关系，语言学家是如何把分析自然会话的技巧运用到对于戏剧对话的分析中去的。

1. 话轮数量和长度

在戏剧中，一个角色讲话内容的多少，能够体现出该角色的相对重要性，或体现出角色对自身重要性的理解。一般说来，中心角色比次要角色的言语更长，出现频率更高。然而，Bennison(1993：82－84)认为：在 Tom Stoppard 的戏剧《职业邪恶》(*Professional Foul*)中，Anderson 这一人物逐渐发展为主角，却很少发表长篇大论——这暗示着他倾听别人讲话的能力逐渐增加。

2. 交际序列

许多人已经尝试着对英美人认为恰当的交际模式进行归类（例如，像问候—问候，提问—回答，要求—响应和邀请—接受／拒绝等两部分的交际）。可是，由于上下文提供的变化空间很大，类似的尝试实际上是徒劳。然而，在分析那些与预想中的交际模式有出入的戏剧对话时,交际结构模式就可以派上用场了。例如,Harold Pinter 的戏剧以其非常奇怪的对话而著称。在这些对话中,预想中的模式不会出现。下列摘录出自《夜出》(*A Night Out*)。两个人物,即 Albert 和一个女孩,出现在女孩的公寓里,女孩在街上搭载他并把他带回住处。

例 9-33
(His hand screws the cigarette. He lets it fall on the carpet.)
GIRL (outraged): What do you think you're doing? (She stares at him.) Pick it up! Pick that up, I tell you! It's my carpet! (She lunged towards it.) It's not my carpet, they'll make me pay —
(His hand closes upon hers as she reaches for it.)
GIRL: What are you doing? Let go. Treating my place like a pigsty. Let me go. You're burning my carpet!
ALBERT (quietly, intensely): Sit down.
GIRL: How dare you?
ALBERT: Shut up. Sit down.
GIRL: What are you doing?
ALBERT: Don't scream. I'm warning you.
GIRL: What are you going to do?
ALBERT: (seizing the clock from the mantelpiece) DON'T MUCK ME ABOUT!

这段对话在几个方面都不"符合"我们的交际结构模式。首先,Albert 在女孩对掉在地上的香烟发出惊叫时,以及女孩命令他捡起香烟时没有作出任何反应。其次,她问了他一系列问题("你怎么敢?""你在干什么?"和"你想干什么?")后,他没有对其中任何一个问题作出直接回答。无视她的问题和命令,是 Albert 用来证明他们之间不平等权利分配的一种方式,这种不平等在他进行暴力威胁时达到了极致。

3. 产出性错误

有时,作家有意采用一些形式,比如话语中的犹豫,来表达人物受到了干扰:如不安、害羞、困惑或者尴尬。下面《职业邪恶》的例子中,Anderson 这一角色遇到了他所崇拜的一个足球明星,并对即将到来的比赛中的反击提出建议。例句中的黑体字部分传达了他的尴尬:

例 9-34
ANDERSON: I've seen him twice. In the UFA Cup a few seasons

ago...I happened to be in Berlin for the Heel Colloquium, **er**, bunfight...(**in a rush**)I realize it's none of my business – **I mean** you may think I'm an absolute ass, **but**-(**pause**)Look, if Hahas takes that corner he's going to make it short – **almost certainly** – ...

4. 合作原则

哲学家格赖斯(Grice, 1975)创立了合作原则理论。 在该理论中, 他断言,人们常常通过区分句子意义(Sentence Meaning)和话段意义(Utterance Meaning)来斟酌会话的含义(请参考第八章)。与此同时,格赖斯认为人们在交谈时,事实上相当经常地打破这些准则——例如,在下面摘自 Pinter 的《夜出》的另一例句中,Albert 回答女孩的问题时显然违反了关联准则:

例 9-35
  GIRL: And what film are you making at the moment?
  ALBERT: I'm on holiday.
  GIRL: Where do you work?
  ALBERT: I'm freelance.

Albert 的答复并未直接回答女孩的问题——他没告诉她自己正在制作什么电影,也没告诉她自己在哪里工作。然而,大多数人可能会通过假设来理解这个信息交换,即假设上述回答与上述问题在潜在层面上相关。这种假设的结果是:"我在度假"被理解为"我现在没有制作电影,因为我在度假",对第二个问题的答复意思则是"我没有任何一个确定的地点,因为是自由撰稿人,所以我到处工作"。

5. 通过语言标记地位

上面讨论的许多语言的特性,都可以用来标记人物的相对地位,以及人物地位的变化。尤其是,语言也可以用来标记说话者和受话人之间的关系在多大程度上基于社会地位的差异,以及在多大程度上基于社会地位的一致性。人们如何称呼对方通常标志着他们如何定位自己与受话人之间的社会关系:是和受话人地位平等,还是地位低于或高于受话人。我们对语言的相当一部分运用都取决于这些心理定位。

剧作家能通过角色在舞台上的彼此称呼,向观众交待关于角色之间关系的信息。例如,曾存在于伊丽莎白时代英语里的所谓的 tu/vous 称呼的差异,至今仍存在于很多语言中。但是,这个差异在现代英语里已经消失。莎士比亚常用 tu/vous 的差异来交代人物间的关系。早期现代英语里的 thou 形式,是第二人称单数代词(即:用来称呼某人),相当于法语的 tu,用来表示亲密关系,或用来表示说话者的社会地位高于受话人。在早期现代英语里,形式

you相当于现代法语的vous,用作第二人称复数(即:用来称呼两个或两个以上的人),但同时也用作第二人称单数,以强调社会距离、冷漠感和/或者尊敬。Thou这一形式在莎士比亚时代已经开始逐步消亡。然而,在莎士比亚戏剧的一些场景中,角色仍在交替使用you和thou,以此来显示他们之间关系的波动:从亲密到疏远,从尊敬到蔑视。例如,Calvo(1994)指出,在下面摘自莎士比亚戏剧《随你所愿》(*As You Like It*)的例子中,Celia和Rosalind这对堂姐妹称呼对方时就使用了不同的代词。狂热地爱着Orlando的Rosalind所作的关于女人的评论以及她的自我陶醉激怒了Celia,因此Celia使用了表示疏远和礼貌的形式you。但是,完全沉浸于自己情感世界的Rosalind却显然未觉察到Celia的烦恼,更不知道Celia可能会因为自己对Orlando着迷而感觉到被抛弃,答复时仍采用了亲密形式thou。

例9-36
  CELIA: You have simply misused our sex with your love-prate. We must have your doublet and hose plucked over your head, and show the world what the bird hath done to her own nest.
  ROSALIND: O coz, coz, coz, my pretty little coz, that thou didst know how many fathoms deep I am in love! But it cannot be sounded. My affection hath an unknown bottom, like the Bay of Portugal.
  CELIA: Or rather bottomless, that as fast as you pour affection in, it runs out.
  ROSALIND: No. That same wicked bastard of Venus, that was begot of thought, conceived of spleen and born of madness, that blind rascally boy that abuses every one's eyes because his own are out, let him be judge how deep I am in love. I'll tell the Aliena, I cannot be out of sight of Orlando. I'll go find a shadow and sigh till he comes.
  CELIA: And I'll sleep.

如果不知道tu/vous的区别,以及这对称呼是如何表示社会关系和人际关系的,我们就会忽略这一场景的一些重要信息。

6. 语域

语域是语言学里用来描述一种特定的语言风格及其与语境之间关系的术语。作为语言的使用者,即使我们可能没有能力积极地创造风格,但却能识别出许多不同的风格。语言学中语域的一个例子就是法律语篇——当我们看到一个法律文件时,我们会识别出它是法律文件,但是,通常只有律师才是被培养成选择适当语言来制定它的人。在莎士比亚的《仲夏夜之梦》(*A Midsummer Night's Dream*)里,很重要的主题是:社会秩序和行为的重要性,而这行为在生活里必须适合你的身份。戏剧中的人物包括仙女、贵族和普通的劳动人民，并且，每个群体不同的社会地位都通过他们不同的语言风格表现出来了。

7. 言语和沉默——剧中女性人物的语言特征

有证据表明：在男女混合的交谈中，男人比女人往往谈得更多。这暗示了为什么人们会赞同这种说法的原因：女性是健谈的性别并不是说将她们与男人的谈话量相比，而是从沉默方面来比较的。事实上，在家长制社会里，人们更喜欢保持沉默的女人。至少在英国戏剧传统里，这个假设能得到一些支持：莎士比亚作品中的一些人物显然认为女人的沉默是一种高尚的品德。例如，在《驯悍记》(*The Taming of the Shrew*)里，具有"悍妇"头衔的 Katherina 就因为她直言不讳而受到辱骂，而她的姐姐 Bianca 却因其沉默而得到赞扬。

例 9-37
> TRANIO: That wench is stark mad or wonderful forward.
> LUCENTIO: But in the other's silence do I see Maid's mild behaviour and sobriety.

9.5.3 如何分析剧本？

Walter Nash (1989) 提出，剧本的分析是有一系列步骤的，先分析最基本的和可信的，再分析最难且有争议的地方。如果你要进行剧本分析，你会发现参考这些指导方针是有用的。他提出的步骤大致如下：

——释义剧本，就是说用你自己的话来表达。这是一个很笨的办法，但它能确保你对原文的基本理解是合理的，是一个检验任何不熟悉的词和语法结构的机会。你也可以检验每个人物是如何推动剧情发展的。虽然你的释义应尽可能地接近原文的内容，但是，对模棱两可的东西和不同的解释而言，仍留有余地。在不同的释义里，通过各种各样可能的解释，尽可能地注意这些问题。

——评论剧本。在此你阐释你所分析的节选部分对整个剧情的重要性：它怎样推动剧情的发展和人物的演变？这也是一个辨识任何文学典故和语意模糊的机会，正是这些典故和歧义使我们对剧本有不同的理解。

——挑选一种理论方法：或许这正是来自上面的讨论。这将是一个专门的做法，在这里，你可以通过采用一种语言学方法和理论模式来从一个具体的视角考虑剧本。这需要做得非常彻底和详细，并且更可能会引起争议：即你所选择的方法是否合适。采用一种理论模式，会使你觉得你所学到的新东西非常少，或者觉得你学到了很多——就你从中学到的东西而言，采用一种理论模式比起释义或评论要有更大风险。

9.6 从认知角度分析文学

9.6.1 理论背景

随着认知科学的发展,认知语言学兴起于 20 世纪 70 年代,并且从 80 年代开始,认知方法开始被应用到文学分析中。正如其他任何语言理论一样,认知语言学的框架还不够完善,但从认知角度分析文学,可与我们在前面讨论过的文学分析诸方法互相取长补短。前面讨论过的方法更关注使用语言学工具分析和解释文学语言。对比而言,认知方法更注重认知结构以及文学语言的选择过程。

Michael Burke 对 Philip Larkin 的诗歌作品《离去》(*Going*)的分析,是一个恰当的例子。在分析中,Michael Burke 使用了三种认知工具:图形与背景,意象图式,以及认知隐喻。下面将概括介绍 Michael Burke 对这首诗歌的认知分析。首先看一下对三种认知工具的说明。(Burke, 2005)

在图形与背景的关系中,图形占据重要地位。图形类似于前景化特征。图形可以是一个角色、一个地点、一种事物,通常是"新的"或者"运动着的",因此很引人注目。(Stockwell, 2002:15)前景化的文学成分,如图形,在认知语言学中被称为"关注点"或者"抢眼点"。与图形相反的特征,即背景,则被称为"忽略"。(Burke, 2005)

意象图式大致可描述为我们日常的感知交往和身体经验的反复呈现模式。例如,每当我们从凳子上站起来或者在凳子上坐下,或出入房间的时候,我们会分别体验到"上去和下来"以及"进来和出去"等不同的意象图式。其他意象图式的模式有源头—途径—目标、平衡、中心—周边等等。我们使用这些意象图式模式的目的,是为了在新情况出现时,给予世界合理的解释。(Burke, 2005)

认知隐喻通过把源域特征映射到目标域产生效果。有三种重要类型:1)结构认知隐喻,如"人生是旅行";2)本体认知隐喻,如"思维是海洋";3)方向认知隐喻,如"不要感觉低落""他今天高高在上"。在实际分析中,认知隐喻、图形与背景、意象图式经常有着密切的联系。

9.6.2 认知分析举例

例 9-38

Going

There is an evening coming in
Across the fields, one never seen before,
That lights no lamps.

Silken it seems at a distance, yet
When it is drawn up over the knees and breast
It brings no comfort.

Where has the tree gone, that locked
Earth to the sky? What is under my hands,
That I cannot feel?

What loads my hands down?

Burke(2005)就这首英国诗人 Philip Larkin(1922—1985)的诗讨论了三个问题。

1. 诗的开头用了哪些主要的抢眼点？

题目《离去》是一个表示运动的动词。所以，它是一个抢眼点，并被前景化了。从语言学层面上，我们可以支持这种说法，因为表示运动的单个动词不被经常用作题目。如果用意象图式术语的话，我们可以说此处包含有中心—周边的概念；中心是自我或者"我"的位置，事实上，是出发点。另外，如果用认知隐喻的术语，我们可以观察到，"离去"有一个基本的"进—出"结构，即从这儿到那儿，或者从左边到右边。这里也有一个源头—途径—目标的框架，只是目标或者目的地是未知的。一般来说，"离去"一词告诉我们的只是大致的起点和轨迹，而不是目的地。这个可望却不可及的省略，以某种方式暗示了人们对来世的不可预知，可以被看作是一个认知文体前景化，如果单纯从语言学角度来分析的话，这一点在很大程度上是会被忽略掉的。

2. 诗的前两节中，图形（轨迹）和背景（路标）是什么？

在第一节中，"黄昏(evening)"一词是图形（轨迹），"原野(fields)"一词是背景（路标）。"穿过(across)"一词是"途径"，即图形是运动着的。这些是形式的方面。然而，我们感觉到这里有某种冲突。很明显，"离去"这个词表示离说话者越来越远，从空间上的近距离移向远距离。以此看来，用方向认知隐喻来描述的话，该诗拥有"走来—离去"的结构；用意象图式术语来描述的话，该诗拥有源头—途径—目标（未知的目标）结构。但是，诗中的黄昏正在"走来"，也就是说，黄昏源自外面，正在向说话者走来。用图表方式来呈现的话，可以用下列图表表示：箭头从右指向左，仿佛标志着"走来"与"离去"的特征恰恰相反。

There is an evening coming in/Across the fields (lines 1 – 2)
（说话者？）←（黄昏）←原野←（黄昏）←（源头？）

在这个图式表现中,"离去"来自的源头以及所朝向的说话者都是未知的,所以图表中用问号来表示。另外,"黄昏"既可以看作在"原野"之前,又可以看作在"原野"之后,因为它还在运动中。用意象术语来体现的话,可以如下图所示:

目标(说话者?)←途径(穿过原野)←(源头?)

最后,用方向认知隐喻术语来表现的话,图式结构看上去会是这样:

说话者?(里面)←(走来)←黄昏(外面)

在这一步需要注意的一点是,接收某件事物通常被看作是积极行为,例如接收到一件礼物,但是在本诗中,接收是否是积极的我们无法确认。

在第二节中,主语依然是黄昏,但是未被直接提到。相反,诗人使用了代词来指代它。

> Silken it seems at a distance, yet/When it is drawn up over the knees and breast/It brings no comfort.(lines 4-6)

在这里,我们又一次观察到,黄昏的动态结构不是"离开",而是正相反:"走来"。但是,这次不同的是,能量的源头不再单纯是外在的,而且也是内在的,如第五行中的 drawn up 所示。用图表表示的话,这一行由右向左表示如下:

(说话者)←膝盖和胸膛←超过←靠近←黄昏←远方

这可以用意象图式的术语表示如下:

膝盖和胸膛(说话者的?)←超过←(黄昏)在远方
目标←途径←源头

也可以从方向认知隐喻角度出发,用下图表示:

超过(说话者的?)膝盖和胸膛←(拉上)←远方丝绸般的黄昏
(里面)←(外面)

我们可能又一次会想,接收到往往是积极事件,但是如前面例子所示,积极与否却一点也不明显。另外,我们还可以说,"上升"在认知隐喻术语中总是被看作积极的,如在"上升是好的"中。但是在这里,在短语"拉上"中,它无疑是被放在消极的上下文中了。就好像童年时候毛毯带来的舒适感觉,被成年人寿衣的沉沉死气所代替了。在短语"拉上"中用这种方式使用"上升",好像偏离了我们对"上升"一词文化的、具体化的认知理解。由此看来,这个词可能是另一个认知文体前景化的例子。

第三节包括消极的认知结构"下降",即"下降是坏的",并且以消极词"下降"为诗歌结尾。最后一节只包含一行,"是什么把我的手压得下降了?"偏离了我们在读此诗开头时的预料。因此,结尾被前景化,并成为诗歌的焦点。最后一行的最后一词最为引人注目。诗歌以非常消极的认知隐喻方式"下降"结尾,事实上,"死亡降临了"。(Burke, 2005)

3. 基于上面所述,那么是什么或者是谁在离开呢?

诗歌被命名为"离开",但是如前面分析所示,几乎所有的意象图式、认知隐喻、比喻和背景,都是在"走来"。为何诗人要这样做?可以产生什么效果?这些问题可能没有确定的答案,但是一些可能的答案也许是,不论是否出于有意,Larkin 在讨论一个与生和死相关的深奥而又复杂的问题,诗歌所用词语暗示着诗歌的一个主题,而潜在的认知却在暗示着诗歌的另一个主题。词语与认知之间的这种张力带来的结果就是,读者可能从诗歌中体验到一种无形的消长感觉,从而象征性地映射生活本身的节奏特征,正如在认知隐喻"生命是轮回"中所体验到的一样。此诗很可能是描写死亡(an evening)正在临近,而生命(说话者)正在离开。可以认为,类似上述对于图形和背景、意象图式,以及对方向认知隐喻的分析,能够抓住诗中隐含的动态。与单纯的语言分析相比,这种分析的结果可能更为令人满意。(Burke, 2005)

9.6.3 结语

文学的认知分析,是对我们在 9.1—9.5 中讨论过的语言的文体分析主流方法的最新补充。主流的文体分析更关注用语言学工具分析和解释文学语言。比较而言,认知分析方法则把注意力集中于认知结构和文学作品的语言选择过程。语言学和认知分析这两类文学分析方法事实上是互为补充的。两种方法的结合,即综合性方法,可能是对文学最可行的分析方法。(刘世生、曹金梅,2006)

第十章

语言和计算机

计算机是根据一组存储在内存里的指令来处理数据的电子设备,它可以在很短的时间内处理复杂的任务。随着微机的普及,计算机为个体用户提供了越来越多的方便,我们今天已生活在一个以计算机为主导的社会,并使用"计算机操作能力"(computer literacy)这个词组,特指那些能使用计算机并具有大量计算机软件知识和技巧的人。在本章里,我们涉及的范围仅限于语言和计算机之间的关系,这种关系构成一门新的学科,即计算语言学。

计算语言学可以看作是应用语言学的分支,即通过计算机处理人类语言(Johnson & Johnson, 1998/1999)。计算语言学包括:对语言数据进行分析,建立一个序列,通过它,语言学习者可以获得各种语法规律或某一特定词项的出现频率(程序教学);人工言语的电子生成(言语合成)和人类语言的自动识别;它也包括不同自然语言之间的自动翻译和语篇处理;人与计算机的交流。本书还不能够覆盖这个新学科的每个层面,以下题目是我们目前关注的重点。

10.1 计算机辅助语言学习(CALL)

10.1.1 CAI/CAL 和 CALL

当讨论计算机辅助语言学习(CALL, computer-assisted language learning)的时候,我们首先需要区分 CAI(computer-assisted instruction,计算机辅助教学)和 CAL(computer-assisted learning,计算机辅助学习)。

计算机辅助教学,就是在教学过程中使用计算机(Richards, et al., 1998)。这包括:

a. 通过计算机按顺序显示学习项目的教学程序。学生在计算机上作出回答,计算机显示该回答正确与否。

b. 通过计算机监测学生的学习进程,指导学生选择合适的课程、材料等。这又称为计算机管理教学。

和 CAI 相对应,CAL 是计算机辅助学习。CAI 注重教师方面的问题,CAL

强调在教和学两方面使用计算机,通过学生自己的推理和实践,帮助学习者达到教学目标,这反映了最近提出的自主性学习的理念。第一种开发出的 CAL 程序体现了和程序化教学相类似的原则。计算机指导学生一步一步地完成学习任务,并用提问的方式来检查学生的理解。根据学生的正确反应,计算机向学生给出下一步练习,提供新的学习材料。在最近的 CAL 课件中,学生能够与计算机互相交流,探讨一个主题或问题时也能够执行更高级别的任务。

如果说 CAI 或 CAL 是处理一般的教与学,那么 CALL(computer-assisted language learning)则是用来处理语言教学的。在 20 世纪 80 年代,有些坚持老传统的教授和讲师都鄙视 CALL,认为"我已经学习和教授英语二三十年了,这证明没有计算机,我一样可以是一位合格的学习者,现在我同样是一位合格的教师。我们为什么要在语言学习中为计算机操心呢?"今天有不少人已改变了看法。

CALL,计算机辅助语言学习,特别指将计算机运用到第二语言或外语的教学中去。根据 Richards 等人(1998),它可以采取以下形式:

　　a. 通过其他媒介进行与学习并行的活动,但使用计算机设备(例如,使用计算机来显示阅读语篇);

　　b. 以印刷或教室为基础的课堂活动的延伸或改变(例如,教学生写作技巧的计算机程序,它帮助学生逐步展开一个题目或主题,并从词汇、语法和主题展开等方面来检查学生的作文);

　　c. 对 CALL 而言的独特活动。

10.1.2　CALL 的发展阶段

CALL 的发展过程中主要有四个阶段。

阶段一　在这个阶段,计算机限制在研究机构中运用,其主机非常大。它们是为大规模的教学方案设计的,例如伊利诺伊大学的 PLATO(自动化教学操作的程序逻辑)。无论是语法解释,还是听说教学,教学方法通常都是传统的。在进行语法解释时,学习者看到显示器上出现了一个要点的解释,随后还有实际材料。在进行听说语言教学时,以书面形式出现的语言点被一遍又一遍地操练。存在的问题是人们只能在某些大学网址的终端上接触这些程序。

阶段二　小型计算机出现了,比以前的要便宜。这使得新一代程序的产生变为可能。这些程序能被储存在磁带或软盘上,并且整个系统都是便携的。这些程序有的是多用途的、实用的以及以学生为定位的,而不是设想大块的语言模式或教学理论。

阶段三 学习主要不是通过语篇自身的语言,而是通过认知的处理问题的技术和小组中学生之间的相互交流。因此计算机被用作学生之间交流的激发点。结果,对每个学生而言,计算机不再是个人资源,它逐渐被视为小组学习的焦点,这就使得许多被称为"交流性"的活动变得可行,例如交互的多角色游戏。

阶段四 文字处理已不再是为语言教学编写具体的程序,而是适应语言教学,使学生用一种非永久性形式写作并能修改他们的作品。从更为学术性的方面考虑,专家们已经开始采用多媒体技术使各种各样的信息类型在计算机上可以同步利用,以至于在屏幕上不再只是显示书面语句,也能同时产生口语语言和移动的图像。由于新技术已经进入普通家庭,使用这种方式进行语言教学无疑将变得更广泛。这使 CALL 与更多的关于学习的传统观点结合成 ICALL(智能 CALL)的工作已经开始。

10.1.3 技术载体

多年来,基础的操练软件程序占领了 CALL 市场。这些程序着重于词汇或离散的语法点。大量的操练—实践程序仍然被利用。然而,创新和交互性程序正以不断增长的数量在开发。下面是 Higgins(1993)总结的一些程序。

1. 定制、模块和编程

使用 CALL 进行教学的最大弹性在于编程的领域。教师们能够就他们自己的材料,运用这些程序来创造简单的或精心制作的软件程序。通过这种方式,教师们能够设计适合他们自己课程计划的程序(Garrett, 1991)。编程的范围是从简单模块程序到十分复杂的编程语言。这使得多媒体有了发展的潜能,也使不太复杂的编程成为可能。

2. 计算机网络

除了单独的程序以外,计算机通过网络连在一起,扩大了我们外语教学的途径。LAN(Local Area Networks,局域网)就是指在教室、实验室或其他建筑里,计算机通过光缆连接在一起。它们为教师们提供了一种新颖的方式,来创造新的活动,对学生而言就是创造更多的活动,为目标语言提供更多的时间和经验。某些 LAN 设置允许学生和教师通过计算机互相通信,或指导学生用目标语言合作写作。学生们还能用目标语言进行互相合作的写作练习、会话,并且尝试着解决问题。教师能观察到学生的活动和进步,并从老师的网站对个别学生作出评价,这类似于在一个语言实验室里发生的情况。

远距离网络,或通过远距离连接在一起的计算机,发展了 LAN 的独特能力,促进了国内和国外的学生间的交流。通过调制解调器和电话线,计算机能运用电子交流软件在千里之外进行交流。国外和国内的用户能直接地交互地进行言语交流。

3. 软盘技术

软盘技术在外语教育中用处很多，包括信息检索、交互音频和交互式多媒体程序。由软盘发展起来的光盘（CD-ROM）使得大量信息可以储存在一张磁盘上，以便快速获取信息。出版商已经把能够装满十来个软盘的百科全书的全部内容，放在一张光盘（CD）上。学生和教师能够快速有效地在课内或课后使用信息。近年来，许多外语计算机程序已经放在光盘上，淘汰了对过多软盘的需求。

4. 数字化语音

许多程序已增添了一个新的物理特性：数字化语音。利用数字化语音的激光盘，提供了快速自由的信息获取和优良的声音质量。例如，一个"Lingua ROM"软件有一个程序磁盘和各种各样的语言磁盘，它们能容纳数字化言语。有了这种程序，学生们能听到一个短语、单词甚至一个音节或声调的发音。然后模仿发音，录下他们自己的发音。他们可以再听原来的发音和自己的发音，并比较二者，还能再次录下自己的发音，比较二者，直到他们觉得自己的发音已经有了长进或已经正确。当然，数字化语音远比磁带录音优越得多，所以储存它的空间也相对大多了。然而，光盘技术的持续发展将缩小空间限制。

光盘技术的最新进展是CD-I（交互式激光盘）的开发。这种技术包括数字化语音、压缩视频、动画和可能的为交互式程序创造的多媒体平台的文本。

10.1.4 慕课

本世纪第一个十年前后，网络电子学习和远程教育发生了变化，这表现在网络课程、开放式学习和慕课发展的增加。根据维基百科（Wikipedia），慕课——大规模开放式网络课程（Massive Open Online Course, MOOC），首先由加拿大爱德华王子岛大学的 Dave Comier 在2008年就当时的一门课程"联通主义和联通知识"（*Connectivism and Connective Knowledge*）所命名。

作为网络课程的慕课，是让人们通过网络无限制地参与和开放式地学习。除传统的课程材料，如录像讲授、阅读和问题集外，许多慕课提供互动的使用者论坛，以支持学生、教授和助教之间的集体互动。

随着慕课的发展，人们又区别"联通慕课"和"延伸慕课"。联通慕课（cMOOC）英文名词中的"c"是"联通主义者"（connectivist）的缩写。它强调联通主义哲学、同行评审和小组协作。学习材料应当是聚合的（非预先选定的）、重新混合的、可转变用途的、前馈的（即展开的材料可在日后重新确定学习目标）。教学设计采用各种方法，使学习者彼此之间在回答问题时互相联通和/或对共同的项目互相协作。

对比之下，延伸慕课（xMOOC）的"x"是"延伸的"（extended）的缩写。延伸慕课有明确制订的教学大纲，事先录就讲课内容和供自我测定的问题。这类慕课是清楚明确的智能技术平台，对不同单位提供内容的分布。讲师是有关知识的专家，学生间的互动通常仅限于要求帮助，或就难点彼此商议。（Simons, 2015）

至 2014 年 5 月，美国高等院校已开设 900 多门慕课。这些课程范围很广，涉及心理学和哲学、人文科学和社会科学。麻省理工学院和斯坦福大学在计算机科学和电子工程方面最早开设慕课。有的大学开设针对本科生和研究生的工科课程。

直至目前，人们对慕课的有效性尚有争议，如退学率高于传统的网络教育课程。其原因涉及缺乏对课程技术的掌握和必要的引导、数字文盲、技术笨拙、学习环境不佳、讨论区运用不当、未阅读价格昂贵的教科书、合格的讲师和助教不足等等。有些未完成学习者注册时目的就是"逛商场"，或者只是为了增长知识而不想取得证书。讨论或数据分析也不充分。

为了解决上述的某些问题，有人提出替代办法，如"分布式开放协同课程"（Distributed Open Collaborative Courses, DOCC），以应对有关讲师、层次、收费和规模等问题。DOCC 确认不一定非得通过集中的单一的教学大纲也能更好地获取知识的观点，也确认专门知识分布于所有的参与者，而不是集中在一两个人。另一个选择是"自定学习进度网络课程"（Self-Paced Online Course, SPOC），其特点是提供高度的灵活性，学生可以决定自己的学习进度，从那一阶段开始学习。

10.2 机器翻译

机器翻译（Machine Translation, MT）指使用机器（通常为计算机）将语篇从一种自然语言翻译至另一种自然语言。机器翻译可以分为两类：不需帮助的和需要帮助的。不需帮助的机器翻译将语篇翻译后，不需人力参与，可直接译成另一语言。需要帮助的机器翻译在翻译后，有时在此之前，有待人力翻译者的加工，以获得较高翻译质量。通常，这个提高过程是通过使用词典和适用的句法来限定词汇的使用。

基于哲学、宗教、政治和经济学的原因，机器翻译总是受到计算语言学的关怀。从哲学和宗教来看，研究者喜欢验证圣经中所言"整个地球曾经只有一种语言，说一种话"；政治上，非英语国家不愿意看到自己的语言、身份和文化被另一种语言，如英语所替代；经济上，机器翻译可以减少雇佣一大批翻译者的费用。统计表明，一篇难度较大的语篇，翻译者每天只能翻译 4-6 页或 2000 词（Craciunescu et al., 2004）。

10.2.1 发展历史

机器翻译从 20 世纪 50 年代的最早阶段至今几乎没什么变化。当时使研究者意见产生分歧的那些问题至今仍然是争论的主要原因（Hutchins，1995，1999）。不过，我们仍然可以列出以下几个发展阶段：

1. MT 研究者的独立工作

20 世纪 50 年代初期，因为受到硬件局限性的限制，尤其是内存不足和存储速度慢，以及没有高级编程语言，研究的目标必须适中。除此以外，研究是在没有句法学家和语义学家必要的协助下独自进行的。结果，最早的机器翻译研究者只好求助于以未加提炼的词典为基础的方法，就是说，主要是逐词翻译，以及统计方法的运用。

在这样的背景下，早期研究者意识到，他们所开发的无论什么样的系统都只能产生低质量的输出。因此他们建议：输入文本的前期编辑和输出的后期编辑，主要采用人工翻译。他们还建议，先对有控制的语言进行翻译，并限定于某些特定领域。

2. 瞄准高质量的输出

1960 年前后，由于受到早期演示系统的鼓舞，公众和机器翻译的潜在资助者开始乐观地看待事态。他们相信在几年之内就可以达到优质量的输出。这可能也是对大大改进的计算机硬件和最早的编程语言的回应。当然，编程语言首先是在句法分析上取得进步。由于从长远来看，哪种方法将取得最大的成功还不清楚，所以美国政府机构只好支持大批项目。同时，对机器翻译的热情传遍了全世界。因此，这个时期以如下假设为特征：机器翻译的目标必须是产生高质量翻译的全自动系统，而人工辅助的使用被视为仅是过渡的安排。系统越进步，后期编辑就应该越少。因此，研究的重点在于寻求"完美"翻译的理论和方法的研究。

1960 年，Bar-Hillel 对以理论为基础的项目强烈不满，特别是那些研究中间语（interlingua）的方法，他还证明了全自动高质量翻译（Fully Automatic High Quality Translation，FAHQT）在原则上的不可行性。作为替代，Bar-Hillel 倡导在他称为"人机共生"的基础上特别设计的系统。

3. 翻译工具的发展

从 20 世纪 70 年代以来的持续发展有三条主线：供翻译者使用的基于计算机的工具，以各种各样的方式涉及人工辅助的操作性机器翻译系统，以及针对机器翻译方法改进的"纯粹"理论研究。

由于 20 世纪 60 年代以来已经可以利用实时交互的计算机环境，70 年代又出现了文字处理，80 年代生产了大量连接网络和大容量存储的微型计算机，翻译工具的发展成为可能，如词典和术语资料库、多语文字处理、词汇和术语资源的管理、信息传递的输入和输出（如OCR扫描仪、电子传送、高级印刷）。最近又新添了"翻译记忆"设备，它能够存储和使用已经存在的译文，以便作为后来的（局部的）再利用或修订，或作为翻译范例的资源。

人们也已意识到，所有现行的商业的和可操作的系统所产生的译文都得编辑或修改。机器翻译在特殊领域或受控制的环境里运行较佳，这一点也被人们广为接受。在这方面，机器翻译开发者已经富有成效地采纳了50年代首先由那些先驱们提出的论题和建议。

10.2.2 研究方法

机器翻译研究方法可以从两个方面来叙述，一方面是语言学理论的应用，另一方面是MT研究者们实际所从事的内容。

1. 语言学的方法

机器翻译研究已经被看作一个试验新的语言理论或新的计算技术的领域。换言之，MT已经被视为语言理论的实验基础，因为翻译和翻译的质量能由非专家来判断。

与之相关的理论有：20世纪50年代和60年代的信息理论、范畴语法、转换生成语法、从属语法和层次语法；70年代和80年代的人工智能，非语言知识基础，诸如词汇功能语法、广义短语结构语法、中心词驱动短语结构语法和蒙太古语法等形式主义理论；90年代的神经系统网络、连接主义、平行处理和统计学方法以及其他理论。

人们还发现，那些以小样本为基础，在它们最初的试验中取得成功的新理论，最终被证实都存在一些问题。为了解决这些问题，必须检验一切有希望的方法并鼓励修正。

在20世纪90年代初期，由于以语料库为基础的方法的出现，机器翻译的研究有所增强，特别是引入了统计学方法和以实例为基础的翻译。统计学技术已经摆脱了以前专门以规则为基础（通常定位于句法）的方法的不足和越来越明显的限制。在以语料库为基础的技术的帮助下，歧义消除的问题、首语重复的解决和更多惯用语的生成都已经变得更容易驾驭。

2. 转移法

根据机器翻译转移理论的多数观点，在机器翻译系统中有某种转移成分。这种成分是特定的，从而一对语言可产生一个目标句子。转移成分有一个相应的词库，这是源语言的范式和短语映现于目标语言的包罗万象的清单（Napier, 2000）。大量的工作取决于具体的对两种语言比较的信息。所以这种转移系统意味着，对每两种语言来说，都要翻译，因此这种方法主张翻译本质上就是一种比较语言学的练习。由此可见，必须建立一个对应的词库。

3. 语际法

语际法基于这样的理解：在一批语言的每两种语言之间，只要求将每一个成员语言翻译成中间语言，并从中间语言翻译成目标语言。如果有 n 种语言，就需要有 n 个成员被翻译成中间语言，然后再翻译成目标语言。Arnold 等（1995）对这种方法不以为然，认为使用中间语言会导致信息的丢失（Napier, 2000）。

4. 基于知识的方法

近来的趋势是转向基于知识的机器翻译，这是由卡耐基梅隆大学与新墨西哥州立大学的语言研究中心倡导的。Arnold 等（1995）所持观点为，需要三种知识来改进机器翻译系统。

a. 不依赖语境的语言学知识（语义学）。研究者所要做的是将词语和语义特征联系起来，从而研究者能对其他出现的词语加以制约。

b. 依赖语境的语言学知识，有的成为语用知识（语用学）。有多种方法处理语用学问题，其中之一是学习句子焦点的概念。

c. 常识／真实世界的知识（非语言学知识）。

前两类是针对语言本身的，问题不是最大，但是一个含有双语词典和语法系统的知识不能保证优质的翻译。计算机缺乏真实世界的知识才使研究人员苦恼不已。计算机不懂得事物之间的关系或事物是如何放在一起的。例如，计算机不能发现一个可吃的苹果和个人计算机的"苹果"品牌之间的区别；计算机也不能说明汉语中"山顶"的"顶"，"顶风"的"顶"和"顶好"的"顶"的不同意义。多少年来，正是这样的问题不仅困扰机器翻译的理论家，也困扰神经网络和人工智能的研究者。

随着语料库语言学的发展，最近研究者转向基于例句的机器翻译的研究。这种方法将正确的翻译作为信息资源，以建立新的翻译作品。

10.2.3 机器翻译和互联网

近年来，互联网的影响非常大。常常听到有人说，21 世纪是互联网的时代。自然而然地，我们已经看到互联网本身实时在线的翻译正快速成长。例如，近年来，已经出现许多特别设计的用于网页和电子邮件的翻译系统。很显然，人们对某种翻译系统有急切的需求。这种系统是特别为处理互联网上各种各样的口语化信息（常常是非正规的形式和拼写）而开发的。在这种情况下，一些语言学规则已显陈旧，我们不能只依靠基于规则的方法。虽然利用互联网上获得的大量数据并以语料库为基础来研究它们是合适的，但这样的系统研究还很少。

人们一致赞同：互联网的影响在未来将更加深远。这种影响自然也将改变机器翻译的前景。预言之一就是：带有独立文字处理系统、数据库、游戏等软件的个人计算机,将在必要的时候被能从互联网上下载系统和程序的联网计算机所取代。在这种情况下,单独购买的机器翻译软件及字典等,将被远程存储的机器翻译程序、字典、语法、翻译成果、专门化的词汇等所代替。这种远程服务将根据用户所选择的内容来定价。

互联网的另一个深远影响与软件本身的特性有关。互联网的用户所寻找的是信息,无论它用哪种语言书写或存储,翻译只是其中一个手段。用户需要的是一个带有翻译功能的信息检索摘录和总结系统。因此,在未来几年里,"纯粹"的机器翻译系统将越来越少,基于计算机的工具和应用将越来越多,而自动翻译仅仅是其中一个部分。

10.2.4　口语翻译

新世纪人们最期待的发展,一定是口语翻译的发展。该研究项目在20世纪80年代末90年代初开始时,人人都知道实际应用不太可能。这些局限于小范围的系统对任何进步都是非常重要的。但更有可能的是将有为数众多的口语翻译系统被应用于小范围的自然语言交流,例如数据库的询问(尤其是财政和股票市场的数据)、商业谈判的交往、公司内部的交流等等。

10.2.5　机器翻译的质量

人们不得不承认:在所有现有的实际翻译中都会有错误。人们还能发现,有些错误是人工翻译中不会出现的,例如代词误用、介词误用、句法混乱、措辞不当、单数成了复数、时态错误等。Kay(1982)引用了一个著名的旧例,很好地说明了这个观点:

例 10-1
　　The police refused the students a permit because they feared violence.(警察拒绝给学生通行证,因为他们害怕暴力。)

假设此例被译成像法语那样的语言,其中 police 这个词为阴性。那么 they 这个代词也必将为阴性。现在我们用 advocated 来代替 feared,那么似乎句中的 they 是指 students 而不是 police 了。如果表示 students 的词是阳性的,则它又将有一个不同的译法。得出这些结论的常识没有哪一个是有关语言学的。这与 students,police,violence 这些日常现象以及我们所看到的它们之间的各种关系有关。

其次,翻译不是一项保留意义的工作。试考虑下列用法语陈述的问题:

例 10-2
　　Ou voulez vous que je me mette?

此句的字面意义是"Where do you want me to put myself？（你想让我把自己放在哪里？）"。但这是一个很自然的译法，因为 want 这种形式有一系列的英语提问形式"Where do you want me to sit/stand/sign my name/park/tie up my boot？"。在大多数情况下，英语"Where do you want me？"将被接受。但是，为了翻译得更流畅而增删信息，也是很自然和常规的事。有时这无法避免，因为有的语言像法语，代词表明数量和性别，日语中代词常常一起省略，俄语里没有冠词，汉语里的词不分单数和复数，动词也不分现在时和过去时，德语里词序的可适应性使得什么是主语什么是宾语变得不确定。

当然，如果翻译系统只作为研究对象，翻译质量低还没有什么问题，因为它毕竟没什么社会效应。但是，当商用系统出现时，整个机器翻译工业都将受到低质量翻译的打击。不幸的是，这种状况在近期内不会改变。没有任何迹象表明，基本通用的机器翻译机将有更大改进。

10.2.6 机器翻译和人工翻译

在新世纪之初，很明显，机器翻译和人工翻译能够且将会相对协调地同时存在。我们仍旧需要那些人工翻译者所作出的贡献。当翻译不得不讲究"可发行"质量时，人工翻译和机器翻译都具有各自的作用。对于大规模、快速地翻译令人厌烦的技术文件来说，机器翻译已被证明是合算的。（高度重复的）软件本地化手册的翻译和许多别的情况下，机器翻译加上必要的人工准备和校对的成本，或者（在没有计算机辅助时）使用计算机化的翻译工具的成本，明显比那些无计算机辅助的传统的人工翻译要低得多。通过对比可知，对非重复的语言复杂的语篇（例如文学和法律的语篇）以及个别高度专业化的语篇而言，人工翻译仍是也还将是无可替代的。

对语篇翻译来说，在对输出的质量要求不高的地方，机器翻译常常是一种理想的解决方法。例如，对科学和工业文件进行的"初略"翻译。如果人们通过这种翻译仅仅想找出重要的内容和信息，并不关心已翻译材料的可理解度，或是读者肯定不会因笨拙的语言或语法错误而有阅读障碍，这时机器翻译将逐渐成为唯一的选择。

对信息的一对一交换而言，人工翻译家很可能总是会有作用的，例如商业通信（尤其是如果内容是敏感的或有法律约束的）。但是对个人信件来说，机器翻译系统更可能逐渐被使用；并且，对电子邮件和网页的信息摘录以及以计算机为基础的信息服务而言，机器翻译是唯一可行的解决方法。

至于口语翻译，一定会是人工翻译者的市场。但是机器翻译系统正在开发一些新的领域，这些都是人工翻译从未涉及的。这些新领域包括：当作者用外语写草稿时，他需要源语篇的帮助；电视字幕的实时在线翻译；数据库里信息的翻译。毫无疑问，随着全球交流网络的扩展，机器翻译的实际可用程度将被更为广泛的大众所熟悉，更多崭新的应用将在未来出现。

10.3 语料库语言学

在上一节，我们知道机器翻译的方式之一是建立以实例为基础的系统，也就是说，一个"能参考现有翻译存储"的系统。这就预先假设存在一个关于现有翻译的非常大的语料库。虽然美国结构主义语言学家都用过以语料库为基础的研究方法（Kennedy，1998），但还是由于计算机技术的发展，语料库和语言学之间的联姻才成为可能。在本节中，我们将主要讨论计算机语料库。

10.3.1 定义

关于"语料库"和"语料库语言学"有各种各样的定义。以下是两个同年出现的有代表性的定义：

> 语料库（corpus，复数形式 corpora）：一个语言数据的集合，可以由书面文本构成，也可以由录音言语的转写本构成。语料库的主要目的是鉴定关于语言的假说——例如，确定一个特定的语音、单词或句法结构的使用是如何变化的。
>
> 语料库语言学：论述语言研究中使用语料的原理和实践。一个计算机语料库是机器可读文本的重要躯干。
>
> （参见 Crystal，1992/1997：85）

> 语料库（CORPUS，13世纪，来自拉丁语的 corpus 一词；意思是 "body"〔躯干；身体〕。复数形式通常是 corpora）：（1）一个语篇的集合，尤其指完整的和自身需求的语篇集合；Anglo-Saxon 诗句的语料库。（2）复数形式也可写成 corpuses。在语言学和词典编纂学上，指语篇、语句或其他样本的集合，通常作为一个电子数据库储存。一般说来，计算机语料库可以储存上百万的流行词汇，其特征能通过标记的方式（为词和其他构型作标记，并加以确认和分类）和使用共现关系程序来分析。
>
> 语料库语言学：研究任何语料库中的数据。
>
> （参见 McArthur，1992：265–266）

10.3.2 语料库语言学受到的批判及其复兴

尽管语料库语言学对语言学上的美国结构主义的发展作出了贡献，但乔姆斯基（Chomsky）在相当短暂的时间内改变了语言学的方向，使其远离了实证主义，而朝向理性主义。为此，他显然使语料库作为一种在语言调查中的证据资源而失效。乔姆斯基提出，语料库对语言学家而言不再是有用的工具，因为语言学家必须寻求概括语言能力而不是语言的使用。另外，叙述一种语言的语法的唯一途径是描述它的规则——而不是列举它的句子。乔姆斯基认为一种语言的句法规则是有限的。第三，即使语言是一个有限的构造，语料库方法论不一定是研究语言的最好方式，例如，在例 10-3 里，如何将不合语法的语句从那些仅仅是没有出现过的语句中区分出来呢？如果我们有限的语料库不包括句子 a，那么我们如何得出结论，认为它是不合语法的呢？而句子 b，c，d 又为什么是合语法的呢？

例 10-3
    a. *He shines Tony books.
    b. He gives Tony books.
    c. He lends Tony books.
    d. He owes Tony books.

除乔姆斯基所言，语料库语言学的实用性也有许多问题。例如，我们如何能想象，不用任何工具而光靠眼睛去搜索一个具有 11,000,000 个词汇的语料库？（Abercrombie, 1963）

虽然乔姆斯基的批判使语料库语言学失去了权威性，但并没能阻止所有基于语料库的工作。例如，夸克（Quirk）在 1961 年计划并实现了他雄心勃勃的建设，即《英语惯用法调查》(*Survey of English Usage*, SEU)。1975 年，Jan Svartvik 在 SEU 和 Brown 语料库的基础上，开始建构 London-Lund 语料库。在计算机逐渐开始成为语料库语言学的支柱之后，Svartvik 就用计算机操作 SEU，结果产生了一些包括利奇（Leech, 1991）仍然坚信的"（语料库）直到今天对研究口头英语而言仍是一种前所未有的资源"的成果。

10.3.3 共现索引

宣告语料库语言学的复兴可说是计算机创造的一个奇迹。计算机有能力搜索一个特定的词、词串，甚至一个语篇里的某一言语部分。计算机也能检索一个词所有的实例，以及带有该词的上下文，这对语言学家是有力的帮助。它还能计算一个词出现的次数，从而收集到有关这个词的频率信息。然后，我们可以以某种方式对数据进行分类——例如，按紧接被检索词词语的字母顺序进行分类。这通常被称为**共现索引**（Concordance）。我们可以先列出该词的所有实例，并从这样的序列中摘录出另一个序列，比如说可以是在该词的所有实例中跟被检索词最近的另一个词（比如：代词或所跟的标点符号）的全部实例。上面所描述的过程通常被包含在一个共现索引的程序里面。例 10-4 阐明了 deal 这个词的共现索引（Biber et al., 1998）。

例 10 – 4

and secret plans preposed to	*deal*	with the mass sit-down 1
of companies and put one property	*deal*	through each. Mr. 2
In particular, a good	*deal*	of concern has been 3
hangs a tale and a great	*deal*	of money. Neville 4
where his new measures to	*deal*	with Britain's 5
just a matter of working a good	*deal*	harder before we really 6
I'm mixed up in a	*deal*	involving millions 7

这是在语料库语言学里检查语料库所常用的工具。且不论最终我们能从语料库中看到何种哲学高度上的意义，起码计算机已能够使我们更准确、快速地大规模运用语料库资源。

共现索引是语言学经常使用的工具，可用来研究语篇，如比较某词的不同用法、分析词频、寻找并分析短语和成语、编制索引表和单词表（对出版工作也是有用的）。

10.3.4　语篇编码和注解

无注解的语料库指未经加工的原始文本；有注解的语料库则人为扩充了各种语言学信息。毫不奇怪，当语料库被注解以后，它的可用性提高了，语言学信息不再只能通过文本含蓄地表现出来，而可以被认为是语言学信息的贮藏室，隐含的信息通过具体注解的方式变得明显。例如，形式"gives"包含词类的隐含信息"第三人称单数现在时动词"，在正常阅读里，我们仅能通过求助于预先存在的英语语法知识来检索它。然而，在一个已经注解过的语料库里，形式"gives"可能以"gives — VVZ"的形式出现，代码"VVZ"表示它是一个词汇中动词（VV）的第三人称单数现在时（Z）形式。诸如这样的注解，使检索和分析包含在语料库里的语言信息变得更快、更容易。

利奇（Leech, 1993）描写了适用于语篇语料库注解的七条准则。

1. 为了恢复到自然的语料，应当能从有注解的语料库里删去注解。
2. 应当能从语篇里单独摘录注解。
3. 注解方案应该以终端用户可利用的指导方针为基础。
4. 注解是如何并且由谁来完成这一点应清楚说明。
5. 终端用户应该知道语料库注解不是没有错误的，而只是一种潜在有用的工具。
6. 注解方案应尽可能地立足于普遍接受的和理论上中性的原则。
7. 任何注解方案都无优先权被视为是标准的注解。

必须指出：利奇的某些准则并不容易遵守。例如准则 1，有时它可以成为一个简单的过程——例如在横线后面删除每个字符，如 "Claire-NP1 collects-VVZ shoes-NP2" 将变成 Claire collects shoes。然而，London-Lund 语料库的节律分析是在词的内部点标点——例如 "g/oing" 表示在 "going" 这个词的第一个音节上有一个升调，这意味着原始词汇并不能如此简单地重建。

10.3.5 语料库数据的作用

语料库对语言学习的重要性与经验证据对语言学习的重要性一样。实证数据使语言学家作出客观的描述，而不是主观的描述，也不是基于个人固有的对语言的感知。从这点出发，语料库对语言研究的不同领域起着重要的作用，例如言语研究、词汇研究、语法、语义学、语用学、语篇分析、社会语言学、文体学、历史语言学、方言学、变异研究、心理语言学、社会心理学和文化研究等。考虑到语料库语言学研究的广泛性，我们这里仅选择几个例子。

1. 言语研究

口语语料库提供言语的大量样本，包括说话者的种种个体差异，如说话者的性别、年龄、阶层等。当语料库中的语料足够广泛且具有代表性时，我们就可以对口头语言进行概括。同时也可以对一种已知口头语言的某一变体进行研究。它也提供了自然言语的样本而不是从人为语境里抽取的样本。因为（标注的）语料库常常通过标注韵律和其他注解得到增强，所以比未经加注的数据更容易进行大规模的定量分析。在使用了不止一种类型的注解的地方，研究注解之间的关系，如语音注解和句法结构的相互关系，便成为可能。

2. 词汇研究

使用语料库，语言学家能在几秒钟内从一个有几百万词汇的语篇里抽取一个词或短语的所有实例。字典的编撰和校订将比以前快得多，语言的最新信息也可以得到及时体现。由于检验了大量自然实例，定义也将更加完整和精确。而且，从语料库中提取的是词汇组合而不是孤立的词，同时因为现在已有判断共现词关系的共用信息系统，因此我们比以前更有可能系统性地处理短语和搭配问题。一个熟语单位可以组成一条专门术语或一个成语，而词的搭配则是研究具体词汇意义的重要线索。

3. 语义学

语料库语言学确立了客观的研究方法，从而为语义学作出了贡献，因为语篇中的语义区别与特定的可观察到的上下文相联系——或是在句法上，或是在词汇上，或是在韵律上。通过考虑语言实体的环境，我们就可得到某一特定语义区别的客观实证性标示。

语料库在语义学里的另一个贡献在于建立了更稳固的关于模糊范畴和渐变性的概念。在理论语言学里，范畴常常被认为是"死板的"——一个项目要么属于一个范畴，要么不属于。然而，对范畴化的心理研究表明，认知范畴并不常常是"铁板一块"，而是有模糊的边界。因此问题是为什么偏偏是属于这个范畴而不属于与之相对的另一个范畴。实证地观察语料库中的自然语言时，这种"模糊"的模式能很好地描述数据，这一点是很清楚的。完全清晰的边界是不存在的，反之，范畴的成员资格都有渐变性。这种渐变性是与其内涵出现的频率相联系的。

4. 社会语言学

虽然社会语言学是一个以实证为根据的研究领域，但是它并没有经常进行严格的抽样调查。有时，它的数据并不是从自然语料中抽取的。一个语料库能提供这种抽样数据所不能提供的东西——一个有代表性的自然数据的样本，这种样本能被量化。为了检验美式英语和英式英语的男性偏见，Kjellmer（1986）观察了阳性和阴性代词以及词语 man/men 和 woman/women 的出现情况。值得注意的是：在两个语料库中，阴性词语的出现频率都比阳性词语低得多；其次，在美式英语中，阴性词语的出现比英式英语普遍。

当考虑到方法时，Holmes（1994）指出：给词汇出现情况分类和计算时应该考虑到词的内容。例如，policeman/policemen 有一个无性别标记的替换词，即 police officer，而在 Duchess of York 的作品里，对 -ess 这个形式而言就没有可替代词了。因此，在检查书面语中的性别偏见时，后一个形式将被排除在性别后缀的考虑之外。Holmes 还指出了为一个正在经历语义变化的形式进行分类的困难。她认为：man 这个词可用于指单个男性（如 A 35 year old man was killed 里的 man），或指有类别意义的人类（如 Man has engaged in warfare for centuries）；而在 We need a right man for the job 里，很难断定 man 是指性别特性还是能够用 person 来代替。

5. 心理语言学

首先，在心理语言学领域，抽样语料库能为心理学家提供很多具体、可靠的有关频率信息，包括歧义词意义及其词性的频率。其次，语料数据能用于检验在自然会话中言语错误的出现情况。语料的第三个作用在于对语言病理学的分析方面。在此，为了假设和测试人类语言处理系统在什么方面会出现问题，必须先对异常数据作准确的描述。

10.4 计算机介入的信息交流

计算机介入的信息交流（computer-mediated communication，CMC）的

特点是突出语言与计算机网络环境中的语言使用的关系,并通过语篇分析的方法来谈论这个焦点(Herring, 2001)。以语篇为基础的CMC有多种形式,如电子邮件、讨论组、实时聊天、虚拟现实的角色扮演游戏等。这些形式的语言学特征的变化,取决于所使用的信息系统的种类和包含某特定使用实例的社会文化语境。人与人之间通过计算机网络或互动网络的信息交流是晚近的现象(Herring, 2001)。在这里,我们主要介绍以下几个题目,即邮件和新闻,PowerPoint,博客,聊天室、脸书和微信,表情符号和笑眯眯。

10.4.1 邮件和新闻

人们进入互联网络(Netscape 或 Internet Explorer),主要有两种浏览方式可选,一是搜索或网上旅行,一是信件邮箱。前者是信息检索,后者是邮件/新闻的获取和发送。过去如果你给朋友或亲戚写信,信件需要2至3天到达目的地,甚至要一两周时间才能到达另外一个国家,更不用说昂贵的邮资。长途电话可能会省时间,但它是按照分秒收费的,如果同一个消息,你需要告诉不同的人,你就需要打多个电话。通过电子邮件,人们可以将同一个邮件同时发给许多相关的人或者通过附件发送文件和图片。

除此之外,信箱通过"电子邮件转发系统"(listserv 或 majodomo),可以帮助用户参与学术活动。用户所需要做的就是向一个电子论坛、学会或杂志订购。当订购得到确认后,用户会收到有关会议的信息、新书或杂志,甚至就业机会;它可以查询求助或参加学术事务的讨论,当讨论结束时,常可读到有关讨论的回顾和总结(胡壮麟,1997)。例如下面是笔者2001年4月19日在信箱中收到的 *The Linguist* 所提供信息的索引:

表 10-1 The Linguist 提供的信息索引

系列号	主题	收到日期	
12.1085	FYI: Summer School	01-4-19	4:41
12.1084	Review: Corrections	01-4-19	3:54
12.1083	Review: Verbal Complexes	01-4-18	23:51
12.1082	Confs: Modality in...	01-4-18	3:30
12.1081	Qs: English speakers...	01-4-18	23:24
12.1080	Qs: DESSou un DEA	01-4-18	22:16
12.1079	Books: Syntax/Semantics	01-4-18	21:43

这里,"FYI"代表为你提供的信息(for your information),第12.1085是关于语言学的夏季学校的一个广告。第12.1084条和第12.1083条是对两本学术著作的书评,其中一篇是关于如何处理WWW的修正,另一篇则是有关

动词复合结构的讨论。第12.1082条是通知人们有一个关于情态的国际会议。往下，参加服务器的成员在第12.1081条和第12.1080条中提问，以便从其他成员那里寻求答案或帮助。最后一条是关于语法学和语义学的新书发布消息。

10.4.2 PowerPoint

PowerPoint（电子幻灯片）是在电子投影仪上演示的幻灯片。用户编制的幻灯片可以是书面语篇、图像、音响、动画和录像。当用户编制完成后，可以自己翻页，或让幻灯片自动翻页。

可见，PowerPoint是一种可自行制作的演示软件，以文字和图像为主，音响可有可无。微软公司的PowerPoint软件是为Windows和Mac OS计算机操作系统开发的。现已为政府官员、商务人员、教育和培训工作者广泛使用，是最流行的演示工具，据微软公司推销人员的报道，全世界每天制作的PowerPoint演示文稿达3千万之多。

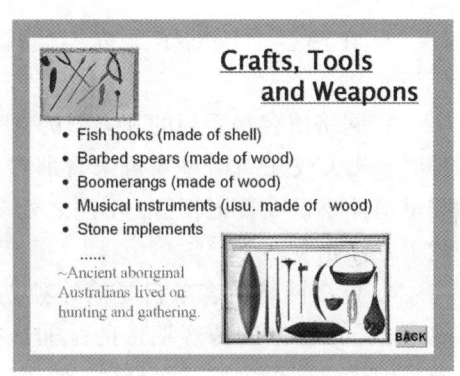

在谈论PowerPoint时，我们应分清作为工具的PowerPoint制作软件、作为语篇的PowerPoint演示文稿和作为语篇类型的PowerPoint演示方式。

PowerPoint工具指用来编写幻灯片上的要点和创建相配视听材料的软件。这是微软公司科学家们设计的与Office一起打包的产品。它可以帮助用户传递信息，但本身不表示意义。

作为语篇的PowerPoint是指被广泛地用来在幻灯片上围绕一定主题制作各种具有内容的可视听的文字、图像、音像材料。这就是说，每一个PowerPoint演示，不论是报告、演讲还是课件，都是语篇。它可以是一张幻灯片，也可以是一套幻灯片，但它们都要有内容有主题。

作为语篇类型的PowerPoint，指一种重复的活动或表示意义的形式，就像我们对书信、通知、故事、小说、诗歌、演讲、剧本等的认识。不论有多少种PowerPoint语篇，它的基本表现形式和功能是公认的。

10.4.3 博客

网络博客（Webblog）最初出现在20世纪90年代中期，是一种简便自由的出版形式，在上世纪末已广为应用。

Dan Gilmore对网络博客（简称博客）的定义为：具有各种链接点和帖子

的网络杂志,按逆年代顺序编排,最新的帖子出现在网页的上端(BlogCanada, 2005)。Matisse Enzer 的 *Glossary of Internet Terms* 是这么说的:一个博客基本上是一个在网络上可以找到的杂志。使博客不断更新的活动叫作 blogging(做博客),参与的人叫作 blogger(博客者)。博客的主要特点是逐日更新,其软件便于对技术知识知道不多的人掌握。

BlogCanada(2005)和 Walker(2005)对网络博客的特征有更具体的论述:

1. 网络博客是"以帖子为中心"的,不是"以网页为中心"的,因此帖子是基本单位。

2. 在博客上放帖子虽按年代排列,但最新增加的帖子具有最醒目的标识。

3. 网络博客是系列的和累增的,读者倾向于每次看少量的帖子,过了几个小时、几天或几周回过来再来看那些新增的帖子。这种系列或事件结构与那些书信体小说或日记相仿,不同之处在于网络博客是开放性的,直到写作者厌倦了才停止。

4. 许多网络博客条目是简短独立的叙述,有的则是清晰的或隐含的虚拟故事,虽然标准的博客期待的是非虚拟的内容。有的网络博客为个别帖子的微型叙述建立了大型页面分栏,使用一致的规则限定它们的结构或主题。

5. 鉴于任何具有网络联系条件者都可以发行自己的网络博客,网络博客的质量、内容和需求上呈现很大分歧。它可以是某个特定领域内当前事件的连续性评论,系列的个人沉思,纯粹是政治性的小册子,提供最新最伟大的袖珍机械的网址,由域名专家不时更新的"what's new"。

6. 许多网络博客一般都利用链接,使读者能按有关主题的条目之间的链接跟踪网络博客之间的会话。读者可以从网络博客之间的任何一个点开始,首先见到最新的条目,或者通过搜索引擎或另一个网络博客的链接接通一个老的网址。一旦进入一个网络博客,读者的阅读可以根据不同顺序,如年代、主题,或不同条目之间的链接,或搜索关键词进行。网络博客一般也包括网络登记表,这是一份能与其他网络博客链接的单子。许多网络博客容许读者对某些帖子提出他们的评论。

7. 网络博客是由个人发行的,因此他们的风格是私人的和非正式的。

8. 最好的个人博客共同具有的是声音——是人类以最大的激情清楚谱写的。

10.4.4 聊天室、脸书和微信

与博客相比,聊天室(chatroom 或 chat room)的概念要简单得多。用通俗的话说,一个聊天室意味着在互联网上一群人在讲话。因此,对聊天室最简单的定义是一个网址,用户们可以在这个网址里进行实时的信息传递(典型

的情况是围绕一个专题)。网络百科全书维基百科(Wikipedia)给我们提供了一个比较具体的描述:"聊天室是一个网络论坛,人们可以在那里进行网络谈话(如与同一论坛的人们进行实时的谈话)。有时这些网址有人维护,比如,对讲话人加以限制(不常见),或由管理员在该网址巡游,提防破坏性的或不受欢迎的行为。"

在通常情况下,有意参加者需要注册,在聊天室留下名字,然后此人能够看到聊天室的其他内容。有的聊天室容许参与者只和一个人谈话,不让他人看到。虽然用户可以自由进入聊天室,自由谈论自己想谈的内容,但许多聊天室是有监控的,杜绝那些不受欢迎的、攻击性的、种族主义的、宣扬暴力的或色情的内容等。

根据维基百科,脸书(Facebook)网站始建于2004年2月4日,发起人为哈佛学院的Mark Suckerberg。自2006年起,年满13岁者均可注册参加。注册后,脸书用户可建立自己的用户概况,添上作为自己"朋友"的其他用户,从而与他们互通信息,刊登最新情况和照片,共享视频,使用种种应用程序(Apps),并接收到有关他人最新情况的通知。此外,用户可以参加由工作单位、学校或有关课题组所组织的兴趣相同的用户群,并可以将朋友分成若干小群,如"工作有关人士"或"密友"。 在这些小群中,编者可将有些宣告置于页面顶部。用户也可对某些有负面看法的人士表述自己的不满,或切断与他们的联系。脸书对保护隐私有严格控制。至2015年1月21日,脸书的计算程序能清除虚假的或导向错误的内容。

由我国腾讯公司发展的微信(WeChat)公众平台提供即时信息服务,自2011年1月起运行。微信是当代最大的独立应用程序,为日夜需要信息的用户服务。至2016年5月,公众账号已有10亿个以上。微信平台主要提供文本信息、即时通话信息、广播信息、视频会议、视频游戏、照片和视频共享以及位置共享。照片也可能是经过装饰的乱码过滤器和字幕。该平台还提供机器翻译。

10.4.5　表情符号和笑眯眯

当人们通过电子邮件、博客或聊天室进行写作时,他们会注意到这种信息传递已经产生了巨大的反拨影响。如:用户倾向于使用很少量的标点符号;使用字母代替一些词语,例如"u"代表"you","4"代表"for","r"代表"are", "brb"代表"be right back",等等。这样的变化也能在结构中找到,如短句和非正式表达形式增加了、直接称呼减少了,等等(张德禄,1998;董启明、刘玉梅,2001)。

表情符号(Emoticon)或笑眯眯(Smiley/Smilies)是人们使用在计算机键盘上能找到的字母组成的字符串。表情符号在电子邮件、聊天室、短信服务(Short message service,SMS),及其他使用计算机传递信息的途径中被广泛运用。最时尚的表情符号是一些笑脸(Smiley/Smilies),人们用来表示"别把我的话当真"的意思。如果你看不懂它表示一个笑脸,不妨仔细看看下表。冒号代表眼睛,连字符代表鼻子,右括弧代表嘴巴。最常见的和逗笑的组合如下:

表10-2 常见的表情符号

:-)	标准笑眯眯(你在开玩笑;你满意了)
:)	给懒人设计的标准笑眯眯
,-)	眨眼的笑眯眯(即使你在开玩笑,你不是这个意思)
;-)	眨眼的笑眯眯,同上
:->	后面是一个非常挖苦的评论
(-:	左撇子的笑眯眯
:-(	哀伤的笑眯眯(你不是开玩笑;你不满意)
:<	非常哀伤的笑眯眯
:C	非常哀伤的笑眯眯
:-*	亲吻的笑眯眯

第十一章

第二语言教学与外语教学

11.1 引言

本书用一章的篇幅探讨第二语言教学和外语教学,这样做有着充足的理由:第一,语言教学一直是**应用语言学**(Applied Linguistics)的一大关注点,应用语言学又是语言学的一部分(或者说一个分支)。实际上,早期应用语言学的主要关注点就是如何学习语言和如何教授语言。很多语
言学教材都包括有关语言学习和语言教学的章节。《语言研究》(The Study of Language, 2014)有一章专门讲述了第一语言习得,另有一章专门讲述第二语言习得。第二,也是更为重要的一点,本书的很多读者是语言教师或即将成为语言教师。我们相信,掌握一些语言学知识不仅有助于这些读者进一步理解语言的运作规则,也有助于他们更加深入地理解如何教授语言。语言学理论直接或者间接地影响着语言教学的途径和方法(Richards & Rogers, 2001)。虽然一章的篇幅并不足以涵盖太多教学理论和实践内容,但我们仍然认为有必要从语言学角度对语言学习和语言教学进行介绍。事实上,作为研究语言的一门科学,语言学对语言教师有着极其重要的意义(Lehmann, 1979)。有人认为教师们已经完全掌握了某种语言,因此他们不应该再浪费宝贵的时间去进一步学习有关语言的知识。McCarthy 和 Carter(1994: xi)对这种认识提出了质疑。教师们应该关注怎样更加有效地教授语言,要做到这些仅仅掌握教学法知识是不够的。

很多教师认为他们确实应该对自己所教授的语言有更深的了解,但是却不敢肯定他们是否需要语言学理论来指导自己的教学。也就是说,他们不知道自己是不是应该学习一些语言学知识。对这个问题,我们的答案是肯定的:为了使教学活动更加行之有效,教师们有必要学习一种或多种语言学理论,至少应该了解自己教授的语言都有哪些规则。McDonough(2000)指出,学习一些语言学理论并且将其应用到语言教学实践是必要的而且是有益的。根据McDonough 所说,与那些只会依仗自己的权威使用"这是固定说法""这是例外情况"或者"这是非正式用法"等措辞来搪塞语言问题的教师相比,能够对语言特点进行解释的教师更具有信服力(P33)。Ellis(2006)认为,教授一些显性的语言知识可以帮助学生掌握随后接触到的隐性知识。Bachman(2010)从语言测试的角度指出,语言知识是语言能力的关键组成部分。

语言教师应该向学生呈现真实完整的语言,而不仅仅是语音、词汇或者句法体系。语言教师也必须借助语言学理论才能获取真实的语言并对所获取的语言有所理解。鉴于语言教师还有很多其他任务,我们不能期望他们成为语言学家,但教师显然应该尽可能多地从语言学理论中获取知识。语言教师应该善于吸收和利用语言学理论的研究成果,而不是在每堂语言课上给学生灌输这些理论。

教师们还应该认识到,语言学流派并不是唯一的,语言学呈现出的是一种百花齐放、百家争鸣的局面。不同流派之间存在争议和矛盾,相继出现的不同派别不断破旧立新,建立自己的学说(Lehmann, 1979)。

在本章接下来的几个部分中,我们将讨论与语言学相关的第二语言教学或外语教学的一些主要领域。"第二语言教学"和"外语教学"在意思上有差别,但在本章中我们将两者视为可互换使用,敬请知悉。

11.2 语言学习

在探讨语言学研究对语言教学的影响之前,我们先看一下语言学研究是如何帮助我们更好地理解语言学习过程的。过去,很多语言学习理论是基于某种语言学理论提出的。事实上,语言学知识能够使我们真正理解学习者应该学习什么样的语言,能够学习什么样的语言,怎样学习语言以及最终能学到什么。因此,语言学在语言习得研究和语言学习研究中一直起着十分重要的作用。Ellis(1994:1)指出:"很多早期的(二语习得)研究都以语言学为中心,特别注重对学习者语言语法特征的研究,并且这些研究是以心理语言学为导向的。后期的研究则开始对学习者的语言进行语用学研究,而且越来越多地采取了社会语言学的视角。"因此语言学与二语习得研究确实存在着不可割裂的关系(Cook, 2000: 3)。

语言学理论与语言学习研究的关系十分复杂,因此我们不能对所有问题展开深入的讨论。这里我们只谈其中的几个问题,来说明语言学知识与语言学习的关系。

在进入下一部分之前,我们还有一个问题需要说明。这里所说的"语言学知识可以为语言学习服务",并不是指学习者要通过学习语言学理论来提高自己的语言学习。虽然一些学习者（例如高水平的学习者和外语专业的学习者）确实从扎实的语言学知识中获益颇多，但我们并不建议大多数依然在艰难地学习语言本身的语言学习者去学习语言学理论。因此，本章将着重讨论语言学理论怎样帮助解决语言学习研究领域中的一些有争议的问题。本章的讨论与前几章的内容是有关联的。读者（特别是语言教育领域的读者）在阅读本章时可以对所学语言学知识的具体应用进行深入思考。

11.2.1 语法在语言学习中的作用

是否需要教授语法以及怎样教授语法是二语习得领域内研究者们争论的焦点问题之一。很多传统的语言教师将语法割裂为孤立的语法知识点来分别讲解，这种做法已经受到广泛的批评，因为它仅仅关注语言形式而忽略了语言的意义。然而，沉浸式学习和自然语言习得研究结果表明，当课堂上的二语习得完全从经验出发并以语义为中心时，一些语言特征最终无法发展到目标语水平（Doughty & Williams, 1998:2）。作为"完全以语言形式为中心"和"完全以语言意义为中心"的折中途径，近年来出现的"**关注语言形式**"（Focus on Form）对语言学习中语法的作用采取了一种折中的态度。

"关注语言形式"的核心思想是，虽然语言学习总体上应以关注意义为中心，以交流为导向，但适度关注语言形式仍然是有益并且是必要的。"关注语言形式"的做法是，当理解或语言输出遇到问题时，教师和/或一个或多个学生暂时性地将注意力转移到某些语法特征上（Long & Robinson, 1998: 23）。

虽然大量文献报告了"关注语言形式"的成功例子，它在实践中的运用也不是完全没有问题。其中一个问题就是，哪些语言成分最适合通过"关注语言形式"的途径来学习。这个问题大多从语言学的角度出发加以研究（DeKeyser, 1998）。主要有两个变量影响语言成分在"关注语言形式"中的顺从性（Amenability，指某个语言项目通过学习而发生变化的可能性），即普遍语法（Universal Grammar, UG）的相关度和语言结构的复杂度。"关注语言形式"的支持者们认为，如果二语中的某个结构是普遍语法的一

部分，它的顺从性就高；否则，顺从性就低。在"关注语言形式"的教学中，我们会根据语言结构顺从性的高与低来采取不同的措施。问题在于没有人确切地知道哪些成分是普遍语法的一部分。这里正是语言学研究要发挥作用的地方。普遍语法，这种通常被认为是为了产生理论才出现的理论，此时在最实际的语言学习研究中得到了应用。

除了与"关注语言形式"有关联以外，普遍语法的研究也得到了很多其他二语习得研究者的重视，原因正如 Ellis（1994：35）所指出的，普遍语法的知识在很多方面都对二语习得研究有帮助，例如，它可以用来解释发展顺序和语言迁移。

语言结构的复杂度这一变量也同样不简单。人们通常认为结构越简单，可学性就越高。但是复杂度是很难定义的。形式上简单的语言结构可能功能上很复杂，而形式上复杂的语言结构不一定功能上也同样复杂。这里，我们需要再一次求助语言学知识来更好地理解语言结构的复杂程度。

目前，人们通常认为语法在语言学习中的作用已经得到了应有的重视。问题是我们对于语法的了解还不够，甚至对于语法的定义还没有达成共识。完全基于语法的语言学习和教学之所以失败，一种可能的原因是我们没有一种可靠的语法理论作为依据。已经有学者开始尝试研究形式语法、生成语法和功能语法在这方面的应用（Ellis，1997：73）。但是到目前为止，我们还无法确定究竟应该怎样学习语法。问题不在于二语习得研究者和教师无法在多种语法理论中作出选择，而是没有任何一种理论是令人满意的。因此，对语法进行语言学研究的重要性是显而易见的。我们需要对语法作出更好的描述。

现有的广泛应用于语言教学的语法模式之一是功能语法（Halliday，1985，1994）。基于 Halliday 的理论，Lock（1996）提供了一种功能性描述框架，旨在帮助语言教师理解不同语法元素之间的关系以及这些元素如何相互作用并在上下文中产生意义。Lock 分析了关键的英语语法范畴和语法成分，对第二语言学习者学习各种语法时存在的典型问题作出了解释。

11.2.2 输入在语言学习中的作用

当学习者接受了足够的目标语输入时，语言学习就会自然而然地发生，这个道理是显而易见的。输入可以是口头语言，也可以是书面语言。口头语言输入可能发生在交互活动中（如学习者与母语者、教师或者其他学习者的对话），或者出现在一个没有交互的语境中（如听广播或者看电影）。

虽然输入的作用是毋庸置疑的，但对于学习者到底应该接受哪种输入这个问题，学者们的观点却不尽相同。那些相信语言学习应始终以意义为中心的研究者倾向于给学习者们提供原汁原味的真实语言输入。在理想条件下，不同难度的语言材料都应该提供丰富多样的真实语言输入。换言之，输入应该在风格、语式、媒介和目的等方面有所不同，并且具有真实语境下目标语言的典型特征（Tomlinson, 1998: 13）。

虽然真实语言输入有很多优点，但另一种有力的论点是，任何输入要想对语言学习产生作用，首先应该是可理解的。根据 Krashen（1985）的**输入假设**（Input Hypothesis），学习者主要通过理解语言输入来实现习得。Krashen 提出的 i+1 理论认为，学习者接触的语言应该略微高于他们的现有水平，这样他们既可以理解其中的大部分内容，又可以面对一定的挑战，从而争取更大的进步。输入的难度既不能过大，让人望而生畏，也不能过于接近学习者现有的水平而失去挑战性。

在 Krashen 输入假设的启发下，很多研究者开始研究最理想的语言输入，比如"预先调整的输入"（premodified input）和"交互调整的输入"（interactively modified input）。预先调整的输入是指根据学习者的现有水平事先对语言材料进行精细调整，而交互调整的输入（经常是口语篇章）是在师生的交互活动过程中得到调整的。前人实验结果证明，交互调整的输入对于学习者的语言习得更加有效。

虽然输入在语言学习中的作用是不言而喻的，但输入理论及其应用仍然有很多问题值得研究。问题之一就是我们对不同的输入类型还缺少语言学的分析。不同类型的语言输入很有可能对语言学习产生不同效果，但是我们并不知道不同的输入在语言上究竟有哪些区别。针对以上谈到的问题，为了更好地理解语言输入，我们需要回答下列几个问题：

（1）从语言学的角度来看，真实和非真实的语言输入有什么不同？

（2）如果 i+1 的输入是可取的，我们怎么能够保证语言输入材料是 i+1 而不是 i+0 或者是 i+2？有没有可靠的语言学标准来判定语言输入"略微高于学习者的现有水平（不多也不少）"？

（3）如果调整输入（不管是怎样调整的）是我们应该为学习者提供的最佳输入，我们到底应该怎样来调整输入？是从语言方面还是从其他方面？如果是从语言方面进行调整，那么标准又是什么？

如果说实证研究已经证明了某种类型的输入对语言学习最有益处，那么下一步就要来研究这种输入的语言特征，以便我们可以寻找或编写类似的语言学习材料。这是语言学能够在语言教学中发挥作用的又一个领域。

11.2.3　中介语与语言学习

除了语言输入以外，输出也可以促进语言习得（Swain, 1985; Skehan, 1998）。正确的输出要求学习者根据自己需要表达的信息来组织自己的语言。当学习者根据表达的需要来组织语言时，他们并不是简单地重复他们所学的知识，而是在经历一个加工和建构的过程。例如，他们对读到或听到的句法进行处理,并且构建句法结构以便表达他们想要传达的意思。

从某种程度上来说,认为语言输出对于语言习得有促进作用的观点与**建构主义**(Constructivism)的观点是相互吻合的。建构主义的语言观认为,学习语言(或者任何其他知识)是一个社会建构的过程(Nunan,1999:304)。学习者们可以通过相互合作、协商和完成各种各样的任务来学习语言。换句话说,他们在某种社会和文化环境下构建自己的语言。

正处于学习过程的二语或外语学习者构建的语言通常被称为**中介语**(Interlanguage)。中介语通常被理解为介于目标语和学习者母语之间的语言。与目标语相比,中介语还不够完善,但它也不只是学习者母语的简单翻译。其实,我们也不能把中介语看成是母语和目标语的过渡阶段或者是二者的简单混合。中介语是一个动态的语言系统,它不断地从初级水平向接近本族语水平发展。因此,中介语的"中介"实际上表示的是在开始阶段和最终阶段之间。

中介语研究可以从两方面进行:(1)研究中介语学习过程中学习者的心理、生理和神经机制。(2)研究中介语的语言学特征。学者们已经广泛开展了第一方面的实验研究,而第二方面的研究却没有得到应有的重视。事实上,这两方面的研究有着同等重要的作用。针对中介语的语言特征,我们提出以下值得研究的问题:

(1)从语言学角度来看,中介语与目标语以及学习者的母语有什么不同?

(2)低水平的中介语和高水平的中介语有什么不同?

(3)学习者是怎样运用中介语来表达意义的?从实用角度来看,中介语在何种程度上比目标语更有效?

对上述问题的回答必将对语言习得的研究产生有益的影响。然而,对于中介语的研究必须要有语言学作为理论框架。显然,对这个领域有兴趣的研究者们应该有一定的语言学基础。

11.3 语言教学

可以说,语言教学的方方面面都可以从语言学中获得启示。从宏观上看,语言学理论影响着教学法的总体发展方向。例如,结构主义语言学把语言看作是一个结构上互相联系的表义系统。相应地,语言教学就要教授这些结构,通常包括语音单位、语法单位、语法规则和词组(Richards & Rodgers,2001)。在微观层次上,语法知识帮助语言教师们更好地解释他们所教的具体的语言。

本部分主要讨论宏观层次上语言学与语言教学的关系。

11.3.1 基于语篇的语言教学

以语篇为基础的语言观认为，语言范式（linguistic patterns）存在于语篇之中。传统语言学研究的对象一直是词汇、小句和句子，而语篇语言学则认为语言超越了这些单位（McCarthy & Carter, 1994）。以语篇为基础的语言观关注的是口头和书面的完整语篇以及这些语篇所在的社会和文化背景。相应地，基于语篇的语言教学强调培养学习者的语篇能力，这是与众所周知的交际能力很相近的一种能力。**交际能力**（Communicative Competence）是指学习者在具体的语境中恰当并且有效地运用语言进行交际的能力。交际能力包括语法词汇知识、会话规则以及怎样运用和回答不同类型的言语行为和社会习俗，以及怎样恰当得体地运用语言。

语篇语言学认为，学习者既要知道如何以及何时在不同情景下运用语言，也要具备运用各种语言形式的能力，例如语法能力（包括词汇、形态、句法以及语音）以及语用能力。只有在满足以上两种条件后，我们才能认为语言学习是成功的。

基于以上理念，在二语学习和外语学习中，教师应鼓励学习者去完成交际任务，因为完成这些任务有助于他们习得目标语言。在这种理论指导下产生的最有影响的语言教学途径就是**交际语言教学**（Communicative Language Teaching）和**任务型语言教学**（Task-based Language Teaching）。在实施交际语言教学和任务型语言教学的课堂上，学生们通过完成任务来学习语言。

任务的类型大体上有两种：真实任务（real-world tasks）和教学任务（pedagogical tasks）。真实任务与我们在日常生活或工作中要进行的活动非常接近。例如学生以小组的形式讨论怎样改进他们学校的运动器材（例如，买一些新的器材），然后给校长提出一些建议。这类活动属于真实活动，因为在生活中我们会遇到这样的问题。教学任务是那些学生只是在课堂上开展而在生活中不会发生的活动。例如，学生两人一组，教师给每个人发一张图片，图片上的大部分内容是相同的，但是还有一些不同之处。活动要求双方通过各自向对方描述自己的图片来找出这些不同。在这个活动中，学习者运用语言来做具体的事情，也就是找出两幅图片的不同。在完成这个活动的过程中，学习者主要关注的是语言的意义而不是形式，因为活动并不是要求他们练习某些特定的语言项目。我们把这种活动定义为教学任务，因为在真实生活中我们不会遇到这种情况。这类活动是专门为教学设计的，其目的是帮助学习者学习或复习某些语言知识或者技能。但这里并不是说真实任务没有教学上的目的。

基于语篇的语言教学观有很多不足之处，因此受到人们的批评。它过分强调了语言习得过程中的外部因素而没有对内部因素给予足够的重视。它与行为主义语言习得观有一个共同之处，即把环境因素和语言输入视为语言习得的核心。它过于关注语言习得中学习能力和语言功能的作用，却没有注意到指导语言习得的一些普遍规律。

11.3.2 普遍语法与语言教学

在目前流行的主要语言学理论中，乔姆斯基的普遍语法（UG，以前叫TG，即转换生成语法）接受度更高也更广泛。普遍语法要回答的一个主要问题是，为什么第一语言习得基于很少的外界输入就能快速获得成功。普遍语法认为语言习得本质上并不依靠外在的语言输入。

乔姆斯基认为，每一个母语者都具有一种语言能力。儿童出生时就具有一些带有普遍性的语言知识。在母语习得过程中，儿童把先天的内在语言体系与母语相比较，从而调整自己的语法结构。因此，语言学习不是一个简单的习惯形成过程，而是一个不断地建立和验证假设的过程。普遍语法还认为每一个句子都有深层结构、表层结构和一些转换规则。

另外，乔姆斯基认为输入是贫乏的，仅靠语言输入是不足以完成语言习得的。主要有两个原因：第一，人们在使用语言的过程中时常出现诸如口误、犹豫和错误开头等现象，从而降低了语言输入的质量。所以，仅仅依靠输入作为语言学习的基础是不够的。第二，输入中没有语法校正。也就是说正常情况下，输入没有反面证据（negative evidence），而正是从反面证据中学习者可以了解到目的语中哪些语言是不能接受的。

虽然普遍语法最初不是为了第二语言习得而提出的，但它却给二语习得领域的研究者和教师以巨大的启示。普遍语法的支持者认为，孩子和成人在语言习得过程中均遵循着共同的原则。Cook（2000）曾撰写专著来探讨乔姆斯基的普遍语法理论对二语习得研究的启示。

基于普遍语法的语言教学理论也受到了人们的批评。可以说，普遍语法是专门为了解释语言的运作方式而提出来的。然而，为了解释语言本身，普遍语法支持者也必须研究语言习得的过程。但关于语言习得的论述在普遍语法理论中没有得到重视。普遍语法的第二个不足在于它只关注英语句法的核心语法和通用的规则，而忽略了一些其他语法现象，如每种语言所特有的语法（每种语言特有而不适用其他语言的语法规则）。第三，语言最重要的功能在于交际，但是这一点被普遍语法忽略了。最后一点是方法论上的问题，也是最严重的一个问题。因为乔姆斯基只注重解释和描述语言"能力"，而二语习得研究者们很难对这种能力进行实证研究。

总之，普遍语法在解释中介语的发展和母语的影响等方面作出了重要的贡献。在语言教师（或者教育语言学家）如何进行词汇教学和语法教学这个问题上，普遍语法提供了重要的信息。然而另一方面，还没有确凿的证据来支持普遍语法确实存在。如果促成了第一语言习得的语言模块（language module）在第二语言习得中也被证明是可行的，那么二语教学就应该研究怎样才能激发这种语言模块，并且重新设计语言教学方法。我们也应该更加细致地学习普遍语法理论，以便给母语和外语教学奠定更加牢固的教育和教学理论基础。

11.4 教学大纲的设计

教学大纲的设计在语言教学中有着举足轻重的地位。从某种意义上说，大纲设计是联系教学理论和教学实践的桥梁。教学大纲把教学理论应用到教学实践之中并且为实践建立了一个可操作的框架。设计教学大纲最重要的部分是选择和安排教学内容。显然，对语言的选择和排列应该基于对语言系统的充分理解，这也是语言学理论能够发挥作用的重要领域之一。

11.4.1 教学大纲与课程计划

在语言教育领域的文献中，**课程计划**（Curriculum）和**教学大纲**（Syllabus）这两个词语有时是可以换用的，有时是加以区别的，有时会被误用或误解。同样地，大纲设计（syllabus design）和课程发展（curriculum development）经常造成研究者和教师的误解。这种概念上的混乱至少有两个原因。第一，这两个词在美式英语和英式英语中的用法是不同的。第二，"课程计划"这个词的含义在近年发生了变化。Stern（1983：434）对两个概念的解释如下：

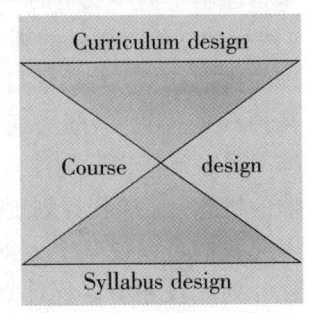

> "课程计划"这个词经常用在两个相互联系的意义上。首先，它指一个教育机构或者体系中某个教育项目的教学内容。因此我们可以说学校课程计划、大学课程计划、法语学校课程计划或者苏联教育课程计划。在更加严格的意义上，它指学习的课程或者某一个具体科目的内容，例如我们可以说数学课程或历史课程。在这个意义上，它和英国大学及学校在某一科或者某一门课程上所谓的"教学大纲"是同义词。然而，近年来"课程计划"这个词不仅用来指某一科目的内容，并且指代整个的教学过程，包括材料、设施、考试以及教师培训等。简而言之，与学校、课程内容和研究内容相关的所有教学措施都可以用这个词指代。

在 Stern 的定义的基础上，Nunan（1988：3）指出，"课程计划"是指包括语言学习、学习目的、学习经历以及师生关系在内的一个比较广义的概念；而"教学大纲"是一个更加具体的术语，它是对教师和学生在实施课程时课堂上所发生的具体活动的描述。

Rodgers（1989：26，转引自 Richards，2001：39）对教学大纲和课程计划作了类似的区分。Rodgers 指出，教学大纲预先规定了一门课的课程内容，它可能是整个教学计划的一小部分，也可能是全部的教学计划。课程计划则是一个广得多的概念。课程计划是孩子在学校参加的所有活动的总称。其中不仅仅包括学生们要学什么，也包含了学生要怎样去学，教师怎样帮助学生学习，使用什么样的教学材料，测评的方法和风格以及要用到哪些设备。

20 世纪 80 年代以来，在语言教学领域，课程发展（开发）是语言教学整个程序的中心环节这种说法愈加得到人们的认同。从 20 世纪 80 年代开始，很多国家的政府教育部从课程设计的角度出发，参照标准来制定统一的国家教学大纲（Richards，2001：41）。结果，过去被人们称为"教学大纲"的文件现在被称为"课程计划"。

在本章中，教学大纲和课程计划这两个概念是有区别的。"教学大纲"用来指课堂中具体发生的活动，通常包括教学的目标和内容，有时也指教学方法。"课程计划"所提供的则是：（1）对语言理念、语言学习和语言教学的基本原理的概括；（2）对教学目的和目标的具体说明；（3）教学计划的具体实施。从某种意义上说，教学大纲是实施课程计划的一部分。

另一点值得我们注意的是，大纲经常用来指称和"语言教学途径"非常相似的概念，而课程计划则指代为某国家或地区的语言课程所设计的具体文件。因此我们可以说某个大纲是语法大纲或任务型大纲，但是我们不能说语法课程计划或任务型课程计划。基于这点不同，我们认为大纲设计是一个教学法领域的问题，而课程制定则是一个教育规划的内容。

11.4.2　教学大纲设计的理论背景

多数情况下，外语教学的大纲设计主要包括选择教学内容和排列教学内容的顺序两个步骤。选择教学内容是必须的，因为学习语言的整个体系既不现实也没必要。选择的过程包括两个步骤：第一，把语言限定在某个特定的方言和语域内。第二，根据一定的标准，例如出现的频率、难易度或者课堂需求等，从所选语域中进一步选择要学习的语言。整个过程应该涵盖语言的所有层次，例如语音层次、语法层次、词汇层次以及语境层次（语义或文化方面的）。

在实际大纲设计过程中究竟选择什么样的教学材料，从很大程度上来说取决于设计者对语言的理解。如果设计者信奉结构主义的语言观，那么他会选择主要的语言结构作为教学内容。如果设计者坚信功能主义的语言观，他则会选择最常出现的语言功能或者概念。

在选择了一系列的语言项目后,下一个步骤就是要按照实际教学目的合理安排教学的先后顺序。这个过程通常被称为"分级"(grading),通常由两个子步骤组成。第一步要为这些语言项目规定一定的教学期限,通常以年、学期、月、星期、天和课时为单位。第二个步骤就要为语言项目规定教学次序。这里有必要把分级过程的每一个具体步骤都用一个专门的术语来表示。我们可以把分配学习期限的步骤叫作"分阶段"(staging),而把安排语言项目的教学顺序叫作"排序"(sequencing)。

这些实际操作貌似与语言学没有什么关系,但事实上,语言学在这里大有作为。第一,语言学为我们描述了第二语言,并且解释不同的语言成分是怎样组成整个语言系统的。第二,在制订教学计划的时候,适当参考语言学的分类是有必要的,因为这样可以保证我们把必要的语言知识渗透到教学内容中。这并不意味着我们要把语音体系、书写体系、词汇、语法和语境知识分开作为独立的教学内容。这些只是语言学分类,是语言描述概念,而不是教学步骤。

目前,教育改革的重要趋势之一是将标准作为课程的核心组成部分。在语言课程中,标准是对每位学生应该掌握什么样的语言知识和语言技巧所做的陈述。中国在2001年到2018年间针对中小学英语教育出台了四个版本的英语课程标准;在2004年和2007年颁行了两个版本的大学英语课程教学要求(同课程标准)。标准的颁行时常引发人们对其合理性、创新性、可行性或缺陷的讨论。但是在英语课程标准中,有一个问题还没有引起人们足够的重视,那就是英语课程标准应该基于什么基础来制定。换句话说,就是课程设计者如何确定特定阶段的学生应该学习什么内容?如果课程标准就是学生需要学习的内容,那么我们要怎么确定什么是真正需要的?如果标准是学生能够学习的内容,那么我们怎么知道学生到底能够学习什么?他们能够学习什么常常取决于他们手头可利用的资源,比如:学习时间、学习材料、教师数量和质量。要回答这些问题,我们就要用到理论,语言学理论就是其中的基础性理论。

11.4.3 教学大纲的类型

理论上讲,根据大纲设计者的不同语言观和语言教学观,教学大纲可以有很多不同的编写方法。在过去的几十年主要出现了语法大纲、词汇大纲、技能大纲、功能—意念大纲、内容大纲和任务型大纲。有些大纲受到了人们的重视,有些则被忽视。下面我们将简要介绍影响较大的几种教学大纲。

1. 结构教学大纲

受到结构主义语言学的影响,**结构教学大纲**(Structural Syllabus)主要以语法教学为导向,以语言结构为基础。大纲编写者参考结构的使用频率、复杂程度和有用程度等因素精心安排大纲中出现的词汇和语法规则在教学中的先后顺序。

语法大纲潜在的理念是把语言看作一系列由语法规则组成的体系；学习语言就要学习这些规则并且把这些规则应用到实际语言运用中。大纲是根据语法规则的难易度来组织的。这类大纲每一单位课时介绍一个语言点，并且要求在学习下一个语言点之前要完全掌握前面的知识点。

结构大纲应用了很多年，并且现在在中国大部分的英语课堂上还是占据着统治地位。然而，越来越多的人开始意识到它的不足之处。主要的不足在于这种大纲只关注语法结构和单个词语的意义，而认为长句的意义是显而易见所以无须讲解的，而且对句子意义的解释不考虑语境的因素。学生没有学会在真实的语境下地道地使用语言。结果是，被结构大纲教出来的学生往往缺少实际的语言交际能力。

2. 情景教学大纲

情景教学大纲（Situational Syllabus）没有明确的语言学理论作为基础。我们可以认为情景教学大纲的编写者们视语言为一种交际工具。编写情景大纲的目的是要具体区分目标语使用的不同场景。语言的选择和组织都是以情景为线索的。其中包括语法结构和句型介绍及练习，但是它们被编在对话中，对话的题目往往是"在机场""在超市""在银行"等等。课堂上，教师往往采用**听说法**（Aural-Oral Teaching Method）。在学习新的语言材料时，学生们先听说，再读写。或许这种教学法仍然是以教师为中心的，然而相比语法翻译教学法，它已经加入了更多的学生参与。教师可以运用图片、实物或者是现场演示来组织学生对话或者角色扮演。

相比之下，情景教学大纲比结构教学大纲更具优势，因为它开始关注学习者直接的交流需要。然而，情景式大纲要依附于已有的语言观，而现在这个语言观仍然是结构主义的，因此从本质上看，情景式大纲仍然是以语法为主线的。有些人称之为"假功能"大纲。课本中谈到的情景不可能是完全真实的。另外，这些情景的组织安排也没有什么系统性可寻。

3. 交际教学大纲

交际教学大纲（Communicative Syllabus）的目的是培养学生的交际能力。它以**功能-意念大纲**（Notional-functional Syllabus）为基础，教授表达和理解不同语言功能时所需要的语言，并且强调交际的过程。

在总结了前人关于交际大纲设计理论的基础上，Yalden（1983）列出交际大纲的十个要素：

a. 要具体考虑学习者要习得目标语言的所有可能的用途；

b. 学习者会在哪些场合下应用目标语（自然环境和社会环境都要考虑在内）；

c. 在使用目标语时学习者可能扮演的社会角色,以及其对话者的角色;

d. 学习者可能参加的交际活动:日常生活场景,工作职业活动,学术活动等等;

e. 这些活动中可能出现的语言功能,或者说学习者运用语言要达到的目的和完成的任务;

f. 交际可能涉及的概念,或者学习者要谈到的概念;

g. 完成对话和语篇需要的语言技巧:语篇和修辞技巧;

h. 需要用到的目标语的不同类型,以及学习者要达到的口语表达和书面写作的水平;

i. 需要用到的语法内容;

j. 需要的词汇。

以上十个要素被认为是涵盖了实现交流的所有需求。即使交际大纲无法考虑到所有因素,也应该包括其中的大部分。根据对这些因素所强调重点的不同,交际大纲又分为从结构功能型的到完全交际型的等不同类型。

4. 任务型教学大纲

任务型教学大纲更加关注激发学生的课堂学习过程,而不是学生所要掌握的语言知识和技能。这些教学大纲对于课堂上学习者所进行的任务和活动列出了说明。

尽管任务型教学约有三十年的发展历史,但是现有文献中对于任务还没有统一的定义。随着任务型教学的不断发展,不同研究者从不同角度对任务进行了定义。较早的一个定义是由 Long(1985)给出的。Long 认为,任务是"我们为自己或他人无偿或有偿做的一些事情,比如给栅栏刷油漆、给孩子穿衣服……换句话说,任务就是人们在生活、工作和娱乐中所做的各种各样的事情"。

Prabhu(1987)把任务定义为学习者根据所给信息经过思考得出某种结果的活动,并且允许教师控制和调整这个过程。根据这个定义,当学生们从事任务时,要提供给他们一些信息,并且要求他们处理这些信息来达到某种结果,但是,究竟要达到何种结果并不明确。

Nunan(1989)认为,任务是指课堂上学习者理解、处理、输出目标语或用目标语进行交流的各种学习活动,在这些学习活动中,学习者的注意力主要集中在表达意义上,而不是在操练语言形式上。

这些定义的一个明显差别在于,对于 Long 而言,任务指的是现实生活中所做的各种事情,而对于 Prabhu 和 Nunan 而言,任务是课堂上所做的各种活动。这大概是后来的研究者将任务划分为真实任务和教学任务这两大类的原因所在。真实任务是人们在生活和工作中所做的各种各样的事情,而教学任务是要求学生在课堂上所做的各种事情。

值得注意的是，这些定义并不矛盾，而是互补的，每种定义强调某些方面。一方面，谈及语言学习任务时，它们都不可能是完全真实的。毕竟，课堂上的大多数活动都是为了学习和操练相关语言而设计的。另一方面，教学任务可以与现实生活有不同程度的相似。

在后来的定义中，真实与不真实的界限似乎被有意模糊了，尽管真实性一直被强调为任务的关键特征之一。Skehan(1998)没有对任务进行简单的定义，而是描述了任务的特征。他指出，任务是这样一种活动：

——表达意义是首要目的；
——学习者不是简单地重复他人提供的意思或信息；
——学习者所做的事情要与现实生活中的某些活动有联系；
——完成任务是最重要的；
——对任务的评价要以结果为依据。

因此，任何符合以上(或大多数)标准的事情都可称作任务，因此，任务可以是真实的、半真实的或者不真实的。

文献中较新的一个定义是由 Bygate,Skehan 和 Swain(2001)给出的。他们认为，任务是要求学习者使用语言为达到某个目的而完成的一项活动，活动的过程中强调意义的表达。这个定义与 Willis(1996)的定义非常接近："任务是学习者为了交际意图(目的)使用目标语而达到一定结果的活动。"

根据当前对任务型教学及其在实践中应用的理解，Bygate,Skehan,Swain 和 Willis 对任务的定义都是可行的，其实质是，任务是学习者使用目标语做事情的活动，通常以非语言操练为目的。

由于任务型教学仍然是一种不断发展的语言教学方法，一些学者建议应当制定设计任务的步骤或准则，而不是一味地追求对任务的明确定义和描述。以下是大多数倡导任务型教学的研究者认为的教师在设计任务时可以遵循的六条原则：

(i)任务目的要明确

设计任务时，应该使学生非常清楚做这项任务的目的。从理论上讲，在课堂上不管让学生做什么，都应当明确目的。比如让学生跟读录音，其目的可以说是为了练习口语(发音、语调等等)；让学生用所给动词的恰当形式填空，其目的可能是为了复习或巩固有关时态的语法知识。但是，我们说的任务应该有目的，指的是交际目的，而不是纯粹的教学目的。例如，让学生通过采访来调查班上同学最喜欢的食物，这项任务的目的是为了获取学生所喜爱的食物的信息。当然，当他们做这项任务时，他们会用到已有的语言知识和技能，可能还会学一些新的语言。然而，像这样的任务，不能说其目的是为了学习如何询问和回答问题，或是学习如何描述食物。在课堂上，经常会让学生分角色朗读课本上的对话或让他们自编一段类似于课本上的对话。这个活动肯定有教学目的，但是没有真实的交际目的，因此不是任务，或者准确地说，不是真实任务。

(ii) 任务要与真实活动有某种程度的相似

理论上，与真实事件越相似的任务就越能激发兴趣。与真实事件相似指的是，要求学习者所做的事情与现实世界中人们在生活或工作中所做的事情相似。比如，如果让学生听某个国家主要城市的天气预报，并让他们记录一些（不是全部）城市的未来天气状况，这就是一项任务，它与许多人在日常生活中实际所做的事情很接近。但是，如果让学生做正误判断练习，这就不是一项任务，因为在日常生活中，人们通常不会在听完天气预报后进行正误判断。同样，从 A、B、C、D 四个选项中选择正确答案来回答阅读理解问题，将段落改写成被动语态，给句子排序等等这些活动都不能算作任务。

(iii) 任务要涉及信息获取、加工和传递

能调动学生学习积极性的任务应该涉及信息的获取、加工和传递。换句话讲，当学生们做这项任务的时候，不管怎样他们都需要获取信息、重组信息并且传递信息。比如，当学生们通过采访来调查班上同学最喜欢的食物时，他们需要从每个同学那里获取信息，并把这些信息汇总起来进行一些统计，然后通过图表来呈现结果。事实上，课堂上有许多活动并没有涉及信息的获取、加工和传递过程。例如，当要求学生们分角色朗读课本上的对话时，他们仅仅是凭记忆或看着课本念出自己的部分，甚至不用听对方说什么就可以做到。

(iv) 任务要使学生以一定的方式做事情

教师在设计任务时要预想学生在从事任务时实际所做的事情。理论上讲，任务应该使学生以一定的方式做事情，他们必须做能够被观察到的事情。因此，传统的课堂活动，诸如"认真听讲并准备回答问题"，不能算作任务。在这些活动中，教师无法发现学生们是否在认真听讲（事实上，某些学生回答不出问题并不意味着他们没有认真听讲）。这并非教师不信任学生，关键在于，当学生们从事具体的可观察的学习行为时，他们可能更加专心，而且这种可观察的行为可以反映学生的内在学习过程。通过增加一些具体的要求，如"一边听指令一边画图（给图片涂颜色，把图片配对）"，可以把传统的课堂活动改造成任务。当然，还有许多做事情的方式，比如讨论、做笔记、绘制图表、画图。

(v) 任务要以表达意义为主

尽管关于任务型教学的观点各不相同，大多数倡导任务的研究者都同意任务应该使学习者关注意义而不是形式，即，学习者的注意力主要集中在理解意义和传递意义上，而不是在操练语言形式上。下面的例子可以说明这一点：

Writing

A head-teacher is speaking to a teacher in her school: Next week we're going to clean the school as follows: Classroom Building 1 on Monday. Building 2 on Tuesday. The computer room and sound lab on Wednesday. The science labs on Thursday. The library and the Teachers' Rooms on Friday. Please write a notice for the students and put it up. Thank you.

Work with your partner and write a large notice. Start like this: Classroom Building 1 will be...

做这个活动时，学生们只需要把句子从主动语态变为被动语态，这只不过是用另一种形式来表达意义，并没有传递新的意义或者学生自己的意义，因此这个活动不能算作任务。如果让学生自己制定学校大扫除的计划就是任务。

（vi）任务结束后要有明确的结果

大多数提倡任务型教学的研究者和教师都认为，完成任务后应该形成一个最终的结果，理论上讲应该是看得见摸得着的结果，比如说在小型访谈基础上所做的报告或图表、小组讨论出的购物清单、旅行计划或者根据所给信息所画的图画。最终结果有几方面的意义：（1）可以表明任务已经（或者没有）完成；（2）在某种程度上表明任务完成得怎么样；（3）可以与其他小组的学生分享；（4）可以作为学习成绩写入学生档案。

强调任务应该形成最终结果，并不是说任务型教学是一种强调结果的（product-oriented）语言教学途径。相反，任务型教学是一种强调过程的（process-oriented）教学途径（Nunan，1988），它更关注学生如何学习而不是学了什么；它倡导学习体验，让学生在用语言做事情的过程中体验和探究语言。

11.4.4 教学大纲设计的趋势

教学大纲设计总是受语言理论和语言教学理论的影响，目前教学大纲设计有以下几种趋势：

（1）新旧并存。虽然过去三十年里提出了许多不同类型的教学大纲，但是目前传统的教学大纲（如语法教学大纲和词汇教学大纲）还没有完全被摒弃，较新的模式（如内容教学大纲和任务型教学大纲）还没有被普遍接受。例如，语法教学大纲虽然是最早的一种教学大纲，但仍然在世界上许多地方继续使用。尽管任务型教学大纲经常被认为是最新的大纲，但是与许多教学环境不相融合，因而还没有被广泛采用（Richards，2001；Ellis，2003）。

（2）强调学习过程。与传统的教学大纲相比，较新的模式（如内容教学大纲、程序教学大纲和任务型教学大纲）更关注语言学习的过程，而不是语言学习的结果。这些大纲有时被称作过程教学大纲，即注重学习过程本身。这类大纲经常与强调结果的教学大纲相比较,后者注重学生在学习后所掌握的知识和技能(Nunan,1988)。

(3)大纲中包含非语言目标。与传统的教学大纲相比,新的大纲通常包括一系列非语言目标,例如学习策略和情感态度的培养。Richards(2001)把这些目标称为非语言结果,包括情感态度的培养(如自信心、动机和兴趣)、学习策略、思维能力、人际交往能力和文化意识。这个教学大纲设计趋势的基本理念是,作为一门学校课程,语言教育不仅仅是帮助学生掌握语言知识和技能,还有义务使学生得到全面发展,这既包含智力发展,也包含情感态度、文化意识和学习策略的发展。

(4)多元大纲的出现。由于现有的教学大纲理论难分高下,"为(语言)课程设计大纲框架时,最关键的不是究竟选择哪种理论,而是要突出哪些方面。大多数课程大纲里通常都包含了不同的维度,例如语法和技能与语篇相结合,任务与话题和功能相结合,或者技能与话题和语篇相结合"(Richards,2001:164)。因此综合性的教学大纲应运而生,也称作多元教学大纲。设计多元教学大纲并不是简单地把不同类型大纲中的要素拼凑在一起,而是优先考虑哪些内容。

目前,在语言课程中完全贯彻一种类型的大纲并不多见,大纲设计者倾向于采用多元教学大纲,通常有两种做法:第一种做法,设计一种融合当今各种流行大纲特点的多元教学大纲;第二种做法,在课程的不同阶段采用不同类型的教学大纲。例如,初始阶段按语法组织大纲,然后从功能角度呈现语法;或者初始阶段的大纲安排也可以是功能性的,按照不同功能的语法要求来选择语法项目(Richards,2001:164)。

11.5 对比分析和错误分析

大量研究证实,母语在第二语言习得的过程中发挥着重要的作用,尽管我们对其具体发挥着什么样的作用所知不多。对母语作用的研究通常被称作语言迁移研究,语言迁移指先前学习的心理过程转移至新的学习环境(Gass & Selinker,2001:66),或者指"由于目的语与先前(可能不完全)习得的其他任何一门语言之间的异同所导致的影响"(Odlin,2003)。例如,学生在母语中掌握的知识和技能可以迁移到第二语言或外语中。

11.5.1 对比分析

对比分析(Contrastive Analysis,CA)是通过对比不同语言(如第一语言和第二语言)来确定潜在错误的方法,从而把第二语言学习环境下必须学习的和不必学习的东西最终区分开来（Gass & Selinker, 2001: 72）。对比分析的目的是为了预测哪些领域容易习得，哪些领域不易习得。早期的对比分析与行为主义和结构主义相关。对比分析的主要假设如下：

（1）语言是习惯，语言学习就是要建立一套新的习惯。

（2）先前所学的第一语言影响第二语言的学习；输出和理解第二语言过程中出现的错误的主要来源是母语；第一语言和第二语言之间的差异越大，越容易产生错误。

（3）在第二语言中所犯的错误可以由第一语言和第二语言的差异来解释。

（4）第一语言对第二语言产生迁移。第二语言学习的一个重要部分就是学习差异，而相似之处则可以放心地忽略掉。

（5）需要对第一语言和第二语言之间的异同之处进行仔细的分析。

（6）教师应该关注负迁移。

虽然对比分析有助于我们从多方面理解语言学习和教学，但是它仍存在着诸多问题：

（1）第一语言和第二语言的差异可以从语言学的角度进行解释，但是语言难度也涉及心理层面。语言层面有难度的知识点，心理上不一定觉得困难。

（2）大量事实表明，对比分析不能预测所有的错误。另一方面，有些基于对比分析预测的错误并没有出现。对比分析可以预测双向错误，但研究发现并非如此。例如：

> 英语：I see them.
> 法语：Je les vois.（Je=I; les=them; vois=see）

研究表明，尽管以英语为母语的法语学习者会说"Je vois les"，但是以法语为母语的英语学习者却不会说"I them see"（他们会说"I see them"）。另一方面，有些错误明显不能用对比分析解释，例如：

> * He comed yesterday.
> * There is one people like golf.（in our class）

（3）对比分析无法预测实际中出现的困难，预测的一些困难并非总能出现（Odlin, 2003）。

如今，在文献中，"对比分析"这一术语正逐渐被"跨语言影响研究"所取代。

11.5.2 错误分析

并非所有的错误都可以由对比分析进行解释，这使得人们对对比分析不再抱有过大的希望,对比分析逐渐被错误分析所取代(Ellis,1994)。**错误分析**(Error Analysis,EA)的主要主张是,第二语言学习者所犯的许多错误,除了第一语言的影响外,还有其他因素的影响。Corder(1967)指出,不能仅仅把错误看成是要消灭的东西,错误本身也具有重要意义。

错误分析的文献中经常要区分错误(error)和失误(mistake)这两个概念。错误通常是由于学习者知识不足所致。换言之,学习者由于不知道正确的形式或者不能正确地使用语言而出现错误。失误则是由于学习者没有发挥出自己的能力而出现差错。也就是说,学习者已经学会了某种知识或技能,但是由于不注意或者其他因素的影响而没能正确地使用语言。

根据错误来源,错误经常分为语际错误(interlingual error)和语内错误(intralingual error)。学习者由于误用与母语有共同特征的语言项目而产生的错误叫语际错误(或迁移错误),例如学习者运用了第一语言而不是目的语的某些特征(语音、词汇、语法或语用上的)而出现的差错。语内错误是在目的语内部所犯的错误(也称为发展性错误),例如将某一规则扩展到超出其使用范围而造成的过度概括(overgeneralization)。

根据错误性质,错误经常被划分为五种类型:省略(omission)、添加(addition)、双重标记(double marking)、形式错误(misformation)和顺序错误(misordering)。以下是对这五种错误类型的说明和举例。

表 11—1

错误类型	说明和举例
省略	(1)完整的语句中缺少一个必要的成分。 例如:She sleeping.
添加	(2)完整的语句中多出一个不必要的项目。 例如:He is works in a factory nearby.
双重标记	(3)在句子中重复使用时态标记。 例如:We didn't went there.
形式	(4)词或结构的形式使用错误。 例如:The dog finished to eat the bones. The dog eated the chicken.
顺序	(5)词(词组)在句中的位置放错。 例如:What John is doing?

错误分析包括以下几个步骤:

(1)识别错误。分析学习者所输出的句子时,首先要看语法是否正确。如果不正确,那么就存在着错误;如果正确,进一步检查在交际语境下句子是否恰当,如果不恰当则说明有错误。

（2）描述错误。如果错误的句子可以理解，把它与本族语者所输出的句子相比较，找出错误和失误。如果句子的意思不清楚，可以根据学习者的母语来发现他所要表达的意思，进行对比分析。考虑到语言在社会环境中的使用，除了描述错误以外，还可以描述失误。

（3）解释错误。识别和描述完错误后，要试图回答"为什么学习者会犯这个错误"这一问题。也就是说，要假设导致学习者出错的心理过程，这会为"人们如何学习语言"这一基本问题提供答案。

语误分析也存在着一些问题（Gass & Selinker, 2001）。首先，依靠错误来研究第二语言的习得过程是不充分的。我们需要把错误和非错误一起考虑，以便全面了解学习者的语言行为。其次，我们经常很难确定学习者究竟错在什么地方。例如：There are so many Taiwan people live around the lake. 不清楚出现错误到底是由于在 people 后省略了 who 还是由于用了 live 而没用 living。第三，错误分析过分强调语言表达中的错误，因而可能无法解释错误回避这一现象（由于没有把握，学习者有意回避使用某个词或结构）。

11.6 语料库在语言教学中的应用

第十章已经讨论过，语料库是输入到计算机中的一大批语言材料的结集。语料库为教材编写人员选择真实、自然、典型的语言提供了依据。语料库中两个最重要的因素是所选语言材料的长度和类型。一般来说，语料库的用途决定了语料库中语言材料的数量和类型。

11.6.1 语料库的类型

根据功能语料库可以划分为四个类型：

一般语料库。一般语料库不是各个专业领域——技术、方言、青少年等等语料的结集，而是从多个渠道搜集的具有广泛共性的语料。在一般语料库中，不同语料的特征不明显，除非研究者专门从中分离出一个特殊语料库。一般语料库主要用于对整体语言的研究。

专门语料库。这种语料库适合特殊用途的语言。如果要研究特定职业如何使用语言，就从该职业内选取语料。

样本语料库。样本语料库是一种语体语料库，集结了大量从各种语体中随机节选的小片段。

监控语料库。这是一种巨型语料库，不断更新语料，可为研究提供"语言的最新发展状况"。

11.6.2 语料库的用途

语料库最重要的用途就是可以帮助我们了解语言在现实中的实际使用情况。语料库通常可以提供以下几类信息:

(1)频度信息。语料库可以表明某些语言项目或语言结构的使用频率,这种信息对于在语言课堂上选择教学内容、教学重点以及重点要涵盖的意义十分有用。

(2)语境(context)和上下文本(cotext)信息。语境指语言使用的情景环境,上下文本指语言环境。有时我们很难区分两个意义相似的词或短语,但是,通过观察使用它们的语境和上下文就会发现差异所在。

(3)语法信息。我们通常会在语法书上查阅语法信息,但是语料库所展现的远比语法书上描述的语法复杂得多。例如,语料库上的信息表明,英语中的条件句远不止三种。

(4)搭配信息。第二语言或外语学习者很难掌握词语的搭配,例如,应该说 make effort 还是 take effort?在语料库里搜索一下就可以解决问题。

(5)语用信息。语料库能为我们提供有关语言在实际交际中使用情况的信息。例如,学生们经常被告知,如果有人说"How do you do?",他们也应该用"How do you do?"来回答。但是语料库中的数据表明,对"How do you do?"的回答方式不止一种,例如也可以说"Nice to meet you"。

语料库研究改进了对语言的描述,为教学法的发展打下了基础,既提供了更好的参考工具(如语法书和词典),又能够更好地决定教学大纲应该包括哪些词项、意义和语法结构(Sinclair,1991)。

11.7 外语教育政策

外语教育之所以一次又一次受到批评,主要原因是绝大多数学生学习外语仅仅是因为外语是考试的科目。如果在教室以外的更为广阔的社会空间中没有使用英语(或任何外语)的机会,学生就不会产生学好外语的动机。大部分中国学生有没有必要熟练使用英语是一个十分值得商榷的问题(Feng,2012)。事实上,绝大多数中国公民在真实的社交或职业场景中很少有机会使用英语。如果有一天,英语在中国得到广泛使用,那么人们就会自发地抽出时间和精力把它学好。一个国家国民的英语熟练程度取决于社会是否把英语看作并且真正接受其为于社会有益的事物。另外,即便在工作中很少用到英语,如果想要升职加薪,人们往往也必须越过英语这道坎。很多人在实际工作中没有机会使用英语,但要想取得资格证书,也不得不学习英语。

目前,人们在课堂以外并不经常使用英语,这是事实,这也是中国学生缺乏学习英语的动机的真实佐证。但是，如果学习某些东西的真正动机只在于其实用性，那么我们同样可以质疑学生们是否具有学习历史、艺术或化学科目的真实动机。我们掌握的历史知识、艺术知识和化学知识在社交或职业场景中有什么实际用处呢？如果把有益于社会的事情定义为在社会上广泛使用的事情，那么很多科目都不能视为对社会有益。就连很少受到批评的数学可能也不能算是有益于社会了。在日常生活中，除了基本的计算，我们多少次用到过在小学和中学学到的其他数学知识呢？

语言不仅仅是日常交流的工具。与其他任何语言一样，除了实用性，英语还是一种思考的工具、认识世界的工具、调节社会关系的工具。学习英语的价值远远大于掌握一门通用语言。鉴于多学一门语言的重要性，所有的欧洲国家都把外语教学列为初等教育阶段的必修课。因此，基本上所有进入中级教育阶段的学生至少都开始了一门外语的学习。英语是一门教授最为广泛的外语（Eurydice, 2008）。

很多在学校学过英语的学生在社会和职场上并不使用英语，出现这种现象的原因是什么呢？是因为他们的英语不够好？或者他们没有必要使用英语？亦或是他们本来就不应该使用英语？

"没有必要使用"常常被当作不学英语的正当理由。但在现实中，使用英语的必要性远远高于人们想象的程度。假设一个人在大学从事行政管理工作，难道他不会面对不懂中文的外国客人和外国学生？难道他不需要了解国外大学是如何进行管理的？

Feng（2012）曾说过，近几十年来，中国大陆使用英语的社会需求和个人需求达到了空前的水平。随着经济、旅游、外贸和教育国际化的发展，中国对精通英语的双语者的需求呈现指数级别的增长。从大型国际活动到边远少数民族地区的村庄小旅馆，我们很难正确估算出各种场合对英语的巨大需求。

我们应该认识到，尽管英语在中国的使用并不广泛，但学习英语（以及其他语言）仍使得数以百万计的中国学生有机会到国外接受教育。如果没有国家在英语教育方面付出的努力，出国学习的学生数量将大大少于现有数量。

总而言之，正如Qu（2012）所说，在中国的历史长河中，从来没有一个时期像现在一样，掌握一门外语如此重要，外语对个人生活的影响如此巨大。因此，我们有充足的理由认为中国学生应该学习英语。

11.8　结论

语言学理论在很多方面影响着语言教学领域的决策，如确定学习目标、设计教学大纲、组织教学内容、选择教学方法和步骤、确定评价标准等等。所有这些环节都相互关联，任何决策环节的背后都反映出一定的语言观和语言学习观。自 20 世纪 70 年代早期以来,语言学理论的发展趋势推动着应用语言学家和语言教师朝交际目的迈进,然而理想模式在实践中所取得的成效甚微。

  在讨论了语言学理论在语言教学领域的一些应用和启示之后,有两点值得读者注意。第一,语言教学是一项实践性很强的工作,对语言学理论的深刻理解并不能保证一个人可以成为一名出色的语言教师。教师自己应该从实际出发,选择对自己适用的和相关的语言学理论。必须时时了解学生的需要,而不是被形形色色的语言学概念所左右。第二,语言学不是唯一对语言教学实践有影响的理论领域,其他如教育学和心理学也对语言教学发挥着重要的作用。教学法的理论背景在很大程度上是以心理学为理论基础的。因此,要恰当地处理好语言学与其他理论领域的关系。

第十二章

现代语言学理论与流派

12.1 引言

现代语言学始于瑞士语言学家索绪尔（Saussure，1857—1913）。他通常被描述为"现代语言学之父"和"把语言学变成现代科学的大师"（Culler，1976：7）。

1907年至1911年间，索绪尔在日内瓦大学讲授普通语言学。1913年病逝后，他的同事和学生认为，他在语言学问题方面的理论极具独创性并且颇为深刻，应该保存下来。他的两名弟子巴利（Bally）和薛施蔼（Sechehaye）从同学们那里搜集到索绪尔课程的笔记并整理成册，这就是1916年出版的《普通语言学教程》。这本书成为研究索绪尔思想及其对后来语言学家影响的重要材料。

索绪尔的思想由三个方面发展而来：语言学、社会学、心理学。在语言学上，索绪尔深受美国语言学家惠特尼（Whitney，1827—1894）的影响。惠特尼基本上是沿着新语法学派的传统研究语言，但他提出了符号的问题。他坚持符号的**任意性**（Arbitrariness）这一概念，强调语言是建立在社会规约上的一种制度或规约，从而使语言学走上了正确的轨道。受法国社会学家迪尔海姆（Durkheim，1858—1917）的影响，索绪尔认为语言是一种"社会事实"，即存在于"集体心智"中的思想，与个体的心理行为完全不同。重要的不在于某一个思考的人如何感受和观察一种制度或规约，而在于群体对这个制度和规约所具备的概念。因为这种概念有其社会意义，所以该做一件事或不该做一件事，即使没有物理或心理基础的支持，概念总是真实的。在心理学上，索绪尔受到奥地利心理学家弗洛伊德（Freud，1856—1939）的影响。弗洛伊德有一个猜想，就是集体心理（即下意识）的延续。他以著名的俄狄浦斯情结为例，说明一件事情过去之后，会继续对人性产生深远的影响。来自这些不同学术源泉的思想使我们能够解释为什么某些系统我们并不了解但却存在。如果描述一个系统意味着对所观察到的东西进行分析，那是因为这个系统并不是明显存在的一种东西，但它又是存在的，而且一直影响着人类所有行为。

索绪尔把人类语言看作是一种极其复杂且异质的现象。面对语言的所有细节以及可以研究语言的不同角度，语言学家必须问自己要描写什么。索绪尔认为，语言是一个**符号系统**（System of Signs）。只有当声音表达思想时才是语言，否则就只是噪音。要表达思想，声音就必须是规约系统的一部分，也必须是符号系统的一部分。这个符号是形式和意义的结合，索绪尔称之为"**能指**"（Signifier）和"**所指**"（Signified）。尽管我们称其为"能指"和"所指"，似乎把它们看作彼此分离的独立体，而实际上它们只有相互结合作为符号的组成部分才得以存在。符号是语言事实的核心，因此我们想要区分什么是根本的、必然的，什么是次要的、偶然的，就必须从符号自身的特性入手。

很多人相信，索绪尔还受当时西方经济学理论的影响。他关于语言符号的性质、**语言**（Langue）与**言语**（Parole）、**组合**（Syntagmatic）与**聚合**（Paradigmatic）、**共时**（Synchronic）与**历时**（Diachronic）等的语言学理论都能在欧洲经济学家的理论中找到渊源。索绪尔把经济学看作研究价值的科学，因此他认为语言学和经济学都是研究价值的科学。他提出的一系列二分法以及在形成语言学理论时的有所侧重，把语言学引上了一条科学的道路。这其实涉及大多数西方哲学里有关"**在场**"（Presence）与"**不在场**"（Absence）的经典关系，即虚拟世界和现实世界的区分。对索绪尔来说，语言就是虚拟世界中的"不在场"，而言语是现实世界中的"在场"。前者是稳定、不变的，而后者是不稳定、易变的。通过设计和建构虚拟系统或 langue，我们主要关注的不是 parole 这一实在的系统或人们实际上怎么说或写，而是关注系统如何能让词或话语存在的潜在结构。这一原则是我们理解结构主义基本哲学及其对 20 世纪学术探索产生影响的关键。

索绪尔对现代语言学产生了两种影响。首先，他提出了一个总方向，即语言学研究的任务，而这个任务是什么，此后几乎未受到过质疑。其次，他影响了现代语言学研究的具体概念。现代语言学的很多发展可以说都是他提出的概念，比如他的符号任意性思想、语言与言语的对立、共时与历时的对立、组合与聚合关系等等。索绪尔最基本的看法具有革命性的意义，也正是他推动语言学进入了一个崭新的阶段，因此 20 世纪的所有语言学都是索绪尔语言学。

12.2 布拉格学派

12.2.1 引言

布拉格学派可以追溯到 1926 年布拉格语言学会召开的第一次会议。该学派实践了一种独特的共时语言学研究风格,对语言学最重要的贡献就是从**功能**(Function)角度来看待语言。在布拉格学派的诸多观点中,有三点至关重要。第一,强调语言的共时研究,但也没有严格从理论上将其与历时语言研究分隔开。第二,强调语言的系统性这一本质属性,指出语言系统中的任何成分,如果从孤立的观点去研究,都不会得到正确的分析和评价,只有明确该成分与同一语言中其他共存成分之间的关系,才能作出正确评价。第三,认为语言是使用语言的社团完成一系列基本功能和任务的工具。

12.2.2 音位学和音位对立

布拉格学派最突出的贡献在于其音位学说以及对语音学和音位学的区分。最有影响的学者是特鲁别茨柯依(Trubetzkoy),他最完整和权威的论述都集中表述于《音位学原理》(1939)一书。沿用索绪尔的理论,他提出语音学属于 parole,而音位学属于 langue。在此基础上,他提出了"音位"概念,即语音系统中的一个抽象单位,与实际发出的音有所不同。音位可被定义为区别性功能的总和。只要语音能区别意义就是音位。

特鲁别茨柯依在给区别性的语音特征进行分类时,提出了三条标准:(1)它们与整个具有对立性质的系统之间的关系;(2)对立成分之间的关系;(3)区别力的大小。这些对立可以概括为:

   a. 双边对立:两个音位所共有的语音特征只属于这两个音位。换句话说,就是它们共有的特征不同时出现在其他音位中。例如 /p/ 和 /b/ 就共有一个"双唇"的特征。

   b. 多边对立:这是一种更为松散的关系,如 /a/ 和 /i/ 仅仅因为都是元音这个特征而相似,它们共有的这一特性,其他的一对对元音也有。

   c. 均衡对立:同一项特征同时可以区分若干组音位,如英语里清与浊的关系(如 /p/ 和 /b/),因为它们之间的对立也是 /t/ 和 /d/、/k/ 和 /g/ 之间的对立。

   d. 孤立对立:如果两个音位的对立关系独特,是其他音位对立中找不到的,那么就是孤立对立。如英语中的 /v/ 和 /l/,前者是唇齿摩擦浊辅音,后者是双边浊辅音;德语中的 /t/ 和 /x/,一个是齿龈塞音,一个是软腭擦音。

   e. 否定对立:两个音位只在某一特征上存在对立,一个具有某种特征而另一个不具有,如送气的 /p/ 和不送气的 /b/ 的对立,鼻化音 /m/

和非鼻化音 /b/ 的对立等。
f. 分级对立：两个音位的对立是不同程度地共享同一特征。在一种有七个元音的语言中：

$$
\begin{array}{cc}
i & u \\
e & o \\
\varepsilon & \mathopen{}\mathclose\bgroup\left.\mathclose\egroup \\
& a
\end{array}
$$

/u/ 和 /o/ 的对立是分级对立，因为同样具有圆唇特征而在舌位高度上存在差别的元音还有第三个——/ɔ/。

g. 等价对立：两个音位可以在逻辑上看成是等价的，既不是分级对立，又不是否定对立。如英语中的 /t/ 和 /p/，/t/ 和 /k/。

h. 中和对立：两个音位在有些位置上是对立的，而在其他位置上失去对立。例如英语中的 /p/ 和 /b/ 出现在 /s/ 之后就失去对立。德语中的浊辅音在词尾位置上就变为清辅音：Rat（劝告）和 Rad（轮子）发音完全一样。但在其复数形式中，/t/ 和 /d/ 又出现对立。

i. 永恒对立：对立的音位可以出现在一切可能的位置上而不会取消对立。如在尼日利亚的努皮语中，正常的音位结构是一个辅音后跟一个元音，只有少数例外。/t/ 与 /d/ 的对立是在所有辅音位置上都始终存在的。

特鲁别茨柯依对音位理论的贡献涉及四个方面。第一，指出了语音的区别性功能并给音位作出了准确的定义；第二，通过区分语音和音位以及文体音位学和音位学，界定了音位学研究的范围；第三，通过研究音位间的组合关系与聚合关系，揭示了音位间互相依赖的关系；第四，提出了一整套用于音位研究的方法，如确定音位的方法和研究音位组合的方法。

12.2.3 句子功能前景

句子功能前景（Functional Sentence Perspective，FSP）是语言学分析的理论，指用所含信息来分析话语或篇章。其基本原则是评价话语中每一个部分对全句意义的贡献。

一些捷克语言学家非常重视从功能的视点分析句子，他们认为一个句子总是包含出发点和话语目标。所谓话语的出发点，是说话人和听话人都知道的东西——这是他们的共同点，叫作**主位**（Theme）。话语的目标，仅仅表现对听话人来说意义重大的信息，叫作**述位**（Rheme）。他们认为从概念的出发点（主位）到话语的目标（述位）的运动，揭示了大脑本身的运动。语言使用不同的句法结构，但是表达思想的次序基本相同。基于上述论点，他们提出了

"句子功能前景"这一概念,来描述信息是如何分布在句子中的。句子功能前景尤其重视已知信息和新信息在话语中的分布形成的效果。所谓新信息,是指那些将要传递给读者或听者的信息。我们可以看到,主语、谓语的区别并不总是与主位和述位的区分对应。如:

例 12-1
  a. Sally stands on the table.
    主语 谓语
    主位 述位
  b. On the table stands Sally.
      谓语 主语
    主位   述位

  Sally 在两个句子中都是语法意义上的主语,但在 a 中是主位,而在 b 中为述位。

  在研究结构与功能的关系时,费尔巴斯(Firbas)提出了"**交际动力**"(Communicative Dynamism,CD)的概念,其基础是语言交际并不是静态的现象,而是动态的。这个概念是用来测量句子中某个成分负载的信息量的。交际动力的程度是一个语言成分所起的作用,因为它"向前推进交际"。因此在正常语序里考察的话,He was cross 可以从交际动力的角度来解释为:He 负载的交际动力最低,cross 负载的交际动力最高,was 介于两者之间。

  任何成分——句子、短语、词、语素——都可以得到突出,以形成明显的对比。如 John **was** reading the newspaper 中,强调 was 表示这是要传递的信息,与现在时形成反差,其他都是已知信息。在这种情况下,唯一传递新信息的成分是有明确的语义内容的,而其他所有传递已知信息的成分则由语境决定。因此,依赖于语境的成分传递的交际动力最小。严格地说,对语境依赖与否主要取决于交际的目的。在 John has gone up to the window 中,the window 在上文未必是已知的,但由于交际的目的是表明运动的方向,因此 the window 就不依赖于语境。与语境无关的宾语(如 I have read **a nice book**)比限定动词有更大的交际动力,这是因为宾语是表示对动词的扩展,因而也就更为重要。同样,如在 He was hurrying **to the railway station** 中,独立于语境的表示地点的状语成分要比表示行为的动词有更大的交际动力。这是因为状语成分表示动作的方向,因而比动作本身更重要。

  在正常情况下,如果动词、宾语以及状语不依赖于语境,主语负载的交际动力都要比动词、宾语及状语更小。这是因为主语表示的施动者,无论是已知还是未知,它的交际性都不如由限定动词表示的未知动作或是该动作所指向的未知目标(由宾语和表地点的状语表现出来)重要。例如,在 A man **broke** into the house and stole all the money 中，交际的最终目的是要陈述行为和 / 或行为的目标，并不是施动者（a man）。但是，如果主语伴随着一个表示"存在"或"出现"意义的动词，而且主语独立于语境，那么这个主语就有最大的交际动力。这是因为一个出场的新人物或者发生的某一事件，要比场合和动作的"出现"重要得多，如 **An old man** appeared in the waiting room at five o'clock。如果主语依赖于语境，而表示时间或地点的状语却不依赖于语境，如 The old man was sitting **in the waiting room**，状语就会更重要，而且具有超过主语和限定动词的更大的交际动力。

在以上例子的结构中，语义内容和关系决定了交际动力的程度，而且它们与语言成分在线性排列中的位置没有直接关系。但是，并非所有的语义内容和关系都能以同样方式表示交际动力的程度。例如，不依赖于语境的不定式放在句末时（He went to Prague **to see his friend**）负载的交际动力较小，而在句首时（**In order to see his friend**, he went to Prague）负载的交际动力较大。同样，不依赖于语境的直接宾语或间接宾语出现在线性排列中，位置靠后的那一个成分交际动力要大些，如 He gave a boy **an apple** 和 He gave an apple to **a boy**。

费尔巴斯把句子功能前景定义为"交际动力的不同程度的分布"。可以解释为，序列中的第一个成分负载的交际动力最低，然后逐步增强，直到交际动力最大的成分。但是，相对于主位在前、过渡居中、述位在后的规则来说，总是有例外的，有时候整个分布场都不依赖于语境（如 A girl broke a vase），于是，主位也不一定总依赖于语境。但是，依赖于语境的成分总是主位。另一方面，非主位的成分并不总是依赖于语境，但并非所有独立于语境的成分都是非主位性质。

12.3　伦敦学派

英国第一位语言学教授弗斯（Firth, 1890—1960）博采众长，把结构主义和功能主义融会贯通，同时汲取了人类学家马林诺夫斯基（Malinowski, 1884—1942）的真知灼见。由于弗斯和马林诺夫斯基都在伦敦工作，因此他们及其追随者们都被称为"伦敦学派"。

深受马林诺夫斯基影响的弗斯继而又影响了韩礼德（Halliday, 1925—2018）。他们三人都强调"情景语境"和"语言系统"的重要性。因此，伦敦学派也被称为系统功能语言学派。

12.3.1　马林诺夫斯基的理论

马林诺夫斯基自1927年起一直在伦敦经济学院任人类学教授。他所创立

的理论中，最重要的就是有关语言功能的理论，这与他纯粹的人类学研究有着明显的区别。马林诺夫斯基不赞同把语言看作"将思想从说话人的大脑传递给听话人的大脑的手段"，他认为这一说法完全是谬误的。他说，应该把语言看作是一种行为的方式，而不是与思维相对应的东西。按照他的观点，话语的意义并不来自于构成话语的词的意义，而是来自于话语与其所发生的情景之间的关系。

马林诺夫斯基认为，话语常常与情景语境紧密地联系在一起，而且情景语境对于理解话语是必不可少的。仅仅依靠语言的内部因素无法描写分析话语的意义。口头话语的意义总是由情景语境决定的。他还区分了三种情景语境：（1）言语与身体活动有直接关系的情境；（2）叙述情境；（3）言语仅仅被用来填补空白——**寒暄交谈**（Phatic Communion）——的情境。

马林诺夫斯基认为第一类语境的意思是，一个词的意义并不是由其所指的自然属性给予的，而是其功能给予的。原始人学习一个词义的过程中，他们不是去解释这个词，而是学会使用这个词。同样，表示行为的动词，通过积极参与这一行为而获得意义。对于第二种语境，马林诺夫斯基进一步区分了"叙述所处的当时的情境"和"叙述涉及或所指向的情境"。第一种情况由当时在场者各自的社会、智力和感情态度组成，第二种情况则通过语言所指来获得意义（如神话故事中的情境）。马林诺夫斯基认为，尽管叙述的意义与其语境没有什么关系，但却可以改变听话人的社会态度和感情。第三种语境是指"自由的、无目的的社会交流"。这种语言使用与人类活动的联系程度最低，其意义不可能来自使用语言的语境，而只能来自社会交往的气氛以及这些人之间的私人交流。例如一句客气话，它的功能与词汇的意义几乎毫不相干，马林诺夫斯基把这种话语称为"寒暄交谈"。

马林诺夫斯基在他《珊瑚园及其魔力》一书中进一步发展了他的语义学理论，并提出两个新观点。第一，他规定了语言学研究的素材，认为孤立的词是臆造的语言事实，是高级语言分析程序的产物而已。在他看来，真正的语言事实是在实际语境中使用的完整话语。第二，如果一个语音用于两种不同的情境，并不能称为一个词，而是两个使用了同样声音的词或是同音词。他说，要想给一个声音赋予意义，就必须仔细研究它使用的情境。

12.3.2 弗斯的理论

弗斯通过吸收索绪尔和马林诺夫斯基的某些观点而继承了他们的传统，同时又发展了他们的理论并提出了自己独到的见解。在马林诺夫斯基的影响下，弗斯把语言看作社会过程，是社会生活的一种手段，而并非仅仅是一套约定俗成的符号。他认为，人要生存就必须学习，而学习语言是一种参与社会生活的手段。语言本身是一种做事的手段，也是一种使他人做事的手段，是一种行动和生活的手段。

弗斯既不把语言看作完全天生的，也不把语言看作后天获得的。他似乎采取了一种折中的态度，认为语言既有先天成分又有后天成分。因此他认为，语言学研究的对象是实际使用中的语言。研究语言的目的就是把语言中有意义的成分分析出来，以便建立语言因素与非语言因素之间的对应关系。研究语言的方法是确定语言活动的组成部分，解释它们在各个层次上的关系以及它们之间的相互关系，最终指出这些成分与所处环境中的人类活动之间的内在联系。这就是说，弗斯试图把语言研究和社会学研究结合起来：因为人与文化价值是不能分离的，语言是文化价值非常重要的一部分，所以语言学可以帮助人们揭示人的社会本质。

弗斯认为意义是用途，因此把意义定义为各个层次上的成分与语境之间的关系。根据他的理论，任何句子的意义都含有五个部分：(1)每个音素与其语音环境的关系；(2)每个词项与句子中其他词项的关系；(3)每个词的形态关系；(4)该句子所代表的句子类型；(5)句子与其所处情境的关系。

因此有五个分析的层面：(1)语音层；(2)词汇和语义层；(3)形态层；(4)句法层；(5)情境层。语音层，通过分析语音的位置和与其他音的对立，就可找出语音的功能。词汇和语义层分析不仅要说明词的**所指意义**(Referential Meaning)，而且要说明**搭配意义**(Collocative Meaning)。例如，night 的意义之一是和 dark 搭配时体现，而 dark 的意义之一是和 night 搭配时体现。在形态层上研究词形变化，在句法层上研究语法范畴的组合关系，或称"类连结"(Colligation)。这种关系是靠语言的组成成分实现的，例如 We study linguistics。在情境这个层面上，研究非语言成分(如物体、行为、事件)以及语言行为的效果。弗斯说，这种研究不区分词和思想。通过这种分析，我们就能解释为什么一定的话语在一定的场合出现，这样也就把"使用"等同于"意义"。弗斯的**情景语境**(Context of Situation)是指一系列情景语境，每一个较小的情景语境包含在更大的情景语境之中，最后所有的情景语境都在整个文化情境中发挥重要作用。

弗斯像马林诺夫斯基一样，把情景语境作为研究的重点。他对情景语境的定义包括整个话语的文化背景和参与者的个人历史，而不仅仅是人类活动当时进行的具体环境。弗斯发现，句子的变化是无穷的，于是他提出了"典型情景语境"这一概念来概括。典型情景语境的意思是，社会情景语境决定了人们必须扮演的社会角色；由于人们遇到的典型情景语境是有限的，因此社会角色的总数也是有限的。由于这个原因,弗斯说,与大多数人所想象的不同,谈话更像一种大体上规定好的仪式。一旦有人向你说话,你就基本上处于一种规定好了的环境,你再也不能想说什么就说什么。那么,语义学就是对出现在典型情景语境中的话语进行分类。

弗斯作过更为具体细致的语境分析。他提出,在分析典型情景语境时,既要考虑情景语境,又要考虑语言环境,即在以下四个层面上进行:

(1) 篇章本身的内部关系;

  a. 结构中成分间的组合关系;

  b. 系统中单位的聚合关系及其价值。

(2) 情景语境的内部关系

  a. 篇章与非语言成分之间的关系及其整体效果;

  b. 词、词的构成部分、短语之间及情景语境中特殊成分之间的分析性关系。

弗斯在《语言学论文集》(1957)中列举的因素,既包括了情景语境,也包括了语言环境:

(1) 参加者的相关特征:人物、性格

  a. 参加者的语言行为;

  b. 参加者的非语言行为。

(2) 相关主题,包括物体、事件以及非语言和非人的事件

(3) 语言行为的效果

弗斯对语言学的第二个重要贡献是**韵律分析**(Prosodic Analysis),叫作**韵律音位学**(Prosodic Phonology)。这是他1948年在伦敦语文学会提交的论文《语音与韵律成分》中提出的。**韵律**(Prosody)这一术语有特殊意义。由于人的话语都是连续不断的、至少由一个音节构成的语流,所以就不能切分成独立的单位。要分析不同层次的功能,仅仅靠语音和音系学描述是不够的。音系学描述仅仅说明了聚合关系,根本没有考虑到组合关系。弗斯指出,在实际言语中,并不是音位构成聚合关系,而是准音位单位构成了聚合关系。准音位单位中的特征要比音位中的特征少,因为有些特征是一个音节或短语(甚至句子)所共有的。当在组合关系中考虑这些特征时,它们都被称作"韵律单位"。

弗斯没有给韵律单位下定义。但他在论述中表明,韵律成分包括重读、音长、鼻化、硬腭化和送气等特征。在任何情况下,这些特征都不是一个韵律单位独有的特征。

强调"多系统分析"并不意味着忽视结构分析。弗斯事实上非常重视组合关系。他认为,分析话语的基本单位不是词,而是语篇,而且是在特定情景语境下的语篇。把语篇拆成各种层次是为了便于研究。各个层次是从语篇中抽象出来的,因此先从哪一个层次下手并不重要。但是,不论研究哪个层次,都

必须分析语篇的韵律单位。

韵律分析和音位分析都考虑基本相同的语音事实。但是，在材料归类和揭示材料的相互关系上，韵律分析有很多优越性，能在各个层次上发现更多的单位，并且能说明在这些不同层次上的单位之间的相互关系。

12.3.3 韩礼德与系统功能语法

韩礼德在伦敦学派弗斯语言学思想的基础上发展和创立了**系统功能语法**（Systemic-Functional Grammar）。系统功能语法从社会学角度出发用功能方法研究语言，是20世纪最有影响的语言学理论之一，其影响延伸到与语言相关的不同领域，如语言教学、社会语言学、语篇分析、文体学、机器翻译等。

系统功能语法包括两个组成部分：系统语法和功能语法。它们是语言学理论框架中不可分割的重要组成部分。**系统语法**（Systemic Grammar）旨在解释作为系统网络的语言中的内在关系或意义潜势。该网络包含一些子系统，语言使用者从中作出选择。**功能语法**（Functional Grammar）试图揭示语言是社会交往的一种手段，其理论基础是，语言系统与组成该系统的形式是由它们的使用或承担的功能决定的。

系统功能语法建立在两个事实基础之上：（1）语言使用者在语言的系统之中作出选择，并试图在社会交往中实现不同的语义功能；（2）语言是与人类进行社会活动不可分离的。因此，系统功能语法把实际使用的语言现象作为研究对象，而不是像乔姆斯基的转换生成语法那样把理想化的语言使用者的语言能力作为研究对象。

（1）系统语法

根据弗斯的理论，系统是语言结构中某个地方作出的一组相互排他的选择。与弗斯的音位学一样，系统语法首先关注各种选择的本质和入列条件，一个人通过从各种系统中作出有意或无意的选择，从而能从某种语言里蕴藏的无数个句子中说出某一个特定的句子。系统语法的核心部分是构建句子的一整套有效选择的图表，并且配有对不同选择之间的关系的详细说明。例如，韩礼德提出，英语主句中运行的选择系统——**及物性**（Transitivity）——提供了"增强型"和"延伸型"之间的一种选择。如果选择了"增强型"，就又有一个"描述型"与"效果型"之间的选择。如果选择了"效果型"，就又有"接受型"与"操作型"之间的选择。

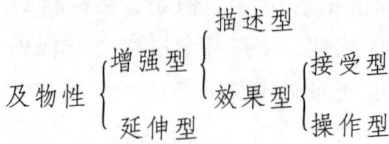

韩礼德的系统语法与其他语言学理论的不同体现在以下几个方面：第一，重视语言的社会学性质；第二，认为语言是做事的一种手段，而不是知识的一个表现形式，把语言行为潜势与实际语言行为相区分；第三，重视对个别语言以及个别变体的描写；第四，用"连续体"这一概念来解释众多语言现象（如：不符合语法的 —— 反常 —— 不太反常 —— 不太惯常 —— 符合语法）；第五，依靠对各种语篇的观察和统计学的手段来验证自己的假设；第六，把系统范畴作为核心。

在系统语法中，系统的概念被当作一条核心的解释性原则，语言整体被认为是"系统之系统"。系统语法试图建立各种关系的一个网络，从而解释在整个语言中各种与语义相关的选择。

总的来讲，有链状轴和选择轴。话语序列出现的维度是链状轴，而沿着纵线出现的基本模型则构成选择轴。链状轴代表组合关系，选择轴代表聚合关系。出现在选择轴上的是对比关系。如果没有对比，语言就不能正常发挥作用。链状轴处理语法的表层，如句法结构、语言单位以及它们的级（句子、小句、词组、词、语素）。选择轴处理语法的意义，如系统和精密度阶。

系统是语言的语法中可供选择的一系列选项。比如英语中"数"的系统有两个选项：单数和复数。人称系统有三个选项：第一人称、第二人称、第三人称。如：

数 → 单数
     复数

人称 → 第一人称
       第二人称
       第三人称

还有其他的系统如性、时态、语气等。系统是一系列可能的选择项，因此它们是意义，语法可以对此进行区分。一个系统中的项目具有共同特征，属于同一个意义范围。如单数和复数区别明确,但它们都与数有关系。所有系统都有三个基本特征:一、系统中的项目都有排他性,选择了其中一个就排除了选择别的项目之可能;二、系统是限定的,我们完全能够确定一个系统的极限,然后说明它所包含的选项的数目;三、系统中每一个选项的意义取决于系统中其他选项的意义,如果其中一个选项的意义改变了,其他选项的意义也会改变。

在系统网络中,箭头左侧的是入列条件,右侧的是可选项。第一,为了对事物进行更为严格的区分,系统中的选择项必须有意义重合的部分,即同属于一个语义范围。比如,否定与复数之间不同,但它们之间的区别比不上肯定和否定的区别,或复数与单数的区别。第二,它们必须共享一个语法环境。第三,选择项必须体现出适合于系统的正确单位,也就是说,必须说明需要小句还是短语。第四,各个系统常常互相提供入列条件。很多情况下,某一系统中的选择,只有在其他系统作出选择后才有可能进行。例如,我们在语气系统中进行选择之前,先要在限定与非限定系统中作出选择。

在英语中,我们在不同类型的过程、参加者、环境成分中作出选择。这些都是及物性系统中的选项。首先,我们区分出六个过程:

及物性系统（Transitivity）
- 物质过程（material process）
  （John kicked the ball.）
- 行为过程（behavioural process）
  （John laughed.）
- 心理过程（mental process）
  （John likes Mary.）
- 言语过程（verbal process）
  （John said it is cold in the room.）
- 关系过程（relational process）
  （John is on the sofa.）
- 存在过程（existential process）
  （There is a cat on the mat.）

在此基础上,物质过程又可区分为两种类型:动作过程（John kicked the ball）和事件过程（The train left five minutes ago）。之后,动作过程还可再分类。心理过程则可区分为内化过程（I like it）和外化过程（It puzzled every-body）。

系统之间还有一种关系——**同时性**（Simultaneity）。一个系统独立于另一个系统但与另一个系统具有相同的入列条件,就是具有同时性。这两个系统的项目可以任意结合,而且一个系统中的项目可与另一个系统中的项目结合。英语里有很多其他的系统,系统语法的概念是,我们选取一个总的意义域,逐渐区分成越来越小的子域。在每个阶段，我们都对意义进行越来越细、越来越精的区分。

精密度是识别越来越细致的细节的程度。在分析过程中，我们可以把系统放在一个精细程度不同的阶上，这种阶就叫作**精密度阶**（Scale of Delicacy）。如：

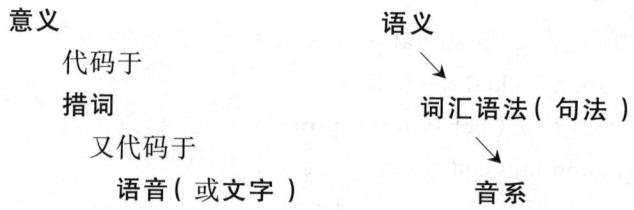

在表达意义时，人们通常有意在系统网络中进行选择。在这个基础上，选择就是意义。韩礼德认为，不同的层面间具有体现关系。对意义的选择（语义层）体现于对"形式"（词汇语法层）的选择；对"形式"的选择又体现于对音系层上"实物"的选择。换言之，"能做"体现于"能表"；"能表"体现于"能言"。根据体现的观点，我们又可以把语言看作一个多重代码系统，即一个系统包孕于另一个系统。如：

意义	语义
代码于	↘
措词	词汇语法（句法）
又代码于	↘
语音（或文字）	音系

系统语法中①，体现关系用箭头↘表示。

（2）功能语法

韩礼德的功能语法有一个功能性部分，即"用功能的配置来解释语法结构"。由于他认为语言的这些功能与文本（包括口头和书面的所有材料）分析密切相关，所以他认为，语言之所以是语言，是因为它要发挥一定的功能。换句话说，对语言的社会需求帮助形成了语言的结构。他用功能观点来解释语言发展并提出了语言的功能理论。

通过对儿童语言发展的观察和研究，韩礼德区分了语言的功能。他把儿童语言发展的过程看作"掌握语言功能"的过程，因此提出了幼儿语言模式中的七种功能：工具功能、控制功能、交互功能、自指性功能、个人功能、探索功能、想象功能、信息功能。

---

① 系统语法中的系统网络主要用来描述功能的三个组成部分，或称三个纯理功能。每个功能都可表示为一个包含很多子系统的复杂系统，选择是同时在这三个功能中进行选择。这就是系统语法与功能语法的密切关系。

根据韩礼德的观点，成人的语言更为复杂而且要完成更多功能，因此幼儿语言最初的功能范围逐渐缩小为一组高度字符化并且抽象的功能，即元功能：概念功能、人际功能、语篇功能。这些元功能以"语法"的形式出现在语言系统中新的层面上。语法系统有一个功能输入和结构输出；它提供了一个机制，可以按成人的需要使不同的功能组合在一句话里。

（i）概念功能

概念功能（包括"经验"和"逻辑"）就是向听话人传递新信息。它在所有语言使用中都存在，是一种意义潜势，因为不论一个人如何使用语言，都必须参照自己有关世界的经验的范畴。

概念功能主要由**及物性**（transivity）系统和**语态**（voice）构成。及物性系统作为一个整体，是概念功能的一部分。它不仅标明意义的选项，而且决定了结构体现的本质。例如，John built a new house 这句话可以按照功能的组合来分析为：

动作者（Actor）：John
过程（Process）：物质过程（Material）：创造（Creation）：built
目标（Goal）：受影响者（Affected）：a new house

这里的动作者、过程、目标以及它们的子范畴反映了我们对自己经验中现象的理解。因此，语言的这一功能就是用概念内容的形式把我们的经验编码。动作者、过程、目标等概念只有当我们假定概念功能是用来满足语言功能的某种理论时才有意义。如果我们要解释小句的结构，在分析过程中使用这些术语是必要的。小句是一个结构单位，我们用它来表达概念意义的某个特定的范围、我们对过程的经验，表达具体的以及抽象的外部世界中的过程，以及我们自己的意识、所见、喜好、所想以及所说等等。

及物性是表现概念功能的一个语义系统。

物质过程是表示做某件事的过程。这个过程本身一般由动态动词（如 beat, break, kick）、动作者（即逻辑主语）和动作的目标（即逻辑上的直接宾语，一般是名词或代词）来表示。

心理过程是表示感知（see, look）、反应（like, please）和认知（know, believe, convince）等心理活动的过程。心理过程一般有两个参与者：感觉者和被感知的现象。

关系过程可以分为"归属"和"识别"两类。归属类指某个实体具有哪些属性，或者归于哪种类型，如 Sara is wise。识别类指一个实体与另一个实体是统一的，如 Tom is the leader; the leader is Tom。这两种关系过程各自又可进一步分为内包式、环境式和所有式。

表 12-1

类型	方式	
	（i）归属	（ii）识别
（1）内包	Sara is wise	Tom is the leader; the leader is Tom
（2）环境	The fair is on a Tuesday	Tomorrow is the 10th; the 10th is tomorrow
（3）所有	Peter has a piano	The piano is Peter's; Peter's is the piano

行为过程指诸如呼吸、咳嗽、笑、哭、瞪眼、做梦等生理和心理行为过程。一般只有一个参与者即行为者，而且一般是人，很像心理过程。行为过程有时候与只有一个参与者的物质过程也很难区分，这时就要看某人的活动是属于生理行为还是心理行为。当行为过程有两个参与者时，我们可以把它看作物质过程，如 Mary kissed John。

言语过程是交流信息的过程。常用的动词有 say, tell, talk, praise, boast, describe 等。在这种过程中，参与者有讲话者、受话者和讲话内容。

存在过程是表示有某物存在或发生的过程。所有存在过程中都有一个存在物。如：

例 12-2

    a. There is *a new office building* at the end of the road.

    b. Does *life* exist on Mars?

    c. Along the street there comes *the bus*.

（ii）人际功能

人际功能包括了表达社会和个人关系的所有语言使用，包括讲话者进入话语情景并做出言语行为的所有方式。句子不局限于表达及物性，还有成人语言系统中的非概念成分。

人际功能由**语气**（mood）和**情态**（modality）来体现。语气表示在某个情景语境中讲话者选择了何种交际角色以及他给听话人设定的角色。如果讲话者选择了祈使语气，这就意味着他将自己置于发号施令的地位，而将受话者置于服从命令的地位，如 Give me that teapot！

语气由两部分构成：主语和限定成分。主语可以是名词、名词短语或小句。如：

例 12-3

    a. **To argue with the captain** is asking for trouble.

    （跟船长争论就是在找麻烦。）

b. **Ignoring the problem** will not make your work easier.
（对这个问题视而不见并不能使你的工作更好做。）

限定成分包括用来表示时态和情态的助动词和情态动词，属于动词短语的一部分。上例中的 is，will 都是限定成分。

剩余部分指小句中其余的部分，有三种功能成分：谓语、补足语、附加语。英语中各成分的一般顺序是"谓语—补足语—附加语"。但是，当附加语或补足语成分是问句中的疑问词或占据陈述句中的有标记主位（置于句首）时，它们仍属于剩余成分。如：

表 12-2

that teapot	the duke	has	given	to my aunt last year
补足语	主语	限定成分	谓语	附加语
剩余成分	语气		剩余成分	

韩礼德认为，尽管语言的言语角色千变万化，但它最基本的任务只有两个：给予和求取。在人际交流中，交换物也可以分为两类：物品及服务，信息。由此，言语角色和交换物的组合构成了四种主要的言语功能：提供、命令、陈述和提问。如下表：

表 12-3

交际角色	交换物	
	物品及服务	信息
给予	提供 Would you like this teapot?	陈述 He's giving her the teapot.
求取	命令 Give me that teapot!	提问 What is he giving her?

（摘自 Halliday, 1994: 69）

将两种变项结合起来，可以界定四种基本的言语功能：提供、命令、陈述、提问。这些功能又与一套反应相匹配：接受提供，执行命令，认可陈述，回答提问。如下表：

表 12-4

		起始	期待的反应	自由选择
给予	物品和服务	提供	接受	退回
求取	物品和服务	命令	执行	拒绝
给予	信息	陈述	认可	驳回
求取	信息	提问	回答	拒答

（摘自 Halliday, 1994: 69）

(iii) 语篇功能

语篇功能是指语言中有一种机制，可以将任何一段口头或书面的话语组织成连贯统一的篇章，使一个活的言语信息片断区别于一堆随机排列的句子。尽管两个句子在概念功能和人际功能方面可能完全相同，但在语篇连贯上则会有不同。

语篇功能满足了语言在运用中的相关性的要求，在实际的情景语境下有语篇性，可使活的篇章不同于语法书或词典中孤立的条目。语篇功能将意义潜势融入语言结构的组织之中。例如，我们可以比较下面两组句子：

例 12-4

  a. Mary had a very bad cold last week. Mary went to the doctor. The doctor said there was nothing serious. The doctor gave Mary some medicine. The doctor told Mary to take a rest for a few days. Mary took some medicine. Mary took the doctor's advice. Mary got better on the third day. Mary started to work on the third day.

  b. Mary had a very bad cold last week **and** went to the doctor. The doctor said there was nothing serious, gave **her** some medicine, **and** told **her** to take a rest for a few days. **She** took **the** medicine **and his** advice, got better on the third day, **and** started to work **right away**.

第二组读起来比第一组更像个统一连贯的篇章。这两组句子在概念功能和人际功能上基本一致，但在语篇功能上却有所区别。前一组忽略了某些成分的重复出现。后一组则使用 and 避免重复，使用定冠词 the、代词 his，her 等代替已出现过的名词，等等。诸如此类的连接成分统称为语篇的衔接。

语篇功能还可以突出强调语篇的某些部分。如：

例 12-5

  Authority I respect, but *authoritarianism* I deplore.

这句话中，authority 和 authoritarianism 都得到强调突出。它们均作为补足语出现，在两个小句中，补足语均被置于主语和谓语之前，这个位置对于补足语而言是不太多见的，于是读者的注意力就容易集中在这个成分上。

韩礼德认为，句子是概念意义、人际意义和语篇意义同步体现的产物。例如：

表 12-5

概念意义 物质过程 动作/被动	This house	was	built	by John Smith
	目标：受影响者	过程：物质：动作		动作者：施事： 有生命的
人际意义 陈述	语气		剩余成分	
	主语	限定成分	谓语	附加语
语篇意义 无标记主位	主位		述位	
	已知信息		新信息	

由于语言具有普遍的概念功能，因而可以用于所有涉及经验交流的具体目的和具体语境之中。由于语言具有普遍的人际功能，因此可以用于各种具体形式的个人表达和社会交往。而使上述两种功能有效发挥作用的前提是语篇功能。只有通过它，语言才成为语篇，才与其自身及使用它的语境有联系。倘若意义里没有语篇的成分，那我们根本就不可能使用语言。

沿着这个思路进行解释，我们就需要涉及语言之外的一些关于社会意义的理论。从语言学角度来看，这一领域中最重要的研究工作是伯恩斯坦（Bernstein）做的，他关于文化传播和社会变革的理论是独一无二的，语言作为社会过程中的一个基本因素建构于其中。

系统功能语言学最新的发展主要体现在语域理论和语类理论等方面。韩礼德和哈桑（Halliday & Hasan, 1985）将语域和语类看作同一语义层次上的概念，而马丁（Martin, 1992）则认为语域就是情景语境，因此把语域看作文化层面上的一个概念。

韩礼德的人际功能包括语气、情态、归一性和情态表达法，这些构成了复杂的评价系统。自上世纪90年代到本世纪初，马丁发展了评价系统理论，将评价定义为和价值判断相关的概念。韩礼德的情态系统重点由语法系统体现，而马丁的评价系统主要由词汇系统体现。马丁和怀特合著的《评估语言：英语评价系统》（Martin & White, 2005）全面论述了评价系统的理论框架。该书主要聚焦于分析态度、判断和情感的语言体现，以及这些评价的人际协商手段。作者全面诠释了评价理论，并将其作为分析各种语篇和文本的一个灵活的工具，对不同语域、语类和语场的实例进行了分析。

12.3.4 适用语言学

适用语言学（Appliable Linguistics）不同于"应用"语言学，它以韩礼德2006年3月在香港城市大学"韩礼德语言研究智能应用中心"成立大会上做的主旨报告《研究意义：建立一个适用语言学》为标志。韩礼德的基本观点是，语言理论的本质是"以消费者为导向"（1985：7）。他在2008年出版的《语言里的互补》一书中讨论了词与语法、"作为系统的语言"与"作为语篇的语言"、说与写之间的互补,旨在"对'适用性'语言进行连贯的解释"而非构建"某种更为强大的理论体系"(第189页)。他的主张得到了呼应和支持:一个是2010年出版的《适用语言学》文集(Mahboob & Knight 编),另一个是2014年上海交通大学成立的"马丁适用语言学中心"。

适用语言学关注语言学理论的发展和评价,包括以下原则:

(1)理论与实践的一体性。韩礼德的理论**适用性**是针对学术界的一个错误观点而提出的。有些语言学家重理论轻实践,有的语言学家在实践中完全排斥理论的指导。理论语言学与应用语言学有区别,但两者之间对话不够。因此韩礼德提出,理论应该是解决实际问题并服务于消费者实际需要的资源。

(2)语言即意义,意义即选择。现代语言学在语音、音系、词汇和句法领域取得了进展,但在语义领域取得的成果很少。韩礼德认为,语言学应该转向对意义的研究。他在2010年发表的《定位选择》一文里指出,我们对语言学框架的应用总是落脚在语言系统里的意义选择,而意义存在于各种各样的情境中,我们不仅应该把语言看作"意义",而且要把意义看作"选择"。

(3)社会理据。语言根本不是一系列规则,而是植根于其社会意义(胡壮麟,2007)。社会理据是干预批评性社会实践的一个方法。意义的构建和解释、其可接受性和可应用性、其选择标准和评价都必须由社会和文化语境中的"社会人"完成。只有遵循这一原则,才能准确找到特定的词、句子甚至语篇的意义。再具体一点,要让政府或大学管理层批准某个语言研究项目,得有充足的理由。对一套理论或一个研究项目的成果评价也应考虑社会理据。

(4)多模态研究。意义还可以通过各种各样的手段或模态实现,而这些手段或模态的选择和使用,与参与者所处的实际情境相关。韩礼德中心以三个研究项目作为起点:自动处理摘要,机器翻译,学习成绩评价。《适用语言学》文集收录了一些与多模态研究相关的论文,这是因为,尤其在科技(计算机科学和信息技术)飞速发展的时代,除了语言,还需要别的模态来表现人际交流的意义。

系统功能语言学理论的研究对象和应用经历了不断的变化和修正,旨在迎接各种挑战并解决新问题。"适用性"概念要求理论与实践要与时俱进。"适用语言学"并非系统功能语言学家的独门学科,而是所有语言学流派的一种理论。它不仅适用于语言学领域,还适用于符号学和其他相关学科。

12.4 美国结构主义

美国结构主义(American Structuralism)是20世纪初独立诞生于美国的一个**共时语言学**分支。它在人类学家博厄斯(Boas,1858—1942)的领导下,形成的风格完全不同于欧洲传统。

欧洲的语言学始于 2000 多年前，而美国的语言学则始于 19 世纪末。传统语法在欧洲一直占据统治地位，而在美国的影响却微乎其微。欧洲诸多语言都有自己的历史和文化，而英语则是美国的主要语言，那里也没有欧洲的传统。此外，在美国最早对语言学感兴趣的学者是人类学家，他们发现印第安人的土著语言在逐渐消亡，因此在消亡前必须记载下来。当一种土著语言的最后一个使用者死去，这种语言也就随之消亡。但是，这些语言种类之多，彼此差异之大，在世界上其他任何地区都是罕见的。大约有 1000 多种美洲印第安土著语，分别属于 150 多个语系。据说仅加利福尼亚一地就比整个欧洲的语言还要多。

12.4.1 早期：博厄斯和萨丕尔

作为北美人类学专家，博厄斯是调查墨西哥以北众多美洲印第安土著语的组织者。调查结果即为 1911 年的《美洲印第安语言手册》。博厄斯亲自撰写了若干章节，并为全书写了重要的前言，该前言成了语言描写研究方法的总结。博厄斯还训练了一批人去调查其他语言。

博厄斯没有受过任何正式的语言学训练，是个自学成才的语言学家。这种专业技能的欠缺实际上对他的研究工作有利无害。欧洲语言学家强调语言的普遍性，而博厄斯则不同，他认为世界上根本不存在什么最理想的语言形式，人类语言是无穷无尽、千差万别的。尽管一些原始部落的语言结构听起来非常武断甚至不合理，但这种判断没有丝毫事实依据支持，因为对于原始部落成员来说，印欧语是同样没有道理的。博厄斯强烈反对那种视语言为种族之灵魂的观点。他证明，种族的进化和文化的发展与语言形式之间没有必然联系。由于历史的原因，原来属于同一种族的人开始使用不同的语言，同一语言也可以被不同种族的人使用，同一语系的语言使用者也可以属于完全不同的文化。因此，语言只有结构上的差别，而没有合理与否、是否发达的差别。

在为《美洲印第安语言手册》写的前言中，博厄斯论述了描写语言学的框架。他认为这种描写包含三个部分：语言的语音、语言表达的语义范畴、表达语义的语法组合过程。博厄斯注意到每一种语言都有它自己的语音系统和语法系统。他认为，对于要研究的语言来说，语言学家的重要任务是去概括语言的特殊语法结构并分析语言的特殊语法范畴。他处理美洲印第安语言数据的方法是分析性的，不采用跟英语或拉丁语等语言比较的方法。博厄斯从人类学的观点出发，把语言学看作人类学的一部分，没有把语言学确立为一门独立的学科。但他的基本理论、观察和描写语言的方法不但为美国描写语言学铺平了道路，而且影响到几代语言学家。

与博厄斯一样，萨丕尔（Sapir, 1884—1939）也是一位杰出的人类语言学家。在与博厄斯的纽约会面之前，萨丕尔正在攻读日耳曼语硕士学位，自信能够非常好地理解语言的本质。但当他遇到博厄斯之后才发觉自己似乎仍有很多东西需要学习。于是，他着手按照博厄斯的方法，选用具有自身文化背景的当地人，开始调查美国印第安语。对于萨丕尔来说，这是一段全新的经历，完全脱离了传统的把印欧语语法范畴施加于其他语言的做法。萨丕尔关于语言与思维的理论后来被他的学生沃尔夫（Whorf, 1897—1941）继续发展，被誉为"萨丕尔—沃尔夫假说"（见第七章）。

　　萨丕尔的全部心血凝结于 1921 年出版的《语言论：言语研究导论》中。他从人类学的观点出发描写语言的本质及其发展，重点是类型学。这部书旨在"给语言学提供一个适当的研究视角，而非收集语言事实。它很少述及言语的心理基础，对那些特殊的语言也仅仅给出充分的现实描写或历史事实来说明原则。其主要目的在于说明我是怎么看语言的，语言因时因地的变异有哪些，它与人类所关心的其他问题——如思维问题、历史过程的本质、种族、文化、艺术——之间是什么关系"。他把语言定义为"语言是纯粹属于人的、非本能的、通过自觉制造出来的符号系统来交流思想、情绪和欲望的一种方法"。他还把语言和行走相比较，说走路是"人先天的、生物的一种功能"，是"一种普通的人类活动。这种活动，个人与个人之间的差别是非常有限的"，而且这种差别是"不自主的和无目的的"。萨丕尔的《语言论》涉及的问题非常广泛，如语言成分、语音、语言形式、语法过程、语法概念、语言结构类型和历史演变。

　　在讨论语言与意义之间的关系时，萨丕尔认为语言和意义的结合，是可能但非必然存在的。关于语言和思维之间的关系，萨丕尔认为尽管二者的联系很密切，但并不能看作一回事。语言是手段，思维是产品；没有语言，思维是不可能存在的。

　　萨丕尔还注意到语言的普遍性特征。他说，人类所有种族和部族，不论其多么野蛮或落后，都有自己的语言。尽管在形式上有差别，但语言的基本框架（即明晰的语音系统、声音与意义的具体结合、表达各种关系的各种手段等等）都是高度发达的。语言是人类最古老的遗产，没有任何其他有关文化的东西能早于语言。没有语言，就没有文化。

12.4.2　布龙菲尔德的理论

　　布龙菲尔德（Bloomfield, 1887—1949）是美国描写语言学的主要代表。他是美国语言学史上的一位标志性人物，1933—1950 年这段时间被称作"布龙菲尔德时代",在这个时期,美国描写语言学开始正式形成并发展到顶峰。

布龙菲尔德的《语言论》在20世纪一度被大西洋两岸同时奉为科学的方法论之典范和语言学领域最杰出的著作。对布龙菲尔德而言,语言学是心理学的一个分支,尤其是心理学中有实证特征的**行为主义**(Behaviourism)的一个分支。行为主义是一种科学研究方法,其理论基础是认为人类无法认识他们所未经历过的事情。语言学中的行为主义认为,儿童是通过一系列"**刺激－反应－强化**"(Stimulus－Response－Reinforcement)来学习语言的,而成年人使用语言也是一个"刺激－反应"的过程。当行为主义的方法论通过布龙菲尔德的著作进入语言学以后,在语言学研究中普遍的做法就是接受、理解一个本族语者用自己的语言说出的语言事实,而不顾他对自己的语言的看法。这是因为只有观察说话人自然陈述的话语而作出的语言描写才是可靠的;相反,如果一个分析者通过询问说话者诸如"你的语言是否说……?"之类的问题而得到的语言描写则是不可靠的。

布龙菲尔德用一个有趣的例子来说明他的刺激－反应理论过程。假设一个男孩和他的女朋友正在散步。女孩饿了,看到树上有苹果,于是发出一些声音。结果那个男孩就跳过篱笆,爬上树,摘下果子,递给女孩。女孩便把苹果吃了。这一系列行为可以被分解为言语行为和实际事件,而整个故事可以被分为三个部分:(1)言语行为之前的实际事件;(2)言语;(3)言语行为之后的实际事件。在(1)的实际事件中,女孩饿了,树上的苹果,以及她和男孩的关系,都构成了对说话人的刺激。在(3)中,是那个男孩的实际行动,叫作听话人的反应。那个女孩的言语行为的结果是,她本人不必亲自去爬树就得到了苹果。于是,布龙菲尔德的第一条原则是:**一个人受到某种刺激时,他可以用他的言语让另一个人作出相应的反应。**一个社会里不同的人总是有能力上的差异,但只要有一个人会爬树,只要有一个人会捕鱼,大家就都能吃到苹果吃到鱼。于是,布龙菲尔德的第二条原则是:**劳动分工以及基于劳动分工之上的一切人类活动,都依赖于语言。**最后,那个女孩发出的声音是对外部刺激(饥饿)的语言反应。声波抵达男孩的耳朵,耳朵又刺激他的神经,使他听到女孩说的话。这就是对那个男孩的刺激。这说明,人可以对两种刺激作出反应:**实际刺激和语言刺激。**于是,布龙菲尔德的第三条原则是:**说话人和听话人——两个不同的神经系统——之间的距离由声波连接在一起。**由此布龙菲尔德提出了一个著名的公式:

$$S \rightarrow r \cdots\cdots\cdots s \rightarrow R$$

这里 S 代表外部刺激，r 代表言语的代替反应，s 代表言语的代替性刺激，R 代表外部的实际反应。

布龙菲尔德还论述了语言学在语言教学上的应用，并批判了传统语法。他指出，18 世纪、19 世纪的语法学家大都是在为英语制定规则，认为英语应该如何如何。实际上，所有的变体都是真正的英语。他指出，传统语法学大都是规定性的，企图借用哲学概念来规定语言学范畴，因此是教条主义。在语言教学中我们应该把教发音放在首位，而不是过多地去注意文字形式。对于美国外语教学中的普遍做法，他认为学习一门语言需要不间断地练习和在真实情境中不断反复，而不是仅仅教学习者学习语法理论；传统的方法不仅给学生造成疑惑，而且不符合经济的原则，并不能帮助学习者。

布龙菲尔德的《语言论》作为一部教科书开创了美国结构主义语言学流派。早在半个多世纪以前，布洛克（Bloch, 1949：92）就写道：

> 在美国所发生的分析方法上每一项重大的进步……都是布龙菲尔德这本书促进语言研究的直接成果，这样说并不过分。如果说今天我们在描写分析的方法上在某些方面比他的方法高明一些，我们对于他首先给我们揭示的语言结构的某些方面比他本人认识得更清楚一些，这是因为我们站在了他的肩膀上。

12.4.3 后布龙菲尔德时期的语言学

在布龙菲尔德《语言论》的影响下，哈里斯（Harris）、霍凯特（Hockett）、特雷格（Trager）、史密斯（Smith）、希尔（Hill）以及霍尔（Hall）等美国语言学家进一步发展了完全经验主义的结构主义。20 世纪 50 年代，随着电子计算机的出现，一些语言学家开始意识到普通语言学研究的正确目标是发明一套明确的"发现程序"，使计算机能够处理任何语言的原始数据，并在没有语言学家干预的情况下形成一套完整的语法。因此，后布龙菲尔德时期的语言学重视直接观察：语法是通过对所有数据进行一系列恰当的操作来发现的，也就是要通过发现程序。语料数据库是由言语组成的，所以必须从作为音位的语音流入手进行语音分析。因为是音位构成了不同类型的结构，它们就可以被分类为最小的可重复的排列，或语素形式（它们是同一语素的成员）。在发现语言中语素的基础上，语言学家的任务就是找出语素的组合方式，然后才能写出语法。后布龙菲尔德时期的语言学家还对话语层面产生了浓厚的研究兴趣，旨在开发描写句子层面以上结构的发现程序。

哈里斯的《结构语言学的方法》（1951）一书被普遍看作标志着美国结构主义达到成熟期的著作。在这部著作中，哈里斯为语言学研究中的**发现程序**（Discovery Procedure）提出了最为完整和最为生动的表述，其主要特点是精确的分析手续和高度的形式化。意大利语言学家莱普希（Lepschy, 1970：

120）认为，哈里斯的这部书是"后布龙菲尔德时期"的象征和转折点。

哈里斯把分布关系的逻辑作为结构分析的基础，建立了一整套严格的描写手续。但是哈里斯也受到过批评。有的语言学家指出，哈里斯的理论是循环性的：单位来自于分布，分布又要依赖于环境，而环境又是由单位组成的。还有语言学家批评哈里斯在对待意义的问题上所采取的极端态度，认为哈里斯一直试图完全排斥意义，而实际上他很重视意义。无论受到什么批评，哈里斯的方法作为可能的描写手段之一仍具有重要意义。

霍凯特既是语言学家又是人类学家。他不仅对音位、语素和语法分析、普通语言学及其与其他学科的关系等方面有着卓越贡献，还极力捍卫了结构主义的观点，同时又对转换语法中许多表面上看来无可争议的基础假设提出了质疑。

霍凯特的《现代语言学教程》(1958)是一部非常著名的美国描写主义教科书。该书有很多自20世纪30年代起结构主义范式的研究成果。在前言中，霍凯特说这本书是写给大学语言学专业的教科书。虽然霍凯特没有追随任何语言学"流派"，但他书中几乎每一页都有受到美国语言学影响的证据，尤其是受布龙菲尔德的影响。

霍凯特之后结构主义传统中最为杰出的人物应该是派克（Pike, 1912—2000）。派克和他的后继者因其语言学分析的手法——**法位学**（Tagmemics）而声誉卓著。

派克认为，一种语言有它独立的不依赖于意义的等级系统。不仅语言中有等级系统，世界上一切事物都是有等级系统的，都是由小到大、由下到上、由简单到复杂、由部分到整体分成若干不同等级。因此，语言有三种相互关联的等级系统：音位、语法和指称。这三种等级系统中的每一个层面都有四个具有以下特征的语言单位：轨位（Slot）、类别（Class）、角色（Role）和接应（Cohesion）。这些基本单位就叫作语法单位，简称**法位**（Tagmeme）。一般说来，轨位规定某个法位在它所在的结构中占据的是核心地位还是外围地位。轨位可以是主语轨位、谓语轨位、宾语轨位和附加语轨位。类别则用来区分这个轨位上的语言实体是什么，如词缀、名词、名词短语、动词根等等。角色的作用是表示该法位在结构中的功能，如动作者、受事者、受益者、协同者、方位、时间等。接应是表明该法位是支配其他法位还是受其他法位支配。法位的公式是：

$$法位 = \frac{轨位 \ | \ 类别}{角色 \ | \ 接应}$$

图中四个成分中的每一个都被称作一个单元。有些法位是强制性的，因而标以"＋"号，而可选择的则标以"－"号。如果用这个四单元公式来表示一个动词，表达如下：

$$\text{动词} = + \begin{array}{c|c} \text{核心} & \text{动词根} \\ \hline \text{谓语} & - \end{array}$$

$$\text{动词} = \pm \begin{array}{c|c} \text{外围} & \text{时间词缀} \\ \hline \text{时间} & \text{时间一致性} \end{array}$$

法位学的最终目的是要提供一套能够把词汇、语法和语音信息综合在一起的理论,该理论的基础是如下假设:在语言中存在各种各样的关系,这些关系都能被分析成不同的单位。然而,要相信语言是人类行为的一部分,就需要认识到语言不能严格地形式化。因为一个表达系统能够解释语言中所有相关事实,法位学用不同的表达模式达到不同的目的,并且并不坚持只有唯一正确的语法或语言学理论。

最后一个但也是很重要的,就是兰姆(Lamb)。从 20 世纪 50 年代开始,兰姆一直在含有三层次(音位、形素、形态音位)的语言学模式中研究自己的理论,这就为他的层次语法奠定了基础。像叶姆斯列夫一样,兰姆看待语言不是研究其组成成分,而是把语言看作关系系统。他认为,虽然关系系统不可直接观察,但语言学家必须观察实际使用中的语言结构是如何体现系统的。通过分析语料,语言学家必须构建出代表其后潜在关系系统的表达式。兰姆(Lamb, 1966:3)指出,语言学分析也许最好被理解为一个简化过程。这是一个具有简化与概括双重性质的过程。就像在代数里,"abc + abd + abe + abf + abg"可以被简化为"ab(c + d + e + f + g)"。第二个表达式比第一个简单,而且含有一个它所没有的概括。因此,语言学家可以跟学生做代数一样研究语言。如 blueberry, cranberry 可以被简化为:

```
blue ┐
     ├ berry
cran ┘
```

成分与实体只有在它们表达关系的时候才是成分与实体。兰姆说,语言的本质就是把声音与意义相结合,或把意义与声音相结合;虽然关系很复杂,但可以被看作一系列连在一起的层次系统。每个层次系统都有在自己这个层次上结合的规则,不同的层次都在实现的基础上相互连接。

在诸多层次中,有四个主要层次,自上而下依次是义位层、词位层、形位层、音位层。每个层次上的每个成分都是由更小的"子"单位构成,如义子、词子、形子、音子。例如英语中 ^{L}/understand/ 这一词位由 ^{LN}/under/ 和 ^{LN}/stand/ 两个词子构成，^{L}/stand/ 这一词位由单个 ^{LN}/stand/ 词子构成。诸如 ^{M}/under/ 这样的形位是由 ^{MN}/ʌ/，^{MN}/n/，^{MN}/d/，^{MN}/ə/ 四个形子构成。像 ^{P}/m/ 这样的音位由 ^{P}/Ns/ 和 ^{P}/Lb/ 两个音子构成（Ns = nasal, 鼻音；Lb = labial, 唇音）。在很多情况下，高一级的层次只能有低一级的层次上的单位来实现。例如，^{M}/under/ 这个形位由四个形子（^{MN}/ʌ/，^{MN}/n/，^{MN}/d/ 和 ^{MN}/ə/）构成，由 ^{P}/ʌ/，^{P}/n/，^{P}/d/，^{P}/ə/ 这四个音子来实现。

层次语法通过节点和线把层次上的所有关系连接在一起，把语言分析带入一个由节点和线连在一起的关系网络。语言中的各种不同关系都是用关系网络中的三个模型来实现的：交替模式、配列模式和符号模式。

尽管兰姆本人也不能肯定语言中到底有多少个层次，但是层次分析似乎能更好地解释声音与意义之间的关系。其他语言学理论把语法看作分析语言现象之上的抽象概括，几乎不注意人类思维，而兰姆的理论旨在了解人类思维中的语言系统。因此他把自己的理论命名为**认知层次理论**。后来随着"认知"这一术语的逐渐流行，他在1998年称自己的理论为**神经认知语言学**。

总之，结构主义的出发点是语法范畴不应该通过意义而应该依据分布来定义，任何语言的结构描写都不该考虑诸如时态、语气、词类等范畴，因为这些范畴并不一定有普遍性。第一，结构主义语法描写语言中的所有现象，而不是制定规则。但其目标也因此被限定于描写语言，不能解释语言运行的方式后面的道理。第二，结构主义语法是经验性的，追求客观，即所有的定义和表述都应该能被证实或者证伪。但却没有写出与任何综合传统语法相提并论的完整语法。第三，结构主义语法考察所有的语言，找出并且公正地对待每一种语言的特性，但却不能正确地处理意义。第四，结构主义语法描写语言结构和语言使用后面最小的对立，而不仅仅描写某个特定用法中能发现的那些对立。

12.5　转换生成语法

20世纪50年代后期，一位用结构主义方法研究希伯来语的学者——乔姆斯基（Chomsky, 1928—　）发现，只按分布和替换原则对结构成分进行分类的方法有很大的局限性，他逐渐建立了名扬四海的**转换生成**（Transformational-Generative, TG）语法。1957年出版的《句法结构》标志着乔姆斯基革命的开始。

自诞生至今，转换生成语法经历了五个发展阶段。经典理论旨在使语言学成为一门科学；标准理论论述语义应当如何在语言理论中进行研究；扩展的标准理论重在讨论语言普遍现象和普遍语法的问题；修正的扩展标准理论（或称管约理论）主要讨论管辖和约束。最近的一个阶段是最简方案，是对此前理论的进一步修正。

12.5.1　天赋假设

乔姆斯基认为语言是某种天赋，儿童天生就具有一种学习语言的能力，叫作**语言习得机制**（Language Acquisition Device, LAD）。这是一种能让他们学习语言的独特知识。他指出，儿童生来就有基本的语法关系和语法范畴的知识，而且这种知识是普遍性的。研究语言有助于揭示人脑的本质。这种研究语言的方法是对心理学上行为主义和哲学上经验主义的一种反动，使语言学成为心理学的一个分支。

乔姆斯基的**天赋假设**（Innateness Hypothesis）建立在他自己的观察之上，即一些重要的事实不能用别的方式来解释。第一，儿童学习母语非常快而且毫不费力。考虑到小孩子智力尚不成熟，还不能学习任何其他科学知识，那么他们学习语言的速度的确令人吃惊。儿童习得母语都是在完全没有正式、明确的讲授下进行的。输入的是零碎的语料，但输出的却是完美的语言系统。第二，儿童学习母语的环境差异很大。他们也许擅长于不同的事物，但是他们在第一语言习得上的差异极小。第三，儿童在有限的时间里掌握了语言的全部语法，不但能造出并理解自己听到过的句子，而且能造出以前从未听过的句子。他所掌握的与其说是个别的句子，毋宁说是一套规则。所有这些都表明，尽管婴儿出生时不懂语言，但他们与生俱来就有逐渐学会语言的能力，就像他们天生就有能力学会走路一样。

但这还不是全部。乔姆斯基认为，语言习得机制可能含有三个成分：进行假设的机制、语言普遍性和评价程序。儿童出生在许多不同的言语社团，并且能够同样轻松地学会他们出生的这个社团的语言。他会从身边的言语中寻找规律性，以更多的语言信息为基础进行猜想和假设。要做到这一点，儿童需要语言习得机制中的假设机制。然而，有时候两个或更多的假设会概括同一套语言事实，而只有一种更简单更好。换句话说，可以有几套不同的语法来描述解释儿童接触到的语言。是什么使他们总能从这些不同的语法中选择出相对较好的假设或更好的那套语法呢？乔姆斯基提出，要解决这个问题，儿童就必须有一个评价程序，正是这套评价程序能让他们在一系列可能的语法中作出选择。

12.5.2　什么是生成语法？

乔姆斯基用**生成语法**（Generative Grammar）一词来简明地表示"一套用

来给句子进行结构描写、定义明确严格的规则系统"。乔姆斯基认为"任何一种语言的说话者都掌握并内化了一种有生成能力的语法，这套语法能够表达他的语言知识"。"于是，生成语法试图明确说明说话者实际了解掌握什么，而不是他依据他掌握的东西去说什么。"（Chomsky, 1965: 8）

生成语法不局限于对个别语言的研究，而是要揭示个别语法与普遍语法的统一性。它并不以描写某一具体语言为目的，而是把它作为一种方法来探索语言的普遍规律，以期最终揭示人类认知系统和人的本质规律。

为了达到这个最终目的，乔姆斯基提出三个不同的层面来评价语法，即"观察充分性""描写充分性"和"解释充分性"。在第一个层面上，语法能够对原始的语言材料作出正确的解释。在第二个层面上，语法不仅应该能正确解释原始的语言材料，而且要正确解释说话人和听话人的内在语言能力。在第三个层面亦即最高层上，得到充分描写的语法应该揭示语言能力，还要把它与普遍语法联系起来，以与人脑的初始状态联系起来并揭示人类认知系统。在成功描写许多语言并概括出人类语言的普遍特征之后，才能探索包含普遍语法的人脑之初始状态。在一定意义上讲，语言学家进行的工作恰恰与儿童习得母语的程序相反。儿童从普遍语法发展个别语法，而语言学家则要从个别语法中发现普遍语法。

与布龙菲尔德重视数据的发现程序不同，乔姆斯基坚持"假设—演绎"的方法。这种研究方式被称作评价过程。乔姆斯基认为，虽然结构主义语法的直接成分分析模式能够揭示某些结构特征，但是仍有严重的缺陷。比如，直接成分分析法不能恰当地解释 John is easy to please 和 John is eager to please 的不同，不能区别 Visiting relatives can be tiresome 的两种不同解释，也不能区别 John saw Mary 和 Mary was seen by John 的不同。把 John saw Mary 转换为 Mary was seen by John 的过程可以用这样的数学公式表示：

$$NP_1 + Aux + V + NP_2 \rightarrow NP_2 + Aux + be + V + en + NP_1$$

这样，转换生成语法不但能描写句子的表面结构，还能解释句子的内部语法关系，因此比直接成分分析更接近语言的真相。

12.5.3 经典理论

在经典理论中，乔姆斯基的目标是把语言学变成一门科学。这套理论有三个特征：(1)强调语言的生成能力；(2)引入了转换规则；(3)语法描写中不考虑语义。这三点分别见于乔姆斯基《句法结构》(1957)中。

乔姆斯基提出了三套语法：有限状态语法、短语结构语法、转换语法。

有限状态语法是一种最简单的语法，它用有限的装置生成了无限的句子，但是句子结构都很简单。我们可以用从属关系来证明有限状态语法不够充分：

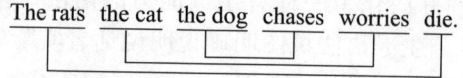

还有一些比这个更复杂的句子。英语不是有限状态语言，不可能给英语写出一部观察充分的有限状态语法。乔姆斯基设计这种语法的意义在于证明，按从左到右的程序组织语言是不现实的，这种过程不适用于研究自然语言。虽然这种理论能用来描写"刺激—反应"的学习过程，但不能解释人类认知系统的复杂性。因此，乔姆斯基认为必须制定出一种语法，只用有限的几条规则就能生成语言中所有合乎语法的句子，而不生成任何不合语法的句子。那么，语法就被看作是一个用有限规则生成无限数量句子的系统，并且这些规则要满足以下要求：

（1）生成性：规则能自动生成合乎语法的句子；
（2）简单性：规则要用符号和公式来表示；
（3）明确性：一切表述应严格准确，不能模棱两可；
（4）穷尽性：规则要概括所有语言事实，不能有遗漏；
（5）回归性：规则要能重复使用，以能生成无限数量的句子。

这就是所谓的**短语结构语法**，也就是乔姆斯基提出的第二种模式。它只由一些传统的成分结构分析形式化之后得到的短语结构规则组成。短语结构语法比有限状态语法具有更大的生成力，因为它可以处理后者无法处理的句子。短语结构规则如下：

1. S → NP+VP
2. VP → Verb+NP
3. NP → NP (singular)
        NP (plural)
4. NP(s) → D+N
5. NP(p) → D+N+S
6. D → the
7. N → {*man*, *ball*, *door*, *dog*, *book*, ...}
8. Verb → Aux+V
9. V → {*hit*, *take*, *bite*, *eat*, *walk*, *open*, ...}
10. Aux → Tense (+*M*) (+*have*+*en*) (+*be*+*ing*)
11. Tense → Present
            Past
12. M → {*will*, *can*, *may*, *shall*, *must*, ...}

箭头表示"可改写为"。短语结构规则又称改写规则。一个句子的改写过程就是把它从一种符号改写成另一种符号的过程。例如，要生成 The man hit the ball 这个句子，我们必须使用规则并用加括号法来表示：

(NP(Det(the)N(man))VP(V(hit)NP(Det(the)N(ball))))

或用树形图表示：

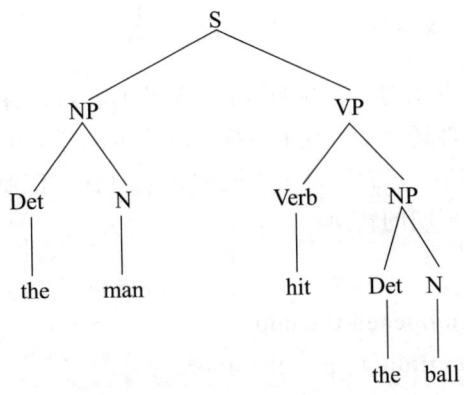

加括号法运用的是数学原理，"X（Y + Z）"与"XY + Z"是不同的。运算顺序不一样时，结果肯定不一样：(old men) and women 与 old (men and women) 是不一样的。这清楚地表明了：(1)词类（有时还有数、时态和结构）；(2)短语的范畴和构成；(3)短语之间的关系。树形图也有同样的功能。它是一个等级系统，明确地展现了成分之间的关系：man（属于 NP）只有通过一个节点（node）才能与 hit（属于 VP）发生关系。

乔姆斯基在《句法结构》中列出了十六种英语转换规则。例如，英语主要依靠 not 作为否定手段，它出现的位置有规律性，如：

例 12 - 6

  a. She might not visit us today.
  b. John has not finished his work.
  c. Jane is not   reading.
  d. He didn't   kiss his mother.
   1   2   3

每个句子的第一部分是 NP。第二部分可以被分析为"协调成分"(concord element，用 C 表示)，分别加上情态动词、have、be 和 do，也就是"C + M" "C + have" "C + be" "C + do"。第三部分（否定形式后面的成分）因为并不重要，故可用省略号（…）表示。

结构分析：NP—C+M—...
　　　　　NP—C+have—...
　　　　　NP—C+be—...
　　　　　NP—C+do—...（注：乔姆斯基用"NP－C－V..."来表示）

现在，将这三个部分分别用 X_1、X_2、X_3 代替，否定转换规则可写为：

结构变换：$X_1 - X_2 - X_3 \rightarrow X_1 - X_2 + $n't$ - X_3$

乔姆斯基把转换规则区分为两种：强制性的和可选择性的。助动词转换和小品词转换是强制性转换，而否定转换、被动转换等是可选择性转换。句子类型之所以不同，就在于它们经过了不同的转换过程。依照乔姆斯基的观点，下列八个句子经历了不同的转换：

例 12-7

　　a. The man opened the door.
　　b. The man didn't open the door.
　　c. Did the man open the door?
　　d. Didn't the man open the door?
　　e. The door was opened by the man.
　　f. The door was not opened by the man.
　　g. Was the door opened by the man?
　　h. Wasn't the door opened by the man?

a 句只经过了强制性转换，这种简单的、主动、肯定陈述句叫作"核心句"。b 经过了否定转换，c 句经过了疑问转换，d 句经过了否定疑问转换，e 句经过了被动转换，f 句经过了被动否定转换，g 句经过了被动疑问转换，h 句经过了被动否定疑问转换。这八种句型派生于同一个深层结构。

12.5.4　标准理论

《句法理论的若干问题》（1965）标志着标准理论的到来。在《句法结构》出版之后，乔姆斯基发现要达到他的理论目标，有几个严重问题必须解决。第一个问题是转换规则的力量过于强大。一个普通的句子可以随意地被改变，可以变成否定式、被动式，还可以增减成分，没有任何限制。第二个问题是，他的规则在生成合格句子的同时也可能生成不合格的句子。例如，用 S → NP + VP 和 VP → V + NP 的规则，可能生成如下两个句子：

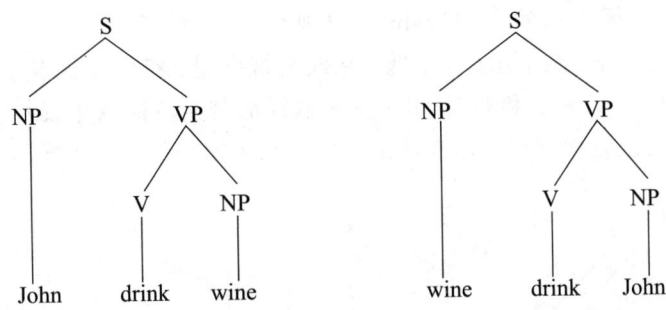

这说明，动词与名词之间有着某种选择规则。第三个问题是，被动语态的转换规则不能随意运用，因为英语中有些动词没有被动结构。我们可以说 John married Mary，但 Mary was married by John 意思完全不同（即约翰是个牧师，为玛丽主持了结婚典礼）。我们可以说 John resembles his father，但却不能将其转换为 His father was resembled by John。这些事实表明，转换规则不能普遍应用。乔姆斯基提出，转换规则的运用不能改变原句的意义，并且名词一定要受动词的限制。

乔姆斯基在《句法理论的若干问题》中作出了重大改动，语法模式里包含了语义部分。他说，生成语法应该包括三大组成部分：句法部分、音系部分和语义部分。句法部分又叫基础部分，它包括改写规则和词库两部分，改写规则生成句子的深层结构，转换规则再把深层结构变成表层结构。语义部分对深层结构从语义上作出解释，语音部分对表层结构从语音上作出解释。三部分的关系可以图示如下：

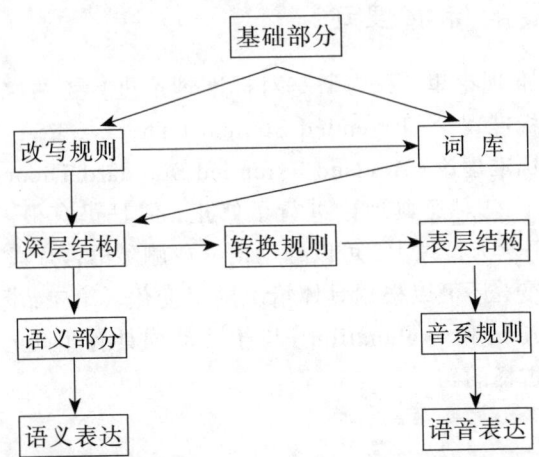

标准理论在经典理论的基础上作了重大改进。第一，转换只能改变句子的形式而不允许改变意义。第二，为了从规则中剔除生成类似 Wine drink John 的句子，标准理论有了选择性的限制来确保有生命的名词（John）出现在动词

（drink）前，无生命的名词（wine）出现在动词后。第三，转换中的限制是为了不生成不合语法的句子。第四，在改写规则里，符号 S 被置于箭头的右边，就有了 VP → V + S 和 NP → NP + S 这样的规则。这意味着句子之间是可以嵌入的。通过这种规则，标准理论不仅概括了简单句，而且概括了复杂句：

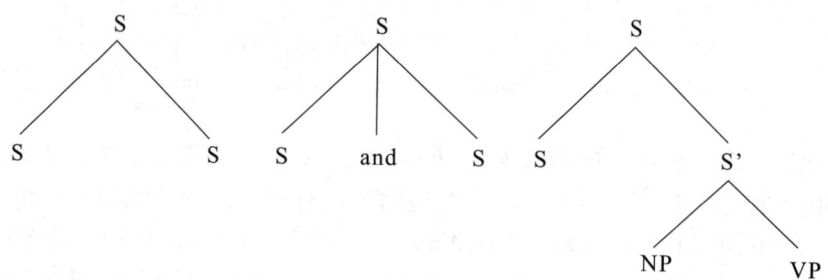

第五，规则要正确排序，并且规则运用也有一定的次序。规则使用的先后会有很大的不同。例如，反身形式规则规定，在简单句中出现两次的名词，第二个应使用反身形式（John kills John = John kills himself）；而祈使句规则规定，祈使句中动词前的名词应该去掉（You come here！= Come here！）。很显然，在简单句中反身形式规则最先被使用（John kills John → John kills himself）；而祈使句规则由于 John kills John 不是祈使句，*kills John 或 *kills himself 等形式不被使用。同样，在祈使句中，祈使句规则首先得到运用，反身形式规则因为名词并未出现两次而不用。

12.5.5　扩展的标准理论

在扩展的标准理论里，乔姆斯基对标准理论进行了两次修正。第一次修正被称为**扩展的标准理论**（Extended Standard Theory，EST）。第二次修正被称为**修正的扩展标准理论**（Revised Extended Standard Theory，REST）。

尽管标准理论已对经典理论进行了修正，但是仍有很多问题需要解决。第一，转换规则仍然力量过大，可以移动语言或删除语言片段、改变语类范畴，可以保持原义不变，还可以根据具体情况随机变化。第二，标准理论认为，派生名词（如 criticism 和 explanation）与相关动词具有相同的语义属性，所以下面的句子都是古怪的句子：

例 12 - 8
  a. *The square root of 5's criticism of the book.
  b. *The square root of 5 criticised the book.

后来发现，派生名词和动词的相关关系很不规则，不仅句法特征不一样，而且语音和语义关系也不规则,很难概括。第三,标准理论认为语义解释取决于深层结构,转换不会改变句子的意义。后来发现这是不可能的,任何转换都必然会改变意义。如在例 12-9 中,a 不同于 a',b 不同于 b':

例 12-9
    a. Everyone loves someone.
    a'. Someone is loved by everyone.
    b. Tom doesn't go to town very often.
    b'. Very often Tom doesn't go to town.

乔姆斯基也承认,转换之后的句子前提变了,如:

例 12-10
    a. Beavers build dams.
    b. Dams are built by beavers.

a 讲的是河狸的特性,b 讲的是水坝的特性,两个字符串的意义完全不同。第四,标准理论无法解释带有空缺的结构,如:

例 12-11
    John ate some spaghetti, and Mary some macaroni.

根据删除省略规则可删去第二个句子中的 ate,但只能在语义解释之后实施。这与标准理论的模式相悖。第五,考察更多类型的结构表明,许多转换规则必须有复杂的限制,才能不生成不符合语法的句子。一方面,应该有一条适用于普遍现象的转换规则。另一方面,对例外的情况又必须加以限制。例如,有不少动词可以出现在以下两种结构中:

例 12-12
    a. John gave a book to Mary.(_____ NP PP)
    b. John gave Mary a book.(_____ NP NP)

同时,很多动词只能出现在第一种结构中:

例 12-13
    a. John donated a book to Mary.(_____ NP PP)
    b. *John donated Mary a book.(_____ NP NP)

结果,转换的部分变成了一组规则和一组限制规则的使用条件。当反过来寻找这些限制条件中的普遍性时,又出现了新的规则。

乔姆斯基在第一次修正标准理论时，把语义解释的一部分移到了表层结构。以逻辑成分的范畴为例，请看以下两句：

例 12-14
  a. Not many arrows hit the target.（不是很多箭射中了靶子。）
  b. Many arrows didn't hit the target.（很多箭没有射中靶子。）

它们的深层结构是"NOT [many arrows hit the target]"。通过转换，这两个句子由于逻辑成分 NOT 的关系而出现语义差异。这说明，语义解释在表层结构中确实起着一定作用，不过乔姆斯基仍然坚持语义主要由深层结构决定。

乔姆斯基的第二次修正涉及整个理论框架，见下图：

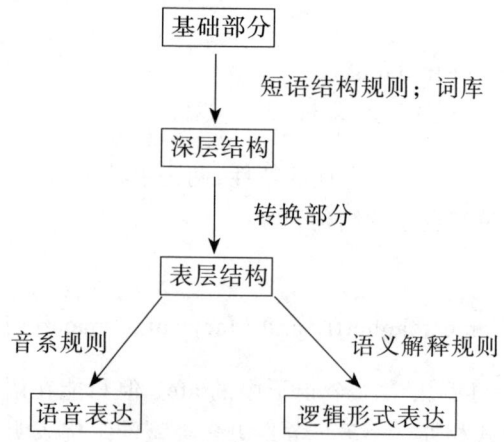

最为显著的变化是乔姆斯基把语义解释完全放到了表层结构，并且相应地从语义解释规则中得出了逻辑形式表达。这样，语义被排除在句法范围之外。

12.5.6 管辖与约束理论

20 世纪 80 年代，乔姆斯基的转换生成语法进入了第四个发展阶段，即**管辖与约束**（Government and Binding, GB）理论时期。该理论包含 X-杠理论、主位理论、界限理论、管辖理论、格理论、控制理论和约束理论。尽管除了主位理论的其他各项都已在扩展的标准理论中有所涉及，但管约理论进一步发展和补充了扩展的标准理论中的讨论。

管约理论把我们的注意力引向了一个新的方向，那就是语言中的**空语类**（Empty Category, EC）。乔姆斯基认为通过它可以进一步认识语言机制。还不能确定这些与空语类相关的原则能否适用于所有语言，空语类的性质和类型是否具有普遍性。

12.5.7 最简方案及其后期发展

乔姆斯基的《最简方案》(1995)一书标志着生成语法理论进入一个崭新的阶段。最简方案产生的动因是两个相互联系的问题：(1)人类语言能力应该共同满足的普遍条件是什么？(2)如果不考虑普遍条件以外的特殊结构，语言能力在多大程度上取决于这些普遍条件的支配？

最简方案有几个显著的变化。第一，它摒弃了管约理论中一些分离式的分析模型，深层结构和表层结构这两个分析层次也被取消。第二，"管辖"这个重要的概念也被抛弃，用管辖理论解释的语言事实被几个修正后的概念所代替，因此管辖理论由普遍语法的一个子系统变为输出条件的一个解释性的制约。

20世纪90年代末，乔姆斯基重新考虑了最简方案的动因，以便给出一个更加明确的解释。他认为，人类语言的初始状态是相同的，而获取不同语言的状态是不同的。普遍语法是研究初始状态的理论，个别语法是研究具体语言获得状态的理论。语言能力包含一个认知系统，可以储存诸如声音、意义和结构之类的信息，语言运用调取并使用这些信息。他提出了一个深层次的问题：语言能力的设计到底有多么完善？

乔姆斯基想象了一个实例，有一种可与人相比的灵长类动物，它仅仅缺少语言能力，假定发生某件事给了它语言能力，重新组织了它的思维。新机制要能顺利运行，必须满足"易理解条件"，同时思维或大脑的其他系统必须能够理解新机制所生成的表达。另一方面，新机制发出的指令必须被思维或大脑的其他系统识别并接受。因此，乔姆斯基提出了彻底的最简观点：语言机制是关于易理解条件问题的理想的解决办法。

如果说人类语言是语音和意义的结合，那么最简方案则认为，语言只有一个层面，那就是语音式和逻辑式的交互界面。之后，乔姆斯基又认为从技术意义上讲，即使是作为具体表示层次的语音式和逻辑式也不存在。这是因为在整个推导过程中，人们构建的句法结构被压缩并形成语音和语义表达的界面成分。最简方案进一步指出，推导和体现遵从经济原则，即由语言官能所决定的最省力的原则，没有多余的推导步骤，也没有多余的表达符号。

在世纪之交，乔姆斯基的注意力转移到跨学科视角和语言官能的生物学角度。2002年，乔姆斯基和两位哈佛心理学家合写的文章《语言官能：是什么，谁拥有，怎样进化而来》中指出，要理解语言官能需要大量的跨学科协作，他们相信如果语言学家能在进化生物学、人类学、心理学和神经科学等领域进行跨学科合作的话，对研究工作将会大有裨益。他们区分了广义的语言官能和狭义的语言官能。前者包括感觉运动系统、概念意向系统和递归运算机制，后者只包含递归，而递归运算机制是人类官能所特有的部分。他们还认为，既然语言不是 FLN 进化的唯一原因，那么比较研究也许能在交际范畴之外找到这种递归运算的证据。

在 2007 年的论文《生物语言学探索：设计、发展和进化》中，乔姆斯基追溯了生物语言学的发展历程，从其早期的哲学渊源到其在 20 世纪 50 年代认知革命中的重塑，并总结了他本人对于当前生物语言学发展的看法。他认为个体语言的增长依赖于三个因素：基因因素、经验和普遍适用于语言官能的原则。目前关于语言是如何递归生成的一个最好的解释就是**合并**（Merge），即使用现存的语言材料，以近乎最优化的方式重新组合出新的材料，生成"思维语言"，这一合并过程使外化（还有交际）变成次要过程。最后他提供了后续研究的几个目标：(1)解释具有独特的人类特征的运算原子（词汇项和概念）；(2)解释大脑是如何重塑的，即解释大脑是如何通过提供无限合并从而能利用原子生成构建好的表达；(3)解释外化过程是如何将表达投射到感觉运动界面的；(4)关于普遍语法的"为什么"的问题已经通过第三要素原则解决，后续研究可以解答普遍语法其他方面的问题；(5)界面运作。

他解释道，之所以有上述这些问题需要进一步研究，是因为目前我们对于人类思维的进化和大脑的进化知之甚少。当然，尽管在我们了解"大脑的组织结构"和"语言的创造性和连贯的日常使用"之前我们还有很多工作要做，但是通过明确目标和逐步形成理论阐释，我们会更清楚地掌握语言的普遍性。

12.5.8 乔姆斯基的重要贡献

从 20 世纪 50 年代到 70 年代，美国心理学研究从行为主义转向认知科学。这一"认知革命"始于 1959 年乔姆斯基对斯金纳《言语行为》的批判。在其 1966 年的著作《笛卡儿语言学》以及后来的著作中，乔姆斯基提出并阐释了人类语言官能，这些理论被某些心理学研究所推崇和效仿。乔姆斯基异常博学的哲学、逻辑和数学知识使他有能力在近半个世纪以来总是不断地发展和修改着一个又一个理论模式。毫无疑问，乔姆斯基是第一位认真研究有关人脑工作机制问题的最令人信服的学者，对我们目前理解人脑工作机制有着深远的影响。

转换生成语法的发展可视为不断简化理论和控制生成力的过程，最简方案和最简探索只是这个过程中的一些符合逻辑的步骤。尽管转换生成语法不断提出、修正、取消许多具体规则、假设、机制和理论模型，但它的宗旨是一直没有变的，就是探索人类语言的本质、起源和人类语言知识的使用。

12.6 修正还是反叛？

不论转换生成语法对美国语言学研究的成就有着多么强大的影响，它仍然遇到众多挑战,其中就有格语法和生成语义学。

12.6.1 格语法

格语法(Case Grammar)是着重研究句子成分之间关系的分析方法。它是菲尔墨(Fillmore)20世纪60年代末发展起来的生成语法的一种。在该语法里,动词被视为句子中最为重要的部分,与众多不同的名词短语有着一系列的关系。这些关系统称为"格"。例如:

例 12-15
  a. Smith killed the policeman with a revolver.
  b. This revolver killed the policeman.

With a revolver 和 this revolver 分别有不同的句法功能,但它们与动词 kill 的语义关系却是完全相同的。This revolver 是使 kill 这一动作得以施行而凭借的工具;with a revolver 描述了 killing 这个动作发生的方式。

  菲尔墨认为他的格语法是对乔姆斯基所提出的"转换语法理论的实质性修正"(Fillmore,1968:21)。乔姆斯基的模式无法解释句子中成分的功能以及它们的范畴,只表明诸如 in the room, towards the moon, on the next day, in a careless way, with a sharp knife 和 by my brother 的词语都属于介词短语范畴,无法表明它们同时还分别承担地点、方位、时间、方式、工具以及施事者等功能。菲尔墨认为,应该以下面的方式来处理这个问题:介词短语的深层句法结构应该被分析为一个名词短语和一个相关介词格标记的序列。这个名词短语和介词格标记都受表明介词短语题元角色的格符号支配。他还提出,子句中任何具有题元角色的成分事实上都应该用格标记和格符号来分析。

  菲尔墨的论点主要基于如下假设,句法结构应该在确定格的过程中作为核心,而且隐藏着的范畴很重要。"格"用来定义"隐藏着的句法语义关系",具有普遍性。"格形"这一术语识别"具体语言中格关系的表达"。主语和谓语的概念以及它们之间的划分只应被看作是表层的现象。在其基本结构中,一个句子包含一个动词和一个或更多的名词短语,每个名词短语各自跟动词有格关系。出现在简单句子中的不同的格,限定了句子的类型和语言中动词的类型。

  格语法明显引人注意的是与语义相关的概念,如施事、原因、方位、利益等等。这些概念在不同的语言中都能容易地识别出,很多心理学家认为它们在儿童语言习得中起着重要作用。但根据莱昂斯的说法,在转换生成语法理论的一般框架内,多数语言学家并不把格语法看作是可以替代标准理论的东西,原因是当格语法用深层结构所管辖的格来对语言中所有的动词进行分类时,定义这些格的语义标准往往是模糊不清甚至相互冲突的。

12.6.2 生成语义学

生成语义学（Generative Semantics）是在 20 世纪 60 年代末 70 年代初发展起来的，是对乔姆斯基以句法为基础的转换生成语法的挑战。这一流派的领军人物是罗斯（Ross）、莱可夫（Lakoff）、麦考利（McCawley）和波斯塔尔（Postal）。生成语义学认为所有句子都是从语义结构中生成的。该语义结构往往以一种与哲学上的逻辑命题相类似的形式表达出来。语言学家运用这种理论指出，下列句子之间存在着语义关系：

例 12－16
    a. This dog strikes me as being his new master.
    b. This dog reminds me of his new master.

因为二者具有相同的语义结构：X 认识到 Y 与 Z 相似。

生成语义学认为，句法过程和语义过程之间没有原则性的区别。这一想法还有一些辅助性的假说。第一，乔姆斯基在《句法理论的若干问题》中提出的深层结构上纯粹的语义层并不存在；第二，派生的最初表达式是所有语言中都相同的逻辑表达式；第三，意义的所有东西都可以用短语标记形式来表达。换句话说，句子的派生是从语义到表层结构的直接转换。初始的语义生成模式可以用下图来表示：

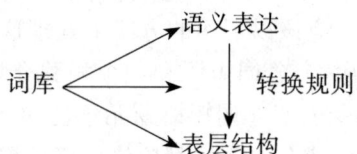

如上图所示，词库部分介入派生过程的方式和位置问题是生成语义学中受争议的主题。麦考利将词库条目自身视为结构化的语义材料（词汇分解理论）以解决这个问题，比如他把 kill 这个条目分析为：

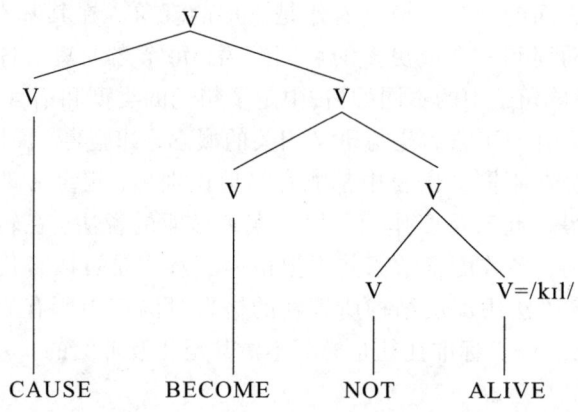

生成语义学家意识到，他们抛弃深层结构，比词汇游戏高超不了多少，因为从语义表达到表层结构的转换的特点是，在应用循环规则之前就出现了一个大断裂，尤其是当词库条目插入的自然位置正好是这个断裂处的时候。因此，他们搜寻了大量的论据来证明并不存在这样的工作。最具说服力的一个论据源于哈勒（Halle）反对结构音位的经典看法。生成语义学家们试图证明，深层结构这一不同于语义表达的层次的存在，要求作出两次同样的概括描述，一次是在句法中，一次是在语义中。

生成语义学在20世纪70年代结束之前就瓦解了。不过，尽管生成语义学已不再被视为一个可行的语法模式，但它仍然对其后的理论产生了不可磨灭的影响。首先，生成语义学家最先深入探讨使用转换规则无法形式化的句法现象。其次，生成语义学家们争论的很多看法此后都出现在解释主义文献中。最后，随着语言学理论逐渐向整合的方向发展，生成语义学早期的重要研究所推动的词条逻辑和次逻辑属性、直接间接言语行为以及语言的语用问题等研究，越来越受到称赞。

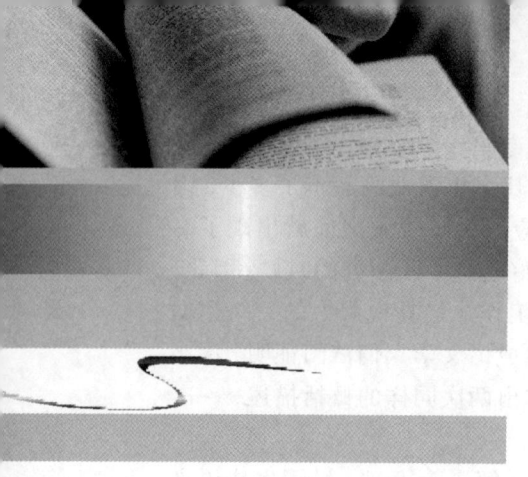

参考文献

Abercrombie, David. 1963. *Studies in Phonetics and Linguistics*, London: Oxford University Press.

Abercrombie, David. 1967. *Elements of General Phonetics*. Edinburgh: Edinburgh University Press.

Abercrombie, David. 1991. *Fifty Years in Phonetics*. Edinburgh: Edinburgh University Press.

Adams, V. 1973. *An Introduction to Modern English Word Formation*. London: Longman.

Aijmer, K. & B. Altenberg (eds.) 1991. *English Corpus Linguistics: Studies in Honour of Jan Svartvik*. London: Longman.

Akmajian, A., Demers, R.A., Farmer, A.K. & Harnish, R.M. 1995. Syntax. In Akmajian, A. et al (eds.) *Linguistics: An Introduction to Language and Communication* (4th edition). Cambridge, MA.: MIT Press.

Allen, J.P.B. & Corder, S.P. (eds.) 1973. *Readings for Applied Linguistics*, Vol. 1-4. Oxford: Oxford University Press; Beijing: Foreign Language Teaching and Research Press.

Apte, M.L. 1994. Language in Sociocultural Context. In R.E. Asher (ed.) *The Encyclopedia of Language and Linguistics*, 2000—2010.Oxford: Pergamon.

Arnold, D., L. Balkan, S. Meijer, R.L. Humphreys & L. Sadler. 1995. *Machine Translation: An Introductory Guide*. University of Essex.

Ashby, Michael, John, Maidment. 2005. *Introducing Phonetic Science*. Cambridge: Cambridge University Press.

Atkinson, Martin & David, Kilby & Iggy, Roca. 1982/1988. *Foundations of General Linguistics*. London:Unwin Hyman.

Austin, J.L. 1962/1975. *How to Do Things with Words* (2nd edition). Oxford: Clarendon Press.

Bachman, L. F. 2010. *Language Assessment in Practice*. Oxford: Oxford University Press.

Barcelona, Antonio (ed.) 2000. *Metaphor and Metonymy at the Crossroads*. Berlin: Mouton de Gruyter.

Barnhart, C. L. & R. K. Barnhart (eds.) 1981. *The World Book Dictionary*. Chicago: World Book Children International, Inc.

Barr, D. J. & Keysar, B. 2005. Making Sense of How We Make Sense: The Paradox of Egocentrism in Language Use. In Colston, H. L. & Katz, A. N. (eds.) *Figurative Language Comprehension: Social and Cultural Influences*. 21-43. Mahwah, N.J.: Erlbaum.

Bar-Hillel, Y. 1960. The Present Status of Automatic Translation of Languages. *Advances in Computers*, 1: 91-163.

Bauer, L. 1983. *English Word Formation*. Cambridge: Cambridge University Press.

Beard, R. 1995. *Lexeme Morpheme Base Morphology: A General Theory of Inflection and Word Formation*. Albany: State University of New York.

Bell, R.T. 1981. *An Introduction to Applied Linguistics: Approaches and Methods*. Amsterdam: John Benjamins.

Bennison, N. 1993. Discourse Analysis, Pragmatics and the Dramatic "Character": Tom Stoppard's Professional Foul. *Language and Literature*, Volume 2, Number 2.

Berge, K.L. 1994. Communication. In R.E. Asher (editor-in-chief), *The Encyclopedia of Language and Linguistics*. 614-620. Oxford: Pergamon.

Berlin, Brent & Paul, Kay. 1969/1991. *Basic Color Terms: Their Universality and Evolution*. Berkeley: University of California Press.

Berns, Margie. 1990. Why Language Teaching Needs the Sociolinguist. *The Canadian Modern Language Review*, 46: 337-353.

Biber, Douglas, Susan, Conrad & Randi, Reppen. 1998. *Corpus Linguistics*. Cambridge: Cambridge Univeristy Press.

Bisetto, A. & S. Scalise. 2005. The Classification of Compounds. *Lingue e Linguaggio*, 4: 319-332.

Bloch, B. 1949. Leonard Bloomfield. *Language*. Vol. 25.

Bloch, B. & Trager, J.L. 1942. *Outlines of Linguistic Analysis*. Baltimore: Waverly Press.

BlogsCanada. 2005. *What is a Blog*? http:// www.BlogsCanada.ca.

Bloom, Alfred F. 1981. *Linguistic Shaping of Thought*. Hillsdale, N.J.: Lawrence Erlbaum.

Bloom, P. 1994. *Language Acquisition: Core Readings*. Cambridge MA: MIT Press.

Bloomfield, L. 1933/1955. *Language*. London: George Allen & Unwin.

Boas, F. 1911. *A Handbook of American Indian Languages*. Washington, D.C.:

Smithonian Institution.

Bolinger, D. 1986. *Intonation and Its Parts*. Stanford: Stanford University Press.

Bolinger, D. 1989. *Intonation and Its Uses*. Stanford: Stanford University Press.

Bolinger, D. & Sears. 1981. *Aspects of Language*. New York:Harcourt Brace Jovanovich.

Bolton, Kingsley & Helen Kwok (eds.) 1992. *Sociolinguistics Today: International Perspectives*. London: Routledge.

Bonnefon, J.F., Feeney, A. & Villejoubert, G. 2009. When Some Is Actually All: Scalar Inferences in Face-threatening Contexts. *Cognition*, 112: 249-258.

Bradford, R. 1997. *Stylistics*. London: Routledge.

Bresnan, J. 2001. *Lexical-Functional Syntax*. Malden, Mass.: Blackwell.

Brown, H.D.1987. *Principles of Language Learning and Teaching*. London: Prentice Hall.

Brown, R. 1973. *A First Language: The Early Stages*. London: George Allen & Unwin.

Brumfit, C.J. & R.A. Carter. 1986/1997/2000. *Literature and Language Teaching*. Oxford: Oxford University Press; Shanghai: Shanghai Foreign Language Education Press.

Burke, M. 2005. How Cognition Can Augment Stylistic Analysis. *European Journal of English Studies*, Vol. 9, No. 2: 185-195.

Burton, Dolores. 1990. Reviewing the Book A Bibliography of Stylistics and Related Criticism, 1967—1983, by James R. Bennett. *Style*, Vol. 24. Issue 1:153-159.

Burton-Roberts, N.1997. *Analysing Sentences: An Introduction to English Syntax*. New York: Longman.

Butler, C.S. 1992. *Computers and Written Texts*. Oxford: Blackwell.

Bygate, M., Skehan, P. & Swain, M. 2001. Introduction. In Bygate, M., Skehan, P. & Swain, M. (eds.) *Researching Pedagogic Tasks: Second Language Learning, Teaching and Testing*. Essex: Longman.

Carr, Philip. 1999. *English Phonetics and Phonology*. Oxford: Blackwell.

Carstairs, McCarthy, A. 1992. *Current Morphology*. London / New York: Routledge.

Carter, R. & P. Simpson (eds.) 1989. *Language, Discourse and Literature: An Introductory Reader in Discourse Analysis*. Boston: Unwin Hyman.

Catford, J.C. 2001. *A Practical Introduction to Phonetics* (2nd edition). Oxford: Oxford University Press.

Chaika, Elaine.1994. *Language: The Social Mirror*. Chapters 9-11. Boston: Heinle & Heinle Publishers.

Chomsky, N. 1957. *Syntactic Structures*. The Hague:Mouton.

Chomsky, N. 1965. *Aspects of the Theory of Syntax*. Cambridge, MA.:MIT Press.

Chomsky, N. 1972. *Studies on Semantics in Generative Grammar*. The Hague: Mouton.

Chomsky, N. 1981. *Lectures on Government and Binding*. Dordrecht: Foris.

Chomsky, N. 1986. *Knowledge of Language: Its Nature, Origin, and Use*. New York: Praeger.

Chomsky, N. 1994. *Language and Thought*. London: Moyer Bell.

Chomsky, N. 1995. *The Minimalist Program*. Cambridge, MA: MIT Press.

Chomsky, N. & M. Halle. 1968. *The Sound Pattern of English*. Cambridge, MA.:MIT.

Clark, John & Colin, Yallop. 1995. *An Introduction to Phonetics and Phonology* (2nd edition). Oxford: Blackwell.

Clark,Virginia P. et al.(eds.) 1985. *Language: Introductory Readings*. New York: St. Martin's Press.

Collinge, N.E. (ed.) 1990. *An Encyclopedia of Language*. London: Routledge.

Cook, G. 1994/1995/1999. *Discourse and Literature*. Oxford: Oxford University Press; Shanghai: Shanghai Foreign Language Education Press.

Cook, V. 1993/2000. *Linguistics and Second Language Acquisition*. London: Macmillan; Beijing: Foreign Language Teaching and Research Press.

Corder, S.P. 1967. The Significance of Learners' Errors. *International Review of Applied Linguistics,* 5:161-169.

Corder, S.P. 1973. *Introducing Applied Linguistics*. London: Penguin Books.

Corson, D. 1995. *Using English Words*. Dordrecht: Kluwer Academic Publishers.

Couper-Kuhlen, Elizabeth. 1986. *An Introduction to English Prosody*. London: Arnold.

Craciunescu, Olivia, Constanza, Gerding, Salas & Susan, Stringer, O'Keeffe. 2004. Machine Translation and Computer-assisted Translation: A New Way of Translating? *Translation Journal*, 8 (3).

Croft, W., 2002. *Radical Construction Grammar: Syntactic Theory in Typological Perspective*. Oxford: Oxford University Press.

Croft, W. & Wood, E. J. 2000. Construal Operations in Linguistics and Artificial Intelligence. In Albertazzi, L. (eds.) *Meaning and Cognition: A Multidisciplinary Approach*, 51-78. Amsterdam: John Benjamins.

Croft, W. & Cruse, D. A. 2004. *Cognitive Linguistics*. Cambridge: Cambridge University Press.

Cruttenden, A. 1997. *Intonation* (2nd edition). Cambridge: Cambridge University Press.

Cruttenden, A. 2001. *Gimson's Pronunciation of English* (6th edition). London: Arnold.

Crystal, David. 1980. *A First Dictionary of Linguistics and Phonetics*. Boulder, CO: Westview.

Crystal, David. 1985. *A Dictionary of Linguistics and Phonetics*. Oxford: Blackwell.

Crystal, David. 1992/1997. *The Cambridge Encyclopedia of Language*. Cambridge: Cambridge University Press.

Culler, J. 1976. *Saussure*. London: Fontana/Collins.

Cummings, L. 2005. *Pragmatics: A Multidisciplinary Perspective*. Edinburgh: Edinburgh University Press. (北京大学出版社影印版, 2007)

Danes, F. 1974. Functional Sentence Perspective and the Organization of the Text. In Danes (ed.) *Papers on Functional Sentence Perspective*. 106-128. Prague: Academia.

Darnell, R. 1994. Edward Sapir. In R.E. Asher (editor-in-chief) *The Encyclopedia of Language and Linguistics*. 3655-3656. Oxford: Pergamon.

De Guzman, V.P. & W. O'Grady. 1992. Interfaces. In W. O'Grady & M. Dobrovolsky (eds.) *Contemporary Linguistic Analysis: An Introduction* (2nd edition). 211-227. Toronto: Copp Clark Pitman Ltd.

DeKeyser, R. M. 1998. Beyond Focus on Form: Cognitive Perspectives on Learning and Practicing L2 Grammar. In Doughty, C. & Williams, J. (eds.) *Focus on Form in Classroom Second Language Acquisition*. Cambridge: Cambridge University Press.

Di Pietro, W. Frawley & A. Wedel (eds.) *The First Delaware Symposium on Language Studies: Selected Papers*. 23-34. Newark: University of Delaware Press.

Dijkstra, T. & De Smelt, K. (eds.) 1996. *Computational Psycholinguistics*. 3-23. London: Taylor & Francis Ltd.

Doughty, C. & Williams, J. (eds.) 1998. *Focus on Form in Classroom Second Language Acquisition*. Cambridge: Cambridge University Press.

Downes, William. 1998. *Language and Society* (2nd edition). Cambridge: Cambridge University Press.

Ellis, R. 1993. The Structural Syllabus and Second Language Acquisition. *TESOL Quarterly*, 27: 91-113.

Ellis, R. 1994. *The Study of Second Language Acquisition*. Oxford: Oxford University Press.

Ellis, R. 1997. *SLA Research and Language Teaching*. Oxford: Oxford University Press.

Ellis, R. 2003. *Task-based Language Learning and Teaching*. Oxford: Oxford University Press.

Ellis, R. 2006. Currents Issues on the Teaching of Grammar: An SLA Perspective.

TESOL Quarterly, 40: 83-107.

Eurydice, 2008. *Key Data on Teaching Languages at Schools in Europe-2008 Edition*. Education, Audiovisual and Culture Executive Agency.

Fasold, Ralph. 1984. *The Sociolinguistics of Society*. Oxford: Blackwell.

Fasold, Ralph. 1990/1999. *The Sociolinguistics of Language*. Oxford: Blackwell.

Fauconnier, G. 1985/1994. *Mental Spaces*. New York: Cambridge University Press.

Fauconnier, G. 1997. *Mappings in Language and Thought*. Cambridge / New York: Cambridge University Press.

Fauconnier, G. & Turner, M. 1994. *Conceptual Projection and Middle Spaces*. Technical Report No. 9401, University of California, San Diego.

Fauconnier, G. & Turner, M., 1996. Blending as a Central Process of Grammar. In Goldberg, A. (ed.) *Conceptual Structure, Discourse, and Language*. 113–130. Stanford, California: CSLI Publications.

Fauconnier, G. & Turner, M. 2002. *The Way We Think: Conceptual Blending and the Mind's Hidden Complexities*. New York: Basic Books.

Feng, A. 2012. Spread of English across Greater China. *Journal of Multilingual and Multicultural Development*, 33(4): 363-377.

Fillmore, C. 1966. Toward a Modern Theory of Case. In D. Reibel & S. Schane (eds.) *Modern Studies in English*. Englewood Cliffs: Princeton Hall.

Fillmore, C. 1968. The Case for Case. In E. Bach & R. T. Harms (eds.) *Universals in Linguistic Theory*. New York: Holt, Rinehart and Winston.

Fillmore, C. 1971. Some Problems for Case Grammar. *Monograph Series on Languages and Linguistics*, No. 24.

Fillmore, C. 1977. The Case for Case Reopened. In P. Cole & J.M. Sadock (eds.) *Syntax and Semantics, Vol. 8: Grammatical Relations*. New York: Academic Press.

Firbas, J. 1964. On Defining the Theme in Functional Sentence Analysis. In *Travaux Linguistiques de Prague*. 267-280. Prague.

Firth, J.R. 1957. *Papers in Linguistics, 1934—1957*. Oxford: Oxford University Press.

Fishman, Joshua. 1968. *Readings in the Sociology of Language*. The Hague: Mouton.

Fishman, Joshua. 1972. The Sociology of Language. In P.P. Giglioli (ed.) *Language and Social Context: Selected Readings*. Harmondsworth: Penguin.

Fishman, Joshua. 1977. *Sociolinguistics*. Massachusetts: Newbury House Publishers.

Foley, J. 1991. *The Wonder of Words: Introduction to Linguistics* (2nd edition). Vancouver: Abecedarian Book Company.

Forrester, M. 1996. *Psychology of Language: A Critical Introduction*. London: Sage

Publications.

Fowler, Roger. 1974. *Understanding Language*. London: Routledge & Kegan paul.

Fowler, Roger. 1998. Exploring the Language of Poems, Plays and Prose (book review). *Style*,V.32, No.2.

Fromkin, V. 2007. 《语言引论》 (*An Introduction to Language*). Beijing: Peking University Press.

Fromkin, Victoria, Robert, Rodman & Nina, Hyams. 1974/2003. *An Introduction to Language* (7th edition). Boston, MA: Thomson-Heinle.

Fromkin, V. et al. 2014. *An Introduction to Language*. New York: Michael Rosenberg.

Gaitet, P. 1992. *Political Stylistics*. London: Routledge.

Garman, M. 1990/1991. *Psycholinguistics*. Cambridge: Cambridge University Press; Reprinted by Peking University Press, 2001.

Garrett, N. 1991. Technology in the Service of Language Learning: Trends and Issues. *Modern Language Journal*, 75: 74-101.

Garrett, N. 1995. ICALL and Second Language Acquisition. In V.M. Holland, J. Kaplan & M. Sams (eds.) *Intelligent Language Tutors: Theory Shaping Technology*. Mahwah, N.J.: Lawrence Erlbaum.

Garside, R., Leech G. & Sampson, G. 1987. *The Computational Analysis of English*. London: Longman.

Gass, S. & Selinker, L. 2001. *Second Language Acquisition: An Introductory Course* (2nd edition). Mahwah, N.J.: Lawrence Erlbaum.

Gass, S. & Selinker, L. 2008. *Second Language Acquisition: An Introductory Course*. (3rd edition). London: Taylor and Francis Ltd.

Gavins, J. & Steen, G. (eds.) 2003. *Cognitive Poetics in Practice*. London / New York: Routledge.

Gazdar, G. & Mellish, C. 1987. Computational Linguistics. In J. Lyons, et al. (eds.) *New Horizons in Linguistics 2: An Introduction to Contemporary Linguistic Research*. 225-248. London: Penguin Books.

Gee, James Paul. 1993. *An Introduction to Human Language: Fundamental Concepts in Linguistics*. New Jersey: Prentice Hall.

Geeraterts, D. (ed.) 2006. *Cognitive Linguistics: Basic Readings*. Berlin: Mouton de Gruyter.

Geertz, G. 1960. Linguistic Etiquette. In J.B. Pride, et al. (eds.) *Sociolinguistics*. Harmondsworth: Penguin.

Gibson, E., R. Futrell, J. Jara-Ettinger, K. Mahowald, L. Bergen, S. Ratnasingam, M. Gibson, S.Piantadosi & B. Conway, 2017. Color Naming across Languages

Reflects Color Use. PNAS (*Proceedings of the National Academy of Sciences of the United States of America*),114 (40): 10785-10790. https://doi.org/10.1073/pnas.1619666114(访问日期:2019年9月23日)

Giegerich, H.J. 1992. *English Phonology: An Introduction*. Cambridge: Cambridge University Press.

Gimson, A.C. 1989. *An Introduction to the Pronunciation of English* (4th edition). London: Arnold.

Gimson, A.C. 2001. *Gimson's Pronunciation of English* (6th edition). (revised by Alan Cruttenden). London: Arnold.

Gleason, J.B. & Ratner, N. 1993. *Psycholinguistics*. New York: Harcourt Brace Jovanovich.

Gleason, J.B. 1998. *Psycholinguistics* (2nd edition). Harcourt Brace College Publishers, 1-150, 223-339 and 409-435.

Glowka, Wayne & Brenda K. Lester, 1997. Among the New Words. *American Speech*, 72 (3): 289-313.

Goldberg, A. 1995. *Constructions: A Construction Grammar Approach to Argument Structure*. Chicago: The University of Chicago Press.

Goodale, M. 1995. *Concordance Samples 2: Phrasal Verbs*. London: Harper Collins.

Greenberg, J.H., C.A. Ferguson & E.A. Moravcsik (eds.) 1978. *Universals in Human Language, Vol I: Method and Theory.* Stanford, CA.: Stanford University Press.

Gregersen, E. 1979. Sexual Linguistics. In Judith Rorasanu, et al. (eds.) *Language, Sex and Gender: Does La Différence Make a Difference?* 3-22. New York:New York Academy of Sciences.

Grice, H.P. 1975. Logic and Conversation. In Cole, P. & Morgan, J. L. (eds.) *Syntax and Semantics 3: Speech Acts*. 41-58. New York: Academic Press.

Grishman, R. 1986. *Computational Linguistics: An Introduction*. Cambridge: Cambridge University Press.

Gussenhoven, Carlos & Haike, Jacobs. 1998. *Understanding Phonology*. London: Arnold.

Gussenhoven, Carlos. 2004. *The Phonology of Tone and Intonation*. Cambridge: Cambridge University Press.

Gussmann, Edmund. 2002. *Phonology: Analysis and Theory*. Cambridge: Cambridge University Press.

Haiman, J. 1980. *Hua: A Papuan Language of the Eastern Highlands of New Guinea*. Amsterdam: John Benjamins.

Halliday, M.A.K. 1970. Language Structure and Language Function. In Lyons, J. (ed.)

New Horizons in Linguistics. 140-165. Harmondsworth: Penguin.

Halliday, M.A.K. 1967/1968. Notes on Transitivity and Theme in English. Pts. 1-3. *Journal of Linguistics.* 3.1,3.2,4.2.

Halliday, M.A.K. & Ruqaiya, Hasan. 1976. *Cohesion in English.* London / New York: Longman.

Halliday, M.A.K. 1978. *Language as Social Semiotic.* London: Arnold.

Halliday, M.A.K. 1985/1994/2004. *An Introduction to Functional Grammar.* London: Arnold.

Halliday, M.A.K. & Hasan, R. 1985. *Language, Context, and Text: Aspects of Language in a Socio-semiotic Perspective.* Victoria: Deakin University Press.

Halliday, M.A.K. & J.R. Martin. 1993. *Writing Science: Literacy and Discourse Power.* Pittsburgh: University of Pittsburgh Press.

Halliday, M. A. K. & Matthiessen, Christian, M.I.M. 2014. *Halliday's Introduction to Functional Grammar* (4th edition). New York/London: Routledge.

Hardisty, D. & Windeatt, S. 1989. *CALL.* Oxford: Oxford University Press.

Harley, H. 2006. *English Words: A Linguistic Introduction.* Oxford: Blackwell.

Harris, Roy & George, Wolf. 1998. *Integrational Linguistics: A First Reader.* Oxford: Pergamon.

Harris, Roy & Talbot, J. Taylor. 1989/1997. *Landmarks in Linguistic Thought I: The Western Tradition from Socrates to Saussure.* London: Routledge.

Harris, Z.S. 1951. *Methods in Structural Linguistics.* Chicago: The University of Chicago Press.

Hartley, Anthony F. 1982. *Linguistics for Language Learners.* Kent: Multiplex Techniques Ltd.

Haspelmath, M. 2005. Ditransitive Constructions: The Verb 'Give'. In Haspelmath, M., Dryer, M. S., Gil, D. & Comrie, B. (eds.) *The World Atlas of Language Structures.* Oxford: Oxford University Press.

Haspelmath, M. 2015. Ditransitive Constructions. *Annual Review of Linguistics,* 1:19-41.

Haspelmath, M. 2016. The Serial Verb Construction: Comparative Concept and Cross-linguistic Generalizations. *Language and Linguistics,* 17(3): 291–319.

Hauser, Marc D., Noam, Chomsky & W. Tecumseh Fitch. 2002. The Faculty of Language: What Is It, Who Has It, and How Did It Evolve? *Science,* 298: 1569-1579.

Herring, Susan C. 2001. Computer-Mediated Discourse. In Deborah Tannen, Deborah Schiffrin & Heidi Hamilton (eds.) *Handbook of Discourse Analysis.* Oxford:

Blackwell.

Higgins, Chris. 1993. Computer Assisted Language Learning: Current Programs and Projects. *ERIC Digest*. April, 1993. ERIC Clearinghouse on Languages and Linguistics. Washington, D.C.

Hockett, C.F. 1958. *A Course in Modern Linguistics*. Hampshire: Macmillan.

Hoffman, Richard L. & Myers, L.M. 1972/1979. *Companion to the Roots of Modern English*. London: Little, Brown & Co.

Holmes, J. 1994. Inferring Language Change from Computer Corpora: Some Methodological Problems. *ICAME Journal*, 18: 27-40.

Hook, Donald D. 1984. First Names and Titles as Solidarity and Power Semantics in English. *IRAL (International Review of Applied Linguistics)*, 22: 183-189.

Horn, L.R. 1984. Towards a New Taxonomy for Pragmatic Inference: Q-based and R-based Implicature. In Schiffrin, D. (ed.) 1984. *Meaning, Form, and Use in Context: Linguistic Applications*. 11-42. Washington, D.C.: Georgetown University Press.

Horn, L.R. 1988. Pragmatic Theory. In Newmeyer, F. (ed.) *Linguistics: The Cambridge Survey*. Vol.1. 113-145. Cambridge: Cambridge University Press.

House, Richard, Anneliese, Watt & Julia, Willams. 2005. *What is PowerPoint? Educating Engineering Students in Its Use and Abuse*. A paper presented at 35th ASEE/IEEE Frontiers in Education Conference.

Householder, Fred W. 1971. *Linguistic Speculations*. Cambridge: Cambridge University Press.

Hu, Zhuanglin. 2000. *A Re-appraisal of the Role of Grammar Instruction—Towards a Communicative Grammatical Approach*. A paper presented at the International Conference on College English Teaching. Hong Kong University of Science and Technology/Tsinghua University, Hong Kong.

Huang, Yan. 1991. A Neo-Gricean Pragmatic Theory of Anaphora. *Journal of Pragmatics*, 27: 301-335.

Huang, Yan. 2007. *Pragmatics*. Oxford: Oxford University Press.

Hutchins, John. 1995. *Reflections on the History and Present State of Machine Translation*. A paper presented at the MT Summit, Luxenbourg.

Hutchins, John. 1999. *Retrospect and Prospect in Computer-based Translation*. A paper presented at the MT Summit, Singapore.

Hymes, Dell (ed.) 1964. *Language in Culture and Society: A Reader in Linguistics and Anthropology*. New York: Harper & Row.

Hymes, Dell. 1962. The Ethnography of Speaking. In T. Gladwin & William

Sturtevant (eds.) *Anthropology and Human Behavior*, 13-53. Washington, D.C: Anthropological Society of Washington.

Hymes, Dell. 1971. On Communicative Competence. Extracts in Brumfit and Johnson (eds.) 1979. *Style*, V. 32, No. 2.

Hymes, Dell. 1972. Toward Ethnographies of Communication: The Analysis of Communicative Event. In Pier Pulo Giglioli (ed.) *Language and Social Context*, 21-24. Harmondsworth: Penguin.

Ingram, D. 1978. Typology and Universal of Personal Pronoun: Universals of Human Language. In J.H. Greenberg, C.A. Ferguson, & E.A. Moravcsik (eds.) *Universals of Human Language*. Vol. III, 213-248. Stanford: Stanford University Press.

IPA. 1999. *Handbook of the International Phonetic Association: A Guide to the Use of the International Phonetic Alphabet*. Cambridge: Cambridge University Press.

Jakobson, R. 1960. Closing Statement: Linguistics and Poetics. In Sebeok T. A.(ed.) *Style and Language*. Cambridge, MA: MIT Press.

James, C. 1998. *Errors in Language Learning and Use: Exploring Error Analysis*. London: Longman.

Jannedy, S. & R. Poletto (eds.) 1994. *Language Files* (6th edition). Ohio: Ohio State University Press, Columbus, 250-301.

Jaszczolt, K. 2002. *Semantics and Pragmatics: Meaning in Language and Discourse*. London: Longman. (北京大学出版社影印版, 2004)

Jespersen, Otto. 1922. *Language: Its Nature, Development and Origin*. London: George Allen & Unwin.

Johnson, Keith & Helen Johnson. 1998/1999. *Encyclopedic Dictionary of Applied Linguistics: A Handbook of Language Teaching*. Oxford: Blackwell.

Johnson, M. 1987. *The Body in the Mind: The Bodily Basis of Meaning, Imagination and Reason*. Chicago: The University of Chicago Press.

Jones, C. & Fortescue, S. 1987. *Using Computers in the Classroom*. Harlow: Longman.

Jones, Daniel. 1956. *The Pronunciation of English* (4th edition). Cambridge: Cambridge University Press.

Jones, Daniel. 1962. *Outline of English Phonetics*. Cambridge: Heffer.

Joos, M. 1967, *The Five Clocks*. New York: Harcourt, Brace & World.

Kaplan, R.B. 1966. Cultural Thought Patterns in Inter-cultural Education. *Language learning*, 16:1-20.

Katamba, F. 1993. *Morphology*. Hampshire: Macmillan.

Katamba, F. 1994. *English Words*. London / New York: Routledge.

Katz, J.J. & Fodor, J.A. 1963. The Structure of a Semantic Theory. *Language*, 39:

170-210. (Reprinted in Rosenberg, J. F. & Travis, C. [eds.] 1971. *Readings in the Philosophy of Language*. 472-514. New Jersey: Prentice Hall)

Katz, J.J. & Postal, P.M. 1964. *An Integrated Theory of Linguistic Descriptions*. Cambridge, MA: MIT Press.

Kay, Martin. 1982. *Computational Linguistics Archive*. Cambridge, MA: MIT Press.

Kay, Martin. 1997. The Proper Place of Men and Machines in Language Translation. *Machine Translation*, 12: 2-23.

Kecskes, I. 2014. *Intercultural Pragmatics*. Oxford: Oxford University Press.

Kennedy, Graeme. 1998. *An Introduction to Corpus Linguistics*. Addison Wesley: Longman.

Keysar, B. 2007. Communication and Miscommunication: The role of Egocentric Processes. *Intercultural Pragmatics*, 4.1: 71-84.

Keysar, B., Barr, D. J. & Horton, W. S. 1998. The Egocentric Basis of Language Use: Insights from a Processing Approach. *Current Directions in Psychological Science*, 7.2: 46-50.

Keysar, B., Barr, D. J., Balin, J. A. & Brauner, J. S. 2000. Taking Perspective in Conversation: The Role of Mutual Knowledge in Comprehension. *Psychological Science*, 11.1: 32-38.

Keysar, B., Lin Shuhong & Barr, D. J. 2003. Limits on Theory of Mind Use in Adults. *Cognition*, 89: 25-41.

Kjellmer, G. 1986. "The Lesser Man": Observations on the Role of Women in Modern English Writings. In *Arts and Meijs*, 163-176.

Kövecses, Z. 2002. *Metaphor: A Practical Introduction*. New York / Oxford: Oxford University Press.

Krashen, S.D. 1985. *The Input Hypothesis: Issues and Implications*. London: Longman.

Kroeger, P. R. 2005. *Analyzing Grammar*. Cambridge: Cambridge University Press.

Labov, William. 1966. *The Social Stratification of English in New York City*. Washington, D.C: Center for Applied Linguistics.

Ladefoged, P. 2000/2001/2005. *Vowels and Consonants*. Oxford: Blackwell.

Ladefoged, P. 1975/1982/1993/2001/2006. *A Course in Phonetics* (3rd edition). Fort Worth, TX: Harcourt Brace.

Ladefoged, Peter & Keith Johnson. 2015. *A Course in Phonetics* (7th edition). Stamford, CT: Cengage Learning.

Lakoff, G. & Johnson, M. 1980/2003. *Metaphors We Live By*. Chicago: The University of Chicago Press.

Lakoff, G. & Johnson, M. 1980. The Metaphorical Structure of the Human Conceptual System. *Cognitive Science*, 4: 195-208.

Lakoff, G. & Johnson, M. 1987. The Metaphorical Logic of Rape. *Metaphor and Symbolic Activity*, 2: 73-79.

Lakoff, G. & Johnson, M. 1999. *Philosophy in the Flesh: The Embodied Mind and Its Challenge to Western Thought*. New York: Basic Books.

Lakoff, G. 1987. *Woman, Fire and Dangerous Things: What Categories Reveal about the Mind*. Chicago: The University of Chicago Press.

Lakoff, G., & Turner, M. 1989. *More Than Cool Reason*. Chicago: The University of Chicago Press.

Lakoff, G. 1993. The Contemporary Theory of Metaphor. In Ortony (ed.) *Metaphor and Thought* (2nd edition). 202-251. Cambridge: Cambridge University Press.

Lakoff, Robin. 1973. Language and Woman's Place. *Language in Society*, 2: 45-79.

Lakoff, Robin. 1991. You are What You Say. In Evelyn Ashton Jones & Gary A. Olson (eds.) *The Gender Reader*. 292-298. Boston: Allyn & Bacon.

Lamb, S. 1996. *Outline of Stratificational Grammar*. Washington, D.C: Georgetown University Press.

Lamb, S. 1999. *Pathways of the Brain: The Neurocognitive Basis of Language*. Amsterdam: John Benjamins.

Langacker, Ronald W. 1987. *Foundations of Cognitive Grammar. Vol. 1: Theoretical Prerequisites*. Stanford: Stanford University Press.

Langacker, Ronald W. 1991. *Foundations of Cognitive Grammar. Vol. 2: Descriptive Application*. Stanford: Stanford University Press.

Langacker, Ronald W. 1999. *Grammar and Conceptualization*. Berlin/New York: Mouton de Gruyter.

Laver, John. 1994. *Principles of Phonetics*. Cambridge: Cambridge University Press.

Leech, G. & M. Short. 1981. *Style in Fiction*. London: Longman.

Leech, G. & Candlin, C.N. 1986. *Computers in English Language Teaching and Research*. Harlow: Longman.

Leech, G. 1969. *A Linguistic Guide to English Poetry*. London: Longman.

Leech, G. 1974/1981. *Semantics: The Study of Meaning* (2nd edition). Harmondsworth: Penguin.

Leech, G. 1991. The State of the Art in Corpus Linguistics. In Aijmer K. & Altenberg B. (eds.) *English Corpus Linguistics: Studies in Honour of Jan Svartvik*. 8-29. London: Longman.

Leech, G. 1992. Corpora and Theories of Linguistic Performance. In Svartvik, J.,

Directions in Corpus Linguistics. 105-122. Berlin: Mouton de Gruyter.

Leech, G. 1993. Corpus Annotation Schemes. *Literary and Linguistic Computing* 8(4): 275-281.

Leech, G.N. 1983. *Principles of Pragmatics*. London: Longman.

Lehmann, Wilfred. 1979. Linguistics and Language Teaching. *ADFL Bulletin* 11, No. 1: 27-30. Association of Departments of Foreign Languages.

Lepschy, G.C. 1970. *A Survey of Structural Linguistics*. London: Faber and Faber.

Levey, David & Tony, Harris. 2002. Accommodating Estuary English. *English for Today*, Vol. 18, No. 3: 17-20.

Levinson, S.C. 1983. *Pragmatics*. Cambridge: Cambridge University Press.

Levinson, S.C. 1987. Pragmatics and the Grammar of Anaphora: A Partial Pragmatic Reduction of Binding and Control Phenomena. *Journal of Linguistics*, 23: 379-434.

Levinson, S.C. 1989. A Review of Relevance. *Journal of Linguistics*, 25: 455-472.

Levinson, S.C. 2000a. HP Grice on Location in Russion Island. In S.S. Chang, L. Liaw & J. Ruppenhofer (eds.) *Berkeley Linguistics Society*, 25: 210-224.

Levinson, S.C. 2000b. *Presumptive Meanings*. Cambridge, MA.: MIT Press.

Lieber, R. 2009. *Introducing Morphology*. Cambridge: Cambridge University Press.

Littlejohn, A. 1998. The Analysis of Language Teaching Materials: Inside the Trojan Horse. In Tomlinson, B. (ed.) *Materials Development in Language Teaching*. Cambridge: Cambridge University Press.

Lock, G. 1996. *Functional English Grammar: An Introduction for Second Language Teachers*. London: Cambridge University Press.

Long, M. 1985. A Role for Instruction in Second Language Acquisition. In Hyltenstam, K. & Pienemann, M. (eds.) *Modelling and Assessing Second Language Acquisition*. Clevedon: Multilingual Matters.

Long, M. H. & Robinson, P. 1998. Focus on Form: Theory, Research and Practice. In Doughty, C. & Williams, J. (eds.) *Focus on Form in Classroom Second Language Acquisition*. Cambridge: Cambridge University Press.

Lyons, J. (ed.) 1970. *New Horizons in Linguistics*. Harmondsworth: Penguin.

Lyons, J. 1968. *Introduction to Theoretical Linguistics*. London: Cambridge University Press.

Lyons, J. 1970/1991. *Chomsky* (3rd edition). London: Fontana Press.

Lyons, J. 1977. *Semantics* (2 Vols). Cambridge: Cambridge University Press.

Lyons, J. 1981. *Language and Linguistics*. Cambridge: Cambridge University Press.

Lyons, J. 1995. *Linguistic Semantics: An Introduction*. Cambridge: Cambridge

University Press.

MacMahon, M.K.C. 1990. *Language as Available Sound*. In Collinge (ed.) *An Encyclopedia of Language*. 3-29. London: Routledge.

Malinowski, B. 1923. The Problem of Meaning in Primitive Languages: Supplement to C.K. Ogden and I.A. Richards. *The Meaning of Meaning*. London: Routledge & Kegan Paul.

Malinowski, B. 1935/1978. An Ethnographic Theory of the Magical Word. *Coral Gardens and Their Magic*, Vol II. London: George Allen & Unwin.

Martin, J. 1992. *English Text: System and Structrue*. Amsterdam: John Benjamins.

Martin, J.R. & P. White. 2005. *The Language of Evaluation: Appraisal in English*. London: Macmillan.

Masuhara, H. 1998. What Do Teachers Really Want from Course Books? In Tomlinson, B. (ed.) *Materials Development in Language Teaching*. Cambridge: Cambridge University Press.

Matthews, P.H. 1991. *Morphology: An Introduction to the Theory of Word Structure* (2nd edition.). Cambridge: Cambridge University Press.

McArthur, Tom (ed.) 1992. *The Oxford Companion to the English Language*. Oxford: Oxford University Press.

McCarthy, M. & Carter, R. 1994. *Language as Discourse: Perspectives for Language Teaching*. London: Longman.

McCawley, J. 1978. Conversational Implicature and the Lexicon. In Cole, P. (ed.) *Syntax and Semantics 9: Pragmatics*. 245-259. New York: Academic Press.

McDonough, S. 2000. *Applied Linguistics in Language Education*. London: Arnold.

McEnery, Tony & Andrew Wilson. 1996. *Corpus Linguistics*. Edinburgh: Edinburgh University Press.

Mendoza, R. de I. & Jose, F. 2000. The Role of Mappings and Domains in Understanding of Metonymy. In Barcelona, A. (ed.) *Metaphor and Metonymy at the Crossroads: A Cognitive Perspective*, 109-132. Berlin: Mouton de Gruyter.

Mesthrie, R.1994. Linguistic Variation. In R.E. Asher (editor-in-chief) *The Encyclopedia of Language and Linguistics*. Oxford: Pergamon.

Mey, J. 1993. *Pragmatics: An Introduction*. Oxford: Blackwell.

Mills, S.1995. *Feminist Stylistics*. London: Routledge.

Milroy, James. 1994. Urban Dialectology. In R.E. Asher (editor-in-chief) *The Encyclopedia of Language and Linguistics*. Oxford: Pergamon.

Morenberg, M. 2002. *Doing Grammar*. New York/Oxford: Oxford University Press.

Napier, Marieke. 2000. The Soldiers are in the Coffee: An Introduction to Machine

Translation. *Cultivate Interactive*, October.

Napoli, D.J.1993. *Syntax: Theory and Problems*. New York: Oxford University Press.

Napoli, D.J.1996. *Linguistics*. New York: Oxford University Press.

Nash, Walter. 1989. *Rhetoric: The Wit of Persuasion*. Oxford: Blackwell.

Nattinger, J.R. 1992. *Lexical Phrases and Language Teaching*. Oxford: Oxford University Press.

Nida, E.A. & JFL Correspondent. 1998. An Interview with Dr. Eugene Nida.《外国语》, 第2期.

Nida, E.A. & JFL Correspondent. 1998. Language, Culture, and Translation.《外国语》, 第3期.

Nida, E.A. 1964. Linguistics and Ethnology in Translation Problems. In Dell Hymes(ed.) *Language in Culture and Society: A Reader in Linguistics and Anthropology*. New York:Harper & Row.

Nida, E.A. 1998. *Understanding English*. 中译本《懂英语》, 胡壮麟、黄倩译. 北京: 外语教学与研究出版社.

Nunan, D. 1988. *Syllabus Design*. Oxford: Oxford University Press.

Nunan, D. 1989. *Designing Tasks for the Communicative Classroom*. Cambridge: Cambridge University Press.

Nunan, D. 1999. *Second Language Teaching and Learning*. Boston: Heinle/Thomson Learning.

O'Barr, W.M. & B.K. Atkins. 1980. "Women's Language" or "Powerless Language". In Mcconnell-Ginet, S., Borke, R. & Furman, N. (eds.) *Women and Language in Literature and Society*. 93-110. New York: Praeger.

Odlin, T. 2003. Cross-linguistic Influence. In Long, M. & Doughty, C. (eds.) *The Handbook of Second Language Acquisition*. Oxford: Blackwell.

Ogden, C.K. & Richards, I. A.1923. *The Meaning of Meaning*. London: Routledge & Kegan Paul.

Palmer, F.R. 1976/1981. *Semantics: A New Outline* (2nd edition). Cambridge: Cambridge University Press.

Panther, K. & L. Thornburg. 1998. A Cognitive Approach to Inferencing in Conversation. *Journal of Pragmatics*, 30: 755-769.

Panther, K. & Radden, G. (eds.) 1999. *Metonymy in Language and Thought*. Amsterdam: John Benjamins.

Peer, W. Van. 1986. *Stylistics and Psychology-Investigations of Foregrounding*. London: Croom Helm.

Pike, K. 1982. *Linguistic Concepts: An Introduction to Tagmemics*. Lincoln, NE and

London: University of Nebraska Press.

Poole, S. 1999. *An Introduction to Linguistics.* London: Macmillan.

Postal, P. 1970. The Method of Universal Grammar. In P. Garvin (ed.) On *Method in Linguistics.* The Hague: Mouton.

Prabhu, N. S. 1987. *Second Language Pedagogy: A Perspective.* Oxford: Oxford University Press.

Qu, W. 2012. "Practical" English and the Crisis of English Studies. *English Today,* 28: 15-20.

Quirk, R. et al., 1972. *A Comprehensive Grammar of the English Language.* London: Longman.

Quirk, R. 1995. *Grammatical and Lexical Variance in English.* London: Longman.

Quirk, Randolph, S. Greenbaum, G. Leech, & J. Svartvik. 1985. *A Comprehensive Grammar of the English Language.* London: Longman.

Radden, Gunter & Zoltan, Kövecses. 1999. Towards a Theory of Metonymy. In Klaus-Uwe Panter & Gunter Radden (eds.) *Metony in Language and Thought.* 17-59. Amsterdam/Philadelphia: John Benjamins.

Radford, A., M. Atkinson, D. Britain, H. Clahsen & A. Spencer. 1999. *Linguistics: An Introduction.* Cambridge: Cambridge University Press.

Reich, Sabine. 1998. *Introduction to Corpus Linguistics.* Online course.

Richards, J. & Rodgers, T. 2001. *Approaches and Methods in Language Teaching* (2nd edition). Cambridge: Cambridge University Press.

Richards, J. 2001. *Curriculum Development in Language Teaching.* Cambridge: Cambridge University Press.

Richards, J., Platt, J., & Weber, H. 1985. *Longman Dictionary of Applied Linguistics.* London: Longman.

Richards, Jack C., John Platt & Heidi Platt. 1998. *Longman Dictionary of Language Teaching and Applied Linguistics* (English-Chinese edition). Beijing: Foreign Language Teaching and Research Press.

Roach, P. 1991/2000. *English Phonetics and Phonology.* Cambridge: Cambridge University Press.

Roach, P. 2001. *Phonetics.* Oxford: Oxford University Press.

Robins, R.H. 1984/1989. *General Linguistics* (4th edition). London: Longman.

Roca, I. & W. Johnson. 1999. *A Course in Phonology.* Oxford: Blackwell.

Roca, I. 1994. *Generative Phonology.* London: Routledge.

Rogers, Carl R. 1961. *On Becoming a Person: A Therapist's View of Psychotherapy.* Boston, MA.: Houghton Mifflin Company.

Rosch, Eleanor. 1977. Human Categorization. In N. Warren (ed.) *Studies in Cross-cultural Psychology*, Vol. I: 1-49. London: Academic Press.

Rosch, Eleanor.1975. Cognitive Representations of Semantic Categories. *Journal of Experimental Psychology: General*, 104: 192-233.

Roulet, E. 1975. *Linguistic Theory, Linguistic Description and Language Teaching.* London: Longman.

Ruiz de Mendoza Ib˜ñez, Francisco J. 2000. The Role of Mappings and Domains in Understanding Metonymy, In Barcelona, Antonio (ed.) *Metaphor and Metonymy at the Crossroads.* 109-132. Berlin / New York: Mouton de Gruyter.

Rumelhart, D. E., Hinton, G. E. & Williams, R. J. 1986. Learning Internal Representations by Error Propagation. In Rumelhart, D. E. & J. L. McClelland (eds.) *Parallel Distributed Processing: Explorations in the Microstructure of Cognition*, Vol. 1: 318-362. Cambridge, MA: MIT Press.

Rumelhart, D., McClelland, J. L. & the PDP Research Group (eds.) 1986. *Parallel Distributed Processing: Explorations in the Microstructure of Cognition.* Cambridge, MA: MIT Press.

Saeed, J. I. 1997. *Semantics*. Oxford: Blackwell.

Sally McConnell Ginet, et al. (eds.) *Women and Language in Literature and Society.* New York: Praeger.

Sampson, Geoffrey. 1980. *Schools of Linguistics: Competition and Evolution.* London: Hutchinson.

Sapir, E. 1921. *Language: An Introduction to the Study of Speech.* New York: Harcourt Brace Jovanovich.

Saussure, F. de. 1916/1960. *Course in General Linguistics* (trans. W. Baskin). London: Peter Owen.

Schiffrin, D. (ed.) 1984. *Meaning, Form, and Use in Context: Linguistic Applications.* Washington, D.C.: Georgetown University Press.

Scovel, T. 2000. *Psycholinguistics.* Shanghai: Shanghai Foreign Language Education Press.

Semino, E. & Culpeper, J. (eds.) 2002. *Cognitive Stylistics: Language and Cognition in Text Analysis.* Amsterdam/Philadelphia: John Benjamins.

Shen, D. 2000. A Review of the Development of Western Stylistics in the 20th Century. *Foreign Language Teaching and Research*, Vol.32, No.1.

Shi Baohui. 2006. *Introduction to Phonology.* Beijing: Peking University Press.

Short, M. 1996. *Exploring the Language of Poems, Plays and Prose.* London: Longman.

Simpson, J.M.Y. 1979. *A First Course in Linguistics*. Edinburgh: Edinburgh University Press.

Sinclair, J. 1991. *Corpus, Concordance, Collocation*. Oxford: Oxford University Press.

Skehan, P. 1998. *A Cognitive Approach to Language Learning*. Oxford: Oxford University Press.

Slobin, D.I. 1979. *Psycholinguistics* (2nd edition). Glenview: Scott, Foresman & Co. (Translator, Brasil)

Spencer, Andrew. 1996/1999. *Phonology: Theory and Description*. Oxford: Blackwell.

Sperber, D. & Wilson, D. 1986/1995. *Relevance: Communication and Cognition*. Oxford: Blackwell.

Stam, J.H. 1994. Benjamin Lee Whorf. In R. E. Asher (editor-in-chief) *The Encyclopedia of Language and Linguistics*. Oxford: Pergamon.

Stern, H. 1983. *Fundamental Concepts of Language Teaching*. Oxford: Oxford University Press.

Stewart, E. C. 1983. Talking Culture: Language in the Function of Communication. In R. J. Di Pietro, W. Frawley & A. Wedel (eds.) *The First Delaware Symposium on Language Studies: Selected Papers*, 23-34. Newark: University of Delaware Press.

Stockwell, P. 2002. *Cognitive Poetics: An Introduction*. London / New York: Routledge.

Svartvik, Jan. (ed.) 1990. *The London Corpus of Spoken English: Description and Research*. Lund Studies in English 82. Lund University Press.

Swain, M. 1985. Communicative Competence: Some Roles of Comprehensible Input and Comprehensible Output in Its Development. In Gass, S. & Madden, C. (eds.) *Input in Second Language Acquisition*. Rowley. Mass.: Newbury House.

Tallerman, M. 1998. *Understanding Syntax*. London / New York: Arnold.

Talmy, L. 1978. Figure and Ground in Complex Sentences. In Joseph Greenberg (ed.) *Universals of Human Language, Vol. 4: Syntax*, 625–649. Stanford, CA: Stanford University Press.

Talmy, L. 1988. The Relation of Grammar to Cognition. In Brygida Rudzka-Ostyn, (ed.) *Topics in Cognitive Linguistics*. 165–205. Amsterdam: John Benjamins.

Talmy, L. 2000a. *Toward a Cognitive Semantics. Vol. 1: Concept Structuring Systems*. Cambridge, MA: MIT Press.

Talmy, L. 2000b. *Toward a Cognitive Semantics. Vol. 2: Typology and Process in Concept Structuring*. Cambridge, MA: MIT Press.

Thornborrow, J. & S. Wareing. 1998/2000. *Patterns in Language: An Introduction to Language and Literary Style*. Routledge and Foreign Languages Teaching and Research Press. Chapters 2-5.

Thomas, L. & Shan, W. 2004. *Language, Society and Power: An Introduction*. London: Routledge.

Tomlinson, B. 1998. Introduction. In Tomlinson, B. (ed.) *Materials Development in Language Teaching*. Cambridge: Cambridge University Press.

Toolan, M. (ed.) 1992. *Language, Text and Context: Essays in Stylistics*. London: Routledge.

Toolan, M. 1998. *Language in Literature: An Introduction to Stylistics*. London: Arnold.

Trubetzkoy, N.S. 1935. *Grundzuge der Phonologie*. Prague: Circle Linguistique de Prague.

Trudgill, Peter. 1984. *Applied Sociolinguistics*. London: Academic.

Ungerer, Friedrich & Hans-Jörg Schmid. 1996/2001. *An Introduction to Cognitive Linguistics*. London: Longman.

Upton, Clive, William A. Kretzschmar, Jr. & Rafal Konopka. 2001. *Oxford Dictionary of Pronunciation for Current English*. Oxford: Oxford University Press.

Vachek, J. 1964. *A Prague School Reader in Linguistics*. Bloomington: Indiana University Press.

Verschueren, J. 1987. *Pragmatics as a Theory of Linguistic Adaptation*. In Working Document #1, Antwerp: International Pragmatics Association.

Wales, K. 1989/2000. *A Dictionary of Stylistics*. London: Longman.

Walker, Jill. 2005. Weblog. *Routledge Encyclopedia of Narrative Theory*. Online.

Wardhaugh, Ronald.1993. *Investigating Language: Central Problems in Linguistics*. Oxford: Oxford University Press; Cambridge: Blackwell.

Warschauer, M. & D. Healey. 1998. Computers and Language Learning: An Overview. *Language Teaching*, 31: 57-71.

Warschauer, M. 1996. Computer-assisted Language Learning: An Introduction. In S. Fotos (ed.) *Multimedia Language Teaching*. Tokyo: Logos International.

Weber, J.J. 1992. *Critical Analysis of Fiction: Essays in Discourse Stylistics*. Amsterdam/Atlanta: Rodopi.

Weber, J.J. (ed.) 1996. *The Stylistics Reader: From Roman Jakobson to the Present*. London: Arnold.

Wells, John. 2000. *Longman Pronunciation Dictionary* (2nd ed). Harlow: Longman.

Whorf, Benjamin Lee. 1956. *Language, Thought, and Reality: Selected Writings of*

Benjamin Lee Whorf. Edited by John Carroll. Cambridge, MA: MIT Press.

Widdowson, H.G. 1992/1999. *Practical Stylistics*. Oxford: Oxford University Press; Shanghai: Shanghai Foreign Language Education Press.

Widdowson, H.G. 1996. *Linguistics*. Oxford: Oxford University Press.

Willis, J. 1996. *A Framework for Task-based Learning*. London: Longman.

Wilson, D. & Sperber, D. 1981. On Grice's Theory of Conversation. In P. Werth (ed.) *Conversation and Discourse*. 155-178. London: Croom Helm. Reprinted in A. Kasher (ed.) *Pragmatics: Critical Concepts*. London: Routledge. 1998, Vol. 4: 347-368.

Wright, L. & J. Hope. 1996/2000. *Stylistics: A Practical Coursebook*. London: Routledge; Beijing: Foreign Language Teaching and Research Press.

XinRan. 2005. Food for Talk. *Friday*, July 29.

Yalden, J. 1983. *The Communicative Syllabus: Evolution, Design and Implementation*. Oxford: Pergamon.

Yang, Yonglin. 1988. The English Pronoun of Address: A Matter of Self-compensation. *Sociolinguistics*, Vol.17, No.2: 157-180.

Yang, Yonglin. 1990. Such an Expressions in English: Their Grammatical Status and Gender Analysis. *Sociolinguistics*, Vol.19, No.1-2: 160-184.

Yang, Yonglin. 1991. How to Talk to the Supernatural in *Shakespeare*. *Language in Society*, Vol. 20, No. 2: 247-262.

Yang, Yonglin. 1993. Cultural Differentiation and Language Misinterpretation: A Case Study of Chinese English Learner's Comprehension of Some English Expressions. 《山东外语教学》, No. 4: 67-68.

Yang, Yonglin. 2000. Sex and Skill Differences in Translation of English Color Words by Chinese Students. *Perceptual and Motor Skills*, Vol. 91: 1181-1192.

Yule, G. *The Study of Language* (5th edition). Cambridge: Cambridge University Press.

Zipf, G.K. 1949. *Human Behavior and the Principle of Least Effort*. Cambridge, MA: Addison-Wesley.

程雨民，1997，《语言系统及其运作》，上海：上海外语教育出版社。

达　维，1987，英语语法和语言学习，《外语界》第1期。

董启明、刘玉梅，2001，万维网键谈英语的文体特征，《外语教学与研究》第1期。

高一虹，2000，《语言文化差异的认识与超越》，北京：外语教学与研究出版社。

高远、李福印主编，2007，《乔治·莱考夫认知语言学十讲》，北京：外语教学与研究出版社。

桂诗春，2000，《新编心理语言学》，上海：上海外语教育出版社。

桂诗春，2011，《什么是心理语言学》，上海：上海外语教育出版社。
胡壮麟，1991，功能主义纵横谈，《外国语》第 3 期。
胡壮麟，1997，开发电子邮件的研究功能，《现代外语》增刊。
胡壮麟，2000，《理论文体学》，北京：外语教学与研究出版社。
胡壮麟，2004，《认知隐喻学》，北京：北京大学出版社。
胡壮麟，2007，解读韩礼德的 Appliable Linguistics，《四川外语学院学报》第 6 期。
胡壮麟、刘世生，2000，文体学在中国的进展，《山东师大外语学院学报》第 1 期。
胡壮麟、朱永生、张德禄，1989，《系统功能语法概论》，长沙：湖南教育出版社。
胡壮麟、朱永生、张德禄、李战子，2008，《系统功能语言学概论》，北京：北京大学出版社。
姜望琪，1991，True or False?，《北京大学学报》（英语语言文学专刊）第 2 期。
姜望琪，2000，《语用学——理论及应用》，北京：北京大学出版社。
姜望琪，2003，《当代语用学》，北京：北京大学出版社。
蓝　纯，2005，《认知语言学与隐喻研究》，北京：外语教学与研究出版社。
李福印主编，2004，《隐喻与认知——中国大陆出版物注释目录 1980—2004》，北京：中国文史出版社。
李宇明等编，1998，《理论语言学教程》，武汉：华中师范大学出版社。
刘润清，1995，《西方语言学流派》，北京：外语教学与研究出版社。
刘润清、封宗信，2003，《语言学理论与流派》，南京：南京师范大学出版社。
刘润清等编，1988，《现代语言学名著选读》，北京：测绘出版社。
刘世生，1998，《西方文体学论纲》，济南：山东教育出版社。
刘世生，2000，文体学的理论与应用——《语言模式——语言与文体导论》简介，《外语教学与研究》第 5 期。
刘世生、曹金梅，2006，思维风格与语言认知，《清华大学学报》（哲社版）第 2 期。
卢　植，2006，《认知与语言：认知语言学引论》，上海：上海外语教育出版社。
钱　军，1998，《结构功能语言学——布拉格学派》，长春：吉林教育出版社。
申　丹，1995，《文学文体学与小说翻译》，北京：北京大学出版社。
申　丹，1998，《叙述学与小说文体学研究》，北京：北京大学出版社。
申　丹，2000，西方现代文体学百年发展历程，《外语教学与研究》第 1 期。
束定芳，2013，《认知语言学研究方法》，上海：上海外语教育出版社。
汪榕培、卢晓娟，1997，《英语词汇学教程》，上海：上海外语教育出版社。
汪榕培、王爵鸾，1986，《使用英语词汇学练习集》，沈阳：辽宁人民出版社。
王守元，2000，《英语文体学要略》，济南：山东大学出版社。
王　寅，2011，《什么是认知语言学》，上海：上海外语教育出版社。
徐烈炯，1988，《生成语法理论》，上海：上海外语教育出版社。
徐烈炯，1995，《语义学》（修订本），北京：语文出版社。

杨永林，1997，文化在英语新词构成中的表现——试析 -gate 及其合成词语，《西北师大学报》(哲社版)第 1 期。

杨永林，2000，导读，(Ralph Fasold, *The Sociolinguistics of Language*)，F10-F49. 北京：外语教学与研究出版社；Oxford: Blackwell.

杨永林，2002. 《中国学生汉语色彩语码认知模式研究》，北京：清华大学出版社。

杨永林，2004a，《社会语言学研究：功能·称谓·性别篇》，上海：上海外语教育出版社。

杨永林，2004b，《社会语言学研究：文化·色彩·思维篇》，北京：高等教育出版社。

杨永林，2008，千门万门，同出一门——从美国"水门事件"看文化"模因"现象，《外语教学与研究》第 5 期。

杨永林，2012，《常用标志英文译法手册》，北京：商务印书馆。

易绵竹、南振兴，2005，《计算语言学》，上海：上海外语教育出版社。

张德禄，1998，《功能文体学》，济南：山东教育出版社。

张维友，1997，《英语词汇学教程》，武汉：华中师范大学出版社。

张韵斐、周锡卿，1986，《现代英语词汇学概论》，北京：北京师范大学出版社。

赵世开，1989，《美国语言学简史》，上海：上海外语教育出版社。

赵艳芳，2001，《认知语言学概论》，上海：上海外语教育出版社。

北京大学出版社语言学教材总目

博雅21世纪汉语言专业规划教材：专业基础教材系列
  语言学纲要（修订版） 叶蜚声、徐通锵著，王洪君、李娟修订
  语言学纲要（修订版） 学习指导书王洪君等编著
  现代汉语（第二版）（上） 黄伯荣、李炜主编
  现代汉语（第二版）（下） 黄伯荣、李炜主编
  现代汉语学习参考 黄伯荣、李炜主编
  古代汉语 邵永海主编（即出）
  古代汉语阅读文选 邵永海主编（即出）
  古代汉语常识 邵永海主编（即出）

博雅21世纪汉语言专业规划教材：专业方向基础教材系列
  语音学教程（增订版） 林焘、王理嘉著，王韫佳、王理嘉增订
  实验语音学基础教程 孔江平编著
  现代汉语词汇学教程 周荐编著
  简明实用汉语语法教程（第二版） 马真著
  当代语法学教程 熊仲儒著
  修辞学教程（修订版） 陈汝东著
  汉语方言学基础教程 李小凡、项梦冰编著
  语义学教程 叶文曦编著
  新编语义学概要（修订版） 伍谦光编著
  语用学教程（第二版） 索振羽编著
  语言类型学教程 陆丙甫、金立鑫主编
  汉语篇章语法教程 方梅编著（即出）
  汉语韵律语法教程 冯胜利、王丽娟著
  新编社会语言学概论 祝畹瑾主编
  计算语言学教程 詹卫东编著（即出）
  音韵学教程（第五版） 唐作藩著
  音韵学教程学习指导书 唐作藩、邱克威编著
  训诂学教程（第三版） 许威汉著

校勘学教程　管锡华著
文字学教程　喻遂生著
汉字学教程　罗卫东编著（即出）
文化语言学教程　戴昭铭著（即出）
历史句法学教程　董秀芳著（即出）

博雅21世纪汉语言专业规划教材：专题研究教材系列

实验语音学概要（增订版）　鲍怀翘、林茂灿主编
现代汉语词汇（第二版）　符淮青著（即出）
现代汉语语法研究教程（第四版）　陆俭明著
汉语语法专题研究（增订版）　邵敬敏等著
现代实用汉语修辞（修订版）　李庆荣编著
新编语用学概论　何自然、冉永平编著
外国语言学简史　李娟编著（即出）
近代汉语研究概要　蒋绍愚著
汉语白话史　徐时仪著
说文解字通论　黄天树著
甲骨文选读　喻遂生编著（即出）
商周金文选读　喻遂生编著（即出）
汉语语音史教程（第二版）　唐作藩著
音韵学讲义　丁邦新著
音韵学答问　丁邦新著
音韵学研究方法导论　耿振生著

博雅西方语言学教材名著系列

语言引论（第八版中译本）　弗罗姆金等著，王大惟等译
语音学教程（第七版中译本）　彼得·赖福吉等著，张维佳、田飞洋译
语音学教程（第七版影印本）　彼得·赖福吉等著
方言学教程（第二版中译本）　J. K. 钱伯斯等著，吴可颖译
构式语法教程（影印本）　马丁·休伯特著
构式语法教程（中译本）　马丁·休伯特著，张国华译